唐君毅全集 卷十五

中國哲學原論 原道篇卷二

——中國哲學中之「道」之建立及其發展——

臺灣學生書局印行

目錄

中國哲學原論　原道篇（二）

——中國哲學中之「道」之建立及其發展

第二篇

第四章　秦漢之神仙思想與鍊養精氣神之道，與道教思想之發展……二三六

第五章　春秋學中之對善惡是非之褒貶之道……二六二

中國哲學原論原道篇（二）

——中國哲學中之「道」之建立及其發展

本書共三册，於一九七三年五月由新亞研究所初版，一九七六年、一九七七年學生書局修訂再版。全集所據爲再版本，並經全集編輯委員會校訂。

第十八章　周秦諸子對「名言」之道（上）

一　論名言之道為一義上之高一層次之道

吾人上所述之周秦諸子之道，皆只及于其對人生、人德、人文、人倫、政治所言之道。然人之「言」必依名之集結而成。人用名言以指種種事物，表種種之義，以說種種人生、人德、人倫、政治等之道，則人亦同時自有其如何用名言、對名言之道。此用名言、對名言之道，在一義上，為名言所說之人生、人德等道之上一層次之道。吾人之論道，亦理當更論及此人之如何用名言、對名言之道，然後備足。周秦諸子之論人生、人德、人倫、政治之道，彼此為說不同，則其如何用名言、對名言之道，亦可因之而不同。故吾人之觀周秦諸子之用名言、對名言之道之不同，亦復可反證其論人生、人倫、政治等道之不同。由人無不用名言，周秦諸子亦無不用名言，以說其所見之人生、人倫、政治等道，而亦皆有其用名言、對名言之道。故吾人不可說只有其中之某一家，如名家，方有其用名言、對名言之道；當說此論名言之道，亦非專屬某家之事，而為諸家所同有之事。故吾人今亦對此諸家所同有之事，總而論之于一章，並分別述其論對名言之道之異同何在。

此下所論周秦諸子用名言、對名言之道，乃以「名言」之一名言爲中心，以觀其于此「名言」之一名言，如何用法，及其對名言之態度之爲如何。此「名言」之一名言，分而觀之，卽「名」之一名，與「言」之一名。「名」是一名，「言」亦是一名，則「名」之一名，可統「名」與「言」二名。故論周秦諸子之用名、對名言之道，卽論其用名、對名之道。然此「名」之一名，則在周秦諸子，原有種種不同之意義。如名字之名、名謚之名、名位名分之名、名義之名、名譽之名、名實之名、名形之名，皆各有其旨，而可視爲不同之名。如在西文，卽各爲一字，漠不相關。然尅就其在中國文字中，皆同以名之一字表之而言，則亦應自有其相關之義，然後人之思想乃可以此一字爲中心，以相沿而衍生。故無論諸子之論名，是論何一義之名，今皆同視爲對名之論，其所論之如何用名、如何對名之道，並爲本章所擬涉及。由此而本章之內容，卽不能限于惠施公孫龍之名實之論，而將此惠施公孫龍等之論名實，只屬此章之內容之一部份，而置之于一更廣大之周秦諸子論名之事中，而只視之爲此中之一事，更言此中之名實之名，與其他之種種名之思想，如何次第相沿而生之關係。按司馬談論六家要旨、與班固漢書藝文志言名家，皆同以正名位，爲名家之事。自近世而唯以類似西方之邏輯方法論知識論之惠施公孫龍等之說爲名家，而人于名位、名實與其他之名之種種之關係，亦遂更無加以究心者，而周秦諸子用名，對名之道之全，果何所似，亦因而遂晦矣。

二　名字、名謚、孔子正名之教、及墨子之「言」「義」之義

按此名之一名之指「名字」、「名謚」之名者，當爲中國哲學中之名之一名或一字之原始義之所存。蓋人之用名，初卽以指人。如嬰兒學語，卽依其能自然發出之媽媽、爸爸之聲，以名其父母。此「媽媽」、「爸爸」在嬰兒學語時，初乃指特定之爲其父其母之某一人，故爲專名，而非公名。其轉爲公名，而指一切爲父爲母者，乃以後之事。至一人之所以有其名字，則所以表一人之別于其他之人。故一人之名字，皆爲專名。人之以其名字相呼，或以名字自名，皆爲對某一特定之個體人，而相呼，或自名。說文謂名字從夕，從口，因夕不相見，故以口自名。其是否卽名之最早之義不可知。然夕不相見以口自名，仍是對其他特定之個體人，而自名其爲特定之一個體人也。然此一人之名字，則又初可用以指一特定之個人，由過去以至未來之一切事。故一人之名字，不可如若干邏輯家之說其無內涵，而當說其內涵實至爲豐富，而亦恆在一不斷增加、其前程爲開放之途中者。然人之互以其名字相呼，或自名時，則初不重此名字之涵義，而只重引發其所呼之人之某一行爲或情意之態度，或只表吾人對他人或對自己之一行爲或情意之態度，由此以成就人與我之情意行爲之交通。人之有名字以使人得自名而相呼，以有此情意行爲之交通，卽此名字之大用之所存，亦卽人之用此名字之原始目標所

在。在此用名字之時，人對此名字之態度，亦卽視此名字爲人與人情意行爲相交通之媒介之態度也。

人之用名字以自名或相呼，而成其情意行爲之交通。此乃古今中外一切人之所同。然在中國古之禮教中，則于人之取一名字，特視爲大事。禮記冠義中言謂「男子二十而冠，冠而字之曰成人」，則未有名字之先，人尚未成人也。又在中國古之禮教中，對先人之死者而懷其德，恆更爲之謚。此謚法亦爲中國古代文化所特重。此謚是狀先人之德之名。追念先人之旣死者，更爲之謚，卽所以使後人于其德，更念之不忘，亦所以表後人之追念之情意，以使後人之情意與先人之德，亦得相交通者。欲知此古代名謚之多，可讀逸周書卷六謚法解。此乃與中國文化之重德、重愼終追遠不忘故之精神，密切相關者。然尚不關周秦諸子對名之特殊思想者也。

周秦諸子之對名之有種種特殊思想，蓋始于孔子之言正名。孔子告衞君，謂爲政當以正名爲始，並謂君君、臣臣、父父、子子爲正名。此乃謂人在倫理關係中有父之名者，卽當有父之德，有子或君或臣之名者，亦各當有其相應之德，然後父子君臣之名得正。則此所謂正名，實卽教人由顧念其在倫理關係中有何名，卽當求有其德，以合于其名。然此中人之有其名者，未必實有其德。則此德爲當有，而非實有。此孔子之正名之教，亦卽教人知其旣有此名，便依此名，而自命令其自己，以實有此德之教。然人不知或不重其有此名時，卽不能依之以自求有實德，故此孔子之教，卽依名爲教，而可稱爲名敎也。

君臣父子之名，乃依人與人之倫理關係而定，不同于名字、名諡之名，乃直依個人而有者。凡一人與他人有某一倫理關係，卽在此關係中有一位置。故爲君者卽居君位，爲臣者卽居臣位，而爲父者亦可說居父位，爲子者亦可說居子位。故君臣父子之名，亦卽名位之名。人有其名位，而有其所當有之德，與在主觀情意行爲上分所當爲之事，是爲名分。故孔子之正名之教，亦可說爲正名位、正名分之教。此孔子之正名之教，要在教人當下有一相應于名位名分之實德、實事，以成就一名實之相合。故其所依者，是人之有父子君臣之名，而所求者，則在于此實德、實事之有。謂「有某名者當有某實德實事」，是言；求有此實德實事，是行。依言以有行，卽所以使有實以合于其名。此言中之某名是名；謂當有某實德實事，尚未有此德此事時，此實德實事，亦只是一名。故言人當有此實德實事之言，仍只是名與名之結合。必更行其言，方能實有此當有者，以與其名其言相應合。是卽依名言以有行實。若無此行實，則此名言爲虛言，而亦不必有。故孔子謂「君子欲訥于言，而敏于行」，又謂「古者言之不出，耻躬之不逮也」。其謂「君子疾沒世而名不稱焉」「君子去仁，惡乎成名」，亦卽必實行仁，以實有德，以與君子之言之名相稱，而相應合之謂。此二語不能更作他解，而謂孔子乃教人求世俗之名，成世俗之名也。此人之欲成世俗之名，乃如子張之謂「在邦必聞，在家必聞」之名聞之名。孔子則明斥子張之求聞而不求達爲非是。達是己達達人，是實德實行，聞則只是世俗之名聞，乃虛名之由他人而定者。求名聞，卽小人之求諸人，而與君子之求有實行以成實德，乃求諸己之事，正相反者。孔子重人之由實行以有其實德，而斥人之只求其名聞于他人者。故其正名之敎，重敎人有行，以稱合于其言、其名，與其敎人不求名聞于他人，正相輔爲用。此亦卽論語首章，以「人不知而不慍」爲「君子」之故也。故用名以敎人以實有其行，而又敎人不求名聞于他人，卽孔子之用名，對名之道之所存也。

上言孔子之以正名爲敎，而敎人有種種之言，以望人之有其行實，以稱合于其已有之種種之名。父子君臣兄弟是名，弟子、成人、君子、聖賢亦是名。如何爲弟子，如何爲成人，如何爲君子，……孔子皆對諸弟子論之。又言仁、直、忠、恕、信、勇、智、義等德，初亦皆是名。言仁之德之貫于諸德，亦卽言「仁之名」之義貫于「諸德之名」。人當如何爲仁、爲勇、爲智，孔子亦對諸弟子論之。凡孔子所言，及于此「如何爲」者，皆是說有何種之行實，方得稱合于其名。此乃初不同于西方蘇格拉底之先重將人之種種德名，如勇義之類之本身，作爲討論之對象，而問其宜以何種其他之名與名集合，加以界說定義爲宜者。孔子之言正名，唯要在舉其人之名位所在，與種種德之名，以直指出其當有之行實，而敎人直往自求有其行實而已。

此孔子之舉出人所已有之種種名，而言其當有何行實，以稱合于其名，正爲墨子之所承。墨子之進于孔子者，在明標出種種之名言，如兼愛、非攻、尚同、尚賢、節葬等，以敎天下，更爲之說出種種理由，以使人之知其不可不加以實行；並知此加以實行，爲其義所當爲，亦皆在「義」之一名所統攝之範圍之內。于是此說出種種理由之言，亦卽同時爲其所標出之兼愛等名之意義之所存。故吾人前于論墨子章第三節、論孟子章第六節謂墨子所謂「義」之一義，卽同于今所謂「意義」或「主義」，而亦同于墨子所謂「言」。墨子深知人皆欲其所理解之事物之意義，所信之主義或言，亦爲他人所理解所信，而不免于相爭。故謂人可「爭一言以相殺」，墨子亦謂天下之亂之一因，由于人所視爲義之所在者之互不相同。故墨子欲由尙同，以一同天下之「義」，亦卽無異欲一同天下之「言」，以一同天下人之「行」。如吾人前論墨學時之所及。墨子既以兼愛、非攻等名，教天下，更說出其理由，與其「意義」之所在，以立其「主義」，而有其言，並望人之理解信從其主義或言，則墨子亦自是欲以所擧之名之義之言，以一同天下之言行者。故必上說下教，對人強聒不舍，而于不信其言其義者，亦必與之爭辯。此爭辯之事，卽由人所理解所信之義與義不同，而言與言不同時，所必不能免者。然此爭辯，則爲「言」與「言」間之事，亦卽唯是言中之事，而非只是實行言之事。墨學乃自立其言，望人之行其言始，而以其言與他人之言相辯難終。此卽原始之墨學，所以漸發展爲墨辯之墨學之故也。

周秦諸子中首與墨家相辯難者，卽儒家之徒。如墨子書中之公孟子。孟子承孔子之教，更與墨家之徒辯。孟子與墨家之辯之大者，既在反對墨家所主之兼愛、非樂、節葬等，亦在反對墨家之以言義爲外在。吾前謂告子之言義外，卽宗墨家之說。孟子與告子辯義外，卽與墨家「義外」之論相辯也。在墨家或告子以「義」爲外，卽以「義」純爲立于客觀之天下之事，「言」亦爲教客觀之天下人之事。然孟子則謂「義」爲內在，又當知此「言」皆「生于其心」，言辭之詖、邪、淫、遁，皆原于人心之蔽、陷、離、窮。則觀「言」「義」，當是兼觀其如何原于內心，而得立于內心之事，而非只觀其如何得立于客觀之天下之事。此卽與墨家之說義與言，成對反之說。孟子乃不得不與墨家之說相辯。孟子之好辯，亦使其承孔子之學之事，成爲一以其言與楊墨之言相遇，而相辯難之事。此便亦與孔子之只求正名，唯以其言敎人有行實，合于其言者，而未嘗好辯者，大不同矣。

三　道家對名聞及以名言成辯之態度與儒墨之異同

儒墨之辯興，而道家之思想繼出。道家之思想，可說初出于厭棄儒墨之辯難中之互相是非而不已，而使人之心知生命，只寄于此名言之辯難中，而失其內具之德行。此德行，亦固爲孔墨初所重者也。道家厭棄辯難，亦厭棄人之重名言，同時謂聖人當無名。此則莊子論之最多。老子言無名，亦問「名與身孰親？」此中莊子之謂聖人無名，乃謂聖人不求世俗之名聞，亦不重世俗之名位。老子之問「名與身孰親」中之名，亦指人之名聞名位。此與辯難中之名言之名，初看似不相干。然實則此二者正有其同根而生之處。蓋人之辯難中之用種種名言，乃所以使其名言所表之意義，得爲他人所理解信從，卽望此意義爲人所認許，亦存于他人之心。人求名聞者，則初原于欲得他人之認許稱美其行、其言、其才、其德，而使其行、其言、其才、其德，得存于他人之心。在辯難中，人只求他人之認許其言所表之義，故其所求于人者較少。然在人求有名聞者，則恆求人對其言、其行、其才、其德，皆加認許稱美，則其所求于人者至多。人之欲求有大名廣譽于天下，以及後世者，則其所求于人者，又更可多至無限。然其原始之動機，則與人在辯難中之求其用名言所表之意義、主義得被人認許，固同出于一求初只存在于我者，得兼于存在于人之心。好名之人，初固亦只知其行、其言、其才、其德之只存于其自己。然在其求名而好名之時，則必求此存于自己者，爲他人所認許稱美，以兼存在于他人之心。充此人之求名好名之量，則吾人不特望人之稱許我已有之言行才德，亦望人之稱許我之未來一切言行才德等。我固有一名字。此我之名字固可指我之過去至未來之一切言行才德，而謂其皆屬于我，亦卽皆係在我之名字之所指所涵之內。故當我之名字爲他人、或天下後世人之所稱許之時，卽宛若我之由過去至未來之整個之我，皆存于他人天下後世人之心之中，而使我之存在，若普遍化爲一遍在他人與天下後世人心中之存在。亦如吾人在辯難中，而能使他人得認許我所言之義，卽使此義，得普遍化，而亦在他人心中存在也。故此以名言成辯難，與成名好名之心，固有其共出于一根者在也。

然此吾人之以名言成辯難，與求名好名之求存于我者，得存于他人之心，則爲道家之徒，所最加以反對之事。蓋此乃求此初存于我者，化爲存于我之外之他人之事。卽求初存于我者，得存于我之外，更以得存于我于外，爲我之心知生命之所託所寄之事。此卽無異使求我之心知生命，自托寄于我之外，而無異求「我」之存于「我之外」。然此以名言辯難，求我所認許者爲人所認許，及求我之言行才德爲人所稱許，以得名于他人，又初爲我所不可必之事。亦卽此求我之存在于我之外，爲不可必之事。不可必而求之，卽使我之心知生命或我之存在，倒懸于外在于我之一搖蕩不定之地，而使我翻失其初之原存在于我之內之事。今欲使我之存在，不倒懸于此搖蕩不定之地，而不失其初之原存在于我之內之事；則唯有去此求人稱許之好名求名之心，亦不用名言與人辯難，以必求人之認許。莊子一面言「聖人無名」（逍遙游）謂「行名失己，非士也」（大宗師）言「德蕩乎名」，言好名者之爲「適人之適，而不自適」而「失其性命之情」，一面亦求超出于人與人之以名言相是非辯難之事以外，如其齊物論之所說。老子則一面有道爲無名，非名言所表之論，一面又問「名與身孰親」，敎人不求名聞于其外之他人之心，而自反顧其身之親。其身之親者，卽身之自親于身，亦卽身之自存于其自己之事也。

此道家之徒之不求名，原具深旨，而莊子人間世之言「德蕩乎名」，更言人之以仁義繩墨之言，強聒于人之前者，爲人所惡，並及于「名實者，聖人所不能勝也」，皆同具深旨。蓋己之德原屬于己之心知生命之自身，而此德之名，則存于他人之心。以己之德名之所在，爲己德之所在，而己之德名，實卽非己德。德實而名虛，德屬己而名在外。故以己之德名爲己德，則己德亦不實，更自搖蕩于外，以入于虛。至于恃己之德名，言己所尚之德，欲強聒于人之前而敎人，是謂「臨人以德」。則此時之他人，卽同時感其只是一德名，而非實德，亦必惡之，而不肯受。故人間世托孔子告顏淵曰，用仁義繩墨之言，強聒于人前，則人反將「惡其美」。此亦卽無異謂：當時之儒墨之徒之舉仁義之德之名，以敎天下人，爲天下人之繩墨，而欲人之加以信受奉行者，實不能使人信受奉行。其曰「名實者，聖人之所不能勝也。」此亦意謂欲緣此德名，以使他人有奉行之實，爲聖人之所難勝任者也。故莊子人間世乃歸在言人當忘其自己，亦忘其自己之有德，而不以有德之名自居，亦不以種種德名繩墨天下，而唯當以虛而待物之氣，以與人相接，方可望以己之實德，化及于人。故必歸于一無名忘言之論，與不言之敎。莊子德充符篇所言之實有德能感人者，固皆一方爲其形殘破，而內德自充于外之人，一方面亦皆無名，忘名，而能行不言之敎者也。

然此道家之徒之秉欲忘名聞之名，無此名聞之名，而又欲不用名言以施敎成辯，又自有其困難。卽道家主不辯，亦須辯此不辯之勝于辯，而以「不辯」與「辯」相辯。道家欲行不言之敎，則須言「不言之敎」，以易言之敎。而道家之徒亦勢不能廢言辯，故有道家之書。又道家固欲無名聞之名，而稱無名之人。故莊子中人物多無世間之名，而易之以支離疏、無脤、渾沌氏等之名。然支離疏、無脤、渾沌氏，亦是一名，「無名人」，亦是一名。道家之徒欲逃名，而隱乎世者，人亦可慕其有「無名之德」之名，而歸往之。則彼亦終不能逃名。故莊子書亦言及人之就「無名人」而問焉之事。庚桑楚篇言庚桑楚居山，而畏壘之民，欲俎豆之，庚桑楚遂不得不自憾其終不能逃于名之外。蓋此人之必求有名，固不可必得；以我之有名與否，其權在他人。然人之必求逃名，亦同不可必得。因人之以名與我，亦他人之事也。又人之用名言以成辯，使人信服，固不可必得。然因此而不用名言以施教，不與人辯，亦不能阻人以其言與辯，謂我之不言不辯為非。今我果以不言不辯為是，則亦不能不自言自辯其「不言不辯」之是，而還自入于言辯之域。此人之名聞與言辯之難逃，則由于人可不求名聞，而名聞自至；人可不言不辯，而難于不言不辯其「不言不辯」之為是。人不求名聞而名聞自至者，以人之言行之見才德者，則人必稱之美之，而以美名與之；人之言行之無才無德者，則人必厭之惡之，而以惡名與之。此乃依于人之原有客觀的好惡是非之心。人之不言不辯，而不能不言不辯其「不言不辯」之為是者，則因人有所是，則恒必言其所是，以求人我之心相交通。此人之有客觀的好惡是非，乃人之公心。求人我之心之相交通，亦未必皆是求一己之名之私心，而可出于公心。我有所是而言之，望人是我之所是，亦不必是望人知此我之所是之出于我，而只是望人之亦是此我之「所是」，而更不必念及「我」。則此亦非出于求一己之名之私心，而是出于求與人心交通，以同是非之公心。以至人之實自知其有才德足稱，而望人之知之，而求有世之名，以得見用于世，亦可是出于望人共享其才德之公心。道家之徒，知求一己之名者之非，亦知人之以名言與人爭辯，而欲人之所是，同于「我」之所是者，為求我之存在于我之外，而可使我失性命之情；故其忘名不辯之教，有其深旨。然道家之徒之必欲逃名，而謂人不當于其所是非好惡之人，與之以名，則不知其亦不可免；亦不知其出于公心者，亦不可非。又與人相辯難，而非意在使人同于「我」之所是，而只意在使人同于我之「所是」，而非以「我」之所是臨人者，及人之實有才德，而求人之共享者，亦皆可出于公心，同不可非。由道家于此等等，未能見及，唯見人之以言辯爭名，而行名失己之禍，故亦未能對名言之名及人之名位名聞之名，更有一積極之肯定態度也。

然道家之徒，因知人之才德之實屬己，而與之名與否，在他人；人之用名言以成辯，屬己，而實加認許與否，在他人；故又能深有見于此中之「名」與「實」之恒相懸距，而不相合。人固有才德微，而名聞甚大者，亦有才德盛，而名聞甚小者。又有其言甚眞甚誠，而人未實加認許信從者；更有其言不眞不誠，而人逕認許信從之者。則世間之名實相懸距，固不可以道理計。道家之徒亦以此而益輕名。然在儒家之孔孟荀之教，則于人之才德盛而名不聞者，則教以務更自修其德，而以其名之聞不聞，任諸他人。于其名之過于其實有之才德者，則教以更求其才德之盛，足以稱其名。至對人之好名求名者，則恒順其心，而更教之以當如何自修其才德，方可有美名傳天下後世。孔子所謂「不患莫己知，求爲可知也」是也。儒者更立種種才德之名爲教，于社會政治中，設種種名位，使負有種種才德者居之，而得其所當得之名，以使名實相稱。則才德在己，名在人，而人我相應和；人乃既存在于其自己之才德之內，亦存在于他人之名中，則亦非必有道家之「行名失己」、「德蕩乎名」之虞。而儒者之教更有順人之好名之心，以使之更勉于自成其實才實德之益。至于對世之已有實才實德，而無名位者，或實無才德而虛有名位名聞者，則更為之作褒貶、為清議，加以平反；即其人已死，亦以美惡之名諡，加于其身，以成此平反；總期在社會政治與歷史中人之名與其實之相應合。則于道家所見及之世間名實之相懸距，儒者雖亦承認其為一事實。然化除此事實，以求其不相懸距，則視為人所當有之理想，而可由人之努力而漸達者。此亦皆為儒者之名教之義之所涵者也。

緣此儒者之以名為教，必重名位，亦必立種種才德之名；更有種種言，以教人如何成此才德之道；亦有種種言，以言人之名實之相稱與否，而褒之貶之。然此名言之立，皆必出于公心，然後可以成此名教或言教。儒家必期在以此名教，勉人有其實才實德，然後見此名教之大用，而後人得其用名用言之道。此則儒家之徒，自孔子以至孟荀，大體相承之旨。至于墨家之徒，則其用名辯，以立天下之公義，則亦意謂此名辯，可出于為天下之公心。墨家亦力求名與實之合。然墨家只知名言之義，為客觀外在，而不能如孟子之能知「言」之「義」，出于人「心」中所知之「義」，亦屬主觀而內在；又不知順人之好名求名之心，以勉人成其才德。故墨家亦不如儒家之重施設名位，及以名為褒貶、定諡法等。是其不及儒者言名之義之廣大者也。

然儒家之有名教亦重名位、褒貶、諡法等，以求世人之才德之實與其名位名聞相應合為歸，此亦是為一般之世人立教。至儒者之對弟子直接施教，則恒只教人自勉于使才德稱于其名位；于有實才實德之人，則教其當更求其德之進，至不怨人之不己知，人不知而不慍之境，如前文所說。依孔子之教。人果能至于不怨人之不已知，人不知而不慍，則其德唯己所自得自知，或惟天知之，故孔子有「知我者，其天乎」之言。此孔子之言知我其天，亦唯是孔子之自知此「知我其天」。故此天之知孔子，亦只藏于此孔子之自知之內。在孔子之心中，實只有自得自知，而不知他人之知之與否。只有此自知自得，而自足自樂，卽使孔子入于無待于外之絕對之境界。在此無待于外之絕對境界中，孔子亦自可不言。故孔子有「予欲無言」，而如「天之四時行、百物生」，惟「默而識之」之一境。孔子弟子顏淵在陋巷，而自得自樂，孔子與之言終日，于孔子言「無所不悅」，而「如愚」；亦幾于此一境。故孔子獨嘆顏回爲好學。此一境，亦後之儒者所共嚮往之一境。道家之學，自其言聖人眞人至人之無名無言，而能自得自樂而論，亦實同是嚮往在此一境。故莊子內篇特有契于顏淵之學。在此一境中，孔子顏回及老莊，皆同不自見其個人之名聞名位，亦可不用名言，而只生活于一絕對之自知自得、自足自樂，而無待于外之境中。然此中人之不用名言，亦非易事。因萬事萬物原皆有名而可言。則人之心一念及萬事萬物，卽將不免出于此境，而落入名言之世界。此中如何使人念及萬事萬物，仍不落入名言之世界中，而得長住在此無言之境，仍當另有一思想方式，以助成之。

四　惠施之辯與其歸趣

此上節末所提及之一思想方式，吾意初爲于「萬事萬物之多，而更能見其純一」之思想方式。此能于萬事萬物之多，而見其純一之思想，卽形上學之思想。人依形上學之思想，而于萬事萬物明其一共同之形上之道，卽可化繁歸簡，于多見一，而于萬事萬物之繁多之名，亦可化繁歸簡，以一名統多名，更自忘此一名，以忘言而唯見此道。此卽如孔子于四時行百物生，唯見一生生之道；莊子于萬物，唯見一變化之道；老子于「萬物並作」，唯見其復歸于無物之道等。此皆是于萬物萬事之多，見一道，以更只體此道、冥合此道，以忘萬物萬事與其名之繁多，以使此心得安住于無名無言之境者也。

對此孔子老莊之言形上之道，吾前文已及之，今不多論。吾今將說者，是世所謂名家如惠施之辯，亦初是自覺或不自覺的，求超萬事萬物與名言之繁多，而向在此見一道，而體道，以忘言之境。惠施之書五車，固是以辯爲名者。然就天下篇所言之惠施十一事（或說爲十事，但以分爲十一事爲宜）以觀，則其辯之目標，明在破除世間之名言、與其所指之事物之種種差別相，而求于萬事萬物之繁多中，見其只屬于天地之一體，而泛愛萬物于此一體之天地之中，更不見此萬物之繁多，亦忘其名言之繁多。泛愛萬物與分知萬物不同。分知萬物，則物相差別亦各有名，而不能以一體名之。泛愛萬物，乃以一泛愛之情，攝受萬物之差別于一體之中，則此「泛愛萬物；天地一體」，固亦是超知與名之境界，爲惠施所嚮往。故其十一事乃終于此一事也。

沿此上所說，則莊子與惠子之嚮往，實未嘗不同。唯莊子言「天地與我並生，萬物與我爲一」，乃本于其直下會悟得一「通我與天地萬物」之道，而不由天地萬物、以思其有種種差別之名言，卽能直下忘名言，而住在無名無言之境。惠施則先念此天地萬物之有其種種相差別之名言在，故更須先以辯破此名言之差別，方得契于泛愛萬物之天地一體之義耳。

此天地萬物之有種種名言之差別，原依于天地萬物之呈于吾人一般之心知，固有種種相對之不同方面，而有其互相差別之相之故。如天地萬物之呈于吾人一般之心知之有大小、內外、寬厚、高下、中偏、南北之方位、生死、同異、有窮與無窮之相對之不同方面是也。今觀天下篇所言惠施之十一事，除最後「泛愛萬物，天地一體」爲其結論宗趣所在之外，其前言十事，皆不外言由此諸相對之不同方面，而成之種種差別之相，皆可推至其極，更可通而觀之；以見其相對之差別相，皆可破可忘，而合爲一絕對無差別之一體，則其差別之名，亦皆可不用，而只見其爲一體。則人可更忘此一一差別之名，以得進而契于無名、忘名，而泛愛萬物天地一體之境而已。

關于此惠施十一事中之前十事、古今注者固有種種說。因莊子天下篇只陳其結論，而未說明其理由，則古今注者皆不免于猜測。吾今更爲之說，亦同不免于猜測。然其結論宗趣，不外如上所說，則顯而易見。今扣緊此宗趣以言吾所猜測，則其第一事所謂「至大無外，謂之大一；至小無內，謂之小一」，蓋卽是說世所謂大小內外相對之差別，及于至大至小，則當言一。吾人一般所謂大者，乃自其能包涵小者而言。大能包涵小，而小不能包涵大，則小爲有外，而小在大內，此一般之大小內外之名所由立也。然大者對更大者爲小，小者對更小者爲大。大更有大，至于至大，而其外「無大」，亦「無外」。則至大之名，依「無大」「無外」之名而立。小更有小，至于至小，而至小者，其內「無小」亦「無內」。則至小之名，依于無小無內之名而立。言大必歸于至大，言小必歸于至小。而至大依無大無外，至小依無小無內。則言有至大至小，卽亦當言無大無小。言內外，亦當言無內無外。而大小之內外差別之名卽歸于一。若謂大更有大，無所謂至大；小更有小，無所謂至小。則惠施或將說如大皆更有大，則大皆爲小；小皆更有小，則小皆爲大；而物皆同時爲大爲小。大小之名，同在一物，則亦可歸于無大小之分別。然惠施是否有此說則不可知。依吾人今之意，以論此問題，則可說此大小，本是二物之量間之一關係，原無一物可稱至大或至小，亦無一物可就其本身言其爲大爲小。一物對大者爲小，對小者爲大。此乃一物對其餘二物之二關係。此二關係，原不只在此一物之自身。故一物之自身之爲一物，無礙于其有此二關係，及此二關係之互相差別。故不能由一物之自身之對此爲大，對彼爲小，而謂此大小皆同在此一物中，以說大小之無差別也。然吾人若由關係以說差別，此差別亦卽依此關係而說。人若于物，不自其關係而觀，則此大小之差別，仍畢竟不可說。惠施之觀天地萬物，固可不由關係而觀也。此外惠施亦可由大小之關係之有二，而相對相反，亦不可相離，以說此大小之二關係之合爲一全體，于此合爲一全體處，更不見此大小二關係之分也。要之，此中有種種思想義理可說。惠施畢竟如何說法，皆不可知。然其旨在言小大可通觀爲一體，而不見小大之分，因而亦不見內外之分，則其宗趣所在，固顯然無疑也。

惠施第二事爲「無厚不可積也，其大千里」。惠施何以有此說，亦不可知。此蓋是言大之至于千里者，自另一面觀之，亦可爲無厚。如一平面之空間，觀其廣度，則其大千里而甚長，觀其深度，則可無厚則至短。千里之長與無厚之短固有分，然其同屬此平面則無分，而專自此無分處看，則固不見其差別也。又此「也」可作「耶」字解。則是言無厚可由積以至千里之廣大。如荀子正論之言「積厚者流澤廣」。此卽是說由「積」可通「無厚」與「大千里」以爲一體。此解亦通。或更可取他解。然其旨在通無厚與大千里之差別，則宗趣顯然也。至其第三事之「天與地卑，山與澤平」，則蓋是言天山之高與地澤之卑固有分，然自天地山澤之相連續處而觀，則亦無分。其第四事「日方中方睨」，則蓋是自日之運動歷程中，其由中而睨（偏）之連續處，看其中偏之無分。第五事言「物方生方死」，則應是自物之在生死歷程中，其生與死之連續處，或此生彼死，此死彼生之連續處，看生死之無分。蓋凡自時空中之事物之連續處觀，其分別處，固皆可統一于一連續體，而不見其分別。宇宙中之一切物，在時間中之生死之狀態之別，在空間之中高卑之地位之別，其運動之由中而偏，或由此至彼之別，固皆同可統一于一時空大連續體中而觀，以視之爲一體也。

其第六事「大同而與小同異，此之謂小同異；萬物畢同畢異，此之謂大同異」。則上二句乃言一般之同，有大同與小同之別。依大同成大類，依小同成小類。類各不同而互異，小類與大類又不同而互異。世間之物有類之分，有大類小類之分，而亦有種種類、及種種大類小類之差別名。然在大類之上，更有大類，則異者可互同；小類中更有小類，則同者又可互異。是卽異中有同，同中有異。則事物之相同者亦相異，相異者亦相同。于同者觀異，則可忘同；于異者觀同。亦可忘異。同異可忘，而同異之差別可泯。又異中有同，非畢竟異；同中有異，非畢竟同。畢竟異爲大異，畢竟同爲大同。則一般之同異，非大同大異，而爲小同小異。由一般之小同異，進于畢同畢異，亦如由一般之大小，進于至大至小。由一般之大小進于至大，而無外，亦無大，進于至小，而無內，亦無小；而大小之分別可泯。由小同小異，進至畢同，則無異，進至畢異，則無同。則充同異之量，至乎畢同畢異，同時亦卽至于更無異亦無同之境，而異同之觀念亦可泯矣。

其第七事「南方無窮而有窮」，此要在以南方爲例，以通有窮與無窮之分別，其如何通法，亦不可知。如向南方而行，其前無窮，而始于足下，則其後有窮。此是一講法。南方非北西東三方。南方之無窮只限于南方，亦窮于此南方。此是一講法。又欲窮南方之無窮，須步步前進以求窮之，而後見其無窮。步步窮之，則每步皆有所止而窮。唯賴此步步有所止而有窮之事之相續，乃可以言有無窮，則無窮待此有窮以成無窮矣。又是一講法。再人果能以無窮之步履，以窮無窮之南方，則南方無窮，亦可爲此無窮之步履所窮，亦是一講法。此外亦尚可能有其他講法，以釋此語。惠施畢竟如何講法，亦不可知。然其意在通此有窮與無窮之分別以爲一，則固當是其宗趣之所存也。

其第八事「今日適越而昔來」，亦可有種種講法。如今日適越而來到越時，則其適越之事已成昔，是一講法。今日適越而來到越時，今日已成昔，又是一講法。今日適越而到越之時，今日與此適越之事，皆成爲「昔之來到越之事」，再是一講法。莊子齊物論言「未成乎心而有是非，是今日適越而昔至也」或謂「未」當作「夫」，卽言人必成心先定，而是非隨之，則此下一語可是謂：昔先有至越之成心，然後有今日之適越之事。此又是一可能之講法。或更有其他之講法。然其旨在言今昔之可相轉變而相依，「往適」與「到來」之可相轉變而相依，而旨在通「今」與「昔」，「往適」與「到來」之分別，則宗趣亦顯然也。

其第九事「連環可解也」，亦不知惠施初如何講法。昔人或謂相連之環，乃互貫于其環之虛處，此虛處不見有連，是一解。環之連，乃人之使之由不連而連，則逆回此由不連至連之歷程，而還至不連，則環亦可解。如後之俗語中「解鈴還是繫鈴人」是也。此又是一解。或謂以錘破連環，則連環可解，亦未嘗非一解。然要之其宗趣在說連與不連相依而立，可相通爲一，則亦顯然也。

其第十事「我知天下之中央，燕之北，越之南是也」，則人或以天下無處不可以爲中，則燕北與越南亦可爲中，此是一解。又燕之北猶至北，越之南猶至南。至大之外無大，至小之內無小，則至北之地更無北，至南之地亦無南。無南無北，則南北之名廢，而只有一中央，兼連于此南北，以合南北爲一。此又是一解。或更有他解。然其旨在合南北中央以爲一，以見其爲一體，則歸趣顯然也。

莊子天下篇又言天下之辯者所言之二十一事，其中之卵有毛，郢有天下，犬可以爲羊，馬有卵，丁子有尾，山出口，白狗黑；與荀子不苟篇所言之「齊秦襲」、「鈎有鬚」；以及荀子正名篇所舉以實亂名者之言「芻豢不加甘」、「大鐘不加樂」，其說皆不可詳考。然要不外言世之視爲異者，未嘗不可見其同；世之視爲無者，由其變而可使之化爲有；世之視爲有者，由其變而可使之化爲無；世之視爲互相隔離不相連續者，可由其相連續處，觀其不相隔離，以合爲一體。人稍能用思，固皆能思萬物之異中有同而能變化，不相連續者之或亦可有其相連續之處，以合相異而相隔離之物，爲一體，以觀之；而更忘其分別之名，以體一切萬物之爲一體也。

吾前著荀子正名與先秦名學三宗，謂荀子所謂以實亂名，卽指惠施一型名實之論。此型之名實之論之大旨，在以天地萬物之一體爲大實。由此大實以觀吾人一般用以分別此大實之種種名言，無不可兼泯其差別，而說其無差別。此非謂惠施全不知天地萬物有種種差別。莊子天下篇文謂惠施多方，其書五車，其道舛駁。人問「天地所以不陷，風雨雷霆之故，惠施不辭而應，不慮而對，遍爲萬物說」，則見其亦知注意萬物之差別之故。然在天下篇所言之十一事中，則偏在言天地萬物之一切大小、內外、長短、高下、生死、中偏、同異、南北中央之方位、有窮、無窮、連不連等一切相對之差別，皆可通之爲一體，而以泛愛之情，攝之以成一大實；而更忘其用一般之名言差別，所形成之知識之差別，而得契于莊子之「天地與我並生，萬物與我爲一」，而「忘名言超知識」之一境。故惠施與莊子爲良友。然其辯則與一般之見之不知此一體之義者，互相對反，惠施遂與此一般之見，相辯無已，而天下篇謂其「卒以善辯爲名」，荀子乃謂「惠子蔽于辭而不知實」。惠子遂被後世列爲名家。然實則惠施正是要泯化世間之名之差別，以歸于一體之大實。亦可說爲實家，非名家也。

就惠施之十事所及，以觀惠施所欲泯除之種種差別，大皆屬于由事物之高下方位長短中偏之空間相，事物之生死往來之時間相，及同異、有窮無窮、連不連之相對範疇之相，所形成之諸差別。此可與西方哲學中之時空等範疇之論相應合。其書五車若傳，亦必當有其種種妙論，以自證成其說。然其宗趣則在泛愛萬物，見天地一體。此泛愛之名，近墨子之兼愛。一體之義，則莊子所暢言。其言泛愛，蓋只是一以情泛攝萬物之境，必非如墨子之愛人之愛。愛人而一一利之，爲可能之事。愛萬物而求一一利之，則唯後之佛家之普度有情之衆生者，庶幾近之。惠施之泛愛，蓋亦非佛家之義，亦非于萬物必一一利之也。泛如水之泛，泛愛固當只是于萬物有一泛攝之情之心境而已。則其泛愛之名，雖大可是由墨子兼愛之名所轉成，而其所歸向，則仍在契于莊子之心境。則吾人視惠施之教爲由墨家義，以過渡至道家境，而通墨與道者，亦未嘗不可也。

第十九章　周秦諸子對名言之道（下）

五　公孫龍之名實論

世言周秦之名家，以公孫龍爲巨擘。其書有六篇具存。惠施蓋亦嘗與公孫龍之徒相辯。公孫龍書重正名實，而自言其論名實，合于孔子之教，亦明王道之一端。故初亦非如西方之邏輯家知識論者之爲論名實而論名實者。此名實之論，乃孔墨所先重，初固爲在倫理道德政治意義上，謂當有「實」以合于人之「名位」，及人所言之「德」與「義」。至道家之老莊，而重言「德蕩乎名」、「行名失己」及名不親于身之義，而倡不言之教、不辯之道。道家所謂名，則或指名位、名聞之名，或指成辯之名言之名。惠施破一般之名言之分別，以見天地萬物之一體，爲一大實。公孫龍則要在尅就世間之名言，有其分別，以言其應各有所定指之實，而不使名與名相亂，方爲正名之事，得合孔子言正名以成治之旨。故其跡府篇引及孔子之言。公孫龍之名實之論，亦原屬儒墨道之名實思想之大流中之一節。彼亦自認爲如此。則吾人亦當循此名實思想之大流，以了解其用心之方向，與其言之價値所在。不必先存西方之邏輯知識論或存在論之說在心，以釋公孫龍之言；亦不可以公孫龍之引及孔子之言，爲裝點門面語也。

公孫龍之言名實之名，乃指種種客觀存在之實有之物者。此與惠施之十一事所論之空間之大小長短等，時之去來，以及同異、有窮無窮等，乃普遍之時空關係範疇之名者，大不同。此關係範疇之名，其自身原不表實物，故亦可由凡此關係範疇皆相對，凡此相對者皆可相轉變或相依而有，以通之爲一體。然指種種客觀存在而實有之物之名，則不如是。如「白」即指實有之物之白之性相，「黑」即指實有之物之黑之性相，「馬」即指有馬相之馬類之物，「牛」即指有牛相之牛類之物。白、黑、馬、牛之名之分別，乃直依客觀存在而實有之物，原有其性相之分別，而有其種類之分別而立。則不能輕言其名之分別之可泯，而通以爲一。此乃公孫龍之思想方向之所注，而與惠施思想方向之所注，大不同者也。惠施于名實，重合異成同，而于異名見其所指所表者，歸于天地一體之大實。公孫龍重散同以觀異，于異名皆謂其所表所指者恒有異實。故莊子天下篇之二十一事，除上述屬惠施一派之論者之外，餘如火不熱、輪不蹍地、指不至，至不絕、矩不方、規不可以爲圓、雞三足、目不見、鑿不圍枘、飛鳥之影，未嘗動也、鏃矢之疾，而有不行不止之時、狗非犬、黃馬驪牛三、孤駒未嘗有母等，蓋皆公孫龍派之說。今存公孫龍子書及列子仲尼篇等，言公孫龍所主之說，固與天下篇之二十一事中有合者也。

此公孫龍之言正名，乃就客觀存在之實物，其性相之不同，而言其種類之不同，以正名。近人則以爲此純屬邏輯知識論存在論之說，與中國昔人之言名字名謚及他家之言名位名聞之名，風馬牛互不相及。但我不以此說爲然。蓋在中國思想史之發展上看，此二者未嘗不相及。至純自理論上看，則人之有名字名諡名位名聞，乃始于人在他人心中有一存在地位。此與客觀之事物之有一名、始于客觀之物之在吾人心中，有一存在地位，正復相類。人之名字、名諡、名位、名譽之有種種之分，乃由一人在他人心中之存在地位之有所不同，亦如客觀之物之有種種之分，由其在吾人心中之存在地位之有所不同。此二者間，唯一差別，唯在吾人思及人之名字、名諡、名位、名聞時，吾人對之兼有一價值估量之意識，與好惡、是非、毀譽之情意。只以分別之名，指分別之客觀事物之性相種類時，則可無此價值估量之意識，與好惡是非毀譽之情意而已。故吾人若于客觀事物之名，更賦與一價值意義與情意意義，則其名，卽無異人之名諡、名位、名聞等之名。而將人之名諡、名位、名聞之名中之價值意義，情意意義，加以減除，則其名亦皆化同一般所謂專指客觀事物之性相種類之名。故此二者之不同，乃名之涵價值意義及情意意義，而意義較豐富者，與無此諸意義，而其名之意義較貧乏者之不同。人類之思想，能將一名中之價值意義及情意意義，與其純指客觀事物及其性相之意義，加以分開，固亦一思想之精密化。然自其更不重名言之價值意義與情意意義，而除之于名言意義之外言，則表示一對意義之了解，趨向于貧乏，而爲一有關名言意義之思想之範圍之縮小，亦由人之用名對名之道之縮小之所成。故公孫龍之言名實，只重名之指客觀事物之性相種類之意義，可說爲其對名之思想之更精密于前人，亦可說之爲更狹小于前人。而其言名實之道，則原于其前人之用名對名之廣大之道之縮小所成。故其名實之論與其前之名實論相較而言，乃有所長，亦有所短。然必須謂其原仍是出于其前之名實之論。其論與其前之名實論，在歷史上看，與在理論上看，皆未嘗不相及。不當因其可先視同西方式之邏輯知識論或存在論之說，便以爲可單獨討論；而忘此公孫龍之名實之論中之邏輯、知識論或存在論之成份，其原乃在一更廣大之名實之論，亦可攝在此更廣大之名實之論，而觀之者也。

至于尅就公孫龍書之名實之論，而觀其思想之趣于精密處，今據中華書局四部備要本，先照抄名實論全文于下。文曰：

「天地與其所產焉，物也。物以物其所物，而不過焉，實也。實以實其所實，而不曠焉，位也。出其所位，非位。位其所位焉，正也。以其所正，正其所不正，疑其所正。其正者，正其所實也。正其所實者，正其名也。其名正，則唯乎其彼此焉。謂彼，而彼不唯乎彼，則彼謂不行。謂此，而此不唯乎此，則此謂不行。其以當，不當也。不當而亂也。故彼彼當乎彼，則唯乎彼，其謂行彼。此此當乎此，則唯乎此，其謂行此。其以當，而當也。以當而當，正也。故彼彼止于彼，此此止于此，可。彼此而彼且此，此彼而此且彼，不可。夫名實，謂也。知此之非此也，知此之不在此也，則不謂也。知彼之非彼也，知彼之不在彼也，則不謂也。至矣哉，古之明王，審其名實，愼其所謂。至矣哉，古之明王。」

此公孫龍之名實論一篇，即今存其書之他篇之總旨。在此名實論中，公孫龍以天地與其所產爲物，即直指客觀宇宙之萬物爲物，而更不及其與人或我之關係。其謂「物以物其所物，而不過焉，實也」。此是爲「實」之名，作一定義，乃昔所未有。此語中之第一物字，猶今所謂作主辭名辭用之存在者。第二物字猶作動辭用之能存在。所物，是作賓辭之名辭用之所存在者。則此全語之義，卽：此存在者之能去存在其所存在者，則稱爲物之實。此是謂一存在者之物，必有能存在之活動，以自存其所存，方可稱爲有實之物。此一存在者之所存者，應卽指一存在者之內容性相。一存在者，若無一存在之活動，以自存其所存之內容性相，則虛而非實。必一存在者「有一能存在之活動，以自存其所存者」，乃爲有「實」。此固不難解也。

至于下一句「實以實其所實，而不曠焉，位也」。則是尅就此實之恆是其自己，以恆自居于其自己之內，而不與其自己相曠離，以言此實之自位于其自己之內。此卽所以言此「位」之名之義。簡言之，卽「實」是「實」，便是「實」自位于「實」。此乃于實更作一反省的思索之所成。對實作反省的思索，則自見「實」是「實」，而「實」自位于「實」。如實不自位于實，則實非實，而自出于其所位。此實亦卽非正居于其位者。必實不自出于其所位，方得位其所位，而正居于其位。故曰「出其所位，非位；位其所位焉，正也」。今以此實之正居其所位，或位其所位爲標準，以觀吾人所知之「實」之非正居其所位者，還正居其所位，是卽正其所不正。亦卽「以其所正，正其所不正」。此下「疑其所正」稍費解。或謂疑卽凝定。由不正還于其所正，卽還凝定于所正也。或曰疑其所正，卽疑其先以之爲正者之不正，而使之還于正。或曰由不正至正以求正，總是先經一疑惑，乃至于得其所正。

解皆可通。然此節文之要義，則固只在言何謂正，與正其所不正之一句也。

至下文之正其所實，卽正其名。則是說人之正其所知之實，使實正居于其位，賴于人之正其名。所謂使實正居于其位，卽見實自位于其實，亦卽見實是實。此見實是實，卽使物實有某性相者，實見其有某性相，乃賴于人之正其名。卽謂正其名，乃所以見「實」之是「實」也。

正其名之所以能見「實」之是「實」者。在「謂彼而唯乎彼，謂此而唯乎此」。此卽是說，于一物之有某一實者，以彼名名之，卽唯以彼名之。既唯以彼名之，卽見彼名所指之實，只是彼名所指之實。彼名與彼名自同，卽表所指之實與所指之實之自同，亦卽見「彼實」是「彼實」。此亦卽見彼之實，正居于其自位，而得其正位之道也。彼實之得正位，在：以彼名謂之，卽唯以彼名謂之。此實之得正位，則在以此名謂之，卽唯以此名謂之。總之，實之得其正位，在人之用名之自相一致以進行。無此正名之事，則物之實不能得其正位；而唯由正名，方可使物之實得正位。則重點初在正名，名正而後實定。此公孫龍之名實之論之根本方向所在。故公孫龍可謂一標準之名家，而與惠施之以天地萬物之一大實，泯除名之分別者，正相反者也。此人之用名，乃用以指實，卽所以謂實。于一實以此名謂之，卽恆以此名謂之，卽此名謂之自相一致以進行。于一實以彼名謂之，亦然。此卽「名謂」之進行之「當」。反是，則不當。「其名正，則唯乎彼此焉」，卽當也。分別言之，則唯乎彼，卽于彼唯謂之爲彼；唯乎此，卽于此唯謂之爲此。是卽後文之「故彼彼當乎彼，則唯乎彼，其謂行彼。此此當乎此，則唯乎此，其謂行此」。行卽此謂彼謂分別的自相一致以進行，以分別用于此與彼，而分別止于此與彼。此卽所以使此實彼實之分別正居于其位，而皆當。反之，則「謂彼而彼不唯乎彼，謂此而此不唯乎此」，是爲不當。是卽不以此謂自相一致，以行于此，不以彼謂自相一致，以行于彼；而以此謂行于彼，彼謂行于此。此卽「以（求）當，不當也」，「不當而亂」。故曰「彼此而彼且此，此彼而此且彼，不可」。人在此情形下，則于此實，亦不見其是此實，于彼實亦不見其是彼實，則亦無此謂、彼謂之行，而亦不須有此謂、彼謂矣。今欲有此謂彼謂，則必須能各行其謂。故謂之此，卽自相一致地以謂之此，謂之彼，卽自相一致地以謂之此。然後其「謂」行，而此實之是此實，彼實之是彼實，乃得見。故正名之事，卽有彰顯「實」，使實得位之功。正名之功在人，而彰顯實使實得位之功，則見于物。此方見正名之大用。吾人之如此釋公孫龍之名實論，乃通貫全文，而以其後文所說，與前文所說，照應而觀，方有是釋。故與他人所釋，頗有異同。讀者更可細勘之。

六　公孫龍之白馬論、堅白論

公孫龍在當時以言白馬非馬，及主離堅白，名于世。其書有白馬論、堅白論二篇。白馬論思路甚清楚，歸趣則實甚單純。其謂白馬非馬，只是就其各是一名，各有其所指所定之實而說。在白馬之名中，自是兼有白與馬，以兼定馬之色與形之實；而馬之一名，只定馬之形之實。二名所命所定之實不同，則二名不同，而此名非彼名。故以馬爲名以求馬，黃黑馬皆可以應其求。以白馬爲名以求馬，則黃黑馬不足以應其求。則馬與白馬所指之實，固顯然不同。若謂白馬之名同于馬，黃馬黑馬之名亦同于馬，則黃馬黑馬、亦將同于白馬。故白馬之名與馬之名必不同。卽依此二名之不同，而言白馬非馬，此固皆無問題，亦無奧義詭辯也。在白馬論中唯一有意味之一討論，是問者謂白馬之一名，由白與馬二字合成，而其中有一馬之一字或馬之名，今暫抽掉其中之白之一字、白之一名，唯存馬之字，馬之名，則豈不可說其是馬？但公孫龍此之答則謂：白馬乃一整個之名。此白馬中之馬，乃已爲白所規定之馬，而此白馬卽合成一整個之名。旣已合成一整個之名，則不能再抽掉其中之白，而單就其中之有馬字，而謂之爲馬也。玆按白馬論中述難者之言曰「有白馬不可謂無馬者，離白之謂也。不離者有白馬不可謂有馬也。故所以爲有馬者，獨以馬爲有馬，非有白馬爲有馬。故其爲有馬也，不可以謂馬（是）馬也（陳澧謂也讀若耶，陳柱公孫龍子集解引）。」此卽謂白馬之名旣由馬與白合成，此名中固有馬之一字，今離此白以言馬，而馬，馬也，則豈不可說白馬是馬耶？然下文則答之曰「：白者不定所白，忘之而可也。白馬者，言白定所白也。定所白者，非白也」。此卽謂單獨言白，而未用以規定一物時，此白之名，乃一可普遍應用之名，自可不用，或加以抽掉而忘之離之。則可說白馬中唯存馬字，而難者可說此馬只是馬，而白馬亦是馬。但公孫龍則答以此白馬中之白，非不定所白之白，乃已用以規定所白之馬之白。由是而此白亦卽連着于馬，以合爲整個之一名，不同于單獨言之白，可加以抽掉而忘之離之者。不可忘不可離，而當守。故跡府篇謂公孫龍爲「守白之論」。此守白，方爲其白馬非馬論核心義。其曰「定所白者，非白也」卽謂白馬中之白，爲定所白于馬，而當守之白，非孤立之白—以成一整個之白馬之名者。此整個之白馬之名，自別于馬之一名。故曰白馬非馬也。要之此白馬非馬之論，乃純從此是二名，各有其所指之實而說。于此不須連西方邏輯中之內包外延、種與類以及類之包涵關係等而說，以另生枝節，則原文卽簡單明瞭，亦無奧義詭辯。唯此說與常識及一般邏輯之于一實物說爲白馬者，亦可說爲馬，似相違，故覺其中別有奧妙，亦似爲詭辯。實則卽在常識與一般邏輯，于一物說爲白馬者，更說之爲馬，亦同時意許馬與白馬是相異之二名。公孫龍不過就此人所原已意許其爲二名，而自覺的說出其爲二名，而此名非彼名，以見此名彼名，各有其義，亦有其所指之實之異，使人知此「名之異」與「其所指之實之異」，當有「一對一之相應關係」之存在，以正名，而正其所指之實之位而已。

復次，公孫龍之堅白論，歸趣亦甚單純，唯其文句稍繳繞，故易引起人對之作種種歧想，而化之爲複雜難解。其謂堅白石非三而爲二，只是說對視而言，有白無堅，則只有白石之名，與所見之白石相對應；對觸而言，則有堅無白，則只有堅石之名，與所觸之堅石相對應。視與觸，爲二感官之事，而自相離，則其所感之堅與白，自亦相離，而堅白之二名亦相離。此中人之疑惑，唯由堅白皆屬于石而起。故人問「天下無白，不可以視石；天下無堅，不可以謂石。堅白石不相外，藏三可乎？」此問只是由問者之自「堅白皆屬于石，而藏在石中」着想而生。故問者可謂「其白也，其堅也，而石必得以相盛盈。」此卽謂堅白皆屬于石，爲石所同時具得之謂。「相盛盈」者，謂凡有堅之處皆有白，凡有白之處皆有堅，堅白互遍，互充滿，卽相盛盈也。然公孫龍之答語則謂：堅白之藏于石，乃分別自藏。人之得其白，得其堅，亦分別自得：或得堅、或得白。白可見，堅不可見；「可見」與「不可見」離，故「堅」與「白」離。今若說皆藏在石中，亦是分別自藏，不可只說是一「藏」之藏。故曰「有自藏也，非藏而藏也。……得其白，得其堅，見與不見離，一一不相盈，故離。離也者，藏也」。「離也者，藏也」，卽言其分離以自藏也。

公孫龍之論堅白之要旨不過如是。其下文之難者更言「石之白、石之堅、見與不見，二與三，若廣修而相盈也」。此乃是還自客觀之石之堅白，皆屬于石而相盈，以更倒說此人之見與觸，亦可視爲互遍而相盈。故人之說二說三皆可，二與三之義亦互遍而相盈。如廣者之有修，修者之亦有廣。此難者之意，是由客觀之石之堅白之互遍相盈，以倒說人之「見」與「觸」、「二之言之義」，及「三之言之義」，亦可視爲互遍相盈，則公孫龍說二固可，今說三應亦可。此是自退一步，又進一層之問也。

公孫龍之答，則是先轉問：「物白焉，不定其所白；物堅焉，不定其所堅。不定者兼，惡乎其石也？」此是泛說白與堅而不定于石，則此堅白乃各物之所兼有，如白馬論中之不定所白之白，或今所謂共相概念可普遍應用，而非實際上已定于實物之石者，則何可謂爲石之堅白也？

問者還答曰：「循石，非彼無石，非石無所取乎？白石不相離者，固乎然，其無已。」此是謂彼是循石以觀其有此堅白。石非此堅白，則無石；而無此石，亦不能取得具有此堅白之性質。然由石既具有而取得此堅白之性質，則堅白固是屬于石，或當屬于石，以與石不相離，而無有已時也。

公孫龍既得問者之意，則還循此堅此白皆爲定于石之堅白，以言于石中之堅白之二，見知其白，不知其堅，觸知其堅，不知其白；白乃所見，堅乃所不見；以重申其堅白離之說。故曰：「于石一也，堅白二也，而在于石。故有知焉，有不知焉；有見焉，有不見焉。故知與不知，相與離；見與不見，相與藏。藏故，孰謂之不離？」相與藏，卽相並，而分別以自藏也。

至于問者之再問：「目不能堅，手不能白，不可謂無堅，不可謂無白；其異任也，其無以代也。堅白域于白，惡乎離。」則此是問者重申其堅白屬于石之論，而謂目之不能得堅，手之不能得白，爲屬主觀之目手之任自異，而不能相代之過，不關客觀之石之自具堅白。後文公孫龍之答則曰：「堅未與石爲堅，而物兼，未與物爲堅，而堅必堅……天下未有若堅而堅藏。白固不能自白，惡能白石物乎？若白者必白，則不白物而白焉，黃黑與之然。石其無有，惡取堅白石乎？」此乃謂堅必爲「與于石」，或爲石所表現之堅，白必爲「與于石」，或石所表現之白，此方爲實有之堅白。否則只是物所可兼有之堅白之概念共相。此爲概念共相之堅白，若無石等物表現之，則雖曰堅必堅而白必白，而非能自表現而白物堅物，以實存于天下之堅白，乃不白物之白，如黃黑之類，及不堅物之堅，而唯有分別自藏者。其言「石其無有，惡取堅白石」卽謂無石，卽白不白物，堅不堅物，亦無所謂「堅白石」也。至于就爲石等物所表現而實存于天下之堅白而言，則亦必連于人之用目視、用手觸以知之事而言。人目與手異用。用目可知白不知堅，用手可知堅不知白。而目與手離，則其分別所知之石之堅與白，亦自當相離也。至其後文曰「白以目，以火見，而火不見，則火與目不見，而神（疑下脫不字）見。神不見而見離。堅以手而手以捶，是捶與手知；而不知，而神與不知。神乎，是之謂離焉。離也者，天下故獨而正」。此段文有誤脫，亦有種種校讀法，皆可不悖其大旨。今只加一不字于「神見」中。此卽是謂：神之見白，賴乎目，目賴乎火，然目火自身非能見。（如天下篇辯者二十一事中有「目不見」）唯心神能見。心神不見白而離白，故知白可離。後言神知堅，賴手，手賴捶，而手捶自身亦非能知堅。唯心神能知堅。心神不知堅而離堅，故知堅可離。此節之大旨，乃由目、火、神、見之一系列，與手、捶、神、知之另一系列不同，以言神可不見白、或不知有堅，以證堅白可相離，則其旨甚明。堅白相離，堅獨堅而白獨白，以各居其正位，其名皆正矣。

此公孫龍之堅白論之所以必謂堅白離，乃歸在言堅白分別對人所用之目火或手捶而表現，以爲人之心神之分別所知之實而說。此所知之實自分別，則堅白二名，亦自分別。人當以手觸石之時，只須有堅石二名，以說其所對之實。人當以目視石之時，亦只須有白石二名，以說其所對之實。然後人所用之名，皆爲表其所對之實之名。故皆只須舉二名而已足。若于目視之時，舉堅白石三名，則堅自藏，而非實。若于手觸之時，舉堅白石三名，則白自藏，而非實。此中如以藏爲實，而加以混淆，遂用三名以表實，則名不正。然若說于此中有一名，乃表所藏之白或堅，則用三名亦未爲不可。公孫龍亦未必加以反對也。

七　公孫龍之通變論

公孫龍之通變論，文句似較爲難解。其所謂通變，乃自實變其名亦當相隨而變說。然未變之實，與已變之實，必相別異，人之變用其名，亦必求足以表此別異，以保存名實間之對應關係。此即本文之宗旨也。全文如下：「曰：二有一乎？曰：二無一。曰：二有右乎？曰：二無右。曰：二有左乎？曰：二無左。曰：右可謂二乎？曰：不可。曰：左可謂二乎？曰：不可。曰：左與右可謂二乎？曰：可。曰：謂變非不變可乎？曰：可。曰：右有與，可謂變乎？曰：可。曰：變隻？（註）曰：右。曰：右苟變，

註：此隻字難解。俞樾校改作奚，人多從之。陳柱於公孫龍子集解引章從益云：「夫，一右也，所謂隻也。」則變隻，猶問在右與左合之情形下，所謂變是變那一隻？故下文答以：「變右」。則不改亦通。

安可謂右？苟不變，安可謂變？曰：二苟無左又無右，二者左與右奈何？羊合牛、非馬，牛合羊、非鷄。曰：何哉？曰：羊與牛唯異，羊有齒，牛無齒，而牛之非羊也，羊之非牛也（據王啓湘校），未可。是不俱有，而或類焉。羊有角，牛有角，牛之而羊也，羊之而牛也，未可，是俱有，而類之不同也。羊牛有角，馬無角；馬有尾，羊牛無尾。故曰羊合牛非馬也。非馬者，無馬也。無馬者，羊不二，牛不二，而羊牛二。是而羊而牛，非馬可也。若舉而以是，猶類之不同。若左右，猶是舉。牛羊有毛，鷄有羽，謂鷄足一，數足二，故三；謂牛羊足一，數足四，四而一，故五。牛羊足五，鷄足三，故曰：牛合羊非鷄。非有以非鷄也。與馬以雞，寧馬。材不材，其無以類，審矣。舉是亂名，是謂狂舉。曰：他辯。曰：青以白、非黃，白以青、非碧。曰：何哉？青白不相與，而相與，反對也；不鄰而相鄰，不害其方也。不害其方者，反而對，各當其所，左右不驪，故一于青不可，一于白不可，惡乎其有黃矣哉？黃其正矣。是正舉也。其有君臣之于國焉，故強壽矣。而且青驪乎白，而白不勝也。白足之勝矣，而不勝，是木賊金也。木賊金者，碧。碧則非正舉矣。青白不相與，而相與不相勝，則兩明也。爭而明，其色碧也。與其碧，寧黃。黃其馬也，其與類乎；碧其鷄也，其與暴乎。暴則君臣爭，而兩明也。兩明者昏不明，非正舉也。非正舉者，名實無當，驪色章焉。故曰兩明也。兩明而道喪，其無有以正焉。」

觀此通變論之後文，則知此中全文之旨，乃在避「兩明而道喪」。而此所謂「兩明而道喪」，卽兩名之義，爭明而相混淆，此卽足使名與名之同異不彰，而其與實之同異之對應之關係，亦不得顯，遂使名實無當。其所舉之名爲亂名，其舉爲狂舉。今能先把握此旨，自于其前文之解釋，有一可循之路，而不致如人之任情作歧想，以爲解釋矣。

此文首言二無一、無右、無左，右或左亦無二。此乃純由「二」無「左」「右」「一」之義，「左」「右」「一」亦無「二」之義，以見「二」與「左」「右」「一」之各有其所指之實而說。故其名亦卽足以相別，以與其所指之實之別相應。至謂「左右」可謂「二」，則自左右相與，而合成之一名，所指之實，亦爲「二」之名所指之實而說。左右合而爲二，固與左或右之各爲一者不同。然左或右中之任一個，如右，亦可變而與左相結，以由只可以「一」名之者，而變爲可以「二」名之者。此中，人如只自變前以觀，則右自是右，故曰「右苟變，安可謂右」，亦不可說之爲二。自變後以觀，則右與左合，而非不變，故曰「右苟不變，安可謂變」。變前變後之情形不同，故變前之右（或左）中之無二，二亦不能指此右（或左），並無礙于變後之左右既合，而可以二指之。于變後之左右之合所成之實，可以「左與右」謂之，亦可以「二」謂之，以皆同指一實也。然此亦不礙當右未與左相合，右未變之時，右之只是右，亦只可以一謂之，而其中自無二無左，而左中無此右二中無此一也。左之變前變後之情形，亦然。在變前「右」、「左」、「一」三名，與「二」之名之所指之實，互無其所有，以成其名之互異。在變後，則右與左合，可以「二」謂之，亦可以「左與右」謂之，以成此二名之同指一實。然要皆必依名所指之實之異同，以定名之異同。由二名所指之實，非一實，而互無其所有，以見二名之異；更由二名所指之爲一實，而互有其所有，以見二名之同；則爲上例所示之原則。故必實變，然後名得與之俱變。此卽所以通名實之變，而使名實，恆有對應關係之道也。

依此左右一二之例所示之原則，而公孫龍于此篇乃更舉「牛合羊非馬」「牛合羊非鷄」爲例，以見名之異，必賴其所指之實，能互無其所有以彰顯；名之同，則賴其互有其所有，以彰顯。又必對異明同，對同明異，然後名實之同異俱彰，而不至「爭光兩明」，以造成名實之混淆。此卽後文論此二例之歸趣；而爲世之釋此後文者所忽者也。

在牛合羊非馬之例中，公孫龍先自其中之牛與羊之關係而論。其謂「羊有齒，牛無齒」，以謂「牛之非羊，羊之非牛，未可，是不俱有，而或類焉」。或謂牛只無上齒。牛無上齒，爲與羊不類，而有下齒，則與牛類。故牛與羊有不類而異，亦有類而同，此則不能彰顯牛羊二名之異。今縱謂此齒字專指上齒，此語亦只見牛無羊之所有；而不見羊無牛之所有，而未能兼由此羊之無牛之所有，以彰此牛羊之異。又此語只言羊與牛有異，而未言其無同，則可言其有異而不相類；亦可由其未必無同，而言其或相類。則此語固不能彰顯其牛與羊二名之必異，其所指之實之必不類也。

至于下一節謂：「牛有角，羊有角，牛之而羊也，羊之而牛也，未可。」則此當是自牛羊之有角雖相類，其角未必相類，而其他之處未必相類而言。故不能以其皆有角，以言其必相類。因此語只是言牛羊互有其他之所有之角，而言其有同，而未言其無異。此與上羊有齒，牛無齒之例，只是「言牛無羊之所有、而與羊異，未言其無同」之旨相對。合以見：只言二名所指之物有異，或只言二名所指之物有同，皆不足彰顯其同異，以言其必不同類，或必同類也。

然在牛合羊與非馬之全句所表之意，則又與上二者不同。此中羊牛之有角與馬之無角相對反，馬之有尾（有鬛之尾）與牛羊之無尾相對反。牛羊與馬之名之異，則以牛羊與馬之名所指之實，互無其他之所有，而得彰顯。牛羊之同爲有角，亦由其與馬之無角相異，而使此同爲有角得彰顯。此即合于由左右一二之例中所示之原則矣。

由此以更觀其牛合羊非鷄之例，則又尙未能合于此上之原則者。蓋此謂羊合牛非鷄之理由，乃只自牛羊有毛，鷄有羽，牛羊有五足，鷄有三足說；而未自牛羊無羽而有毛，鷄有羽而無毛說；亦未自鷄有「三足」無「五足」，牛羊有「五足」無「三足」說。則羽毛亦可說相似而同類，鷄與牛羊之或有三足，或有五足，亦只是足之多少之別。故依此以言牛羊非鷄，或牛羊與鷄之名之異，其異亦未得全然彰顯也。故下文謂「與馬以鷄，寧馬，材不材、其無以類審矣」。此卽謂在「牛合羊非馬」之情形中，牛羊有角之材，而馬無其材；馬有尾之材；而牛羊無其材。牛羊與馬，各有其材與不材，互相對反，則顯然「無以相類」。然後羊與馬名實之異，乃得全彰也。

至後文之他辯，則是另舉靑以（義同于與）白非黃，白以靑非碧爲例。靑與白合，而相與不驪，卽不混。靑與白中皆無黃，則靑白與黃之名實之異自彰。而白以靑，則是白之驪乎靑，靑白混而爭光兩明以成碧。則碧與「青」及「白」之異不彰，以碧中似有青或白故。故舉黃以與「青與白」對，其名實之異俱彰。舉碧以與「白以青」對，則其名實之異，不得俱彰。故舉黃爲正舉，舉碧非正舉；亦如舉馬以與牛羊對，爲正舉，舉鷄非正舉也。正舉者，名實之異俱彰，如君臣之異職而相輔。非正舉者，名實之異不彰，如爭光兩明，以相淆亂，如君臣之爭暴。欲去此兩明之爭暴，以使名實之異俱彰，則唯賴于不同之名所指之實，互無其所有之處着眼，以辨其異。此卽同于其前文之自二中之無一、無右、無左，右中左中之無二，以辨「左」、「右」與「二」之名之異也。然此固不礙合左右以成二之實，可以「左與右」謂之，亦可以「二」謂之，亦如牛不二羊不二，合牛羊而可謂之二也。

八　公孫龍之指物論

公孫龍子之最難解者爲指物論。吾亦嘗玩之數十年，自屢易其解，終覺其文如龍蛇夭矯，縛拿不住。後乃漸知此篇不能單獨而解，必須通公孫龍子全書之旨而解。其要在知此中之「物」，卽名實篇之物，而「指」則「舉名用名以指物之實」。物屬天地之所產，用名指物，則吾人正名，以使物之實得其正位之事。所謂名，自有其所表之意義，卽物之性相之實。此意義或性相之存于心，則爲人之意象觀念。指物必用名，人用名時，亦自有將此名所代表之「意象觀念」，與爲其內容之「意義」或物之性相，一齊指向于物，或指目物之事。然此指之一名在公孫龍，則非專表此指向之活動之自身，亦非專表此名所代表之意象觀念之意義、或物之性相等，而當是表此整個之「用名與其所表示者，以指物之實之事」。公孫龍書初未對此事之內涵作分析。今世之論者，務于此作分析。或謂此指專表此指向之活動，或謂此「指」專表「此名」，或此名所表之意象觀念或意義，性相，此皆翻失其全旨（註）。公孫龍只于上述之一事實，總名之曰指，而此「指」卽「用名指物」。故此指中亦自有名在。公孫龍言指物，其要點唯在言人主觀所造之種種名，乃用以指客觀之物之實，如馬之名乃人用以指馬之形，白馬之名乃人用以兼指馬之形與色。分別之名，皆只分別負其指物之責。然此種種名，卻初非用以指此「用名指物」之事，與其中「所用之名」者。故馬之名不可以指白馬。若馬之名可用以指白馬之名，則人可由白馬之名中有一馬字，將如白馬論中所引之問者之言，以謂此馬字卽馬字，而謂白馬是馬矣。公孫龍在白馬論中之答問者之疑之道，是自此白馬之是整個之名說，如上所述。而其所以整個是一名，則因其只對其所指之實，卽馬之形與色，而負責。此名之用，只限于指其實。此「名」屬于能指，「實」是所指。然此能指中之名，則不可同時更化爲所指。如再化爲所指，則吾人亦可就此白馬之名中，指出其有此一馬字，以謂白馬是馬矣。知上述之義，而吾人卽可契入此指物論全文矣。

註：公孫龍之指物之指，注家最多異釋。如謝希深舊注，以物我相指爲相是非，乃以莊子義釋公孫龍。王時潤公孫龍子校詮，取俞樾說，以指爲「指目」。然亦半取莊子義，以注其文。章從益公孫龍注以指爲指

歸。陳澧公孫龍子註謂指爲以手指物之指。（並見陳柱公孫龍子注集解所引）。章太炎齊物論釋，以指爲能指，卽識，物爲所指，卽境。乃以佛家唯識義釋公孫龍。友人徐復觀先生公孫龍子講疏，則謂指爲映象。此外則或爲謂對物之指定，而屬于物之一種抽象（王琯公孫龍子懸解），或謂指爲代名詞（金受申孫龍龍子釋）或謂爲物之表德（胡適中國哲學史大綱），爲名（錢穆惠施公孫龍子），爲共相，（馮友蘭中國哲學史），爲類，（勞思光公孫龍子指物論疏證，見崇基學報六卷一期及 Chmiele Wshi（中國名學注釋）爲意義，（張東蓀公孫龍的辯學，見燕京學報三十七期。Graham 公孫龍論意義與物）爲指涉活動，（成中英公孫龍邏輯與本體論。夏威夷東西哲學雜誌二十卷第二期。上引二西人說亦見此文）。然凡此所謂心識、映象、物之德業或共相、類、意義，與指目、指涉、有所是非之活動，並涵在人用名時之「一面表意、一面指物之一事」中。析而論之，固亦可說有此種種。此種種亦實未嘗不相連，故皆未嘗不可說，而諸說亦可互轉。（試自思之）然在公孫龍則只統之于「以名指物」之一事中，未嘗于此更分析說。今更分析之，而指定一義，爲公孫龍之「指」之義，視爲互相排斥，以相爭辯，而人對指物論原文之解釋，亦更多轇轕。至于由此而人或以公孫龍之思想同於西方之無本體之現象論，或共相實在論，或唯意象觀念論，或唯名論，或唯物論者，則似皆可說，而亦皆不能作定說。諸說亦自相抵銷。不如謂公孫龍之思想，原無後人之一套問題，亦不如後人之多分析之功，而後人之說，皆並包涵公孫龍之「以名指實」之一語中。而此公孫龍之原旨，亦最爲宏通而簡易，以自有其旨趣所存也。

此文始于「物莫非指，而指非指」一句。言「物莫非指」；卽謂天下之物，莫非吾人用名之所指或所可指。凡篇中「物莫非指」之句，或以「物莫非指」加以解說之句中之「指」，皆只能作「所指」或「所可指」解，否則此句不通。由此而與之相對之下句「而指非指」中之上下二指字，只能一作「能指」解，一作「所指」解，否則此句亦不通。又下一指字，更宜作所指解；上一指字，宜作能指解(註)。故此「指非指」之句之意，是說此用名指物之事，乃人之能指之事。此能指之事，則非所指，亦非所可指者。是卽全文宗旨所在。今對此二句之解能把握，則于全篇之文，亦自不難通矣。

至其下文之二句「天下無指，物無可以謂物」，則是謂用名指物，乃人之正名之事。用名指物，卽名實篇以名謂物。若無人之以名指物、謂物之事，則物不能自相謂、自相指。下文謂「非指者，天下而物，可謂指乎？」卽言若非有此人之指，天下之物不能自相謂、自相指，卽不可謂之爲指也。此物之不可謂之爲指者，由于此指乃人之事，非天下物之事，天下之物中亦無此指。故下文更曰：「指也者，天下之所無也；物也者，天下之所有也。以天下之所有，爲天下之所無，未可。天下無指，而物不可謂之指也；不可謂指者，非指也」。卽言不可以客觀天下所有之物，爲其所原無之指，而物亦不能成爲此指，而非指也。

註：章太炎齊物論釋，謂物莫非指之指爲所指。上註之陳柱書引伍非百說亦謂「物，所指也；指，能指也。」然章又謂「指非指」中之上一指字，爲所指之境；下一指字，爲能指之識。以境識解，乃不必要。又以二句相對成文，上句之「非指」與下句之「非指」中之「指」，皆同在賓位，宜同作所指解。

至于下文之謂「非指者，物莫非指也」。則是回證篇首之第一句，卽物雖不能相謂相指，然物則莫非人之用指物之名之所指與所可指，如上所已釋。再下文曰：

「天下無指，而物不可謂指者，非有非指也。非有非指者，物莫非指也；物莫非指者，而指非指也。天下無指者，生于物之各有名，不爲指也。不爲指而謂之指，是兼不爲指。以有不爲指，之無不爲指，未可。且指者，天下之所兼。天下無指者，物不可謂無指也。不可謂無指者，非有非指也。非有非指者，物莫非指，指非非指也。指與物，非指也」。「使天下無物指，誰徑謂非指？天下無物，誰徑謂指？天下有指無物指，誰徑謂非指？徑謂無物非指？且夫指固自爲非指，奚待于物，而乃與爲指？」

此節文反覆繳繞，最難疏抉。但果順上文之句法，而以「非有非指」，爲「天下無指，物不可謂指」之理由；以「物莫非指」，爲「非有非(所)指」之理由；以「指非指」爲「物非莫指」之平行句，更以「物之各有名不爲指」，爲「天下無指」之理由；則吾人再逆回其言以觀之，卽可見其意是說：物各有吾人以名指之之時，所賦與之名，物各有名，以相分辨，各如其物，則無相指之義；此名初只是屬于人之能指之事，而非屬于所指之物。故吾人于物，雖各有名以指之，而物之自身則不爲能指，而不能相謂、相指。然此中人之由指物而賦與物以名之後，或指與物之後，人又恆逕以名爲物所自有，如將此「名」實物化，遂由此名之能指，以謂物亦能有所意指。此正吾人經常所有之見。如吾人旣以一「白馬」與「馬」之名，賦與于某物之實之後，則可將此白馬與馬之名，同附着于某物之實，而人可由此二名所附着之實之同，而謂其意指白馬與馬二名之同，遂謂白馬是馬，亦以馬之名指白馬之名，而此則正爲公孫龍之所欲破。破之之道，則在言此名之賦與于物，乃由于人之能以名指物，此名初只屬于此人之能指。人有不同之名，則有其不同之所指之實；卻不能以「指」指「指」，使能指成所指，亦不能此名指彼名，使彼名成所指。故曰指非指。知此指非指，則能指永不能成所指，能指之名，亦不在所指之天下之物之實中；天下之物之實中，亦無此能指、與用以指之名。故物之有名者，其名雖能指，而其物之自身，則不爲能指，而物亦兼「不爲（能）指」。既兼不爲指，則不能謂物有名，便「無不爲指」矣。

此上公孫龍之辯之要義，全在自「實物」之非「能指與其名」，以劃開「指」與「物」，使一一名，分別只指一一實，更無名實之混合爲一物，以使之兼爲能指與所指之事。亦卽無指中之名、再成爲他名之所指之事。由此以觀其後文，所謂且指者天下之所兼，卽謂「以一名指」，乃可兼對天下之諸物者，如以馬一名可指諸馬。故其所能指者，寬廣于其實際所指之一馬，而此馬之名所指之實，則又只爲諸馬之所以同爲馬之實，卽其馬之形。故馬之名不同于白馬之並指馬之形，與其色之白之實者。由此指與其名，能兼指諸物同有之某實，如馬之形，故指與其名爲天下諸物所兼。是卽見此指與名，亦決不能只黏附于某特定之天下之物，以化同于物。而指與其名，卽決非天下之物中之所有。故天下之物中，亦無此指與其名之存在。此則由能指與其名之非物，以劃開指與物也。然指雖非物，而物則不可謂之不爲此指與其名之所指，而謂無此「指」與「其名之加施于物」，不可謂有「非所指、非可指之物」也。故亦不可謂此所指或可指者，非所指或可指者。故曰「指非非指」。人又必須知此指與其名，乃人所加施于物之上，而非加施于其能指與其名，故曰「指（施）與物，非（施）與指也。」以上唯是明「能指與其名」，別于所指之「物」之義。至于最後數語，則不外言天下之物中雖無指，然指則必待天下之物而後立，以明指物相待之義。故曰「使天下無物（爲所）指，誰徑謂有：非所指者（卽能指）？天下無物爲所指（之實）」，又誰徑謂有能指（與其名）？此卽謂有物爲「所指」；乃有非此「所指」之爲能指者。下文則是說若天下只有此能指，無物爲所指，亦無所謂「非所指之能指」，亦不能說物莫非此能指之所指。在此情形下，無非（能）指之物，以爲此能指之所指，則此能指無所指，而此指又不能以其自身爲所指，如首句所說；則指卽不能成爲指矣。指自爲非指，則亦何有「待于物，而對之爲指」之事乎。此要不外言指必待物，以有所指與能指之分；亦必待物，以使物成莫非所指。否則指不能自指，卽無所指，不能待物與爲指，而不得成指。卽亦無指物之論可說矣。

此篇之文，前半之意在言能指非所指，而能指與其名不得黏附于物，而所指之物亦不能成爲能指。使天下無物指以下文，則言此能指之亦待所指之物，以成其爲能指，以補足另一面之義。其文義之次序，固顯然可見。莊子辯者二十一事中有「指不至、至不絕」列子仲尼篇有「有指不至，有物不盡」

註：吾文寫至此，乃忽念公孫龍之辯名指與物，正有類于西方現代哲學之論名指與物之層次之說。然吾初則全無此西方哲學之論在心也。

謂是公孫龍之說。能指與其名，雖指物而不黏附之物，即指不至；而指必待物以成爲指，即指不能絕盡其物，以自爲指。故曰物不絕不盡也。

九　公孫龍至墨辯及荀子正名、法家言名、至尹文子言名之發展

上文述公孫龍五篇之大旨，至其餘一篇跡府，無異公孫龍小傳，可不論。此五篇之文，因有反覆之問答，立義亦頗精密。但其歸趣，則實甚單純。即不外使一一用以指實之名之同異，與實之同異，處處求有對應關係、以正此一一之名。對此公孫龍所提之諸論點之討論，則墨辯經說下于堅白問題，仍主不相外而相盈之說。此乃純自「客觀之石之實」涵堅白，而「銜指之」說。則加「石」而「參直之」以說，亦可共說堅白石三。此乃自另一觀點說，亦非不可說。對白馬與指物問題，則齊物論之說近惠施之論，此可參閱原論導論篇孟墨莊荀之論辯一文，對齊物論所釋，以見公孫龍之說與惠莊之說，亦只是觀點不同，而一在合同異之名，一在辯同異之名。順其觀點而觀，亦皆可說。然公孫龍雖重辯名之同異，而于此「同」「異」之意義及名之有個體名與類名之別，以及個體及類間之包涵關係，

命題間之涵蘊關係，推論之原則，何爲有效之論辯，則又皆未明白論列。然在墨辯，則有小取一篇，論有效之論辯方式。此吾已詳析之于原論導論篇之原辯中論小取篇之文。讀者可加以參考。至于墨辯中經上下與經說上下中，則有分析種種同異之文。如謂「同」有重同、體同、合同、類同。二名一實爲重同，不外于兼，爲體同（如堅白兼在于石），俱處于室，爲合同（卽如二關係項在第三者中而互發生關係），有以同爲類同（卽二物以有相同之性相而類同）。異者反是。更言名有私名、類名（類名）、達名（最普遍之類名）之別，而私名包涵于類名，類名則包涵于達名，卽見個體與類、類與類之包涵關係。墨經中又言推論必立故，以成說。「有之必然，無之必不然」之故，卽充足而必須之理由，爲大故。「有之不必然，無之必不然」之故，卽必須而非充足之理由，爲小故。依故或理由以成說，則見故或前提之命題，與結論命題間之涵蘊關係。經說又言人之以言論謂，有移、舉、加之別。「移」蓋卽移一名，以名另一物。「舉」則如狗、犬也，乃舉一名，以釋一名，或以一類包涵一類。「加」如「叱狗」，則爲以言對一物表示一情意之態度。更言知有聞、說、親之別。聞卽聞知，說卽推理之知，親卽經驗之知。此皆屬邏輯知識論之論，爲公孫龍所未能及。然此墨經與經說數篇之文，皆斷簡殘篇，今人用力整理，又多附會之說。唯其能重類與類間之包涵關係，而謂狗、犬也，盜、人也，則亦當許依類之包涵關係，以說白馬是馬，則此與公孫龍之言白馬與馬爲二名之旨，卽有不同，而不必相悖。墨經之能重此類與類之包涵關係，以及前提結論間之涵蘊關係，以爲推論進行之根據，由此而小取篇能言「以名舉實，以辭抒意，以說出故」以成其有效辯論之道，如吾上提及之論小取篇文之所及。此固皆大有進于公孫龍之只言名與實之同異之相對應關係者也。

至于荀子之正名，則吾在原論中，已有荀子正名與名學三宗一文，讀者宜參閱。其當注意者，是荀子乃以同所（空間）者，爲一實，異所者爲異實。物之實有在異所者，故不得如惠施之視天地爲一體之大實。又荀子以同實可有異名，故人可以異名表一實之異狀，而指同一實物。故「堅」、「白」二名，可指同一實石。「白馬」之表馬之色形，及「馬」之只表馬之形者，可同指一實馬。此卽不同于公孫龍之所謂「實」卽物之「相狀」，未嘗以「同所」規定一實之義，而言離堅白、白馬非馬者矣。又荀子于一般社會通用之指物之散名之外，又能言刑名、爵名等法律制度之名。此刑名、爵名，皆涵有價值之善惡高下之估量在內。其他倫理道德之名亦然。此皆爲荀子之所重。故言正名「上以明貴賤，下以辨同異」。惠施公孫龍以至墨辯之言名，皆唯以別同異爲本。而昔之儒墨道之言名位、名分、名聞、名譽之名，則皆涵有價值高下或貴賤之義，存乎其中。事物同異，固爲名所表，事物之貴賤價值高下，亦當爲名所表。荀子論名，則又能知此別同異、明貴賤之二義。人辨貴賤，係于人之志意，同異則客觀之物所固有。荀子之論名，以名直接表人之志意所定之貴賤，而間接表物之同異。其謂人之所以爲有名，在明貴賤、辨同異，卽謂其在使人之志意得喻，而其對物所爲之事得成。此外荀子又言及循舊名，作新名以制名之道。故荀子之論名，最能綜合其前之諸子之用名對名之道以爲論。而其所論之用名對名之道，亦最爲廣大也。

至在申韓之法家，其言「令名自命，令事自定」，或命人臣先陳其言，更考核其實之是否與相合，以定賞罰，亦自是一種名實之論。法家之論，則或以「形」易「實」，而有形名之稱。然此法家之名，則不同名家之名實，亦不同于儒家有倫理意義之名位名分之名，其「言」亦非墨家之「言義」之「言」。其所謂「名」，唯是一政治上職位之「名」，其所謂「言」，唯是言一職務上之「事」。法家謂爲君上者，當循人臣之有某職位之名，與所言之事，以責其實，而更以賞罰，使其不得不有實，以合乎其名之所命，其言之所陳。法家之重此義之名之能命，更以刑罰使此名能命實，故可稱爲刑名之論。此法家所重之名與言，乃所以對抗社會上一般之毀譽之言，與由此毀譽而人在社會上所得之名。此人由社會上一般之毀譽，所得之名，對人行爲之影響，亦爲法家所最能見及，故必以賞罰助成其政治上之循名責實、循言責實之論，以對抗之也。讀者可重覽前論韓非子之章所述及，今亦不贅。

在先秦諸子中，有尹文子者，莊子天下篇列爲宋鈃同派。公孫龍子跡府篇、呂氏春秋正名篇，嘗稱尹文之說。尹文年先于公孫龍，謂其嘗學于公孫龍，其說自不可信。今存尹文子書，仲長氏乃序而行世。昔人多謂其書出後人依託。然其書頗載戰國時人之事，蓋當是周秦之書。其書亦論名實。謂「世有因名以得實，亦有因名以失實」，又謂「有形者必有名，有名者未必有形」，蓋有見于名實之可相應，亦可不相應者。其書又言當「名以檢形，形以定名，名以定事，事以檢名」，以觀名實之離合云云。更言「名有三科，法有四呈」。名之三科者，「一曰命物之名，方圓白黑是也；二曰毀譽之名，善惡貴賤是也；三曰況謂之名，賢愚愛憎是也。」法之四呈者，「一曰不變之法，君臣上下是也；二曰齊俗之法，能鄙同異是也；三曰治衆之法，慶賞刑罰是也；四曰平準之法，律度權量是也」。此中之命物之名，卽公孫龍惠施所言之名實之名。毀譽之名，則爲價値上善惡貴賤之名。況謂之名，卽主觀之情意等情況，心理狀態之名，（註）爲儒墨道諸家所重者。不變之法，卽政治倫理之名位之法。齊俗之法，卽本世風俗尙中，對能鄙同異之毀譽，以齊俗之法。治衆之法，卽法家之賞罰。平準之法，則純屬經濟上量財物多少之法。此其論名與法，亦較法家所言之義爲廣大，而兼將儒家所言之政治倫理之名位，儒道墨諸家所重之世風俗尙之不成文法，如禮俗、共同習慣之生活方式等，所形成之毀譽之標準，足以成教化民者，以及民生日用中量財物之法，皆一併兼攝于「法」中。法必有名，則其所謂名之義，亦卽順其所謂法之義之廣大而廣大。尹文子書又言「今親賢而疏不肖，賞善而罰惡。賢不肖善惡之名，宜在彼，親疏賞罰之稱，宜屬我。我之與彼，又復一名。名之察者也。名賢不肖爲親疏，名善惡爲賞罰，合彼我之一稱，而不分別之，名之混者也。故曰名稱者，不可不察也。語曰好牛。好則物之通稱，牛則物之定形。以通稱隨定形，不可窮極者也」。又曰「名宜屬彼，分宜屬我。……

註：按公孫龍以名指實之「指」之自身，亦是一名（而「非指」亦是一名）。但此指之名則非一般之名，亦非實物。此卽初是表人之指之情意活動之名也。若無此表情意活動之名，則于指（或非指）之一名，卽甚難安頓之于其他之名中，可試思之。

白黑商徵，膻焦甘苦，彼之名也；愛憎韻捨，好惡嗜逆，我之分也」。前一節意謂一般之名，有屬客觀之彼之事實形狀者，有屬主觀之我之價值判斷者；屬彼者爲「名」，屬我者則宜爲「稱」。好牛之「牛」，爲牛之定形之名，「其好」，則只爲我對諸物之價值上作判斷而有之通稱。此「稱」，卽上所謂毀譽之名。後一節言屬彼者爲「名」，屬我者爲「分」。而其以愛憎好惡爲「分」，卽以主觀之情意等心理狀態情況，屬于「分」。此分之名，卽上所謂況謂之名。總而觀之，則尹文子乃謂名：有只表客觀之事實形狀者，有表主觀對客觀之價值判斷者，有表主觀心理中情意狀態者。故謂名有三科。唯于此第二科之名，又謂之爲「稱」，于第三科之名，又謂之爲「分」耳。彼名家之惠施公孫龍，唯知定客觀之形之同異之名，而不知有以主觀定客觀之物之善惡貴賤價值之名。此則唯荀子兼知之。故荀子正名篇有「上以別同異，下以明貴賤」之語。然于專表主觀之心理上情意之名，則荀子亦未能特加以標出，以成第三種之名。尹文子之分名爲三科，則較荀子所言，又更爲備足。可謂一能總持周秦諸子言用名、對名之道以爲論者。周秦以後之言名，亦大皆有此三科之名。漢魏之所謂名理之論，初亦兼及于辨客觀之物之同異，辨善惡貴賤之事，與人之主觀心理上之情意狀態，而分別與之名者。故劉劭、鍾會之論才性同異，亦在名理之列。此其原皆在周秦諸子之言用名、對名之道，原有此種種之故。今人只以惠施、公孫龍等，論客觀之名實者，方爲能言此人用名對名之道之名家，其見亦狹矣。未嘗知周秦諸子言用名、對名之道之大者也。

第二十章　莊子天下篇之內聖外王之道與大學之明明德于天下之道

一　晚周之學術融合之趨向，及聖王之名義之變遷

周秦思想之發展，大約儒道墨法諸家之思想，皆相沿而次第興起。此即由諸家之對名用名之道之演變而可見。然此儒墨道法諸家之學派既立之後，亦互相影響吸收，以終趨于融合。莊子外雜篇中，固多以道德爲本，以涵攝仁義禮樂名法之論。荀子言心，亦有取于道家之義；其以禮言法，並以王道統霸道，即以儒家之義統法家義也。其重儒效，兼言義與利，亦涵墨家義也。韓非子之言法，可以道家之虛靜之論爲用。編管子書者，更兼取法家儒家道家言，以成書。亦見一思想融合之趨向。今存莊子中之天下篇，統論古今之道術，而位莊子爲百家之學之最高者，蓋非必莊子所著。當是道家之徒緣道家思想之線索，而更開濶其心胸，以概括古今學術，而綜貫論之之文。至于儒家之禮記中之禮運、樂記、大學、中庸等與易傳，則其中所包涵儒學之觀念理想，固多可上溯至孔孟與孔門弟子，亦多明本

于荀子，又兼取道墨諸家所常用之名辭，並旁通于其義以爲論。則其成書，當多在荀子以後。唯此諸文，與韓非之法家思想，則又似全無關係。故此諸文，當多是晚周或周秦之際之著。而非如秦漢學者其心目中，已先有韓非之法家思想在念，而後有之著，如呂氏春秋、陸賈新語、賈誼新書、淮南子、董仲舒書等，意在將此法家思想與儒道之思想，加以融通，或以儒家義道家義統法家義者。故卽此諸書，乃成書于漢初，亦當是七十子之門人後學，歷當世之遽變，而仍嚮往在上繼孔孟荀所傳之文化與思想，以守先待後者之所爲。則其思想史上之地位，仍當屬于晚周或周秦之際也。

對于上所提及之莊子天下篇，及禮記中大學、中庸、樂記、禮運等篇及易傳，今擬視爲各表現一綜貫的論學術之著，亦各有其綜貫的論學術之觀點，或基本觀念之所在者。茲試一一分別論之。讀者能將此所一一論者，再通而觀之，卽可見晚周或周秦之際之學術之融合之大趨向所存矣。

莊子天下篇一文，乃以內聖外王爲基本觀念，亦卽以此爲其觀今古學術之地位之觀點。此一聖王之名，初爲墨子書所及。然在墨子之書中，此聖王卽聖的王，如堯舜禹湯文武等。故重點在王字上。而墨子之言義道，乃歸于一同天下之義于天子，卽謂盡此義道之責在王。墨子之學，以上法天志，下利萬民爲義，故終成義外之論。其王道亦眞可謂外王之道也。至孟子言王道，則本于仁心，乃將外王之道之根據，立于此內在之仁心。然孟子之理想人物，唯名曰聖。王者能循聖人之心，以爲政治之道，卽名王道。則王道與聖道、王與聖不必相連而說。王而不循聖人之道，以爲政，則王只是一夫或一人而已。在孟子亦未嘗如墨子之用聖王之名。至荀子，則重聖德之客觀表現。聖人必兼盡倫亦盡制，以為王，而聖王之一名，遂為荀子所常用。此則轉近于墨子。唯荀子亦重聖之如何成其內心之德之學，故又不同于墨子之不重成此內心之德之學者。此如何成德之學，與如何建立王者之制之學，在荀子，固當兼備于一人之身。然其學其道，亦固可分別而論，如其書之所為。在荀子聖自是成德之名，而不必為王，故亦有聖臣；王是聖而為王者。此亦不同于墨子之聖王，只是聖的王者也。至在韓非子，則其所言之聖人，即明主、明王。此明主之名，荀子書已偶用之。其義蓋同于荀子之聖王，而亦具德者。韓非書所謂明王、明主，則唯是能本其聰明之智，用法術而核名實者。此王則除能自虛靜其心，以有明察之外，可別無其他內心之德者，此乃吾人論韓非時所已及。今莊子天下篇之言內聖外王之道，以聖有所生，王有所成併舉，有似荀子。然或謂天下篇為荀子之徒所作，則又不可。因莊子天下篇非深知莊子之學者不能作。而其文章之氣象、境界、義理，皆不同于為荀學者，莊子天下篇所謂內聖外王之道，有開有合。合則為一道術之全，開則有種種方面層次之別，以與天下篇所分別論述之不同學術，分別相應。此即又異于荀子之自王必先為聖，聖必求為王，以言聖王之道為一，而未嘗更開之，以論天下之學術者也。

二　天下篇論道術之規模

對莊子天下篇論愼到、田駢、彭蒙之學、與老莊之學之不同，吾前于論道家思想之源流及莊子處，嘗一一分析其文句。然對整個天下篇之旨，則尚未能及。按莊子天下篇所謂古之內聖外王道術之全中，開之則包涵三支之學：其一爲在數度者，此卽實際之政治行政中之「以法爲分，以名爲表，以參爲驗，以稽爲決」，而「百官以此相齒，以事爲常，以衣食爲主，其蕃息畜藏，老弱孤寡爲意」，以養民之學。此卽法家言之所自出。其二爲在詩書禮樂者。此卽自古相傳之人文之學。此中之詩樂可導人之心志情感，書使人知歷史上人之行事，禮所以自正其當下之行爲，易以知天地之陰陽變化，與吾人在世間之進退行止，春秋以知人在其名分上之所當爲。故曰：「詩以道志，書以道事，禮以道行，樂以道和，易以道陰陽，春秋以道名分。」人之得爲世之君子，皆不可不有此禮樂之學，並兼有爲禮樂之本之仁義之德等。故曰「以仁爲恩，以義爲理，以禮爲行，以樂爲和，薰然慈仁，謂之君子」也。天下篇謂此一支之學，「鄒魯之士，縉紳先生，多能明之」。此明是指儒學之傳。至于天下篇所謂第三支之學，則爲所謂散于天下之百家之學。按上述之數度之學，其基礎在政府；詩書禮樂之學之基礎，在社會之鄒魯之士、縉紳先生；而此百家之學之基礎，則在私家以師弟相傳，而散于天下者。此百家之學，要在各有一套學術之理論，與對于宇宙人生之看法、態度、及行爲生活之方式。故在思想之範圍內說，其所言及者，較只言政治之事者，與詩書禮樂之人文之事，更爲廣遠。觀天下篇之論此百家之學之分爲五宗，而附及惠施與辯者，則又見此諸家之對內聖外王之道術之全，各偏重其一端。然又皆有其所以對己、對人、對物、對世俗、對天下、對生死之態度、對心知與情等之看法、觀念，以說其所分得于之道術之全者、與其所成之德。天下篇之此文，分別就此等等，以對諸家之學比對而觀其異同，原文甚明，唯以其行文之搖曳變化，而或爲讀者所忽。今試略分析其文句，以證上之所說。

按天下篇言墨翟、禽滑厘之學曰：不靡于「萬物」。言宋鈃、尹文子之學曰：不飾于「物」。言彭蒙、田駢、愼到之學曰：趣「物」而不兩，于「物」無擇。言關尹、老聃之學曰：以「物」爲粗，空虛不毀「萬物」爲實，在己無居，「形物」自著，常寬容于「物」。言莊周之學曰：「萬物」畢羅，莫足以歸，不敖倪于「萬物」。言惠施之學曰：歷「物」之意，強于「物」，散于「萬物」，厭逐「萬物」而不返。此皆就諸家思想之所以對「物」，言其學之異也。至于天下篇言墨翟、禽滑厘之學曰：以繩墨「自」矯，而備「世」之急，言「自」苦爲極。言宋鈃、尹文之學曰：不苟于「人」，不忮于「衆」，「人」「我」之養，畢足而止，其爲「人」太多，「自」爲太少。言彭蒙、田駢、愼到之學曰：「公」而不「黨」，易而無「私」。言老聃、關尹之學曰：澹然「獨」與神明居，未嘗先「人」，而常隨「人」。言莊子之學曰：上與造物者游，下與外死生、無終始者爲「友」，不譴是非，以與「世俗」處。于惠施之學曰：以反「人」爲實、勝「人」爲名，「自」以爲最賢。此皆就諸家思想之所以對人、對自己、對世俗，而言其學之異者也。

再天下篇于墨翟、禽滑厘曰：反「天下」之心，眞「天下」之好。于宋鈃尹文曰：以此周行「天下」，雖「天下」不取，強聒而不舍者也。于彭蒙、田駢、愼到曰：非「天下」之大聖，笑「天下」之尚賢。于關尹、老聃曰：爲「天下」谿、爲「天下」谷，受「天下」之垢。于莊子曰：以「天下」爲沈濁。于惠子曰：特與「天下」之辯者爲怪。此皆就諸家思想之所以對天下，而言其學之異者也。

又言墨翟、禽滑厘曰：「生」不歌，「死」無服。言宋鈃尹文曰：願天下安寧，以「活」人命，我必得「活」哉。言彭蒙、田駢、愼到曰：非「生」人之行，而至「死」人之理。言關尹、老聃曰：人皆求福，己獨曲「全」，曰堅則毀矣，銳則挫矣。言莊子曰：「死」與「生」與，下與外「死生」無終始者爲友。此皆就諸家思想之所以對「生死」，而言其學之異者也。

再于墨翟、禽滑厘曰：其道不怒，歌而非歌，哭而非哭，使人「憂」、使人「悲」。于宋鈃、尹文曰：以此白「心」、語「心」之容，命之曰「心」之行。于彭蒙、田駢、愼到曰：不顧于「知」，不謀于「知」。于關尹、老聃曰：與「神明」居，其靜若鏡，其應若響。于莊子曰：「神明」往歟。此皆就諸家思想對心之知、精、神、明之看法觀念，以言其之學之異者也。至于天下篇每節前所言，而以古之道術有在是者，一語提說之者，即各家所分得于道術之全者。如「不侈于後世，不靡于萬物，不暉于數度，以繩墨自矯而備世之急」，即墨翟、禽滑厘所得之道術。「不累于俗，不飾于物，不苟于人，不忮于衆，願天下之安寧，以活人命，至人我之養，畢足而止」，即宋鈃、尹文所得之道術。「公而不黨，易而無私，決然無主，趣物而不兩，不顧于慮，不謀于知，于物無擇，與之俱往」，即田駢、彭蒙、愼到，所得之道術。「以本爲精，以物爲粗，以有積爲不足，澹然獨與神明居」，卽老聃、關尹所得之道術。「芴漠無形，變化無常，死歟生歟，天地並歟，神明往歟；芒乎何之，忽乎何適，萬物畢羅，莫足以歸」，卽莊子所得之道術。其言墨翟爲天下之好，謂宋鈃、尹文之言「先生恐不得飽，弟子雖飢，不忘天下」。言彭蒙、田駢、愼到，全而無非，動靜無過，未嘗有罪。言關尹、老聃未嘗先人，而常隨人，常寬容于物，不削于人，可謂至極，而爲博大眞人。言莊子「與天地精神相往來，充實不可以已；其于本也，宏大而辟，其于宗也，可謂調適，而上遂矣」。則皆言此諸家于其道術之所得，所成之德者也。此中唯不言惠施之對生命、對心之知情神明等之態度，亦不言惠施之所承于古之道術與其德之所在者。蓋以惠施之學，只知歷物，其道舛駁，而無可說。惠施只有「以其知與人辯，以勝人」之心，而未嘗知此心之知、情、神、明等之爲何若。其學只以口談逞雄，而無心上之道術以自寧。故曰「施存雄而無術」。無道術而只歷物，亦無眞實之德。故謂其「強于物而弱于德」，只以善辯爲名也。

三　聖王之道術之全

上文之就天下篇文句，一一指出其論此道術之散爲百家之學者，而一一分別就其對物、對人、對己、對天下、對生死之態度、對心之觀念，以說其所得之道術、與其爲人之德。此卽爲一自極廣濶之角度，論此百家之學之觀點。其由散于天下之百家之學之道術，及道術之在政治之數度者，及在社會文化中之詩書禮樂者，以觀由古至今之道術之全，與古之聖王之爲人之德之全，卽形成一極博大崇高之道術，與人德之理想。此卽爲天下篇首所謂「無乎不在」，由神明之降之出、而有之道術，與所生所成之聖王之德也。天下篇之言曰：「古之道術果惡乎在？曰：無乎不在。神何由降？明何由出？聖有所生，王有所成，皆原于一。不離于宗，謂之天人；不離于精，謂之神人；不離于眞，謂之至人；以天爲宗，以德爲本，以道爲門，兆于變化，謂之聖人。以仁爲恩，以義爲理，以禮爲行，以樂爲和，薰然慈仁，謂之君子。……百官……古之人其備乎！配神明，醇天地，育萬物，和天下，澤及百姓，明于本數，係于末度。……天下大亂，賢聖不明，道德不一，天下多得一察焉，以自好。譬如耳目口鼻，皆有所明，而不能相通……，雖然不賅不徧，一曲之士也，判天地之美，析萬物之理，察古人之全，寡能備于天地之美，稱神明之容。是故內聖外王之道，闇而不明，鬱而不發，天下之人，各爲其所欲焉，以自爲方。悲夫，百家往而不反，必不合矣。後世之學者，不幸不見天地之純，古人之大體，道術將爲天下裂。」

此一段文之意，明是以古之道術之全，見于古之天人、神人、至人、聖人、下貫至君子、百官之人者；而其道術之內容，則包括配神明、醇天地、育萬物、和天下、澤及百姓，由本數至末度。而上述之百家之學，唯老聃、關尹、莊子，能與神明居，有神明之往，然尚未必已能使神明出、神明降。

神明之出降，必由「本數」貫至「末度」，由天人、神人、至人，貫至君子與百官，然後爲內聖外王之道之全。天下篇言百家之學，固皆未言其有君子之詩書禮樂，與百官之數度之學；則老聃、關尹之與神明居，非神明之出；莊子之神明往，亦非神明之降，皆尙未合于此聖王之道術，直原于神明之降出者也。至于所謂「醇天地、育萬物、和天下、澤及百姓」，則不外上所謂百家之學之對生命、對心之知情、對物、對人、對己、對世俗、對天下之態度中之所涵。其中墨翟、禽滑釐，能求利天下，以澤及百姓，而其對己之道太觳，則有外王，而全無內聖。宋鈃、尹文，略有自爲之內聖工夫，以自白其心，仍爲人、爲天下太多，而自爲之內聖工夫不足。愼到、田駢、彭蒙，能自棄知去己，則內聖工夫更多。然愼到等之外王之學，只任勢，則無爲人之功；棄知去己，至于同無知之物，則亦內無所有；笑天下之賢聖，而亦不能自爲賢聖。此則其道在外王與內聖之間，又左右失據，二者兼非者也。至于老子則能與神明居，以爲眞人，亦知「以本爲精」之義，能上希于「不離于精」之神人矣。然又尙未能如莊子之「與天地精神相往來」，直至神人之境，更能「于宗」求「調適上遂」也。然上遂于宗，尙未必卽已「不離于宗」，而爲天人也。則此百家所達之境，下則只如墨子之外王之學，能澤及百姓，而其道又太觳，尙未至于和天下者。上則老子爲眞人，而非神人，莊子上遂于宗，而未必不離于宗，亦卽未必已成天人。縱已是天人，亦尙未能至于「以天爲宗，以德爲本，以道爲門，以上通內通于天人、神人、至人之境，更「兆于變化」，以下通、外通于君子、百官之學」之「聖人」，以兼備內聖外王之學者也。則百家之學，皆同不免于「得一察焉以自好」，爲「不該不徧」之「一曲之士」、「以判天地之美、析萬物之理」，而只各得其一端；而非能「和天下、育萬物」，以如古人之全備天地之美，而與「神明之降與出之容」相稱者也。天下篇之文，明以天下之治方術者，與古之道術，相對成名，故言「百家之學……天下之人，各爲其所欲焉，以自爲方」；則百家之學，卽高至于老子、莊子，猶是方術，卽道術之一方面，而非道術之全，而爲道術之裂于天下之所成者也。是見此天下篇之文，如爲莊子所作，或莊子之門徒所作，亦是由一般之莊學，而更超進一步之所成。以理推之，則此文以「方術」與「道術」對舉，蓋由于方士之方術，旣著于晚周之後，而爲此文者，遂以此不美之名，施于當時之爲百家之學者。則此文之著，蓋當在晚周之末、或秦漢之際。然此文于孟荀，皆未嘗提及。孔孟皆可稱爲鄒魯之士，此可不論。然其不論及荀卿，則此文之著者，蓋或未見荀卿書，或著于荀子之前。此皆難有一定論。然要之爲此文者，其心胸至博大而高卓，而所嚮往之古之道術，亦爲六通四闢，而至全備，而能稱神明之容者。故其文章，亦見一超出于諸子之上，而更加以涵蓋之氣象，而爲一綜貫諸子之學，而論之之大文也。

四　禮記之成書，與對其前儒家思想之承繼

至于在禮記中，吾人之所以特標出大學、中庸、禮運、與樂記等文而論之者，則亦以此諸文皆爲綜貫的發揮儒家思想，以涵攝他家思想于其下，或間接答他家對儒學之疑難，而成者。原禮記一書，成于七十子後學。其諸篇所言，固多孔孟之所未言。然自宋以來之學者，由歐陽修、朱子、王柏，至清之陳確、崔述與今之學者，徒按文責句，以謂其中所言者或不合于孔子所已言者，而貶之，則亦不必。諸篇自是孔門之書。唯諸篇之義，其畢竟有多少出于孔子，多少出于孔門弟子之何人；或七十子後學之何人，皆不可考，而亦不須細考。蓋儒家之學，本重承先啓後。觀禮記之文，就其根本義而觀，說其皆孔子所傳，原未嘗不可。而孔子之言，弟子承之，其更有發揮者，一一皆歸于孔子之所言，亦未嘗不可。則由樂記末，有「答子貢問樂」之文，禮運以孔子之答子游之問禮爲言，謂皆孔子說；以及後人之由大學中之引及曾子言，而謂之爲孔子告曾子，而曾子述之者；又由子思之言傳有同于中庸者，謂中庸爲子思所作，以述其乃祖之教者；固皆未嘗不可。唯就此數文之用名，所對付之思想上之問題以觀，又似顯見其對他家之思想之有所攝取，亦意在本若干孔子之教，加以發揮，以答覆由他家之思想而來之若干問題者。此諸篇及禮記他篇之成書時代，仍當斷在孟荀之後爲宜。禮記中之言禮之文，如三年問，全同荀子之禮論，而荀子禮論言禮之義，亦見于禮運及其他之文。樂記文亦多同荀子樂論之文。然禮記之禮運、樂論，及其他文，又對荀子之言，有所增益修正。荀子之思想，卓然成家，非襲取他人之言，以成其論者。卽可證禮記之文與荀子文相同者，乃禮記之襲荀子，非荀子之襲禮記。又禮運篇言大同、大道，此大同之名，蓋由墨家言尙同、道家莊子天地篇「不同同之之謂大」，在宥篇「大同而無己」，而來。呂氏春秋有始覽言「天地萬物，一人之身也，此之謂大同」。此與禮運言大同，蓋一時代之辭語。大道之名，則亦道家所喜用。孔子偶言「小道」，則言道卽是大道。孟子言道若大路然，言君子之大道，與小才對比。但皆未用大道之名以別于道也。道家爲彰其道之不同于儒墨之道，而自標曰大道。則禮運之用此大道之名，亦當是襲道家之用名。荀子書末所附之哀公篇，大戴禮小辯篇，皆記孔子告哀公以大道。然此荀子書之哀公與堯問篇，明爲編者所附入。因其不闗荀子思想，而堯問篇後有論「荀子之學，不下于孔子」之一段文，又言荀子「下遇暴秦」云云，明爲漢人所輯。哀公篇與堯問篇體裁同，大戴禮小辯，又與荀子哀公篇文多同，應皆同爲漢人所輯之書。其用大道之一名，亦當是襲道家之用名。此外禮運大同章之用語，更多明用墨子語者，亦見其後出。後文當再及之。樂記中言人生而靜與天理人欲，初亦道家語，昔陸象山已言之。此不可爲諱也。至于中庸之言今天下，車同軌、書同文、行同倫之言，當指秦政，其語亦見秦刻石。另作解釋，以合舊說，終嫌牽強。大學多言止至善之止，文句類荀子之言止諸至足。儒家孔孟固只言行、言推、言舉，不言止也。莊子乃喜言止，墨辯更多言止，荀子亦然。則大學之成書，亦當在荀子後。此乃只就諸文之若干用名而言。至說其思想義理，則更宜說其在墨道諸家已盛，孟荀之論既出之後，方可見其思想義理，何以上承孔孟荀，而更如此說之故。今將此諸文之時代推後，在吾意並不以此證此諸文之思想義理，全皆屬于後之一時代。因上已說儒家思想，原重承先啓後，故其成書之遲，只可證其中若干思想義理，屬于後起之後代，然不證其思想義理之大體，非由孔子與七十子之所傳也。然若依昔人所說，謂此諸書皆孔子所授，子思、曾子、子夏、子游所述，則雖可證孔子與其弟子之偉大，卻又無異謂其餘七十子後學，更于儒學，無所引申發揮，則未免對此後學，貶抑過甚。此亦非人類學術思想發展之常軌。今謂此諸文，爲晚周或秦漢之際之學者所述作，實亦更可證此儒學之發展，卽在天下大亂之世、秦政之暴虐之下，亦未嘗中斷。並見爲儒學者，雖在時代之遽變之中，仍有其不疑不惑，以自信自任者在。然後吾人對秦亡之後，儒學之何以立卽更得再興，乃可本一思想史之線索，加以說明。此禮記諸文之著者，皆名不見稱，雖爲一千古之憾；然其本守先待後之精神，以爲此諸文，則亦正以其名不稱于後世，而益見珍貴。論語首章記孔子曰「人不知而不慍，不亦君子乎」。中庸言「遯世不見知而不悔，唯聖者能之」。此禮記之諸文，以及作中庸者，蓋皆期在爲一「不見知之聖者」或「人不知而不慍」之賢者也。則吾人居二千年之後，誦其詩，讀其書，而不知其人，亦未嘗不可想見其人之心境氣象也。

五　大學之兼攝孟荀義，而以本末、終始，貫儒家之內聖外王之道

大學之一文，吾人可謂之爲綜述儒家之內聖外王之道，而以始終本末之概念貫之者。此大學之系統，有格物、致知、誠意、正心，以修身，更由修身，以齊家、治國、平天下等八條目，而以八條目中之居前之事爲始，居後之事爲終，居前之物爲本，居後之物爲末。此卽成一言「物有本末，事有終始」之儒家內聖外王之學之系統。然大學又未明標此內聖外王之名。此大學之言物有本末，以身爲家之本，家爲國之本，國爲天下之本，乃本于孟子所謂「天下之本在國，國之本在家，家之本在身」。唯大學更涵心爲身之本，意爲心之本之旨。則孟子之言心性，其明文尙未及于此。意之涵知，知之及物，亦非孟子所重之義。此中之意知物，初是墨道諸家之所重。墨家重選擇，故重知與意或志。墨家又重愛之必見于利。利恒是以物利人，故墨家思想亦重物，復重以「知論物」。吾人前論道家之老莊，皆未嘗不重心知。老子之思想，重先觀萬物之物勢，莊子則重游心于天地萬物。荀子亦特重心知之疏觀萬物。大學既以「意」爲心之本，更依知以知物，並以格物致知之事，先于誠意，誠意先于正心。此乃明不同于孟子之言身爲本，只重直下擴充此心之性情，以由己及于人，及于家國天下，以使萬物自備于我，爲學聖之方者。此大學以格物致知，爲學者所當首務，又以知止言致知，明似荀子之言學當先知所止在聖王之倫制之旨。大學之知止，乃知「爲人君，止于仁；爲人臣，止于敬；爲人父，止于慈；爲人子，止于孝」之類。此卽皆是人之盡倫之事。此中之君臣父子，卽皆吾知所止時所對之物也。（參考中國哲學原論導論篇論大學之文）故此物實卽是人之人倫關係中所對之一一人，而不同于道墨荀所謂自然之天地萬物者。道墨諸家所謂萬物中，自亦原有人在；荀子所謂萬物中，亦有人在。但道墨諸家，可言人外之物，亦人之知所當運及。荀子則以學者要在盡倫。此卽意涵唯人倫關係中之物，乃學者之所當及。大學之致知格物中之物，皆只舉父子君臣等物爲說，更明涵此人之物，乃人之知所當及之意。然大學言知之所止，在至善。則此知之所止，又非此父子君臣之物之自身，而是吾人對此諸物之態度、行爲之達于一至善。此卽仁敬慈孝等道德理想。大學言知止，卽與荀子之教人于見種種人倫關係中之物時，知止于至足，或聖王者略異。其異點，乃在荀子說至足，乃一籠統之言，其言「知止」，亦未明涵「止于至善」之意。荀子之聖王，乃指整體之人。今謂人當知止諸聖王之至足之道，便可使人由念聖王之爲整體之人，乃外于我之爲人者，而視此知止之事，只爲學「聖王」于外，而非「自求止善」于內。大學則只說人當知止于種種對人之道德理想，如仁、敬、慈、孝，則人雖可視此中之人爲外在，然亦可視此諸理想，爲由自己發出，而初爲內在者。能止于此諸理想，卽人自求止善之事。觀大學之首言明明德，亦見其先承認人有一內在之明德。學者之工夫，唯在自明其內在之明德，以表現于其接人之態度行爲之中。故吾人于接人之態度行爲中，求止于種種仁敬孝慈之至善，卽可視爲此人之所以自明其明德，而表現之「明明德」之事矣。由此卽見大學之言止至善，雖似同荀子言止諸聖王之至足之道，而又實大不同。此大不同，則在荀子初未有此內在之明德之觀念，亦未嘗以其止諸聖王之至足之道，言盡倫制之事，卽明明德之事。大學之承認人有此內在之明德，即以人之求盡倫，而對人實有忠敬孝慈等，爲自明此明德之事。此顯然是近于孟子之承認人有其內在之心性之善之說。大學謂明德爲天之明命，亦大同于孟子言心性之善爲天所與我之旨。唯孟子未嘗以明德之一名，名其其所言之心性之善，亦未言此明德卽天之明命耳。

此孟子之所以未以明德之名，名其所謂心性之善，由于古所謂德，皆指人之所修成之德，而言明德，如左傳所謂「昭先君之明德」，卽自先君所已修成之德而言。然在道家，則言人有藏于心之內部之原始的「德之和」，此原始的德之和，卽同于人生而具有之性。以至可謂人必由天，以有此「德」，方有此人之性。此卽莊子天地篇之所以由「物得以生謂之德」，再說到「人之性」也。依此，則說人有自然之性德，乃始自道家，而非始自儒家。老子言「歸其明」，莊子言「以明」，亦意謂明爲本有。大學之言人由天之明命，以生而具明德。此明德，亦當是一本有之性德，此正有似于道家性德之言。依此而謂人之學問工夫，在明明德，亦似同道家之言修道之工夫，在「歸其明」、「以明」，而復其性德。然大學于此明明德之事，又必說其表現爲人倫中之止至善之事。則此一本有之明德，卽至少是一「能知仁敬慈孝之善」者。卽又見大學之明德，與孟子所謂人原有之「心性之善」正相類，而與左傳等書所泛言之明德，純屬修成者不同，而亦不同于道家之本有之性德，不必涵「能知仁敬慈孝之善」之義者也。

六　大學之始終本末相貫義

由大學之謂人有同于孟子所謂善的心性之明德，爲天生，言人能本此明德，而知止至善于其所接之物，以明其明德，方更有其以下之誠意正心等事；故大學之用名，與其思想，雖或受有荀子及他家之用名與思想之影響，然其根本思路，則仍是上承孟子之學，而在吾人內在的心性之善上立根者。此大學言格物、致知、誠意、正心、修身、齊家、治國平天下之事，有一此終彼始，而相續之始終關係，則亦可說是本于孟子之言「始條理」、「終條理」之意。然孟子之敎學者，則多是直截簡易，似無多次第。荀子之敎學者，乃更較重此爲學之始終次第，如荀子勸學篇言「學始乎誦經，終乎讀禮」，更「好其人」，即言爲學始終次第者。荀子書言及始終之義者，亦較孟子爲多。此外，則莊子老子，亦皆喜言終則有始、如環無端之義。然大學言有終始，則又非只重始終之爲一次第之義，亦非以始終爲一環之義，而是重此格致誠正修齊治平之事之始終之相涵與相生相成之義，以見意心身家天下之「物有本末」。此所謂始終相涵，相生相成，即謂此大學八條目所說之八事，前一事之必歸向于後一事，亦生起此後一事，以後一事爲其末；而後一事即成就此前一事，還完成前一事，亦以前一事爲其本。故由格物致知，以知吾人接物時之態度行爲所當止之至善，即可爲吾人之本此善以誠意之始；而誠意以好善惡惡，不自欺其所先知之善之工夫，卽所以成就完滿此由格物致知所止之善，以爲格物致知之事之終。又誠意之好善惡惡不自欺，又卽吾人之心之得正之始；而吾人之心之不以有所好樂、恐懼、忿懥而不得其正，而恆使心自正之工夫，又卽所以成就完滿此意之好善惡惡而不自欺之誠，以爲誠意之事之終。此正心之工夫，爲此心之主宰及表現于身體之行爲，以修身之始；而此修身之工夫，又爲成就完滿此心對此身之主宰及表現于身體之行爲，亦成就完滿其先之正心之事，以爲其終。此人之自修其身，爲其德之表現于其家而齊家之始；而齊家又爲成就完滿其先之修身之事，以爲其終。此齊家而德表現于一家，爲人德之表現于其家人外之國人，而治國之始；而治國又爲成就完滿其先之齊家之事，以爲其終。治國更爲平天下之始，而平天下又爲成就完滿此治國之事，以爲其終。其中終始之相涵而相生相成，卽見此爲始與終之事，有共同之道爲之貫。始必歸向于終，終亦必可完成其始，卽成一終始相涵，相生相成之相續不斷之歷程。總此相續歷程而說之，則整個不外始自吾人之自明其明德于其知所止之至善之前，而終于平天下之一歷程。簡言之，卽一「明明德于天下」之歷程。在此整個之歷程中，自己之明德是始，其後之一切、至平天下是終。然此明德之自明，而表現于知止至善，卽同時表現爲求明明德于天下，而歸向在此平天下之終。故大學之八條目，可攝于明明德、新民，與止至善之三綱領。此三綱領中所謂新民，卽使天下之民新。所謂使天下之民新，卽由明明德，以使此明德之明，照明自己之意之心之身，以日新不已，而更次弟及于家人、國人、天下之民，以使之皆日新不已。此卽使吾人一己所止之至善，成爲天下之民所共止之至善。故此三綱領，亦可以「明明德于天下」之一語概之。此中明德屬己屬內，天下屬人屬外，明明德爲內聖之功，平天下爲外王之功。明明德之內聖之功必表現，而終于平天下之外王之功；而平天下之外王之功，必本原于明明德之功，亦以此明明德之功爲始。則此整個明明德于天下之一語，只說此始終相涵之內聖外王之一功。在此始終相涵之一功中，則見「天下之本在國，國之本在家，家之本在身……」，而見物之本末之相貫。大學之教，亦可謂除發明此一「事之始終」、「物之本末」之相涵相貫，爲一「明明德于天下」之一事外，別無餘義矣。

依此大學之「事之始終相涵，物之本末相貫」之教，以觀墨家之教人愛利天下，而忘其自己，以成外王之業者，與道家之教人只求完成其自己之內聖之功，而超出于世俗之天下之上者，卽皆尙爲一偏之論，而未嘗知通此人己、內外，爲一貫之道者。若知通此人己內外之一貫之道，則當言人之利天下，以成其外王之業，當以明明德于天下爲歸。只使天下人爲我所愛利，而不能平天下，以使天下人皆得自明其德，皆以德爲本，財爲末，尙不能稱明明德于天下，亦非外王之至者也。此明明德于天下之事，則又初只爲自明其內在原有之明德之事。此自明其明德之事，亦卽所以成就人自己之內聖之功。此中，人之爲人與爲己，外王之業與內聖之業，應只是相涵之一事。則墨家之爲人，與道家之爲己，皆當由此大學之道，以通爲一貫矣。此卽契于荀子言合聖王之道之旨。然荀子言合聖王之道，乃自盡倫之事，必連盡制之事而說。今只在事上說，則此盡倫之事，乃道德之事，盡制乃政治之事，卽有不同。今欲通此盡倫之事與盡制之事爲一，唯賴吾人之于爲盡倫盡制之事時，有一必求盡倫盡制，由己以貫徹于一切在倫制中之天下人之心願或心志。此卽爲有極大之廣度，而兼極高之強度之道德的心願或心志。荀子所謂能虛壹而靜之心，則雖有一極大之廣度，以遍知察萬物，求其各得其位；卻並不能直下貫徹至一切在倫制中之天下人以求明明德于天下；故荀子亦未能以此一切盡倫盡制，卽所以完成其虛壹而靜之心之志願之所存，而直下以此盡倫制之外王之業，皆所以成就此心，而成就自己者矣。然大學之明明德于天下，則可說爲從事大學者之開始點上之一心願或心志。此一心願或心志，則兼有極大之廣度，同時有極高之強度，以貫徹于次第之由修身，以至齊家、治國、平天下之事之中者。由此而吾人卽可本此大學之義，以直下說此大學中之齊家、治國、平天下之外王之業，卽所以成就此開始點之一心願、心志，而成就此自己之明德之明者矣。此中大學雖未明說齊家、治國、平天下，卽成物之事，明明德之事卽成就自己而成己之事，然其義則應涵具此成物之事，卽成己之事之旨。至于明白說出此中人之成物之事卽成己之事，以通內聖外王之學者，卽中庸之書也。

第二十一章　中庸之誠道

一　中庸之道之兼橫通內外，與縱通天人義，及首章所謂天命與性、道、教之義

吾人于上章之末，謂中庸明言成物之事，卽成已之事。此中庸用以通成已成物之事之概念，則爲誠之道。此誠之道，爲通貫內之已與外之他人他物者，同時亦通貫人之性與天之命者。大學言明明德于天下，已涵成物卽成已之旨，大學亦言及誠意；然大學未明言成已成物，亦未明以誠之道通此二者。大學言人內在之明德卽天之明命，此應卽指人之善的心性，而涵性德之義者，然尚未有其語。大學亦未明說此性卽天所命于人者。中庸則旣以誠道通成已成物之事，又明言天命之謂性，更明言誠者天之道，自誠明謂之性；則言天命之謂性，又明言性之德，卽言天之誠之道之命于人，而明于人者，卽是性；而此「誠」之概念，卽又爲通天命與人性者矣。此中以「誠」之道，通成已與成物之事，可說是橫通內外，以「誠」之道，通天命與人性，則可說是縱通上下。大學中只有以八條目之始終相涵，橫

通此內外之義，雖有人之明德，爲天之明命之義，而未嘗加以發揮，遂缺此中庸所陳之縱通上下之勝義。故中庸可統大學，而大學不可統中庸。王陽明嘗言子思約大學之義，爲中庸首章，蓋兼謂大學格、致、誠、正、修、齊、治平之功，不外中庸率性之謂道，修道之謂教之旨也。唯大學雖以明德爲天之明命，未明言性，故未如中庸首章之指出天命之謂性耳。中庸首章有此一句，已見其除涵大學之橫通內外之旨外，更涵一縱通上下之旨。觀中庸全書，亦隨處見其兼有此橫通內外與縱通上下之旨，周遍貫徹于全書諸義之中，以有其縱橫交會之義理之陳述。故不同于大學于八條目，只本始終相涵以爲論，猶是一單線進展之論者也。

此中庸之言天命之謂性，以及大學之以天之明命卽明德之言，初皆非孔孟所明言。孔子所謂命，初只指此天所命令人者。此乃由人在其所遇之環境，自識其義所當爲時所知得。孟子于性只言其爲天所與我，而于命則視爲人之性之表現于外，而與其境相遭遇，而知其義之所當爲時，所當立者。唯孟子于此，更言此命之所在，亦卽性之所在，則與孔子之言略有不同。然皆尙無此大學之天之明命卽生而有之明德，及中庸之天命之謂性之說也。對此大學之天之明命卽明德之說，上已言其大同于孟子言心性之善爲天所予我。而謂心之所不容已者卽命，則似可能首出自莊子之言「子之愛親，命也，不可解于心」之言。唯莊子未說此命卽性。然依孟子言性之旨，則亦原可轉出天命之謂性之旨。蓋依孟子言性之說，吾人在一境遇而知之義之所在，卽可視爲天之所命之所在，亦我之盡心知性之事之所在。

故曰「命也有性焉」。則于此天之所命于我之義，亦可同時視之爲己之所自命于我者，而此心性卽有自命之義。孟子旣謂心性爲天所與我，則可由此更進以說此性中之自命，卽天之命之貫徹于此性之中，或天之明命之見于吾人內心之明德之中；再可更進以說此內心之明德所在，卽天之明命所在；此心之性之所在，卽天命之貫徹之所在，亦可更說此性卽天命之貫徹凝注之所成，或卽此天命貫注之所成矣。天命貫注，卽謂之性，是卽成中庸之天命之謂性之說矣。此天命之謂性之說，固不同于莊子以子之愛親等不可解于心者爲命，而未說其爲性者，亦不同于孟子之以愛親等心爲性，而初未明說其爲命者。此唯是由孟子之言性爲天所與我及言命之旨，所轉化而成之論也。

吾人如循上述所謂由孟子所言性命之義，如何轉出中庸之天命之謂性之義上看，則此中庸之性，自始爲天命之所貫注，此天命亦當爲可由吾人之內心之自命而見及者。則此所謂天命之謂性，不宜如傳統宗教之說及漢儒及朱註之解釋，先客觀的、信仰式的，獨斷論的設定一天，謂其于生人物之時，自上而下，由外賦與以一定之性。若如此論，則是先知有天命之下貫于人性，非先知人性之能上達于天命。卽與孔子先言「下學上達」，乃更言「知我其天」，孟子言「盡心知性則知天」之傳統，不合。若如此說，則吾人所內具者，亦可說只此居下位之性，何處見得有其上其外之天命？若循吾人上之說孟子之性中原有天命之貫注去看，而又要于此體會親切，則首當知吾人于原性篇所謂性之義，可釋爲心之生之義。吾人須知此心之生，可表現爲主宰此身之行爲，亦可只表現爲心之自超越于其已成之自己，而更有所自命之事。當此自命爲一依普遍之道德理想而有之自命時，由此理想之可伸展至無窮，卽可見此自命之可開拓至無窮，亦可見得此自命之有一無窮之原泉，如自此原泉而流出，以由隱而顯。爲此自命之泉原者，卽天命，而此自命，卽爲此天命之所貫注。此自命爲我心之生之表現，卽我之性之表現；而其中有天命貫注；則吾人可同時由吾人之性以見此天命之表現。則此「天命之謂性」一語，人皆可由其心之依道德上之普遍理想而自命，而有其心之生、心之性之表現時，當下得一親切之體證，便不同于先客觀的說。亦獨斷地說一天命，使人先對之作一懸想，然後說其貫注爲人性；于天人之際，先分而後合之說之支離矣。

若吾人識得上來之義，則于中庸所謂「天命之謂性」之下之「率性之謂道，修道之謂教。道也者，不可須臾離也；可離，非道也。是故君子戒愼乎其所不睹，恐懼乎其所不聞，是故君子愼其獨也。」一節之語，卽皆可有一善解。對此率性之謂道一句，人可問誰爲率性者？王充論衡率性篇，卽嘗謂此率性者乃外在之教化。此則明不可通。若如其說，則修道之謂教一句，應在前矣。或謂率爲由，則又成任性之說矣。朱子釋率爲循較妥。然此循性，卽人之自循其性。此所謂自循，必循一個什麼，又必爲一有道德意義之自循。則此自循，只能是自循自己對自己之道德上的理想，而本之以自命。說此自循爲自命，則上可連于天命之謂性一句，而下可連于率性之謂道一句。蓋謂此自循爲依道德理想而自命，則率性，卽自命自率，而于此自命自率中，見此性之表現。于此說率性，便非以性爲此命此率之外之物。說率性，只能是說因此自命自率之爲性之表現，乃一相續之歷程，則其前一段之表現，卽如引起領率此後一段之表現。此引起領率後一段之表現，卽自命其有後一段之表現，亦可說是自領率其性，以有此後一段之表現。故此中庸之「率性」之一名之本義，應爲；人之本道德理想而自命自率，以見性之表現之意。此自命自率，爲一相續不斷之歷程，卽見此自命自率之自形成一道路，亦見性之表現之自形成一道路；而亦可依上之所說，以說此道路爲率性之所成。故曰「率性之謂道」也。茲按論衡本性篇引陸賈言曰「天地生人也，以禮義之性，人能察己所以受命則順，順之謂道」，淮南子齊俗訓亦言「率性而行謂之道，得其天性謂之德」。此與中庸「天命之謂性、率性之謂道」相類。蓋同時代之語也。

至于中庸再下一句所謂修道之謂教者，此修亦不能是在此道之外，別有一修治此道者。此中之修道者，應亦卽此性之于其自命自率之歷程中之自修。其所以須自修者，則以此自命自率，或不能常循于一道德理想而發，或不免有違此理想之意念等爲阻礙，以斷而不能續。故須自加修治，以去其阻礙，使斷者相續。後文所謂戒愼恐懼，亦自戒愼自恐懼，有與此理想相違之意念等之生起，慮其或斷，而自加修治，以使之相續之修道之事也。此自加以修治之事，固亦仍只是人之自命而自率其性之事，而與自己不可須臾離之事。此自己卽獨，故總之于「君子愼其獨」之中也。由此以觀，則此「天命之謂性，率性之謂道，修道之謂教」三語，雖各有其義，然固所以合見天命、人性、與其道、及修道之教、四者之一貫之旨者矣。

至于「君子愼其獨也」一句，後爲「中也者，天地之大本也；和也者，天下之達道也」。此所謂中，卽在中之義，卽所以指心內或心中。謂此中之爲大本，亦卽指天命之性爲大本。然人之不可須臾離之內心的自率性自修道之事，恒自戒愼恐懼，亦卽在心中。則此所謂中之義，亦可包涵此內心的自率自修之事。卽凡在人未有對外在人物之喜怒哀樂情感之表現之事時，其心性之自率自修，皆屬于此「中」，而此「中」，則爲人之一切對外之情感之表現之大本大原所在。故曰「中也者，天下之大本也」。至于其表現爲喜怒哀樂之情之中節，而有其中節之行爲，以與外在之人物，相應成和，亦使諸人物彼此相應成和，而皆得其位，而得其育，則爲致此內在之中，以成對外之和。亦卽由致中以致和，或致中和，以使天地萬物得其位、得其育，亦使天地得成爲萬物之位，以使萬物于此位中得其育之事。故曰「致中和，天地位焉，萬物育焉」也。

此中庸之首節中，以中指喜怒哀樂未發前之內在的心之性，與大戴禮小辯篇「知忠必知中」，中指內心之義同。莊子言養中，老子言守中，亦皆指此內心或內在的生命心靈以爲中。然在論語中所謂中行，孟子所謂中道、執中，則皆就其通兩端而謂之中。此與大戴禮小辯篇、老莊書及中庸首章所謂中，明不同其義。中庸後文引孔子「執其兩端，用其中于民」，則此蓋意在以未發之中釋兩端之中，而通此二中之義。又論語無天地萬物之名，孟子亦只分言天地與萬物，而未對舉之以成名。道墨二家乃喜連用天地萬物以成名。儒家孟子言萬物皆備于我，不言育萬物。孔孟言保民、養民、愛民，墨子言愛民利民，亦未明言育民。老子以慈爲教，而母之育子，爲慈之至。老子又以母言道，乃亦以「生之、育之」言道。莊子更時言育萬物，化育萬物。則中庸之言育萬物，亦用老莊之辭。又孔孟多好惡對言，于喜怒哀樂皆分說，而未合之以成辭。墨子、莊子，乃多連用喜怒哀樂爲一辭。故或謂中庸之言喜怒哀樂，亦可能爲襲用其辭。是皆見此中庸首章之成書，在莊子之後。然此中喜怒哀樂之成一辭與否，無關大體。中庸之言天地位萬物育，乃由于人之致中而致和。此中庸之所謂中之大本，初在天命之性。故致中和而有之天地位、萬物育，皆本于天命之性。此則純爲承孟子之言性而有之論，如上所述。中庸之由率此性之道，修此性之敎，表現于喜怒哀樂之發而中節，以言天地位、萬物育，固爲以儒家之義爲大本，以用道家所喜用之辭，而亦將其辭所代表之義，亦攝于儒家之義之下。固不可以之爲道家之說也。

二　中庸之誠道，及聖德與天德義

除朱子所定之中庸首章外，其第二章至十九章，則皆引孔子、子思之言，以說中庸之道之名義，以及忠恕之道、鬼神之道、古之聖王之道之名義，再說至五倫之五達道，智仁勇之三達德，求有此三達德之生知、學知、困知及、安行、利行、勉行等，種種知行之事，及爲天下之九經。此卽所以說明第一章所謂由致中而致和，由大本而至達道之種種規模。其中五倫所以盡倫，九經所以盡制。五倫可稱達道，九經亦是達道。知仁勇之達德，則由人之行于達道所成之德也。行五倫至九經之達道，卽齊家，治國、平天下之外王之事，而所成之達德，卽內聖之德。然德曰達德，則自其是由行達道而成者言，亦自其通于外王之事業而言。此中人行達道以成物，同時卽成其達德以成己。此卽見成己成物之一貫，內聖外王之一貫。故既論畢天下之九經，二十章以後之中庸，卽更提出此成己成物之道，而只以一誠爲之說。此卽謂行于五倫、九經、與三達德中之德，只是一誠之德，亦見人之由大本而達道，由中而和，只是一誠之道、誠之德之表現。第二十章以後之中庸，同時言人之性，亦只是一誠之性，由人之性而見得之天命中之天道，亦只是一誠之道。故二十章卽有「誠者，天之道也；誠之者，人之道也」之言。由此以更說人之一切成己成物之事，亦卽只是一自盡其誠之性，以上達于天命天道之誠之道之事。此卽中庸二十章以下諸章所陳之大旨也。

中庸二十章言「自誠明謂之性，自明誠謂之敎」。所謂自誠明謂之性，卽言性原是一誠，所謂誠卽自成。吾人前所謂人心之依于其道德理想，而命令自己，以自己領率自己，卽亦是自己成就自己。此自己成就自己或自成，原于人之自成的性，亦卽原于人之誠之性。由人之自己成就自己。同時自知其自己，卽是明。人不自己成就此自己，卽不知其自己畢竟爲如何。故人必自成而後能自明，卽必由有自成之性之表現，乃有其明。此亦卽由誠而明之情形。此自誠而明，卽前文之率性之謂道。至於所謂自明誠謂之教，則當是連于前文之修道之謂教說。此乃由于人之性之表現，可有其他意念爲礙，或斷而不續的情形，此時人卽有未誠之處。人便須自知其有此情形，而明白之，更求去此不誠之處，以修治其性之表現之道路，使此誠之性能相續表現，是卽爲由明而誠之教。在此二情形之前者中，道由性之誠之直接表現，而現成在此，不須修治。性之誠出于天，則此「自誠明」，卽直接以天之道爲人之道，此卽聖人之所以能無不誠，亦見聖人之道全爲天之道者也。然人通常並不能有此誠之性之相續表現，則須由人之自明其未能相續之處，以自修道，而由人之思此誠，而明此誠之道，以達于如聖人之「由誠而明、卽天之道以爲人之道」之境。此卽爲人之求自盡其性之工夫。人亦必至于誠，爲至誠之人，乃能盡其性，以使其性之表現，恆相續不斷，而不息不已。人果能盡其性，使其表現不息不已，則于其盡己之性，以成其自己之達德時，同時行于達道，以通達于外之人之物，亦同時求盡人之性，求盡物之性。此卽可至于「贊天地之化育」，而人德可與天地參，而有天德矣。至于人之尚不能達于盡性之聖人之境，則只能次第由不誠至誠。此中人之誠有間斷，而人之行于此由不誠到至誠之道之中，卽須經歷種種道德生活之曲折，而後有誠。此卽中庸所謂「其次致曲，曲能有誠」也。但無論是由直盡其性以有誠，或由致曲以有誠，而盡其性，其有誠之後，皆有其外在之表現，以及于其他人物。此卽一由開始表現之「形」，更顯「著」此表現，以使自己之心知「明」照于外，更感「動」及其他人物，使之有所變「化」，以使人之性、物之性亦得盡之一歷程。此卽中庸所謂「誠則形，形則著，著則明，明則動，動則化」之一歷程也。

此上所謂誠，卽人之自成之性。人有此自成之性之相續表現，卽此性之自顯爲一道路。性只是自己成就自己之性。此道路，亦只自己引導自己之道路。此中人之自己成就自己，引導自己，皆是一相續之歷程，卽一終而有始之歷程。若終而無始，則同于空無所有，或無物。故下文曰：「誠者，自成也；道，自道也。誠者，物之終始。不誠無物。」至于下文所謂「誠者，非自成己而已也，所以成物也。成己，仁也；成物，知也。性之德也，合內外之道也」，則不外自此性之誠之必由內之大本，而顯于外之達道，以說成己成物之爲一貫。如上已講。至于中庸之言「成己，仁也；成物，智也」。此與一般之以成己爲智、成物爲仁之說不同。蓋正意在見成己所以成物，成物亦所以成己之義。成物所以成己，故成物之仁，卽是成己之智。成己所以成物，故成己之智，卽是成物之仁。此仁智之合一，正所以見己與人內與外之合一之道者也。

中庸再下一章，則更由人之至誠之不息不已，以說由悠久至博厚高明，卽所以載物、覆物、成物，而以博厚配地，以高明配天，以悠久成其無疆，則人可與天地合德，亦與天之道合一，以有此天道之直接表現爲此至誠之人之道，而能「不見而章，不動而變，無爲而成」矣。于是此天地之道之生物不測，其無窮不息，亦皆在此至誠無息之人之德中表現。故曰：「維天之命，於穆不已，蓋曰天之所以爲天也；於乎不顯，文王之德之純，蓋曰文王之所爲文也，純亦不已。」此卽言天之於穆不已，文王之純亦不已，皆同一至誠無息之道之表現也。

至于再下一章，則承上章言聖人之道之不已，同于天道之不已，更言聖人之道之「發育萬物，峻極于天」，其「禮儀三百，威儀三千」之表現，皆屬于聖人之人，亦待其人而後行。此卽言至道之必凝于有至德之人。由此遂及于君子之「尊德性而道問學，致廣大而盡精微，極高明而道中庸，溫故而知新，敦厚以崇禮」之功。此中之尊德性而道問學，吾意當連上文所謂文王之德之純亦不已言。純則德性尊，更道問學，卽所以成其德之「不已」或「悠久無疆」也。致廣大，卽前文之博厚；盡精微，卽言其博厚更載其精微也。極高明，卽前文之高明配天；道中庸，卽言其高明之能覆萬物也。至于溫故而知新，敦厚以崇禮，則吾意當連後文講。後文之「居上不驕，爲下不倍；邦有道，其言足以興；邦無道，其默足以容。詩曰：既明且哲，以保其身」，卽敦厚之旨。「生乎今之世，反古之道，如此者烖及其身者也」，卽當知新之旨。後文三節：「非天子不議禮，不制度，不考文。雖有其位，苟無其德，不敢作禮樂焉；雖有其德，苟無其位，亦不敢作禮樂焉。」「吾說夏禮，杞不足徵也；吾學殷禮，有宋存焉。吾學周禮，今用之。吾從周。」卽「溫故」與「崇禮」之事者也。至于下文之「王天下有三重焉」一章，則要在言聖道之通于王道。其言「本諸身」，卽修己成己之意；其言「徵諸庶民」，卽安人成物之意；其言建諸天地，卽見人道通于天道，人成爲鬼神而在天，亦體物而不遺。此中「本諸身，徵諸庶民」，爲證諸人道；「建諸天地」，爲證諸天道；「質諸鬼神」，爲證諸鬼神之道。然此不同于墨子之以人爲下，中爲鬼神，上爲天之三層之說，而是以人道天道鬼神之道與君子之道，爲一之說。至于「考諸三王而不謬，百世以俟聖人而不惑」，則所以見古往之王道，卽來今之聖道。此道通于往古與來今，卽所以見此道之貫于歷史之世界，而悠久無疆者也。君子之道，能「本諸身，徵諸庶民，考諸三王而不謬，建諸天地而不悖，質諸鬼神而無疑，百世以俟聖人而不惑」；則君子依此道而有之言語行動，皆「動而世爲天下道，行而世爲天下法，言而世爲天下則，遠之則有望，近之則不厭」可永終譽于未來世矣。故中庸最後卽以仲尼祖述堯舜一章作結。此則意在以至道所凝，而具至德之孔子之人，以爲上文所說者之實例。吾意言「仲尼祖述堯舜，憲章文武」，卽言其「考諸三王」之事也。言仲尼「上律天時，下襲水土，譬如天地之無不持載，無不覆幬；譬如四時之錯行，如日月之代明。萬物並育而不相害，道並行而不悖，小德川流，大德敦化，此天地之所以爲大也」，卽言其「建諸天地而不悖」也。下文言：「唯天下至聖爲能聰明睿知，足以有臨也；寬裕溫柔，足以有容也；發強剛毅，足以有執也；齋莊中正，足以有敬也；文理密察，足以有別也。」其中聰明睿知，朱子註是生知之質，其下四者朱子謂是仁義禮智之德。「寬裕溫柔，仁也；發強剛毅，義也；齋莊中正，禮也；文理密察，智也。」可見中庸合于孟子言仁義禮智之旨。至于下文之謂此德「溥博淵泉，而時出之，溥博如天，淵泉如淵」。則吾意以爲此卽言諸德之「本諸身」而出者，如天之昭臨，淵泉之出也。「見而民莫不敬，言而民莫不信，行而民莫不說」，卽「徵諸庶民」也。「是以聲名洋溢乎中國，施及蠻貊，舟車所至，人力所通，天之所覆，地之所載，日月所照，霜露所隊，凡有血氣，莫不尊親。故曰配天」。此則言此聖人之大德；必得其聲名以洋溢于中國，施及蠻貊，至于無疆，以與天共祀，亦與在天之鬼神共祀，此卽言其可「質諸鬼神而無疑，俟諸百世而不惑」也。

至于再下一章則爲總結。謂「唯天下至誠，爲能經綸天下之大經」，卽由五倫至九經之事也。言「立天下之大本」，則遙應首章中爲大本之旨。「知天地之化育」，則遙應首章「致中和、天地位、萬物育」之旨。「夫焉有所倚，肫肫其仁，淵淵其淵，浩浩其天，苟不固聰明聖知，達天德者，其孰能知之」，則言聖之內在之仁德，充于其生命，如淵泉之時出無盡，以成其悠久，而又浩浩如天地之廣大高明，以同于天德也。

再後衣錦尙絅一節，則言：「君子之道，闇然而日章。……君子之道，淡而不厭，簡而文，溫而理，知遠之近，知風之自，知微之顯，可與入德矣。詩云：潛雖伏矣，亦孔之昭。故君子內省不疚，無惡于志。君子之所以不可及者，其唯人之所不見乎。」此卽更言學者之用工夫，當在一人獨知之潛隱處用。在此潛隱處，有人之內省，卽遙應第一章所謂戒愼恐懼之功。此功中，有人之性之自命自率，而自知其自己之昭明在。故「潛雖伏矣，亦孔之昭」。由此而性之明所成之明德，固不在其表現于外之聲色，而純在內心之隱微處，而無聲無臭，以上通于上天之命者。故中庸終以「予懷明德，不大聲以色……上天之載，無聲無臭，至矣」之言，以與首章言「天命之謂性」一語，遙相應也。

三 中庸本書所言之義理在思想史上之價值

上文釋中庸二十章以後各章之大義，重在見其義理之規模。故與昔賢所分之章句與解釋，不必盡同。蓋當如上所說，然後中庸之以「誠」一方橫通內外之成己成物之事，一方縱通人性與天命之旨，乃豁然可見。此橫通內外之成己成物之事，以貫內聖外王之旨，莊子天下篇與大學，皆已有之。縱通天命與人性，言人之盡性而有之至誠之聖德，博厚配地、高明配天、悠久無疆，以其純亦不已，同于天命之於穆不已，則中庸之所特詳。由此而中庸所言之聖道之發育萬物，卽同于天道之發育萬物。又中庸言至道之凝，必在人之至德，故歸于「君子尊德性而道問學，致廣大而盡精微，極高明而道中庸，溫故而知新，敦厚以崇禮」之學，而以孔子之至德配天，爲其例證。乃更終之以言學者之當于潛隱處，用內省工夫，方達于無聲無臭之上天之旨。是見此中庸之書，實一儒家思想之一極高明至博厚，而可垂于永久之著述。此所謂中庸之書能極高明者，可卽自上所言之縱通天命與人性之明言上說。此在孔孟荀之言中，固皆未有如此之明言。孔子直下指點人以其生命心靈與「人」、「己」及「天命鬼神」感通之道，而不重由此以反說此生命心靈之性。孟子知此性之善，更言人當直下加以擴充，以由內而外，以至于上下與天地同流，萬物之備于我，亦言此心性乃天所與我；然未直下豎立天命與人性相貫之至德至道，與天德、天道，同其不已，以至于悠久無疆之義也。莊子言人必知天之所爲，乃能成至人眞人，則偏重在天。荀子言人道不同于天地之道，謂聖人不求知天，則偏重在人。中庸乃謂：「思修身不可不事親，思事親不可不知人，思知人不可不知天。」此卽兼不同于荀子與莊子之言，而謂人之知人之事，亦建基于知天；而眞知人以求盡其性者，必盡人性，以盡物之性，而贊天地化育，卽必能知天地之化育，而知天。然唯人之實盡其性、實成至德之聖，而後實知天，而能配天；則吾人又當知聖德，知其所以知天；然後能達天德。故歸于尊崇孔子之聖。此卽皆見中庸縱貫天命人性之義之本身之高明者也。

至于上所謂中庸立義之博厚處，則可本上說其高明之義之所覆，而轉以觀中庸之文中之所載者，卽可得之。此中庸之文之所載者，自是儒家由孔子所傳之言，故多先徵引孔子之言爲據，而更發揮之，歸于本敦厚崇禮之旨，以尊崇孔子之聖德之配天。中庸言盡己性、盡人性、以至盡萬物之性，而化育萬物之敎中，所涵攝承載之義，明是較孔孟荀之重在言人道，而未言盡物性，化育萬物者，更爲廣遠。此乃足以涵攝道家之言「觀萬物、游心于物，容萬物、育萬物」之義者。然道家之言聖人之心之化育萬物，恆只是說一心境之量，而非實事。實事必由近而遠，由內而外。故必先修身而行于五達道，由好學、力行、知恥、以有智仁勇之三達德，以爲天下之九經；既盡己性以盡人性，方可至于盡萬物之性，而化育萬物。則道家之立義雖高明，然無由近而遠，亦由卑至高之切實下手處。不能由卑近下手，則亦尚不能是敦厚博厚之學也。

所謂中庸之立義本身足垂于永久者，則以中庸之立義，原由本諸身、徵諸庶民，考諸三王、建諸天地、質諸鬼神、更能百世以俟聖人，既溫已往之故，而亦念來日之新，而後立其義。此一立義之心量，卽一通于過去今日與未來之心量。此一心量，爲一超時間段落之分之一心量，亦卽當下是一悠久無疆之心量。本此當下之悠久無疆之心量，以知此所謂悠久無疆之義，則此義亦卽當下具足于此心量之中，而不待外求。如依此心量，而謂聖人之德，純亦不已，維天之命，於穆不已；則此一心量亦卽攝盡一切天與聖人之「不已」。吾人亦不能言此「不已」之外，另有「不已」。由三王至孔孟，至爲中庸之文者所生之世，以及于今日之數千年，天地唯是一「不已」。再千萬年，亦唯是一不已。聖人達天德，亦唯是一「純亦不已」。則爲中庸之文者，雖只生于其世，其所言之此「不已」之義，則溢乎其所生之世，以及于今日，再至千萬年，而永不能已，亦無所謂已也。則能知此義、行此義之人，歿而爲鬼神，其鬼神之德，亦永洋洋乎如在其上，如在其左右，無所謂已也。關于此一不已之義如是，關于高明配天，博厚配地之義亦如是。如人必高明以配天，博厚以配地，此義亦永無所謂已者也。無論世事之變如何，人終必當以高明之心覆之。人有此高明之心，于世事之變，卽無不能覆。又無論世事之變如何，人終必當以博厚之心載之。人有此博厚之心，于世事之變，亦無不能載。則此中庸之高明博厚之義，亦同爲永無所謂已者也。知此高明博厚之義，而行之之人，其鬼神亦無所謂已者也。此外，吾人之所以尊崇聖人，尊崇孔子，亦在其至德之高明博厚而不已。則中庸所言吾人當尊崇爲聖人之孔子之至德之義，亦永無所謂已。人之以孔子配天而祭之，至于凡有血氣、莫不尊親，其禮其情，亦永當不已者也。人縱謂孔子不足以當至聖，或人所理想之人物，而不尊崇之；人亦必別有其所尊崇之至聖，或理想之人物。則此人之求有所尊崇之心，仍不能已也。人當有其所尊崇之人之義，仍無所謂已也。世之最堪尊崇之人，必其德足以祖述憲章昔賢之德，以涵衆德，而無不覆、無不載，而更不息、不已者。此「唯有高明配天、博厚配地、而不息不已之德者，堪爲人之所尊崇」之一義，仍不能廢。此義亦必無所謂已者也。若世果有孔子以外之人，如孔子之祖述憲章昔賢之德以爲德，則吾人之尊崇之，亦猶尊崇孔子。仍未出中庸之義之外也。

凡此上所說之不已，皆非只是自世之變、聖人所爲之事之前後不同，而見其不已，而是自此一切世變與聖人所爲之事中，見有一深遠而不可測，亦無窮者在，方見有此不已。此「不已」之自身，則只是至純一而至深遠之道。故曰，「於穆不已」，「純亦不已」。於穆卽深遠也，純卽純一也。此純一而深遠之道，之表現于天地間之一切世變，卽所以「成」此世變；其表現于聖人之事，卽所以「成」此聖人。故此道，卽只是天地聖人之道，而可一言以名之曰誠。誠者，自成也，天地依此誠之道，而成，而存在，聖人依此誠之道，而成，而存在。一切人物之生于天地，與學者之學于聖人者，亦依此道，而成，而存在。故曰「天地之道，可以一言而盡也；其爲物不貳，則其生物不測」。天地萬物之道如此，聖人之道學者之道亦如此。誠卽自成，卽自己成就自己，而只是一自己。故道不貳，而「其爲物也亦不貳」。通此天地與人之道，只此一不貳之誠道之悠久不已。中庸之文，卽本其知此不已之義而說，豈未知此義者所能已其義者哉。彼不信中庸之言者，其不信，亦終將自已也，非能誠不信也。若其「誠不信」之「誠」能不已，則亦終將信此「誠」之不已之義矣。此卽中庸之書之可以垂于永久，而其涵義，則深遠無窮，亦如淵泉之時出，以見于人心，而亦恆千古常新之所在也。故今亦自道吾之所見于其涵義者如此。

第二十二章　禮記中之禮樂之道與天地之道（上）

一　禮運大同章之問題，及其在禮運篇中之本旨

上述中庸之言誠之道，既在橫通內外以論道，亦在縱通天人以論道。此道極于盡己性、盡物性、以參贊天地之化育，故亦爲天地所以化育萬物之道。此道爲悠久不息之道，故可順通于古今歷史之變。儒家之思想發展至中庸，即不只爲一人生之道德、倫理、政治與人性之哲學，亦爲一形上學與宗教哲學、歷史哲學。此即通過聖人之至德中之至道，而見得天地萬物之所以生之天道，以至尊天崇聖，而讚嘆此道之悠久不息之形上學、宗教哲學、與歷史哲學。禮記之禮運，則爲專論能表現人之德，與養人之德之「禮」之運行于天地鬼神山川與萬物中、及古今歷史之世界之著。樂記則爲論禮樂之道之兼爲人生倫理政治之和序之道，亦爲天地萬物鬼神之和序之道之著。此二文可稱爲文化哲學與形上學之和合，其規模亦甚弘濶。然文章之組織，則不如中庸之嚴整，立義亦不如中庸之言通貫天人內外者之賅備。然其以禮樂之人文爲本，以通自然之宇宙、人倫、政治、與歷史之世界，則足以答墨道諸家以儒家之禮樂之義，只限于人間一時之用之疑難；亦足以伸禮樂之教化之價值于政治，以答法

家言文學之士與禮樂無用于爲政之疑難。由此二文與禮記他文之言禮樂之義，而漢以後之學者中，更無敢言全廢禮樂者。故其影響至爲廣遠。不同于中庸之書，只爲少數智者之所知，直至宋明儒，乃得大弘其義者。茲一述此禮運與他篇言禮之義，與樂記言禮樂之旨，而世傳孔子答曾子問之孝經，其義多與禮記之文相通，故亦將附及焉。

禮運一篇之文，首爲大同章。其文曰：「大道之行也，天下爲公，選賢與能。故人不獨親其親，不獨子其子，使老有所終，壯有所用，幼有所長，矜寡孤獨廢疾者皆有所養。男有分，女有歸。貨惡其棄于地也，不必藏于己，力惡其不出于身也，不必爲己。是故謀閉而不興，盜竊亂賊而不作，故外戶而不閉，是謂大同。」此章之文，言三王以前二帝之大同之道，以與三王之小康之道相對，于中國近代思想影響甚大。然昔儒則並不十分重此禮運之文。如宋之朱子文集卷三十三，答呂伯恭書，謂其「幾以二帝、三王有二道，此則有病」。又語類八十七可學錄，問「禮運似與老子同，曰不是聖人書。胡明仲云，禮運是子游作……，計子游亦不至如此之淺」云云。茲純就此文之大同章所用之名辭言，則上文已謂大同大道之名，皆當是初出于墨道二家。其首句言天下爲公之公，以與私對；公善而私不善，亦初爲墨道法三家所喜用。詩經言「雨我公田，遂及我私」。此乃只謂田之爲公有或私有之別，私無劣義。論語言孔子于顏回「退而省其私，亦足以發」。此私指個人生活，亦無劣義也。論語孟子固皆未嘗有此以公與私相對，以公爲善、私爲不善之義也。墨子書言天之行「廣而無私」，又恒言公義，則公顯然爲善。荀子王制言「公平者，職之衡也」，亦循此義而說。莊子言彭蒙、田駢、愼到之學，「公而不黨」老子言「容乃公，公乃王」，此公亦爲善。莊子雜篇則陽言「道者爲之公」，道可尊而公亦可尊。韓非更喜以「行公法廢私術」爲言，又謂「蒼頡之作書也，自環者謂之私，背私者謂之公」(五蠹)，則明尚公而絀私。後之呂覽亦言公與私對，私亦有劣義。管子中多法家言，亦尚公而絀私。大戴禮子張問言「公，無私也」，尹文子則言「聖人之非無私，乃于大私中爲無私」。此皆一時代之語，亦非孔孟之言。蓋孔孟之言孝弟仁義禮智之德，乃皆及于他人他物，又皆屬于一己者。人之成物卽成己，初固不重此公私之別，亦不以公私分優劣，不謂公必善，而私必不善也。則此禮運大同章言「天下爲公」中公之一辭，亦初出自他家。至于大同章之言「貨惡其棄于地也，不必藏于己，力惡其不出于身也，不必爲己」之句，亦正類墨子之言「餘力相勞，餘財相分」。儒家言尊賢，不言選賢爲用。選賢爲用之義，亦卽出自墨家。選賢爲用，固不足盡尊賢之旨。大同章之言選賢，蓋卽墨子所謂「選天下之賢者，立以爲天子」，如堯之舉舜，以見天下爲公。此亦卽儒家之禪讓之義。然名此爲選賢，則初自墨家。故此大同章之文爲晚出，無可爲諱。然此大同章之思想，亦復爲孔孟思想之所涵。蓋孔子固志在天下之有道，求老者安之，朋友信之，少者懷之。孟子亦言老吾老，以及人之老；幼吾幼，以及人之幼。孔孟之仁義之道，果行于天下，自當有此與人以「餘力相勞，餘財相分」之事，復當由尊賢，而選賢爲天下用。又此孔孟仁義之道，固亦是天下之公道，而非一人之私道也。則此大同章文雖晚出，亦不可謂其思想，非孔孟之言之所涵。此中唯一之問題，在大同章只客觀的描述一大道之行後之一大同之世之內容，如人與人之倫理關係、社會關係、政治關係、經濟關係之如何如何，以合爲一理想，尙未及于人之如何達此理想之歷程，或人之行爲之道路。如孤提此章而論，卽明不同于孔孟言道，必重人之當下可行之道路、與如何達一理想之歷程者。如大同章只泛言人不獨親其親，不獨子其子，卽只是一理想。孟子言老吾老，以及人之老，幼吾幼以及人之幼，卽指出人當下可行之道路，與人之達一理想之歷程也。凡只說一理想，而不說所以達理想之當下可行之道，則皆不能眞實連于吾人當下之生命與心靈，卽皆未全合于孔學之精神。故此大同章之思想，雖爲孔子思想之所涵，然其所以爲孔子思想之所涵之文句上的證明，唯在此章之首有「大道之行，丘未之逮也，而有志焉」中之「志」之一字，而不在此中所描述之大同之世之種種理想之內容。今如只自此理想之內容上看，大同章所言者，亦遠不如近世康有爲本此大同章，而有之大同書，所言者之豐富。又人若只去描述此大同之世之理想內容之豐富，而不說此理想內容，卽在吾人當下之此生命心靈之「志願」中，則此一切理想內容，皆實無異于吾人對未來世之一客觀的想像或幻想，而虛騰于外，冒出于上，無當下之生根處，亦不能使人眞有求實現此理想之行爲者。故此大同章之文之重點，唯當在此中之孔子之自言其有此「志在天下爲公，使天下大同」之「志」。志雖未達，然當下已有此志，卽可逐步求達。言逐步求達，卽謂自客觀上言，此大同之世，不能直下實現；而能直下實現者，卽只是由小康以至大同。此小康之治，雖不如大同之世之大，卻是更爲切近吾人之所行者。吾人若舍小康，亦不可至于大同；而此志在大同，卽只爲人之行于小康之根據。人之行小康之事之中，亦卽有此「志在大同」之志，貫徹表現于其中。則此行于小康之事，卽不可與志在大同之志，分爲隔別之二段，而小康亦非只是小。然後合于孔學之精神，與此禮運之全文之本旨也。

吾人之所以要如此釋大同章之文者，蓋以如將大同與小康，只分爲二段，禹湯文武之政皆是小康，則與孔子之稱禹湯文武之言，明不相合，亦與孟荀之言不相合。此文卽當如朱子之所疑，而不可說爲儒家學者之所著。吾人如細觀禮運之先言大同之世之天下爲公之後，更言「今大道既隱，天下爲家……大人世及以爲禮，城郭溝池以爲固，禮義以爲紀，以正君臣，以篤父子，以睦兄弟，以和夫婦，以設制度，以立田里，以賢勇知，以功爲己，故謀用是作，而兵由此起」。固似有貶抑小康之治之意，亦似有貶抑禹、湯、文武、成王、周公之謹于禮之政之意。然此下之文，卻又全部是論禮義之道，則吾人卽未可謂此大同章之文，眞意在貶抑小康。故吾意于此所謂大道既隱之一語，實亦可另作一解。此解卽是謂此天下爲公之大同之世，既不存在于今，只爲吾人之志之所及而隱于當今之天下者，亦卽只隱存此志願之中者；則吾人今所能爲者，只是由此一有家而人各親其親，各子其子，亦有君臣之天下，求正君臣、篤父子、睦兄弟、和夫婦，以逐步實現此志之所涵，以謹于禮，而面對此天下之「謀用是作，兵此起由」之事實，而以禮義化之，此卽以此禮義之行，爲吾人之「志在大同」之志之所貫徹表現之處。若作此解，則于禮運之文，其所以全部是論禮義之道之故，卽可得其解。依此解，則大同章對此禮義之道，雖似加以貶斥，而實未嘗加以貶斥；而其于所謂大同之治，雖似極尊尙，然亦非空加尊尙。禮運全文之旨，乃在說此大同之治，今唯存于吾人之志願之中，吾人若徒有此志，則尙未落實于此當前之「天下爲家」之世界。必本此志，而更立禮義于此天下爲家之世界，以次第實現此志，以小之康表現此志之大；然後此志之大，方得落實，乃不致虛大而不切。若如此看，則此大同之章之文，于大同之治，正揚中有抑，而于小康之治，則抑中有揚。合而觀之，則其旨唯是「以志在大同之志，次第成此小康之治，使此小康之治，亦由小而大而已。

又禮運篇在說大同之世之理想時，人所念者，唯是人人之得其所。此中禮義之觀念，攝于此「人」之觀念之中。然在人之實現此志之歷程中，則必須通過人對人之禮義，然後有此人與人之各得其所。故在實現此志之由小而大之治化歷程中，亦必言禮義。總而言之，此禮運篇之旨，卽爲依于一超禮義之志以言禮義，使此禮義爲一超禮義之志之表現者。超禮義者，必表現爲禮義，亦正是儒家之精神，而不同于道家之言超禮義，或謂不須更有禮義者也。超禮義者，必表現爲禮義，則超禮義者雖高，而必以似卑之禮義爲行之始，而使此高者見于此禮義之中。此卑者卽亦以有此高者之見于其中，而未嘗不高。儒家言登高必自卑，行遠必自邇，正是重在使志在高遠者，其行皆自卑近而開始，亦在此卑近之行中，表現其高遠之志。則于大同之世不言禮義，而于小康之治中必言禮義，亦非卽輕抑此禮義之意，而可正是言人之志在超禮義之大同之治者，其志之必須通過禮義而表現也。故禮運之首章雖言大同之治，而後文全歸到禮義去說也。禮運後文嘗謂「以天下爲一家，中國爲一人，非意之也」。正謂唯由禮義，乃能至于大同章所謂講信修睦。是皆見此禮運之文，乃一大開大合之文。其文之全旨蓋是言墨道二家所言大同之世之天下爲公、大道之行、與超禮義之境界，雖原爲儒者之志所涵；然儒者更有進于此者，即是其有此志非只「意之也」，而是逐步由禮義以實現此志于此有家之天下，使大者表現于小者之中，使超禮義之境表現禮義之中。循此以觀，亦正可見此禮運之一文，實乃儒者于墨道之言既盛之後，更說此墨道所言之義，原可攝在儒者之「志」之所涵之內，而更重申儒家言禮義之旨者。故不避道墨所用之「大同」、「大道」、「選賢」、「公」之名，以爲說明此儒者之「志」之用；而用此諸名，固亦原無悖于儒者之所謂「志」之所涵之本旨者也。

至于禮運大同章以後言禮義或禮之文，則首言禮之「本于天，殽于地，列于鬼神，達至于喪祭、射御、冠昏、朝聘」。此乃由禮之本于天地鬼神，再說到其達于人之喪祭、射御之說法，亦是先順道墨諸家之重言天地、與尊天事鬼，而更說到儒家所原重之人倫。孔子言禮樂曰：「人而不仁，如禮何？人而不仁，如樂何？」孟子言「仁之實，事親是也；義之實，從兄是也；禮之實，節文斯二者，樂之實，樂斯二者」。此皆直就人之仁義之心上說禮樂，不先自天地鬼神說也。然儒家之禮，自有事天之禮、祭地與鬼神之禮。禮之本雖在人之心、人之生命，然出自人之心與生命之禮，固可及于天地鬼神。在祭天地鬼神之禮中，若無此天地鬼神，則無此禮。則禮亦依于天地鬼神，而本之以有。故曰「禮本于天，殺于地，列于鬼神」也。然此由言禮之所及之對象之有天地鬼神，遂說禮之本在天地鬼神，而先言天地鬼神，方次及于人，仍不同于孔孟之初只尅就禮之本在人心為說者。此亦可謂唯是順墨道諸家之重先言客觀之「天地之大、鬼神之深」之言說方式，而更以儒家言禮之旨，涵攝其所言，以更歸至儒家所重之人倫之禮者也。

二　禮之原始

至于禮運之再下二節，則是由孔子之觀夏殷之道，更觀于上世，以知禮之原始。其言曰：「夫禮之初，始諸飲食，其燔黍捭豚，汙尊而抔飲，蕢桴而土鼓，猶若可以致其敬于鬼神。及其死也，升屋而號，告曰：皐某復。然後飯腥而苴熟，故天望而地藏也。體魄則降，知氣在上，故死者北首，生者南鄉，皆從其初」。此謂禮乃與人之飲食俱始。人自知飲食之時，即同時有其致敬鬼神之心，故于親者之死，升屋而號，以生人之食饗死者，再使其北首望天，而藏身于地，因其知氣上于天、體魄降于地也。此言葬祭之禮，與原始之人之飲食俱始，即謂人自始非只求其個人之飲食，而于其飲食之際，即有鬼神之在念者。人死而葬之，使其知氣天望、體魄地藏，則死者之鬼神，不離天地，而天地亦皆在葬死者之生者之念之中。則此祭葬之禮，固見生者與死者之人倫，亦依于天地鬼神之在念。則上文所謂禮「本于天、殺于地，列于鬼神，達于喪祭」等，卽在最原始之人類于飲食時之致敬于鬼神、與葬死者之事中，卽皆已有之。禮固自始爲通于人與鬼神、天地之事也。

按孔子言禮樂，于禮樂之存在之價值，初未有問題。墨子主薄葬，乃以王公大人之喪葬之浪費爲無用。孟子進而言上世有不葬其親，其親死，而委之溝壑者。然他日過之，更見其親之爲狐狸所食、蠅蚋姑嘬之，遂情不自已，「其顙有泚」，乃「蘽歸反虆梩而掩之」，卽爲有葬之始云云。此乃純自對死者之人情上，言喪葬之起原。荀子三年問更言凡有血氣之屬，如鳥獸皆有念舊之情，而人之情，則又過于鳥獸，故有喪葬之禮云云。此亦所以答墨家之疑。荀子禮論，更言及禮之貴本。禮中之尚太羹玄酒，皆見貴本之意。此以太羹玄酒爲禮，蓋亦由上古傳來。然皆未如禮運之直言：人之致敬于鬼神之禮乃與人之飲食俱始。謂人死卽升屋而號，而欲以其飲食饗之，則非如孟子之言委其親于溝壑之後，他日過之，見狐狸食之，然後有葬之事；亦非如荀子之只自敬鬼神之大饗之尚太羹玄酒，方見此禮中有貴本之義。此是就人之敬鬼神之禮，原與人之飲食俱始，以見此禮之「本」與人類之歷史俱始，亦與人之以飲食自求生存于天地之事俱始者也。知此禮之與人類之歷史、人之自求生存于天地之事俱始，則知人之歷史與其生存于天地，卽永不能無此禮，而知此禮之爲縱貫的運行于人之歷史之中，人之歷史皆禮之所運。斯可以論「禮之運」矣。此卽其再下一節所以由先王未有宮室之時，說到後聖，說到周道，更說到魯之禮與非禮之事之故也。其中之言「僭君亂國」、「君臣爲虐」及言「疵國」諸節，卽所以誅當世之非禮之政者也。

三 禮運言「內順于己、外順于道」之祭祀之禮、「天不愛道」之義，與中庸言道之旨

禮運文由「故政者，君之所以藏身也」以下，則要在言治政。「必本于天殽以降命，命降于社，之謂殽地；降于祖廟，之謂仁義；降于山川，之謂興作；降于五祀，之謂制度。」此乃謂政必備禮。此中天地、祖廟、山川、五祀，皆爲降命于人，以使人自爲其制度、興作、仁義、祭祀等事。故此命亦卽人面對天地、祖廟時之所以自命，亦可說此命之地位乃在人與天地等之間，不可只作客觀外在想。後文更言聖人之「以天下爲一家，中國爲一人」，必心「知其情，辟于其義，明于其利，達于其患」，然後能爲之。再下則言喜、怒、哀、樂、愛、惡、欲爲人情，「父慈、子孝、兄良、弟恭、夫義、婦聽、長惠、幼順、君仁、臣忠」爲人義，又言飮食男女爲人之大欲，而得之爲利，死亡貧苦，爲人之大惡，有之爲害。唯知此人之情、義、利、惡者，乃能治天下國家之政。再下則言，人爲「天地之德、陰陽之交、鬼神之會、五行之秀氣，……人者天地之心」。故「聖人作則」，必以「天地爲本，以陰陽爲端，以四時爲柄，以日星爲紀，月以爲量，鬼神以爲徒，五行以爲質，禮義以爲器，人情以爲田，

四靈以爲畜，……」後又言：「祭帝于郊，所以定天位也；祀社于國，所以列地利也；祖廟所以本仁也；山川所以儐鬼神也；五祀所以本事也。」更下則言禮義所以講信修睦，以及聖人如何修禮義以治人情之田曰：「脩禮以耕之，陳義以種之，講學以耨之，本仁以聚之，播樂以安之」，以歸于治人之仁義禮樂之學，成其「人之肥」、「家之肥」、「國之肥」「天下之肥」之「大順。」由此而歸于：「天不愛其道，地不愛其寶，人不愛其情；故天降膏露，地出醴泉，山出器車，河出馬圖，鳳凰、麒麟皆在郊棷，龜龍在宮沼，其餘鳥獸之卵胎，皆可俯而闚也。」此卽修禮以達義，體信以達順之實也。是卽此文之終也。

于此上述禮運後文之大旨，吾人所首當注意者，是其言「天下爲一人，中國爲一家非意之也」以下之文。上文謂天下爲公之大同之理想，不可只爲一意中之理想，應有以致之之道。此道則正在前所謂小康中之禮義。故聖人亦必先知人情人義，與人之利患所在，乃能知禮義。禮義必以人情爲用，則不可離人情以言禮義。然人具天地之心、天地之德、爲陰陽之交、鬼神之會、五行之秀氣，故人原能由其對天地、山川、鬼神五祀、以及人之鬼神之情，更順四時與日月星之運，而有祭祀之禮，再有其禮樂仁義，以成人與家國天下之肥與大順。由是而此禮運所言之禮之精神，卽不只運于古今之歷史，亦運于天、地、人、鬼、神、與萬物之世界之中者。此一禮之精神之如此遍運，亦如其本于天，以降其命于地、于山川、與祖廟、五祀、以及人與人相與時之仁義禮樂之中。中庸由率天命之性道，而有人之修道與教，乃人之所以盡其性、盡人性、盡物性，而贊天地之化育，以見聖人之純亦不已之德，同于維天之命之於穆不已之事。故中庸言聖人之事，亦皆爲以其大德受天命之事。今禮運言禮之精神，如本于天以降其命，卽正如承中庸之言聖以大德受命，進以言此聖人之將其所受之天命，再表現爲禮，以降此命于禮文之中也。禮運之言「大順」，歸于「天不愛道，地不愛寶」，鳥獸與人之相和，正卽中庸之「盡其性、盡物性，與天地參，而萬物並育」，「道並行而不悖」之境也。唯中庸于此只抽象的略言之者，而禮運則更分之爲種種對天地、山川、鬼神、五祀、祖廟之禮，與一般君臣父子之倫中之仁義禮樂等，而具體的詳言之。又中庸言人性，而禮運則標人情。然固皆可總名之一「合天命與天地、鬼神萬物，人心之性情及人德與人文，以言人道」之思想也。

四　禮運及禮記他篇，論祭祀中之報本返始與道福

此禮運及禮記他篇所言之禮之範圍，雖有喪、祭、冠、婚、射、鄉、（原作御，依邵懿辰禮經通論改）朝、聘之種種，然以祭禮爲重。祭禮中，又以郊天之祭爲大，次爲祭四方、山川及祖廟之祭。禮記諸篇于此郊祭及其他之祭之義，發揮最多。此與孟子之答墨子薄葬之難，只言及葬禮之重要，與荀子禮論亦要在論葬禮者，皆不同。荀子言禮之三本，在天地君師與先祖。然現存荀子禮論中，則未及祭天地之禮，亦未詳論祭祖之禮之義，只言及對父母與君師之三年之喪及葬禮之義。然禮運及禮記

他篇，皆特發揮種種郊天之祭，對山川、鬼神、祖廟之祭之義。此郊天之祭，以祖配享，更與其他對四方山川之祭、及祖廟中之祭，相輔爲用，卽見人之祭祀之精神之一至高至大，亦至全至備，而充極其量之伸展，亦復爲一賢者之生命中，能有完滿之道福之所係。故祭統曰：「祭者，非物自外至者也；自中出，生于心也。心怵而奉之以禮，是故惟賢者能盡祭之義。賢者之祭也，必受其福，非世之所謂福也。福者，備也，備者，百順之名也。無所不順者，謂之備，言內盡于己而外順于道也。……上則順於鬼神，外則順于君長，內則以孝于親，如此之謂備。惟賢者能備，能備然後能祭……」。此謂祭出于心，卽言祭只是人之祭祀之精神之伸展。由此伸展而上達于鬼神，而心怵然，與之相順，卽爲備鬼神于己，而順于道，亦自備受其福。祭鬼神，必有對天神之郊祭，對地神之社祭，以及對四方山川之神、與祖廟中之神，皆有祭；然後人類祭祀之精神之本身，乃無所不運，而充極其量，以成其全備。故禮運曰「祭帝于郊，所以定天位也；祀社于國，所以列地利也；祖廟，所以本仁也；山川，所以儐鬼神也；五祀，所以本事也。故宗祝在廟，三公在朝，三老在學，王前巫而後史，卜筮瞽侑，皆在左右，王中心無爲也，以守至正。故禮行于郊，而百神受職焉；禮行于社，而百貨可極焉；禮行于祖廟，而孝慈服焉；禮行于五祀，而正法則焉。故自郊社、祖廟、山川、五祀，義之修，而禮之藏也」。王制謂「天子祭天地，諸侯祭社稷，大夫祭五祀、祭天下名山大川，五嶽視三公，四瀆視諸侯，諸侯祭名山大川之在其地者」。曲禮文大同，更言「諸侯方祀，祭山川」、「士祭其先」。此中郊天之祭，只當唯由天子主之，蓋以唯天子，乃可代表萬民。諸侯主祭社稷、山川，則以諸侯爲代表一方之人。大夫主祭五祀，則以大夫代表一地之人。士主祭其先，則代表一家之人。若爲主祭者，非其人，而不足代表，則爲非禮。此中主祭者雖爲一人，然與祭者則有多人。又人卽不與其祭者，其心中亦未嘗不同時知此天地社稷祖廟中之神皆當祭。蓋只須人知有祭祀之禮之舉行而一念及之，人卽一念有其祭祀之精神，上達于天地社稷、與祖廟中之神也。此一祭祀之精神，上達于天地社稷與祖廟中之神，卽可使其心恍然，而向此至高至大之神靈世界，以伸展充達，以順于道，而多多少少備受此「順道」之福矣。此福，固非必爲由祈禱鬼神，而由鬼神所降之福。禮記言祭之義，雖亦有祈禱之意，然要在以祭表示人對天地鬼神之一報本反始之意識或精神。故郊特牲言祭天，則以大報本反始爲說。至于對有功烈于民之祭，更純是爲報其功烈，而非爲祈其鬼神之降以福。如祭法言：「夫聖王之制祭祀也，法施于民則祀之；以死勤事則祀之；以勞定國則祀之；能禦大菑，則祀之；能捍大患，則祀之；……是故厲山氏之有天下也，其子曰農，能殖百穀。夏之衰也，周弃繼之，故祀以爲稷。共工氏之霸九州也，其子曰后土，能平九州，故祀以爲社。帝嚳能序星辰，以著衆。堯能賞，均刑法，以義終。舜勤衆事，而野死。鯀障鴻水，而殛死。禹能脩鯀之功。黃帝正名百物，以明民共財；顓頊能脩之。契爲司徒，而民成。冥勤其官而水死。湯以寬治民，而除其虐。文王以文治，武王以武功，去民之菑。此皆有功烈于民者也。」此與國語魯語上所紀展禽之語同。盖原爲周之舊制。在此制中，只言有功烈于民者，卽當祭祀；不言人之祭祀，所以祈其鬼神降福也。至于人之祭祖宗父母，則祭義曰：「君子反古復始，不忘其所由生也。是以致其敬，發其情，竭力從事以報其親，不敢弗盡也。」此則明言祭祖宗父母，亦只所以致其敬、發其情，以報其親。祭統中之更言「鼎有銘」之義曰：「自名以稱揚其先祖之美，而明著之于後世者也。……銘之義，稱美而不稱惡，此孝子孝孫之心也，唯賢者能之。銘者，論譔其先祖之有德善、功烈、勳勞、慶賞、聲名，列于天下，而酌之祭器，自成其名，以祀其先祖者也。……先祖無美而稱之，是誣也；有善而弗知，不明也；知而弗傳，不仁也。此三者，君子之所恥也。」此銘則所以顯先祖之美于祭器，亦孝子孝孫之所以報其親之祭中之一事也。由此以觀，則祭統之言祭必受福，自非祈鬼神而降之福之義。故曰「非世所謂福也」。此福唯是順道之福。卽唯是由人之報本復始，而有其祭祀之精神，「順道而向天地、有功烈之聖賢、與祖先之鬼神而伸展充達」之道福也。

此由人之報本反始之祭祀精神之伸展充達，而有之道福，亦可謂之爲一由至高至大之宗教道德精神，而來之道福。吾嘗以爲此乃居于一切祈鬼神降福之宗教道德精神之上一層面之宗教道德精神。一切夾雜祈福意識之宗教道德精神，皆必去其中之夾雜，而化爲一純粹以報本復始爲心之宗教道德精神，乃能至於此至高至大之宗教道德精神。此一至高至大之宗教道德精神，在東西一切古代之宗教道德思想之典籍中，則唯有禮記祭統諸文，能言其義；而見其深知人有此精神之本身卽道福；以與一般祈神降福之世俗宗教所謂福，相分別者。世俗宗教之夾有祈神降福之意識者，在根底上皆是本于人之自私自利之心。世俗宗教之拜上帝與其他神者，皆不能免此。故皆不能使人之道德宗教之精神，有充極其量之伸展，以眞上達于天地鬼神，以與之合德，而人神亦終不可言配天。唯在中國之文化中，**文王以其德之純亦不已，可與天命之於穆不已相配，而周公有「宗祀文王以配上帝」之禮**，更有「郊祀后稷以配天」之禮。（見孝經）中庸言孔子高明、博厚、悠久無疆之德，亦言其足以配天。此非以中國文化之擅以人配天也。乃以人之德之純，人之德之高明博厚而悠久無疆者，其生前之精神，原已能無所不運，而有充極其量之伸展，以達于天地鬼神，以與之合德也。已與天合德，而不以配天之祭禮祭之，不可也。猶世俗之宗教徒之于其所拜之神，夾雜自私之祈福之意識者，其精神原未有極其量之伸展，以上達于天者，而以配天之禮祭之之不可也。人欲有此一純粹之報本復始的道德宗教精神之出現，則待于一不夾雜任何自私之祈福意識，而以「此精神本身全備爲福」之思想之出現。此則世界之一切古代之宗教道德思想之典籍中，蓋唯承孔子之教，而發揮之之禮記言祭之文，能早見及此。此眞世間大慧至德之言，而亦將爲人類之一切世俗之道德宗教之最後終止之義之所存者也。

五　禮之用、與人義、及人對生命之始終之尊重，禮儀中人與天地萬物之德之表現、與用物中之德性

此禮記之言報本復始之道德宗教精神，在中國古代儒家以外之思想中，唯莊子之達于「大本大宗」之至人、眞人、天人之境界，可說與之相近。然莊子則只重自保其此一境界，以成其個人之內在的德之和、或其內在的天和；而不知人由祭祀之禮，卽所以達于此大本大宗之道，而有其德之和。莊子亦未言人之心有其德之和，以達于大本大宗，以與天爲徒，與造物者同游者，仍將視其身體爲天地間之一物；而對此身體之行爲，仍當以禮，加以規範，亦當使此身體對天地鬼神，行其祭祀之禮儀；然後乃不至由此身體與其他之物之相刃相靡，以引使此心亦與其他之物相刃相靡，而致此心之死。莊子亦未言人可于其身體之行祭祀之禮儀時，更引使其心之向于所祭祀之天地鬼神，而極其宗教道德精神之伸展充達，以有其全備之道福。在莊子所謂達于大本大宗之境界中，雖不能謂必無上述之道福；然莊子對一般之禮儀，恆以爲非「禮意」所在，遂存卑視之心，而未能深識其涵義之未嘗不莊嚴神聖。則至少莊子之「所以使人達于大本大宗之境界」之道，猶未能全備，亦未能使人有全備之道福。莊子所謂「以禮爲翼」，唯是以「人皆爲之，吾敢不爲耶」。此乃只是一「與人爲徒」時之順應之行，固未能如儒者之以鄭重之心，識此禮儀之原，爲人之莊嚴神聖之情之表現，卽亦可轉而養人之莊嚴神聖之德；而有其莊嚴神聖之涵義，足使人更全備其道福者在也。此則莊子之能極高明，而不免「智者過之」，遂不及儒者之極高明而更能道中庸，以鄭重之心，識此禮儀之深義者也。

對此儒家所言禮儀，莊子爲智者過之，老子之以禮爲忠信之薄而亂之首，與道家之徒輕人世之禮者，皆爲智者過之。此乃由于道家之徒，皆只見禮儀之可流爲形式化，虛僞化，而與人內心之眞實之德無關，故輕此禮儀。而不知形式化，虛僞化者，可與以人之眞性情爲內容，使之眞實化，而不當在原則上貶抑之。至于此外之周秦思想，于禮樂之義，更有「愚者不及」之思想。此所謂愚者，卽指墨法二家之以禮樂爲無用之思想。此種思想之用之觀念太狹。故首不知人之性情之當有一表現，無此表現，則人心不安。是見有此表現，使心安，此卽一當下之用，可不必求其他之用。如孟子言「哭死而哀，非爲生者也；經德不回，非以干祿也」。此哭爲哀之表現，不哭心不安，此哭卽是用，不須更有其他爲生者之用。正如人之經德而成德，不回于不德，卽是用，不必更以干祿才是用也。然墨子公孟篇則以嬰兒之索父母不得而哭，爲愚之至，並以儒者之父母歿而有三年之喪，以思慕父母，亦嬰兒之智。此則以爲必思慕父母，而使已歿之父母復生，此思慕方爲有用。不知由此思慕之情不能自已，而表現爲三年之喪之禮，使此情有所表現而心安，卽是此喪禮之用也。孟子與荀子之言喪葬之禮，皆同有自其爲人心人情之表現，而說此禮之用之言，以答墨子之難。此外墨家與法家之言禮樂對社會政治無用，其所謂用，亦只限于現實社會政治上之當下可見功效者之用，而不知此禮樂之可以成爲「治之本原」之用。此荀子在樂論，言觀于鄉飲酒之禮，而知王道之易一節，及其禮論言禮之有別，能使人之欲求有度量分界，而免于爭亂，已涵具此義。然荀子之言禮之用，則不足以服其徒之韓非、李斯。蓋只自使人之欲求有度量分界上說，則制之以法，卽可使人皆去私術，而就公義，其效似更速。荀子雖于鄉飲酒之禮中，見其可爲王道之始，然盖尚未能于種種人與人間之禮，一一見其爲禮運所謂人義之所存，故亦未有一整個之論列。荀子言喪祭，只偏自別親疏貴賤之義上說，其言亦不備。然在禮記諸篇，則除禮運言十種之人義外，祭統亦言「祭有十倫焉，見事鬼神之道焉，見君臣之義焉，見父子之倫焉，見貴賤之等焉，見親疏之殺焉，見爵賞之施焉，見夫婦之別焉，見政事之均焉，見長幼之序焉，見上下之際焉」。此十倫，亦卽十種人義也。此人之十倫、十種人義，固天下人所當行亦能行者，卽皆天下之公「義」。是見韓非之唯以法爲公義者，其言之狹。禮記諸篇之總論冠、婚、鄉、射、朝、聘之禮之旨者，則皆要在言此種種之禮，爲此種種人倫之義之表現。故經解曰：「朝覲之禮，所以明君臣之義也；聘問之禮，所以使諸侯相尊敬也；喪祭之禮，所以明臣子之恩也；鄉飲酒之禮，所以明長幼之序也」。仲尼燕居曰：「郊社之義，所以仁鬼神也；嘗禘之禮，所以仁昭穆也；饋奠之禮，所以仁死喪也；射鄉之禮，所以仁鄉黨也；食饗之禮，所以仁賓客也。」又禮器曰：「祀帝于郊，敬之至也；宗廟之祭，仁之至也；喪禮，忠之至也；備服器，仁之至也；賓客之用幣，義之至也。」此皆謂種種之禮之所在，卽人對人之種種義之所在，而韓非唯以法爲公義，豈眞知天下之公義者哉。

至于此種種之禮中，冠禮爲人之成人之禮。故曰：「冠者，禮之始也。」至于昏禮，則爲「合二姓之好，上以事宗廟，下以繼後世」之禮，而爲「禮之本」。哀公問記孔子答哀公問曰：「天地不合，萬物不生，大昏，萬世之嗣也。……三代明王之政，必敬其妻子也有道。妻也者，親之主也，敢不敬歟？子也者，親之後也，敢不敬歟？君子無不敬也，敬身爲大。身也者，親之枝也，敢不敬歟？」此皆由重昏禮與父母之昏禮，而有之敬妻、敬子、敬己身之義也。昏義又言禮「始于冠，本于昏，重于喪祭」。冠禮爲人之始成人，昏禮爲人之成家，喪祭之禮爲人之終。四者備，而人之生命卽始于禮，而終于禮，而人之終始，皆爲他人之尊敬禮讓之精神所環繞。人之生命之可敬之義，卽皆可由此而見矣。此外昏義又言禮之「尊于朝聘，和于射鄉」。于朝聘之禮，則禮記聘義中，除言一般之聘禮之義，表示君臣之敬讓外，特言以圭璋聘之禮曰：「以圭璋聘，重禮也，已聘而還圭璋，此輕財而重禮之義也」又聘義曰：「君子比德于玉。溫潤而澤，仁也；縝密以栗，知也；廉而不劌，義也；垂之如隊，禮也；叩之其聲，淸越以長，其終詘然，樂也；瑕不掩瑜，瑜不掩瑕，忠也；孚尹旁達，信也；氣如白虹，天也；精神見于山川，地也；圭璋特達，德也。天下莫不貴者，道也。詩云：言念君子，溫其如玉。」則專由聘禮中之用玉之物，以言其所象徵之德。此中，除人之德外，亦有天地之德在。而鄉飲酒義中，除言一般之和鄉里長幼之義外，又特言鄉飲酒禮中「賓主，象天地也；介僎，象陰陽也；三賓，象三光也。讓之三也，象月之三日而成魄也。四面之坐，象四時也。天地嚴凝之氣，始于西南，而盛于西北，此天地之尊嚴氣也，此天地之義氣也；天地溫厚之氣，始于東北，而盛于東南，此天地之盛德氣也，此天地之仁氣也。……賓者，接人以義者也，故坐于西北；主人者，接人以德厚者也，故坐于東南。……仁義接、賓主有事，俎豆有數，曰聖。聖立而將之以敬，曰禮。禮以體長幼，曰德。德也者，得于身也。」其後尚有二節，文義大體同。今略。此謂在鄉飲酒之賓主之相接之禮中，即如有天地、陰陽、三光、四時之在此中行，亦有仁義聖禮，德道，在此中存。此與聘義中以玉象徵人之德、天地之德，皆同爲卽禮之儀節，而見天地與人及其德，皆寄于其中。此固象徵之言，亦難有一定之說。然要之可見禮記諸文之言禮之義，乃自整個之天地人與其德之在此表現說，而與禮運之自整個天地人之關係上論禮之涵義相同者也。

此外禮記中，論燕禮射禮之義，與日常生活中之曲禮之義者，其言尚多，今可不必一一及。然卽就上所論，已可見禮記諸文之一精神。卽使人之生命之由始至終，皆存在于人之禮讓尊敬之精神之所環繞中，而如爲此人之禮讓尊敬之精神之光輝，所照耀而潤澤；同時于禮之儀節中，見有天地人與其德之在此表現；于是在極平常之禮之儀節之中，卽見有至高明至廣大之義，存乎其中。此卽禮記諸文言禮之勝義。孟荀之言中，雖亦略有之，所未能如此之暢說者也。

由此禮中之有此種種之尊敬人之生命之始終，及天地人與其德，在此被象徵被表現之意義，故生活于禮之中，其生命之價值自是高、自是大，而無卑狹瑣屑之情，則亦自然少自私自利，以爲非作亂之心。則人可不待如韓非之本法術以爲賞罰，然後能棄私術而就公義。此禮之爲教，卽可爲治之本，而見其有大用于爲政。禮之教誠大行，則正亦可使韓非所言之賞罰，成爲非必須有，亦可措之而不用者。韓非于人，唯視之爲一能自計慮其利害者；而韓非亦卽用此人之計慮其利害之心，以成其法術之論。人若只有此一爲自己計較利害之心，則韓非之本法術以爲賞罰，誠爲唯一之成治之具。然韓非不知人非只有計慮其利害之心，人之情之直接表現，卽初不出于人之計慮利害之心。人果能用其情，以感受此生命之價値之高，天地與人之德之大，則人可不待計慮利害，而知何者爲公，何者爲私，以自向于天下之公義。而此種之情，則正皆可由儒家之禮以陶養。人果能由禮以使其情自向于天下之公義，以皆爲禮義之人，則韓非所言之賞罰，自皆爲可措之而不用者，而成爲非必須有者。韓非之整個之理論，卽亦對成天下之治之目標言，亦非必須有之論，而亦爲一不必然之論矣。韓非之言之有善處，亦正其所謂「適然之善」而已，豈足以與儒者所言之善，相較量哉。韓非之所以未思及此，亦唯由于其對人性之所認識者太狹之故耳。

第二十三章　禮記中之禮樂之道與天地之道（下）
並論孝經之孝道

六　禮之行為之本質

上文說禮爲人之對人、對天地社稷與其他鬼神之宗教道德精神之表現，及人對人之生命之始終之尊敬之精神，與人與人種種倫理關係中之人義之表現；而人與人之相接以禮而有之行爲，與所用行禮之物，如玉等，皆可象徵表現天地與人之德。總此所言，吾人可說儒家之禮，雖依于人之內在之道德心與人之性情而有。然旣表現于禮之儀節中之行爲動作，則不只是一內在的道德與心情。又此禮之儀節中之行爲動作，雖有表現此一心之性情道德之用，郤又不同于對人對物之行爲動作，能實際的改變人與物，以達一功利之目標之用者。故依道家之重人之內在之德，與依墨法二家之重達功利目標之行爲者去看，則或爲智者過之，而忘禮之重要性，或爲愚者不及，而不能知此禮之重要性。對此禮之爲禮，若純依內心之德之標準者，似純爲外在之行爲。若純依人之功利之目標看，則又似不足以爲成就一有外在事功之行爲。然亦正以此之故，而禮之行爲，卽處于人之內在之心與德、及外在之事功之交界，而兼通于此內外之二者，亦足以爲貫通此內外二者之媒者。自此禮爲貫通內外者之媒上看，則內以此而得表現于外，而外亦可還養其內。其表現于外，非直接成就一外在事功之行，而卻爲此事功之行之所本。故此禮儀之行爲，對直接成就事功之行爲言，吾名之爲一半之行爲，亦卽可爲事功之行爲之本原，而潛具一「引致事功之可能」之行爲。此不特人之正式之典禮，如冠婚、喪祭、射鄉、朝聘者如是，卽日常生活中，人對人之禮，如禮記曲禮中所言者之類亦如是。自此日常生活中，人對人之禮，以觀此禮之行爲之本質，尤親切易見。如人對人之握手，其本身非以手助人以成一事。然此伸出手而與人手相握，卽表示我之願用此手，以助人。昔人之只以手揖拜，亦足表我之願用此手以助人。握手拜揖之遠于實際以手助人之事，亦正使其只屬于一禮之文者。故以實際之成事之行爲標準看，只爲一半之行爲，亦只爲具一「引致一事功之可能」之行爲，而非實際引致一事功者。禮之行爲對實際行爲言，亦可說只是一行爲之態度。此行爲之態度，可只表示于手足之一微小之動作，或身體之上下左右之一移位而轉向。今人之鞠躬側立，以延賓客，此卽只是人之身體之移位轉向，以讓出一空間，而容賓客之趨進。此中人之鞠躬側立之爲禮，而有延賓客趨而進之用，只在此鞠躬側立之態度，對賓客所可有或將有之趨進之行爲，在事先表示一尊重。此尊重，卽可使賓客自感其可有、亦當有一趨而進之行爲。由是而此鞠躬側立，雖非一實際上能成事功之行爲，然又實際上爲能引致開啓他人之有趨而進之行爲，以間接成此他人之事者。此中若無此鞠躬側立之禮，則賓客決不能有此趨而進之事。本此例以觀一切人對人之禮，卽皆有間接引致、開啓人之實際行爲，以成事之用，而亦爲成事之所不可少者。

一切爲禮之事，亦皆可說只是一對人對己之實際的行爲，先作一準備，表示一態度。此態度，對實際之行爲言，卽皆只可稱爲一半之行爲。此態度，可表現于手足之動作，亦可表現于身體之移位轉向，更可只表現于面容，或只表現于面容之顏色。其中手足之動作、與實際行爲最近。無手足之動作，而只有身體之移位轉向，距實際之行爲較遠。只單純有一面容顏色之表現者，又更遠。然人對人之禮之表現，則正始于吾人對人之顏色與面容，然後至于身體之移位轉向，與手足之屈伸等。此人先有對人之情存于心，方有其色其容，再有其身體之進退、與手足之屈伸，則此情表現爲禮，卽眞實而不僞。否則此情之表現爲禮，必屬僞而不眞。人欲使其禮爲其對人之眞實之情之表現，或由禮以養其眞實之情，亦必自正容色始。此「正容色」，如孔子所謂「色思溫，貌思恭」固最遠于實際之行爲，而最無功。然就此「正容色」之有開啓引致其後之身體手足之動作，以及于實際有功之行爲之效用而言；則又正爲此其後之一切行爲之本原與開始點之所在。人在禮中之必先重此容色，卽見禮之精神，乃重人之一切行爲之本原與開始，而與求實際有事功之行爲，重在對人物之實際上有所改變者，固截然不同者也。

禮之精神重在人之行爲之本原與開始，卽由人之日常生活中之禮而可證。故在一切人之正式典禮中，亦必重視具有本原與開始的意義之典禮。人在世間所爲之事業，之開始，無論是政治上、工商業上、社會文化上之任何事業之開始，在古今東西之俗，固皆有一開始之典禮。至于其成一段落或終結時，亦恆有一典禮者，則所以使人更回念其開始、與其由始至終，爲一段落，更求下一段落之開始；

或使人回念此一事之由始至終，爲一整個之事，而存之于人心、以不忘之。無開始者，即無終結。則凡一事終結之禮中，亦有珍視其開始之意義。然人之任何事業，皆本原于人，則一切事業開始與終結之禮，皆尚不如關連于人之開始與人之終結者之重要。禮記所言之冠婚、喪祭之禮，則冠爲成人之始，婚禮爲生人之始，喪祭爲人之終，亦使人更回念所喪所祭之人之一生之由始至終，而銘記不忘者。至于鄉飲酒之禮之明長幼之序，則意在尊重人之生命之始于吾人自己之生命之前者。朝覲、聘問、士相見、及其他對賓客之燕禮，則爲天子、諸侯、大夫、士、與朋友之相接相見之開始之禮。對人君之禮之所以重，則以君爲政令所自發，政令則爲國家之種種政事所自開始之本原。祭其親與祖、祭對社會文化政治有功烈之人，與祭天地山川社稷，所以爲禮之大者，亦皆自其爲我之生命所自開始，或爲我之生命之本原，或爲社會政治文化事業所自開始之本原，或爲人與自然界之萬物之生命所自開始之本原之故也。

人間之典禮，必重事物之有「開始」之意義、本原的意義者。凡事物之只爲其他事物之開始與本原者，亦皆與其實際的功用之所至者，似爲相距最遠者。故重事物實際的功用之人，恆忽此類之禮之重要。然此具開始與本原之意義之事物，既爲其後之一切事物所自始、與本原之所在。則其所涵具之可能的功效功用，亦正爲最大、而最久者。因而亦爲似最無用，而有最大最久之用于人之生命心靈精神之活動行爲之擴大昇高，而使其事業亦可大、而可久者。又無論在人之正式之典禮、與日常生活之典禮中，其始于正容色、整齊身體四肢之動作，與順時節，以安排器物者，其事雖若至微至近，而其效用與意義，卽皆可至大而亦至遠。于此至近至微者中，正可以見彼至遠至大者，如皆由之而出，而使此至近至微者，皆有表象彼至遠至大者之意義與價值，存乎其中。有如賓主相接而坐之微事，可見有天地、陰陽、三光之在于此間，于玉之一物之微，見君子與天地之德，存于其中。故愼用器物、愼用身體四肢、愼順時節以行禮……，使其皆足與爲禮之宗旨，相乎相應，卽使人于爲禮之時，直感此禮儀之意義與價值，而更助成一「與爲禮之本旨相乎應」之性情與德行之成者。此亦正爲天地間之至大、至高，而亦至切至近于吾人之生命之學問所在者也。

七　樂與禮之關係，及樂在中國文化中之原始地位

吾人如知禮爲有實際功用之行爲之本原與開始，則知樂之亦爲有實際功用之行爲之本原與開始。禮之中固恆有樂，樂恆連于詩。詩樂之原于人之心志，亦與禮之連于行爲時之心志同。又樂恆連于身體之動作而成舞，而舞亦當合于禮。故禮樂恆難分而論。然禮以身體容色之表現爲主，而連于行，而樂以音聲之表現爲主，而連于言。人之言固有意在指物，並命人爲事者，此皆對物有知識意義，而對人有實用意義之言也。然人之言亦有只表言者主觀之情志者，此則初無對物之知識意義、與對人之實

用意義之言也。此表主觀之情志之言之美者，即爲文學之詩歌。人之以言自表其情志，始于人之發聲，以自表其情。聲之本身，固亦能表情，如感嘆詞之聲，即直接可表悲喜之情者也。人說一語言時，發聲之大小、長短、抑揚、高下，亦皆可表其相關聯之情志者也。人之言語，始于自表情志，而不在指物命人。故表情志之言，爲言之始，而聲爲言之始。即以聲表情、爲以言表情志之始。聲之所以能表情，則又由于聲之出于吾人之體氣之轉動。體氣之動轉，與吾人之身體之生理之變化相依，而此生理之變化，又與吾人心之情志之變化相依。故情動于身，而有生理之變化，此生理之變化，或直接引起身體之動作，或只引起一體氣之轉動。身體之動作有序有則，而爲禮之所規範。體氣之轉動，顯爲聲之高下，有一定之比例，而成樂音。樂音之相繼，有節奏而相和，即成樂。聲可表情，則音樂亦可表情。情有喜怒哀樂，亦有善與不善之別，則音樂亦可表喜怒哀樂，而亦有善與不善之別；亦如人之身體之動作態度之可表情，而亦有善不善之別也。人可以合禮之態度行爲，以培養人之善情，使人成其善德；則人亦可以音樂養人之善情，以使人成其善德也。由此樂歌之聲，直接出于人之體氣之轉動，又可一方連于人之身體行爲，而聲又爲表情志之言之始，故歌樂所關連之體氣，乃兼連于人之言與行；而其與吾人之生命之關係，即更有切于禮者。此即儒家之重禮，而或更重歌樂者也。論語記孔子恆與人歌。又記孔子于是日哭，則不歌，則孔子不哭之日，無不歌也。故孔子曰：「興于詩，立于禮，成于樂。」孟子以金聲玉振，喻聖德。書經言夔典樂，以樂德敎胄子。後之周禮亦以大司樂，掌道德教育，而古之大學，亦名曰成均。成均卽成韻也。重此音樂之教育，蓋古代之民族莫不然。然中國則自儒者以禮樂爲敎，而于樂之地位，視爲遠高于其他之藝術如雕刻、圖畫、建築等之上。此卽不同于埃及希臘之于藝術之中，更重建築神廟與雕刻壁畫等者。中國文化之所以重樂，乃在樂爲最切于吾人之生命。中國古代之鼎彝上之有刻鏤之花紋與文字，固近西方之雕刻。然亦唯由此鼎彝爲禮器及日常生活中之用器，而切近吾人之生活上之禮、與日用之事，遂爲古人之所重。後之中國之建築，以宮殿爲主，祖廟附之，固不同西方希臘、猶太、埃及建築之以神廟陵墓爲主者。中國古人于附宮殿之祖廟中，祀祖宗之神，固皆較至遠處之陵墓與神廟，祀公共之神，更爲切近吾人之生命者也。又中國之畫，亦後于鼎彝上之花紋與文字而有者。蓋畫原爲畫一客觀之事物，固不如鼎彝之物，與宮殿、祖廟、音樂之更切近吾人生命者也。至于最切近吾人生命，而又與吾之體氣之轉動、身體之行爲、及心志言語相連之藝術，則莫如音樂。故中國古代藝術中，特以樂爲重，而由樂之關連于體氣之轉動，與身體之行爲及言語心志，亦與人之德行密切相關；故儒者之言樂，又不只視爲一純粹之藝術，乃恆與禮合言，以稱爲禮樂；而視之爲皆能表情志，養情志，以成人之內外之德行者也。

此樂表情志、養情志，以成人之內外之德之義，論語所載孔子之言中，已多及之。論語謂孔子言「關睢樂而不淫、哀而不傷」，固兼言其詩與樂，能表哀樂之情之正者也。反之，則如「鄭聲淫，佞人殆」，卽其所引起之情之不正者也。孔子言武盡美，未盡善，韶爲盡美盡善。卽謂音樂當求美，亦當求善，使足以養德也。孔子又言：「人而不仁，如禮何；人而不仁，如樂何。」卽言禮樂之表現，皆當本乎仁心也。後孟子言樂與舞，皆表生之樂，故謂：「仁之實，事親是也；義之實，從兄是也；禮之實，節文斯二者；樂之實，樂斯二者。樂則生，生則惡可已；惡可已，則不知手之、舞之、足之、蹈之。」孟子言古之樂猶今之樂，亦重與民同樂之意。然觀論語、孟子中，所載孔子、孟子言樂之論，皆尙未詳其說。荀子乃爲樂論，對樂之足以養德、飾喜怒之情，使人與人相和親、和順，及樂器之象天地萬物之旨，皆有所發揮，如前所論。至于禮記之樂記，及其他論樂之文，則其引孔子言者，或爲孔子之言，傳于弟子，而經後之學者之發揮之所成。其中之若干之義，亦有明不出自孔子，或初不出自儒家思想者。樂記爲河間獻王所獻，其成書或在漢世。其中言樂之文，多取荀子樂論，其總言禮樂之義者，更多可與易傳、禮記他篇之文相參。今試略說樂記其與荀子之言樂之異同之數端，以見此儒家之樂之思想之發展。

八　樂記言樂所重之義，與孟荀言樂所重之義之不同

樂記之言樂曰：「凡音之起，由人心生也；人心之動，物使之然也。……情動于中，故形于聲；聲成文，謂之音。……樂者，通倫理者也。故知聲而不知音者，禽獸是也；知音而不知樂者，衆庶是也；

唯君子爲能知樂。是故審聲以知音，審音以知樂，審樂以知政，而治道備矣……知樂則幾于禮矣。禮樂皆得，謂之有德。」此爲樂記之大綱。此中樂記與荀子所言者之不同，在其中三次指出人心爲樂之所由起；此明較荀子之只自人情言樂之所由起者，爲賅備。以心可包情性，而涵于所知所感之物，而情則不必包括心性與所知所感之物也。樂記首將音與人心及所感之物並論。其言禽獸知聲不知音，則以人與禽獸之辨在知音。此與孟子言人禽之辨在四端，荀子言人禽之辨在禮義，亦有不同。至其言聖人與衆庶之辨，在知樂，則聖人之道中，必包涵知樂之義可見。至其言樂之通于政與禮與德，則孔孟荀皆有此義。唯樂記下文更詳言此樂與政、及禮及德之關係耳。

樂記下一節，爲論禮樂與人之性、知、欲、外物及天理之關係。其言曰：「先王之制禮樂也，非以極口腹耳目之欲也，將以敎民平好惡，而反人道之正也。人生而靜，天之性也；感于物而動，性之欲也。物至知知，然後好惡形焉。好惡無節于內，知誘于外，不能反躬，天理滅矣。夫物之感人無窮，而人之好惡無節，則是物至而人化物也。人化物也者，滅天理而窮人欲也。」此一段文，對宋儒之影響極大。宋儒多以此人生而靜之性，爲人生以前之性。然觀此原文，則不必有此義。此人生而靜，可只指未感物時其生命爲靜說，非必指人之生以前也。其所謂天理，亦非必指人生以前以上之天理說，而可只是指在人之生命內部流行之天理說。此天理之名，初出自莊子養生主。言人生初爲靜，感物而後動，亦道家所重。故陸象山謂此段文，出自道家。此非不可說。然此所謂靜與天理，若不作在人生以前以上者看，則此所謂靜與天理之義，亦原相通于儒家言生命中之條理、與「未感物之前之人心，原無此感物後之動」之旨。此樂記之文，以性初爲靜，亦初無欲，雖未明言性爲善，然要爲無惡。此即不同荀子之言性惡。觀樂記後文言物至知誘，好惡無節，而人化物，不能反躬而滅天理，方有不善；則人性之原始之安靜，而有天理之流行其中，即應爲善。故此語爲宋儒之言性善者所取。此文言物至知誘，好惡無節，爲人之所以化同于物，而有不善之原。則去此不善，在人之不化同于物，以自節好惡，而返于人性，亦可知矣。孟子、荀子、恒以人之無以別于禽獸爲慮。莊子乃特以人之心知外馳，以致化同于物爲慮，而恒教人自將其心知，自外物撤出，而返于內，亦不以好惡內傷其身。此一段語之類莊子，亦不必諱。莊子之此類之言，亦儒家之教人自節好惡時，所原可說之語。如孟子亦言不可任耳目之官之蔽于物，而以物交物也。樂記今本此以言樂非所以極人欲，而正所以節人欲，以返人道之正。即所以答墨家非樂，以樂爲王公大人極聲色之欲者之疑難。此與荀子樂論第一段文，謂樂所以「感動人之善心，使外之邪汚之氣無由接」，以答墨子非樂之難，亦大體同旨也。

至于樂記再下一段文言：「禮節民心，樂和民聲，政以行之，刑以防之。禮樂刑政，四達而不悖，則王道備矣。」此則以禮樂統刑政，亦不必廢刑政之旨。此即以儒家義攝法家義。其歸于「大樂必易，大禮必簡，樂至則無怨，禮至則不爭，揖讓而治天下者，禮樂之謂也。暴民不作，諸侯賓服，兵革不試，五刑不用，百姓無患」，則是謂大樂大禮，非必如道家所謂繁文縟節，實爲至簡易，而能使人自然「不爭不怨，暴民不作、兵革不試、五刑不用」以幾于道家所慕之無爲之治者。此卽所以答道家對禮樂之難也。

至于此節之以「樂者爲同，禮者爲異，同則相親，異則相敬」，則同荀子之言「樂和同，禮別異」之旨。然謂「樂勝則流，禮勝則離……樂由中出，禮自外作；樂由中出故靜，禮自外作故文」，以言禮樂之相輔爲用，以通此「別異」與「合同」及「中之靜」與「外之文」，則荀子之樂論，尙無其言。下文言「大樂與天地同和，大禮與天地同節……禮者，殊事合敬者也；樂者，異文合愛者也」，則謂禮樂之情通。故下文又言「知禮樂之情者能作，識禮樂之文者能述。作者之謂聖，述者之謂明。」其以述作明聖，兼通禮樂之情與文，皆明較荀子樂論禮論，以情文俱備，或相代勝爲說者，爲能更進一義。此更進之一義，卽在就禮樂之情，亦皆同爲明聖之述作，以兼通禮與樂。荀子以禮樂爲聖王所作，其義唯後賢所明，尙未及于此「明」「聖」之相依爲用之旨；則不能言禮樂之「述」「作」之事，所以能相續而不已之故，亦不能言古今新舊之樂之變。樂記後文之申論古今新舊之樂之變，如其言黃帝之咸池、堯之大章、舜之大韶、夏殷周至今之新樂之變，而述其所以作之意，並評論其樂之善否，卽皆荀子樂論之文所未能及者。此通古今歷史以觀樂之變，亦正同禮運之透過古今歷史，以觀禮之運，而表現同一之重禮樂之道，爲一貫于古今之道者也。

九　禮樂之道，與天地萬物鬼神之道

此外樂記之論樂，亦有同于禮運之論禮，而純自天地萬物之道之觀點，以論禮樂之道者。此卽其更引申上所謂「大樂與天地同和，大禮與天地同節」，而有之文。言大樂與天地同和，則莊子天運篇言咸池之至樂時，所謂「奏之以陰陽之和，燭之以日月之明，其聲能短能長，能柔能剛……在谷滿谷，在坑滿坑」，已有其義。荀子言樂器之象天地、日月等，亦有其義。然樂記之言，則更進而言此人間之禮樂之道自身，卽天地萬物與鬼神之道。此卽同于謂整個之天地萬物，皆在表現此人間之禮樂之道。莊子齊物論言天籟，乃以天自有其天樂，非人籟之所及。然此莊子之天籟，乃專自天風之能引起地之衆聲而說。樂記則自整個天地萬物之「流而不息，合同而化」，以言天之有此樂之道；更自「天高地下、萬物散殊」，以言禮制之行于天地萬物之中。故曰：「樂者，天地之和也；禮者，天地之序也。和故百物皆化，序故羣物皆別。樂由天作，禮以地制。……明于天地，然後能興禮樂也。」又曰：「天高地下，萬物散殊，而禮制行矣；流而不息，合同而化，而樂興焉。春作夏長，仁也；秋斂冬藏，義也。仁近于樂，義近于禮。樂者敦和，率神而從天；禮者別宜，居鬼而從地。故聖人作樂以應天，制禮以配地。禮樂明備，天地官矣；天尊地卑，君臣定矣；卑高以陳，貴賤位矣；動靜有常，小大殊矣。方以類聚，物以羣分，則性命不同矣。在天成象，在地成形。如此，則禮天地之別也。地氣上齊，天氣下降，陰陽相摩，天地相蕩；鼓之以雷霆，奮之以風雨，動之以四時，煖之以日月，而百化興焉。如此，則樂天地之和也。化不時則不生，男女無辨，則亂升，天地之情也。夫禮樂之極乎天，而蟠乎地，行乎陰陽，而通乎鬼神，窮高極遠，而測深厚。樂著大始，而禮居成物。著不息者，天也；著不動者，地也。一動一靜者，天地之間也。故聖人曰禮樂云。」此卽明以整個之天地，與其陰陽鬼神萬物，皆合以表現此聖人所言之禮樂之道。故聖人之禮樂，卽亦依其能明于天地之道，而後作也。道家以能明于天之道者，高于能明于人之禮樂者，故輕禮樂。樂記則謂天地之道，原亦只是此禮樂之道。聖人之所以能作禮樂，正由其已先明于天地之道，方能更有所作于禮樂。道家能明天地之道，而不能更作禮樂，以應天地，則其事有所不足；其義其言，亦尙未能知此聖與明、述與作之全旨；而不及儒者之聖能明能述此天地之道，亦更能繼之以有其所作之禮樂，以使此天地之道，卽寄在此禮樂之述作之中者也。

此下之文卽由言舜之作五弦之琴，以論由黃帝之咸池堯之大章，以至今之樂，而明其所以作，與所作之善否，前文已提及。今不贅。至于樂論之下文，更次第及于人之如何由聞樂以養德、思賢臣、封爵、建國、養自己之心身、成家鄉國中之父子、君臣、長幼間之人倫之和，以及品德不同之人，宜奏不同之樂等，原文所論，甚爲明晰，其中更多有荀子樂論之語。今皆從略。

十　論孝經以孝為天經、地義、民行之道

孝經之書，成于何時，乃一問題。昔朱子孝經刋誤（朱子大全卷六十六）于此書之分章、及所陳之義理，皆多有疑難；並謂其書，出于漢初。姚際恒古今僞書考，亦以爲僞書。今觀其書蓋成于晚周或秦漢之際，與呂氏春秋孝行覽及大戴禮中曾子言孝者，互有出入。今按孝經所言之義理，誠與孔門言孝之旨，未必盡合。然此亦如禮記諸篇，如禮運、樂記等，與孔門初言禮樂之旨，未必盡合。此書自當是晚周或秦漢之際之儒者，推擴孔孟荀言孝之義，亦配合其時代之社會政治之變化而成之著。此孝之被定爲一天之經、地之義、民之行，而有一天地或宇宙的意義，及爲人之一切德行與文教政治之本，則蓋始于孝經。此書自漢而後，漸被尊崇，影響及于漢人之倡孝弟力田之政，後漸定爲十三經之一，而後世中國人之一切德行，莫不以孝爲本。其對中國社會文化政治之影響，至深且鉅，而不可不一論也。

考中國文化中之重孝，則孟子嘗推本于舜之孝于其父瞽瞍，而瞽瞍則不慈之父也。舜遇此不慈之父不得于其親心，以成其爲子，故「號泣于旻天」，「五十而慕父母，」而後「瞽瞍底豫」。關于舜之一故事之眞實性如何不可知，然要必次第傳來，而後孟子述之。于此吾人卽當正視此舜之不得其親

心而號泣于旻天之語。此乃面對上天，而自于其「不得親心」之一事，生一宇宙性的悲感，而覺其生命更無可交代之處。此同時亦爲宗教性的悲感。然舜終能使瞽瞍底豫，使其父成爲父，而舜亦得成爲子。此一故事之傳說，要必由中國文化之靈魂中發出，而後形成，其原蓋至遠。而此中國文化之重孝精神之具體表現，則爲中國古代宗教中敬祖以配天之禮。周書載武王奉其父文王之木主，以伐紂，其伐紂之師，卽爲一哀兵之集合。此事亦極具莊嚴性，思之令人感動。周旣克殷，周人懷文王之德，遂更定以文王配天之大禮。周書亦以不孝不友，爲元惡大憝。由孝以尊祖，由尊祖，而敬主祭祀之宗子宗君，而爲宗子宗君者，則有收族愛百姓之義。是卽凝成宗法社會之道，亦是人之推愛及于宗族，而推擴其仁心之道。故此孝，固對中國文化與政治社會及德行之推擴，原有鉅大之意義也。

由此孝之鉅大之意義，故孔子之言仁道，亦必以行孝爲本。論語又記有子言孝弟爲仁之本。孟子更言「堯舜之道，孝弟而已矣」，而特言舜之大孝。所謂舜之大孝者，非只由于能使瞽叟底豫，而亦在舜之能以天下讓，以尊親；故曰：「孝子之至，莫大乎尊親，尊親之至，莫大乎以天下讓。」舜能讓天下，原只是舜之德。舜之德自是可尊。然孟子，則更言此卽所以尊其親。子原出于親，則子有德可尊，而其親自亦可尊，故舜之至德，皆所以尊親；而舜亦不自見其有德。凡人修德，而只所以尊親，亦皆可不見自有德，而忘其德。此卽足使人由有德，而至忘德超德之形上性宗教性之境界。此蓋卽孟子之言之深義也。孟子以後，荀子禮論亦言孝子之情，出乎人之血氣心知，更言禮之三本之一，爲先祖。此則更確定孝親敬祖，在禮文之世界中，乃與敬天地、敬君師二者並立。禮記祭義、祭統中，更言由祭祀之齋敬，可致齋明。此皆前文所已及。呂氏春秋有孝行覽、大戴禮有曾子言孝諸篇，中庸言武王、周公之達孝，皆與孝經之書，同時代相先後之著也。

此孝經之書，十三經注疏本，依今文分十六章。古文之分章及文句略異。古今文之分章，皆有可議，朱子刊誤文已及之。但今爲方便論述，仍姑用今文之分章。其第一章開宗明義章，托仲尼居曾子侍，言孝爲先王之「至德要道，以順天下，民用和睦，上下無怨」，言「孝爲德之本也，教之所由生也」。又言「身體髮膚，受之父母，不敢毀傷，孝之始也；立身行道，揚名於後世，以顯父母，孝之終也。夫孝始于事親，中于事君，終于立身」。此一段文謂孝爲先王之道，不同孔子未嘗說之爲先王之道，又不同孟子之言孝爲良知良能，荀子之言孝原于血氣心知。今言先王見教之可以化民，故教孝，則純自其政治意義着想，與孔子教孝之原旨不合。故朱子謂見教之可以化民以下六十九字，並當刪去是也。又孝經謂孝「中于事君、揚名後世」。而事君非人人必有之事，儒者可出可隱，亦非必出而事君；揚名後世，更不可必。故此諸言，以孔孟之敎衡之，皆有病在。其後文更對天子、諸侯、卿大夫、士庶人之孝，作種種分別，皆過重孝之政治社會意義。自孝言孝，當只重在心上、德上說，不當重各等級之人之孝之事之分別，更不當謂唯居最高等級之武王周公，方爲達孝。故朱子疑其義也。毛奇齡著孝經問，而轉斥朱子，吾未見眞足以答朱子之疑也。然吾人亦不能說孝無此等之政治社會意義。

如論語有子言「其爲人也孝弟，而好犯上者鮮矣」；亦是言孝有政治社會意義。呂氏春秋孝行覽言天下治國家者，當務本。「務本莫貴於孝」。又引曾子語謂「事君不忠」、「涖官不敬」、「戰陣無勇」皆「非孝也」。此語並見大戴禮制言、禮記祭義。此亦孝有政治意義之旨。此所謂曾子語，未必曾子所說，蓋托之于曾子也。然呂覽、大戴禮與孝經，同言孝有政治社會意義。人在政治社會上之地位不同，其所以盡孝之道，事實上必有所不同。故呂覽之孝行覽，亦有人主之孝、人臣之孝、士民之孝之分。大戴本孝篇則有君子之孝、士之孝、庶人之孝之分。其用意蓋在敎政治社會各等級之人，皆有孝之道，故對天子、諸侯、卿、大夫、士、庶人之孝，分別爲論。則其著書之本旨，未可厚非。孝經于爲天子者，言其必須「德敎加于百姓，刑于四海」，然後稱爲孝；于爲諸侯者。言其必須能「保其社稷，和其民人」，然後稱爲孝；于爲卿大夫者，言其必須「非法不言，非道不行……，能守其宗廟」，然後稱爲孝；于爲士者，言其必須「忠順不失」，然後稱爲孝；于爲民者，言其必須「用天之道，分地之利，謹身節用，以養父母」，然後稱爲孝。此卽謂此一切人等，皆須盡其對天下、國家之職責，而有其德，然後稱爲孝。故欲爲孝子，亦須盡其對天下、國家、之職責，而有其德。由此而孝德之成，卽須涵具爲人應有之一切德，而孝德卽成至德，亦同時爲人之由原始之孝心、孝德，以通于其「應有之一切德，而成此一切德」之「要道」。此則非無其深旨，而亦所以使孝德、孝道，成爲具普遍之哲學意義之德、之道者也。

此孝經庶人章，言庶人亦「用天之道，分地之利」，而下接以三才章之言「孝，天之經也，地之義也，民之行也。天地之經，而民是則之。則天之明，因地之利，以順天下；是以其教不肅而成，其政不嚴而治」。後文又言「天地之性，人爲貴」、「父子之道，天性也」。按左傳昭公二十五年有「夫禮，天之經也，地之義也，民之行也」之語，而今則以孝之名代禮之名。對此天、地、人、兼標之以三才之名，則蓋出于晚周。故呂氏春秋、管子、易傳，咸有此三才之名。此孝經中，言孝爲通三才者，蓋當通全書諸章而說。至其言「天地之性人爲貴」、「父子之道，天性也」，則略不同于孟子言孝爲良知良能，荀子之言孝出于血氣心知者。此乃重此孝之心性之原于宇宙或天地；而有一宇宙論或形上之意義。又卽在庶人之順應天之四時，以分地之利之日常生活中，亦原可見人與天地之不相離。故人在此日常生活中，謹身節用，卽人可有庶人之孝。亦見此天、地、人之三才，同可不離于此孝。由此而可言此孝是民之行，又爲天之所經，亦地上之所宜有當有，而爲地之義；而見此孝道之有人民之所行之人的意義，亦有一天地或宇宙性的意義，而爲一通三才之道也。按大戴禮大孝篇亦言「孝天下之大經也。孝置之而塞于天地，衡之而衡于四海，施諸後世而無朝夕。推而放諸東海而準，推而放諸西海而準，推而放諸南海而準，推而放諸北海而準」（禮記祭義文略同）；則更言此孝之有宇宙性的意義，而言其有永恆性、普遍性者也。

由此庶人之孝之具天地人三才之義，故一切庶人之孝皆可尊。由此而孝經之孝治章，卽言以孝治國者「不敢侮於鰥寡，而況于士民乎」。此卽由于士民之孝，自具三才之義，則爲政者亦不敢侮士民，方爲明王之道。至下文之繼以聖治章者，則蓋言明王之道，卽依聖人之德而有，故明王之以孝治天下，卽聖治。此亦是晚周儒者言內聖外王合一之旨。其聖治章，言聖人之行明王之道，乃所以自尊嚴其親，故言孝莫大于嚴父，嚴父莫大于配天，而以周公郊祀后稷以配天，宗祀文王于明堂，以祀上帝爲說。此卽謂聖人之德，亦所以尊嚴其若祖若父，而成其孝子。故謂「夫聖人之德，又何以加于孝乎」？此卽還同于孟子之言舜之至德，亦只所以尊其親之義，更連于周初之禮制，所原有之祀文王與周之遠祖之禮，以爲說；而見此聖人之德，亦歸在孝德，亦具成就此宗教性之禮教之意義者也。故後之感應章，更言「宗廟致敬，鬼神著矣。孝悌之至，通于神明，光于四海，無所不通」。順孝經之旨，以思此孝之義，固亦實可光于四海，通于神明，而爲一無所不通之至德要道也。至于孝經之其他諸章，或只廣此至德要道之義，或只言行此孝道之方，如對父之不合道之行，亦當有諫諍，使之合于道，不只以從父之令爲孝，以及居喪致祭之道等，則可不必更及。

第二十四章　易傳之即易道以觀天之神道（上）

一　易經一書之起原

易經與易傳之書，古今之註解者至多。昔歐陽修易童子問，嘗謂「大抵學易者，莫不欲尊其書，故務爲奇說以神之」，而各家易註易說，彼此不同。今考易經一書之原，仍以孔穎達疏及朱子之說其初爲卜筮之書爲正。人或以卜筮爲小道，而不知卜筮中，亦可引出超乎卜筮以上之道。後當論其義。易上下經之六十四卦之辭，明處處言吉凶悔吝，顯爲占卜之辭。其元亨利貞，蓋最早之占卜之斷語。左傳國語，明載當時人以易爲占卜者。禮記祭義言：「昔者聖人建陰陽天地之情，立以爲易，易抱龜南面。天子卷冕北面，雖有明知之心，必進斷其志焉。示不敢專，以尊天也。」在周禮，易掌于太卜之官。史記謂秦焚書，以易爲卜筮之書，得免于焚書之列。則易之原爲卜筮書，無可疑也。至于此易之一書，畢竟始于何時，則昔人或謂易始于伏羲畫卦，此乃本繫辭傳之文。然繫辭傳只言「庖犧氏之王天下」之「爲網罟，蓋取諸離」云云。此所謂蓋取，當如朱子所謂：「不是先有見乎離（卦），而後爲網罟，只是爲網罟之合乎離之象。」（朱子語類卷七十五）陳澧東塾讀書記卷四謂此「取」如考工記「輪人取諸圜」之類。則繫傳文不足爲易始于伏羲之證。其言易始于神農，以至文王、周公者，亦同是後人推想之辭。繫辭傳下謂「易之興也，其當殷之末世，周之盛德邪？」亦疑而不斷之辭。今唯可據左傳國語諸書，已謂春秋時人用易爲卜筮，則其書在春秋時應已有。史記謂孔子晚而喜易，讀易韋編三絕。論語記孔子有「五十以學易，可以無大過矣」之言，又引易之「不恆其德，或承之羞」，曰：「不占而已矣」。易傳亦多引子曰之文。然人亦或據魯論于「五十以學易，可以無大過矣」之「易」作「亦」，連下句讀，而疑及孔子學易之事。然則于論語之不占之句，及易傳引子曰之文，又作何解？故仍以謂孔子嘗學易之說爲是。故前論孔子思想，亦引及易傳孔子語。然孔子之學，亦非必由易學入。故孔門之顏子、曾子、子夏、子游、子張與孟子之言中，皆不及于易。荀子大略篇謂「善爲易者不占」，亦未嘗論易。此外則墨子、老子、及莊子內篇與韓非子之言，皆未及易。唯莊子天下篇有「易以道陰陽」一語，而此篇則爲晚出之文，前已及之。此外則樂記「天尊地卑」一節文，與易傳文略同。又呂覽應同篇有「水流溼，火就燥」之句，易傳中亦有之。然樂記、呂覽並爲晚周以後之著。則易經一書，對一般哲學思想之發生影響，至易傳之成書其時代應亦在晚周。崔東壁洙泗考信錄卷三引杜氏春秋傳後序，謂：「汲冢縣中周易上下篇與今正同。別有陰陽說，而無彖象文言繫辭。」又謂：「子夏教授于魏久矣。孔子弟子，能傳其書者，莫如子夏。子夏不傳，魏人不知，則易傳不出于孔子，而出于七十子以後之儒者無疑矣。」至史記仲尼弟子列傳，史記與漢書儒林傳所載孔子傳易于商瞿之說，則甚怪。孔子何以傳易于少孔子二十九歲之商瞿，而不傳于晚年大弟子，如子張、子夏、曾子、子游，亦殊不可解。仲尼弟子列傳謂孔子嘗預言商瞿有五丈夫子之說，此無異視孔子爲預言之術士。此傳說尤怪。又商瞿之易，再傳至馯臂子弓，五傳至漢之田何，皆次第單傳，併是漢人之說。足見易學在先秦，初非顯學。故易傳之書，雖引及孔子之書；然以其成書之時，言其在中國學術史上之地位，則當與中庸樂記禮運諸篇略同也。

由易經原爲卜筮之書，以觀其六十四卦卦爻之辭，則所言者，初不過人之行路、履霜、入林、涉川、從禽、乘馬、求婚媾、從王事、遇寇、帥師之一般生活中之事。其言進退往來吉凶悔吝，亦不過指人在此類事中，進退往來之行之吉凶悔吝，初無大深旨奧義。蓋由人之恆于其當進當退、當往當來，先有疑惑在心，遂以易爲占卜，自定其行止。以易經爲占卜之起原，初或爲灼龜，而觀其紋或斷或續，所象之事物，後更就三紋或六紋所可能有之斷續之數，以成八卦六十四卦之形，而以八卦分別象「物」，以八卦結合所成六十四卦，分別象「物與物」結成之「事」。後人或無龜可灼，乃以蓍草之斷續，代灼龜之紋之斷續，更以蓍草之數之多少爲卜。又或易原爲周人之易，周人初業農，故自始以蓍草爲卜，此亦難定。至于易傳大衍之數一章，則各家解釋亦不同。依朱子釋，謂此易之筮法，乃以蓍草五十，用其四十九，更掛其一，留四十八。再分置二手，各以四數之，使兩手所餘，各至多不超過四莖，而旁置之。如此數者三次，則留在手者，以四數之，便得六或七八九之數。以得八或六者定一陰爻，以得七或九者定一陽爻，如此次第定六爻成卦。更于爻之由九六而定者，視爲當變之爻，卽變而占之。此卽朱子釋大衍之數一章所言以六七八九之數，定卦爻之法也。其詳可觀朱子易學啓蒙。然于此何以必需于五十蓍草，只用四十九，更掛一而以四數之，以至三次，則可說有理，而非必然一定之理。大衍之數一章，言分爲二以象兩，象陰陽，掛一以象三，揲之以四以象四時。此亦正同禮記鄉飲酒義之言賓主象天地，介僎象陰陽，三賓象三光，坐于四方象四時之類。人能于賓主相接之事與卜筮之事中，皆見有陰陽、四時、三光、之道，在其中行，固亦甚美。然如膠執以說之，謂人乃先知此陰陽、四時、三光之道，然後有此賓主相接及卜筮之事，則不合于歷史事實，亦無必然一定之理可言矣。

此外在八卦中某一卦象某物，及八卦結合所成六十四卦之某一卦，象一某物與某物所結成之事，其初亦當是唯憑類似之聯想以斷。此類似之聯想，亦初不必皆依一嚴格之規則以進行。故乾象馬可，坤象馬亦未嘗不可。但人經多次卜筮之後，卽亦可共約定，以何卦專象何一類之物，或在一類之物中，分別以八卦之一，象其中之某一種。此卽如在家庭一類之物中，乾象父、坤象母，其餘六卦分象六子。或在人身體一類之物中，乾象首，坤象腹，坎象耳，離象目……。又在自然界之物中，乾象天，坤象地，離象火，坎象水，艮象山，兌象澤，巽象風，震象雷……是也。由此而八卦之互相結合，所成六十四卦中之一卦，卽可分別象一種物與另一種物之結合所成之某一種之事，而同種類之事物，則可有其同種類之理。則在八卦或六十四卦之下，所舉爲例之物雖少，而其所代表之類則甚大，其所具之理亦甚大。此卽易傳所謂「其稱名也小，其取類也大」也。

然吾今無意對此易數、易象、或一一卦所象之物之類之理之問題，多所討論。畢竟易經最早成書時，以八卦之某卦，象某類之物之某一種，其所象之物之類之種，畢竟有多少，蓋初亦當依其時之人所接之事物中所重之事物，而共同加以約定。否則由占卜而定得卦爻之後，將全無一定之解釋。今之卦爻辭，蓋卽依此種種之共同約定而作之若干解釋，錄之成書，以供後人于占卜時得更依類依理，以觀其所象，而推斷其吉凶悔吝之情形，與其進退行止之宜如何者。然此對八卦六十四卦所象之事物之共同約定者，畢竟有多少，一卦爻之有一定解釋多少，容人之自由解釋者有多少，則亦初不可知。左傳襄九年言「元，體之長也」，此元乃指人之頭，如「喪其元」之元。而易傳文言傳則釋爲「善之長也」，國語晉語卷四載：晉公子以易卦筮得貞屯悔豫之卦，筮史占之，皆曰不吉，而司空季子，則另作解釋，而判之爲吉。可見由對同一易卦所象之解釋，以判吉凶，原有不同之可能。後世各家易之所以不同，則又在對此六十四卦之卦爻辭中已有之解釋，更加不同解釋。其更加之解釋，是本何種觀念，以爲解釋，其所本之諸觀念，是否能自己一貫，以成一整齊圓滿之系統，則又爲吾人對各家易說之評論，所當及之問題。此則成爲所謂易學史之研究，而自有其專門之學術上之價値者。後文于論漢代諸家易學，當略及之。吾今所欲論者，唯是就易傳之文，以觀其所論之宇宙人生之共同之理或道，畢竟如何可自此一初爲卜筮之書者，而次第衍出；與由此衍出而說之宇宙人生之理之道，在中國周秦之思想史中，以及在人類思想史，畢竟有何獨特之價值，以及易傳思想，何以可視爲周秦之儒家思想之一最高之發展之故。

二　無思、無為、至有思有為之心境，及其涵義

就此易經之爲書，初只爲卜筮之書，所言皆人之一般生活上田獵、涉川、入林等事，而初爲人之自問其在此一般生活上吉凶悔吝如何，進退行止當如何而言，此實初爲一最無哲學價值之書。專問吉凶禍福利害，亦正與儒家之精神，重問義不問利之精神相違者。易傳言「利者，義之和也」，「崇高莫大乎富貴」，亦顯似與孔孟之重辨義利，孔子之言「不義而富且貴，于我如浮雲」，孟子之言大丈夫當「富貴不能淫」之言若相反者。歐陽修易童子問亦及此。然易傳釋易經而不諱言利與富貴，則其旨又別有所在。吾意此旨即在將此一原重言吉凶利害之易經，加以一從根之轉化，而化之爲表現儒家所重之道義之書。此亦即無異將墨法諸家所喜言之利，與當時之游士所尚之富貴，從根上加以轉化，成爲一「以道義爲一切利與富貴之本原之書」。此轉化之所以可能，則初在易傳之能論一形上學上之「宇宙之生命、宇宙之精神之充實富有」之「富貴」，與「其通亨暢遂之表現」中之「利」，以涵蓋

他家所言之人間之「利」、與世俗所尙之「富貴」，亦卽同時見道義之爲一切「利」與「富貴」之本原。此一易傳之形上學，又初蓋正由對人之卜筮時之精神狀態或卜筮時之心境之反省，而逐漸悟得者也。

原人在卜筮之時，其初意所及者，只是欲定事物之吉凶福禍，由龜筮以問于神明，而決疑。此時人之主觀心理中，初只爲一希利畏害之心；而人所面對之龜爲死動物，筮爲死植物，皆人以下之無知無情之物。人之求決疑于龜筮之無知無情之物，初亦似爲不倫不類之事。固遠不如求決疑于能先知預言之神巫者，猶近于人，或藉天上之天星以爲占卜者，近于天上之神者也。然正以龜筮爲人以下之無知無情之物，則人面對龜筮，人卽自忘其有知、自忘其有情，而自謙抑其心，以自居于龜筮之下，亦若同于一無知無情之木石，而無思無爲；此無思無爲之心，又正所以使人得上交于神明者也。又在人以龜著占卜時，人初見者，只是灼龜之紋，或數著草所成之數，此紋此數，亦初爲最無其實指之事物之意義者。此時人只面對此斷續之紋，或九六七八之數，亦初不知所思、不知所爲，而如在一無思無爲之境。然當數定而卦爻定，則卦爻有象，卽可由易之書，而得其卦爻之所象之辭。一卦之總象之辭，曰象辭，其中一爻之象之辭，曰爻辭。見有此辭時，人方由無意義、無思無爲之世界，降入一似有意義，而可有所思、可有所爲之世界。然在此時之先，人畢竟只在一無意義，而無思、無爲之世界中。此時此易之爲書，固現成在此，其中一切卦爻辭，亦現成在此。然人當未知其將卜得何卦何爻之時，此易之爲書，亦只爲一無意義，而無思無爲之書。此時任何卦爻，皆可能爲我所卜得，任何卦爻所象之任何類事物，亦可能爲我所知所思，而依之以有爲者。然又皆尚未實出現于我之前。則此時此易之爲書中之一切卦爻、與其所象之一切類事物，卽合爲一天地萬物之全體，而若皆與此易之爲書之無思無爲，同存于一無思無爲之世界，亦爲此世界之所範圍，亦若爲此易之爲書之所範圍。吾人此時之心之無思無爲，亦卽如虛涵、虛載此一天地萬物之全體，而範圍之。此時在無思無爲之世界中之天地萬物，與此易之爲書、及吾人之心，卽皆同在一寂然不動之境。然當卦爻既定，則易之爲書，顯出其象象之辭，亦顯出其辭所象之天地萬物中之若干類之物，與物與物所結成之若干之事；而我卽可由此若干之物象、事象以定吉凶，而知我之若干進退行止之道，亦降至于有若干之思與爲之境。是卽可稱爲易之爲書之「感而遂通」，亦我心之「感而遂通」。此中同時卽有原爲我心所虛涵虛載之天地萬物之全體中之若干之事物，自「寂然不動」之境出現，而亦「感而遂通」。今以此一觀點，看一切天地萬物，卽見一切天地萬物，皆由寂而感，由無形而有形、由形而上，而形而下。卽見一切形而下之有爲，而可思者，皆如自一無思無爲之世界中流出，而生而成。知此，卽可以入于易傳之形上學之門矣。然此形而上學之門，則正爲可由人將此易之爲書作卜筮之用時，再反省此書之能由「寂然」而「感通」，人心之能由「寂然」而「感通」，與天地萬物之能由「寂然」而「感通」，而可直下契悟得者也。

按繫辭上傳曰：「易……君子將有爲也，將有行也，問焉而以言，其受命也如嚮；無有遠近幽深，遂知來物。……易無思也，無爲也，寂然不動，感而遂通天下之故，非天下之至神，其孰能與于此。夫易，聖人之所以極深而研幾也。唯深也，故能通天下之志；唯幾也，故能成天下之務；唯神也，故不疾而速，不行而至。」

此據朱子釋，皆初指此人之據蓍卦以卜筮之事。故謂：「凡言易者，皆指蓍卦而言。蓍卦何嘗有思有爲，但是扣着蓍卦，便應，無所不通，所以爲神耳。」（朱子大全卷五十三答沈叔晦）人卜筮時，易之爲書卽受命如嚮，以助人知來物。故此所謂「感而遂通天下之故」，卽初只指易之卦爻辭，說及天下之種種事故。當卜得之卦爻辭未定，或一卦當變之爻未定之時，吾人原可能卜得任一卦、或一卦中之任一爻，而此書亦包括一切卦爻辭，以存于無思無爲之中。故由此無思無爲，亦可通往任何處之天下之故，而如有一志，以通于天下之任何處，任何處皆爲此志之所通及。此卽見其志之深廣。再則由此「無思無爲」，可通往天下之任何處，故當卦未定，爻未定、或當變之爻未定時，天下之任何處，皆如交會于此一切思爲未起之「無思無爲」，而此「無思無爲。」又卽爲通往任何處之開始點，或一始幾，而可通至任何處，以使人更有其處之言動，以成其務者。至于當卦爻已定，當變之爻已定，而原卦爻辭與變出之卦爻辭皆已定時，更觀其象之變，觀其原辭之所往所之，而知某一事之將如何變；則其未變與已變，卽皆合呈于吾人之前，如不由行而皆至，亦不待疾趨而速來。此卽「不疾而速，不行而至」之神也。是見直就卜筮時之此易之爲書與吾人之關係而觀，即可對此數句語中之深、幾、神，各有一的解。此雖非此深、幾、神等之全義，要爲其一義。而此上所說者，雖只是卜筮時之此一易之爲書之由寂然而感通，然此中同時亦有吾人之心之由寂然而感通，更有由此書所說之天下之故，或天地萬物中若干事物，由寂然而感通。人能眞把住此一義，以實際的往觀一切天地萬物之所以生成，則其涵義固亦至廣大，而至深遠也。

三　一闔一闢之道，與知來之神

此至大至深之義，一在如吾人能知有思有爲，皆由無思無爲而出，知一切萬物之生成，皆由無形之形而上，而有形而形而下，更觀此一切萬物之生成之「相續」；即見此萬物之生成，乃一由幽而明，由明而幽，亦由闔而闢、由闢而闔之一歷程。此歷程，即一生而又生之「生生之謂易」之歷程，其中即見有一生生之道。此中之「由闔而闢」之相續之道，名曰乾道，「由闢而闔」之相續之道，名曰坤道。乾道如闢戶而開門，使萬物相續出之道；坤道如闔戶而關門，使萬物相續入之道。由此一闔一闢之相繼，而萬物即不斷來、亦不斷往，以往來而不窮；而物之初生初見曰象，其生而見有一定之形曰器。此即萬物之共同之道也。故繫辭上傳曰：「闔戶謂之坤，闢戶謂之乾，一闔一闢謂之變，往來不窮謂之通，見乃謂之象，形乃謂之器。」

此易傳之言闔戶闢戶，亦如莊子言物之出入于天門。然莊子乃由此以重此天門之「無有」，而易傳則正在由此以言物之由此闔闢之相繼，以往來不窮，以由象、而形、而器，以成其生生之不已；而更言此器之可爲人所制而利用之，其利用之事，亦有出有入，而變化無窮，至神不測者。故「形乃謂之器」之下文更曰：「制而用之謂之法，利用出入，民咸用之謂之神。」此卽大異于莊子之旨之貴天門，不重「此物之由形而器者之不窮」，亦不言人之對有形器之物，有制而用之之法，與此利用之事之本身亦無窮，而亦至神不測者。于此吾人當問：何以由易之爲卜筮之書，卽可衍出此物之生生不窮、與人之利用物之事之不窮之義？此卽當歸至人之所以卜筮，原爲由卜筮得一定卦爻辭，以決定其未來之言行者。此言行中，可包括狹義之人對自己、對他人，及對物之言行，而不限于由卜筮以知吉凶爲止者。所謂形器，亦不單指人所對之客觀之物爲有形之器，卽人利用任何物時，所爲之對己對人之言行，亦皆爲有形，而同于有形之器者。故人所自成之言行之可無窮，亦同于人所自制之形器之物之可無窮。故易傳言：「易有聖人之道四焉，以言者尚其辭，以動者尚其變，以制器者尚其象，以卜筮者尚其占。」此中第四項所謂卜筮，乃指狹義之卜筮，意在只知吉凶者。然人卜得一易之卦爻辭，固所以決定其言行，則人固當同時知其辭，以爲言之助；亦當知其變，以知其自己之行動；由此以自成其言行之無窮，以及其制其他有形器之物之行爲之無窮也。

人之卜筮，在決定人未來之行爲，故卜筮之目標，在知已成之過往之故之物，更求知來。知已成之過往之故，曰藏往之知；知來之知，則曰神。故曰：「神以知來，知以藏往」。本藏往之知，以有知來之神，而更本此知與神，以觀天地萬物，卽必言其生生之不息，亦必言人之利用器物之事，亦有其不測之神矣。

關于兼本此藏往之知與知來之神，卽可引出易之言生生之義，乾元坤元義，及天地萬物之生生，必由大生而廣生，以成其富有之大業，見其日新之盛德，以連于人性等義，吾已于原性篇中詳之。今不擬重複。讀者必須參看。今所補及者，唯是言人能兼本此藏往之知、知來之神，以觀天地萬物之變，卽同時知天地萬物中之遠者與近者、往者與來者之相感應，以見「天下何思何慮，同歸而殊塗，一致而百慮」「天下之動，貞乎一者也」，亦見神之無定方，其由感應而有變化之無定體，而人可有其神明之知。此卽可以使人隨處學易、玩易，而由一卦一爻之象之辭之指其所之，善學者卽皆可以由之以知進退之道，以進德修業，成君子矣。此上之義，亦固皆可由卜筮者之自深觀其卜筮時之心時，可次第得之者，茲試說明其義于下。

四　卜筮所預設神明之知，及其涵義

原人之所以卜筮，乃由于其所已知之往者之外，更對未來有疑，故求對之有所知以決疑，而自定其當有之行。此求知未來之事物中，亦包括求知遠處之事物之將來至此近處者。因遠處之事物之來至近處，亦未來之事。所謂未來之事物之生，亦由已存在之遠近之處之事物，相結合而成變化，以使之生。則人果能于先已存在之遠近之事物，莫不知之，蓋卽可以知來。故知來之義中，包括對于空間上之遠處之事物、與時間上之未來之事物之知。此卽求超出人當下之時空之限制，以求知其他時空中事物之事。此與一般之由已知推未知之不同，唯在一般之由已知推未知，乃以已知者爲根據之推知。至本易以爲卜筮，則是欲直接由龜卜以問于神明，而求直接知在吾人所已知而已往之物之外之來者，而使此在遠處或未來之事物之象，直接見于當下之此時此地之卜筮所得之結果之中。故此不同于一般之推知未來之事，乃以已知已往者爲根據，以推知未來之事者。吾人誠欲問于神明，吾人正須先忘此吾人所已知之已往者，而藏之于密；方能由卜筮以問于神明，以待神明之答吾人之所問，于卜筮之結果之中。故一卜筮之心靈，一方是人必自藏其所已知之往者于密，以歸于無知無思無爲；一方是信有神明之能知其他時空中之事物，而本其所知，以答吾人之問于卜筮之結果之中；而使不同時空中之事物之象，得顯于此卜筮所得之結果之中，亦卽顯于「居此當下之時空之心」中者。故在此卜筮之心靈中，人信有神明之知，亦同時信一時空之事物之象，能遍顯于其他時空，而無所不在。人之所以可在任何時空中卜筮，以求知其他任何時空中之事物，亦正以人先信任何時空中之事物，其象皆原爲能遍顯于一切時空，而無所不在之故也。

卜筮必信有一「同時知遠近之空間，與當今未來之時間中之事物」之神明之知。由此而必信一事物之象，遍在于其他時空中。此「神明之知」是否實有，誠可爲一問題。然人之從事于卜筮者，必信有此神明之知，卽必預設此神明之知之存在。世間明有此卜筮之事，而世間之人，亦皆有由卜筮以知來之想，或望有此一「神明之知以知來者」之想。人之望有此一神明之知，卽預設此神明之知之可能有。人若永不能全斷絕其「望有一神明之知，以知來者」之想，則人亦必永預設此神明之知之可能有，而不能謂此神明之知，必不能有。吾人之謂此神明之知，必不能有，唯以吾人自以其現有心知，恒限于一定之時空之故。此吾人之現有心知，恆限于一定之時空，誠爲一事實。然吾人亦不能由吾人之心知，恒限于一定之時空，遂謂必不能有一不限于一定之時空之神明之知也。

吾人以上之辨解，乃在說一超出一定時空之限制之神明之知，能兼知遠近當今與未來者，非不可能。人之不以其限于一定時空之心知，爲唯一之心知者，亦恒實信此神明之知之有。然人雖信其有，又不必信其必能表現于吾人現有之心知之中。吾人之卜筮，亦不必能眞交于此神明。則此神明之知雖有，而吾人之信其有、知其有，亦不必能知此神明之知之所知。吾人之唯欲藉此神明之知，以知關切于吾人個人之未來之吉凶禍福。此本身又恒出自一卑下之自私自利之動機。此「能知此未來之神明，」雖可將其所知，告知吾人，亦可不告知。吾人亦無權利必使之告知。故此人之欲由預言卜筮，以知未來者，亦非人之眞信有神明之知者，所以交于此神明之知之正道，亦高級之宗教思想所不道。故于此易經之原爲卜筮之書者，在易傳中，亦卽由此卜筮之義，更轉出一義。是卽更求吾人之心知，自化同于此神明之知，而形成一類似此神明之知之人之神明之知，而「平等的虛涵通觀遠者與近者、已往者與方來者，而視之若無別」之一心知，而更不求知此人外之神明之知之所知，如卜筮者之所爲。此方是爲易傳之言者之大慧所存也。

五　人之觀「感應變化」，以形成人之神明之知之道

此上所謂使吾人之現有心知，自化同于神明之知之道，卽于吾人現有之心知之在一定之時空之所知者，皆一一更視之爲與其他時空之所知者，彼此往來相通，相感應而變化者；卽以此自超出其現有之心知之定限，而使其現有之心知，直接轉化超升爲一無定限之心知，同時視其于不同時空之所知，皆同爲此無定限之心知之所運行通過之處。人于此果能有此無定限之心知，以自運行而無礙，人之現有之心知，卽自化同于一神明之知，而自形成人之神明之知矣。

所謂對吾人現有之心知，于一定時空之所知者，一一皆視之爲與其他時空之所知，爲往來相通、相感應而變化者，卽是視此吾人在當前時空之所知者，皆以遠者與方來者，爲其所應，而遠者與方來

者，亦以此當前時空所知者，為其所應。易傳所謂：「鳴鶴在陰，其子和之，我有好爵，吾與爾靡之。子曰：君子居其室，出其言善，則千里之外應之，況其邇者乎；居其室，出其言不善，則千里之外違之，況其邇者乎。言出乎身，加乎民；行發乎邇，見乎遠。……」此固人朝朝暮暮之所見之物與人間，互相感應之實事。然吾人須隨處見有此互相感應之實事，而更深察其義。其義在由此感應之實事，便知任何事物，皆原不自限定其用于一定之時空，其用乃恒溢出于一般所謂其所在之一定時空之外，而顯為象，以見于其他時空之物之中者。由其用與其用所顯之象，見于其他時空之物之中，而其自身與其他之物，即互相感應，而生變化或動。此一變化或動，即見一物與其他之物之體質，其所分別表現之用，互相往來而相通，以殊而未嘗不同，多而皆無一定之體質，以得相感應而變動，更有其共同之一所歸，以合為一。故曰「易無體」，「天下之動，貞夫一者也」。又曰「天下同歸而殊塗，一致而百慮」。然因一物所感應之他物，可有種種，由感應所引起變化或動，亦有種種之可能，故又初不見此感應變動之有一必然一定之方向。此感應變化之方向之無定，而皆為平等可能，即使此感應變化成無方、不測、而無窮。是亦為易傳中所謂神當涵之義。此神乃由物之感應變化而見。物之感應變化之道，曰易道，而此神即在其中。則易道即神道。聖人以神道設教，即以易道設教。易無體即神無方，非易道外別有神道也。故曰：「知變化之道者，其知神之所為乎？」（繫辭傳）「神也者，妙萬物而為言者也。」（說卦傳）「觀天之神道，而四時不忒；聖人以神道設教，而天下服矣。」（觀卦彖辭）合此卽見神道之在萬物四時變化之易道中也。今吾人能使其現有之心知，自其所知之定限之事物，直下超出，而直往觀其與其他事物之感應變化之無定限，而無方、不測、無窮，以契于此感應變化之無方不測無窮之神，而明之，則吾之心知，卽化同于一神明之知矣。此固爲人之所能爲。此人之自形成之神明之知，雖不必能如世所謂一超越外在的神明，遍知宇宙之一切遠與近、過往及當下方來者；然于其所已知之遠者及近者、過往者及方來者，則儘可皆平等視爲其當下心知所虛涵通觀，而自由加以運用，無絲毫之滯礙。此心知之恆寂然而恆感通，卽無異于世所謂外在超越的神明之知，恆寂然而恆感通。然人之使其現有之心知，化同于上述神明之知，亦不必人人所能爲，而爲一大不易事，其故亦可得而言。

此人之使其現有心知，化同于上述神明之知，所以非易事，由人之超出其現有心知之定限，而觀物與物之感應變化，而更知其變化之無方、不測、而無窮之易道、神道，卽原非易事。蓋人之現有心知之恆定限于一定之時空之物，人同時卽有對此一定時空之一定之物之執着，亦有對此一定之物之形象體質之執着。而人卽恆難于超出此所執着之一定時空、一定之物之形象體質，以遍觀此物之感應其他之物，與由此感應而生之變化，而契于其中之無形無象之易道、神道。人于此必須恆直往遍觀一物與他物相感應而生之變化，乃能于其所執着之物之形象體質，無不加以超越，而隨處見物之自化其形象體質，而自超于其原所在之時空之外；然後此人之知物之心知，方能恆在一無形無體之境，而隨處見此無形無體之易道、神道。人一般之心知，原起于在一定時空中之接物，故恆定限于一定時空中之物之形象體質，而隨其所執着之物，以用其心知；而化此心知爲思慮，其勢亦至順。今若反之，則其勢逆。故人于此必欲反之，以知此易道神道，必待人于其隨處接物，由思慮而知物之形象體質之時，同時更一一觀其感應變化，而超化其形象體質；然後人得使其心知，恆在「何思何慮」之境，而使其心知得化同神明之知，以得契于此易道、神道。此中人之一般心知、其思慮所執着之物之形象體質，一點超化不盡，卽可爲此心知之礙，而使人之心知，不能眞實的形成爲一恆寂然、恆感通之神明之知。此處只虛言無用，必須實下工夫。是則爲人之大難事。故曰「苟非其人，道不虛行」、「神而明之，存乎其人」、「神而明之，默而成之，存乎德行」、「窮神知化，德之盛也」。

第二十五章　易傳之卽易道以觀天之神道（下）

六　神明之知與德行之關係

上言人之德行與人之是否能形成其神明之知，其所以密切相關，在人無德行，則其心志之所關切者小。心志所關切者小，而其心知與思慮，卽著于切近之物，而不能曠觀其所感應者之範圍之大，亦不能遍觀由其感應而生之變化，更不能知其變化之有種種無定限之方向，亦不能于此種種可能之變化中，見有一無方不測之易道、神道。又人之心志所關切者小，卽于其所關切者，執持而不放，故知存而不知亡，知得而不知喪，知進而不知退，亦不能有一念思及其所謂存者之可亡，得者之可喪；其不能眞知天地之感應變化之易道、神道，以有神明之知，卽爲必然之事。反之，人之有德行者，其心志大，而所關切者大，則其思慮，于遠近之事，無所不及，而于任何切近之事，皆可由其所感應之範圍之大，以知其變化之可能之無定限而無窮，而見一無方之神。此變化之可能無定限，然其每一可能之實現，皆有一始點，此卽爲一幾。凡一可能之變化，無不始于一幾。一事物可引起種種之變化，卽有種種之幾。幾定而有某一定方向之變化，卽曰勢。老子、愼到、韓非喜言勢。然易傳則言幾，不言勢，其義實深一層。蓋幾定而後有勢，觀勢已落第二義。勢起于幾。知幾，只是知其變化之始點。在一變化之始點上看，其中亦有其他種種之變化之可能，聚于一變化之始點。故知幾之義微，其事亦難。此人之能知幾，賴于人之能知一事物種種變化之可能，亦卽賴于知一事物，與其他事物可能有之種種感應關係。故必人于一物對其餘一切物之感應關係，所知之範圍愈大者，乃愈能知幾。此則全賴于人之心志所關切之物之範圍之大，亦卽繫于人之德行。人之德行厚、而心志大者，其于個人之得失利害看得輕，則能知存亦知亡，知得亦知喪，知進亦知退，而皆有以自處之正道，以成其德行。由是而亦能平心觀其個人與他人之一切存亡、得失、進退之事。斯可一方隨處于人與人及天地萬物之感應中，見變化之無窮，神之無方而不測者，運于其中，隨處知此形而上之易道、神道之無不在；一方能對其所已知之一切遠者與近者、過往者與方來者，皆平等的以其當下之心知，加以虛涵通觀，自由加以運用，而無滯礙，以見此心知之恆寂然而恆感通。而人亦卽能使其心知，化同于神明之知，亦具有此神明之德者矣。

七　易傳中卽得失、利害、以修德之義

由人之能有形成其神明之知，以知易道神道之無所不在，與自由運用其所知而無礙，皆存乎人之

德行；則人卽可在其當前之所在之時空，所處之地位，隨處求所以自成其德行。我人在一地位中，卽有其所接之其他人物，環繞于其旁；而我與之相接之結果，則或對我之所求者爲利，或對我之所求者爲害。利爲福，害爲禍；得利爲得，失利爲失；可致福利者爲吉，可致禍害者爲凶。是卽見我之存于此利害、福禍、得失、吉凶之關係中。此乃我與任何人之所不能逃者，卽聖人亦不能逃。因聖人之行道，爲聖人之得之利，爲聖人之所喜；聖人不行道，卽聖人之失之害，亦聖人之所憂也。由此人之必有利害、得失、吉凶、禍福，故人恆欲由卜筮，以知其吉凶、禍福，而思患預防。觀易之爲卜筮之書，亦正是一方示人以吉凶禍福，一方告人以思患預防之道之書，而不同希臘希伯來之預言、神諭，非人力所可轉移者。以易爲卜而知吉凶禍福，人仍可有其思患預防之功，卽無使人不更努力從事之害。此卽易傳之所以謂易之爲書之言卜筮，亦爲聖人之道也。

觀此易之爲書之示人以吉凶禍福，而告人以思患預防之道，初不外告人以在某一時位中宜進或宜退、宜出或宜處之道。又多就具體之日常生活上之事爲說。然在易傳，則由易經所言之進退出處之道，更推至人之所以修德進業之道爲說。此卽較一般之思患預防，仍意在趨吉避凶者，更進一層。然此二義，亦未必相違而可相成。蓋人之進德修業，亦正當于其所處之得失、利害、吉凶、禍福之境中，進德修業。亦唯在此中進德修業，其德業乃能貞固。人能在一般得失利害之境中，能得而不驕、失而不憂，則得固是德之得，失亦是德之得。福利固是吉是利，而能忘其利，「不言所利」亦忘害，則禍害亦是吉是利，而非禍害。此卽易傳言「居上位而不驕，在下位而不憂」之旨，「謙爲德之柄」，卽「居上不驕」，卽「不言利」，而忘其爲利也。又言「損德之修，困德之辨」，卽「在下位而不憂」，忘害而使害皆不爲害，而化爲利其德之成者也。人能本此心以讀易，「居則觀其象而玩其辭，動則觀其變而玩其占」，斯眞「自天祐之，吉無不利」矣。則易中雖滿眼是一般之吉凶禍福利害得失之言，亦實無一語是言一般之吉凶禍福利害得失，而皆是所以成君子之德之言矣。世間總有利害得失之爲物。故墨法諸家恆口口聲聲言利害得失。至道家之超利害得失之言，高則高矣，然亦必得此「超利害得失之心」，然後爲得、爲利，是仍未能盡超之也。儒家言義以對利，亦猶大學所謂以義爲利，不以一般之利爲利之義耳。若對一般之所視爲利者，欲人必不求之，于一般所視爲害者，欲人必不去之，固勢所不可能。則此中唯有教人于其處一般之利害得失之境之時，同時知所以進德修業之道，使其利其得，是福是吉，其害其失，亦是福是吉，而直面對人之利害得失吉凶禍福，而平等觀之。此亦卽從根上轉移超化：此利害得失吉凶之心，以成一進德修業之心。則亦不須諱言利害得失吉凶，而實只見德業之流行于天地。此蓋卽易傳之著者，就此原是言吉凶利害之卜筮世俗之書，而轉俗以成眞，以使之成爲聖人之書之旨。此誠可謂有一旋乾轉坤之大慧之書矣。

八　略說卦與爻之象徵意義—物、事、文、與爻之相應，及爻所以當變之理由，與變則通，及道與神

至于尅就易傳之釋易經之卦爻之旨而論，則上言此易經之八卦之各象八物、八卦合成之六十四卦，各象一事，蓋無問題。繫辭傳言八卦以象告，說卦之文，亦以八卦一一有其所象之物爲說。卽言八卦之卦，只各象物也。其下文謂爻象以情言，情卽事情實情。物與物交而成事。八卦之卦與卦，合爲六十四卦，六十四卦中之每一卦，爲八卦中二卦之結合。其中在下者爲內卦，或貞卦，或下體，在上者爲外卦，或悔卦，或上體。此內外二卦之合，卽象一物與一物相交，而成之「事」也。彖辭之斷一卦之卦德，卽所以斷此物與物交之事之情也。又每一爻，旣屬于內外卦之一，卽可各象內外卦之所象之物之一部份，亦象一物之可能與他物相交以成文之處。如依左傳所載，春秋時人釋易，已有互體之說。依此互體之說，則卦中之每一爻與其前後之爻，又可合爲一八卦中之卦。如第三爻屬于內卦，又可與第四第五爻互體爲一卦，再可與第二爻第四爻，互體爲一卦。而此一爻，卽更同時在此諸卦之中，而可象此諸卦所象之物之共同之一部份，亦象此諸卦分別所象之物之交處，與其相交所成之文。故繫傳曰「物相雜，故曰文」。物與物相交，卽相雜，以合爲一事。故人占卜得某一卦之某一爻，亦

卽卜得一事情之將出現。在此義上，一卦之一爻，卽又可代表一事。一卦六爻，卽可代表六事所結成之一事。此六事之結成一事，乃依先後之序以相結。此先後之序，卽表由一事至另一事之時序。而每爻所表之一事，在其先後之事中，卽有其地「位」。則爻可以表事之時，亦兼表事之位。又一事，由物與物之相交相雜而生，其相交相雜，可爲彼此和協，以合成一事，亦可爲不相和協，而實不能合成一事者。故一事有當不當，卽物與物之相交雜，而成之文，有當不當。當則爲吉，不當則凶。故繫辭傳于「物相雜，故曰文」之下又曰「文不當，故吉凶生焉」。再一事之當不當或吉凶，又當看其與在其前其後之事之和協與否，及此一事之有無遠處之事，與之相應合而定。此遠處之事，卽其自身之事外之事。而直接居其前或其後之事，則可謂屬其自身之所根據以成，或將直發展以成者，而皆可謂屬于其自身之內者也。由此而易之爲書，卽以前三爻內卦所代表之事爲一組，而後三爻之外卦所代表之事爲另一組。後之易學家或以內卦之初爻與外卦之初爻之是否能相應，表此內卦初爻代表之一事，是否外有其應；以內卦之次爻與外卦之次爻是否相應，表此內卦中爻代表之事，是否外有其應；以內卦之終爻與外卦之終爻之是否相應，表內卦終爻代表之事，是否外有其應。一事必有前有後，欲表一事，與其自身所涵之前後事，必以三爻表之。然一事所連之前後事，則不如此一事本身之重要，故內外卦之三爻中之中爻，因其皆有上下爻，以代表其前後事，而爲最重要之爻。而欲表一事之有前後事，與他事之有前後事者之應合與否，亦卽宜以各有三爻之內外卦代表之。此蓋卽六十四卦之一卦，必有內外二卦，而又皆各有三爻之故也。

除一卦之內外卦是否相應之外，一爻之自身，又有當位不當位之分。此乃明見易之爻辭者。在易經以六爻所處之虛位爲位，並設定一三五爲陽爻位，二四六爲陰爻位。由一事之依次序而成，必有其起伏升降之段落。宜先起先升，而後伏後降，否則無事之升起，亦無其降伏，故必先陽而後陰。其以一三五爲陽位，二四六爲陰位，蓋由于此。事既起既升，而不降伏以成段落，則事不成。事降伏，不再有事升起，則無事之相續，事亦不成。故必以陽爻居一三五之位，陰爻居二四六之位，乃皆得其位。又以內外卦皆以中爻爲貴，故中爻之得正位，尤爲重要。此卽見易之貴中正中和之旨。爻不得位，卽理當變，以求得位，以喻人當求變動。然皆得位，又無可變，亦無新生之事物；故爻之不當位者，亦理所當有。易經之所貴者，乃在卜得爻不當位時，知當求變動，不可不當位而不求變動。然亦不在卜得之爻皆當位，而無可變。故在六十四卦之排列次序中，六爻當位之既濟卦之後，更有六爻皆不當位之未濟卦，爲其終也。

春秋時以易卦爲占卜，其爻有設定爲不變之爻，亦有當變之爻。由七八之數所定之陰陽爻，爲不變之爻。由九六之數所定之陰陽爻，爲當變之爻。爻變卽陽爻變陰爻，陰爻變陽爻。爻變而卦變，則原卦爲「本卦」，變成之卦爲「之卦」。對此卦變，漢以後之易學家，更有種種說，非今之所及。然要之必有由陰陽爻之相變而有之卦變，以表吾人所遇之事物之變，其吉凶之變，與吾人所以應之道之變，則各家易說所同。卽此已可以喻易經之有陰陽變化之道，存乎其中，亦可以喻讀易者之不可執定原卦之一爻辭之所說之事，測定一切，而當由爻變、卦變，以知此事之變動之方向，而知其變動之幾，及此變動之幾中，有其「一動、一靜」「一陽、一陰」之不可測之神在。故曰「陰陽不測之謂神」也。

九 物之具德、天地之心，與人之觀自然物以修德之道

至于就六十四卦之卦名及大小象之辭而說，則此中小象之辭、乃就爻辭而說明其何以爲吉爲凶、爲得爲失之故，至少在表面上無甚哲學意味。大象之辭總說一卦之德，則其言皆甚美，而涵義亦甚豐。乾坤之文言傳，卽乾坤之大象之辭，所擴充而成。以六十四卦，皆可說爲由乾坤二卦之爻交易而成，故乾坤二卦，居一特殊之地位，而易傳中有乾坤文言傳。然吾人今亦不擬對此大象之辭，及乾坤文言傳之辭，逐句解釋。唯當于吾原性篇所及之乾坤之義之外，更說此易傳之大象傳之一共同之旨趣。此卽直就八卦所表之天、地、水、火、山、澤、風、雷可能有之結合之關係，而由之以見自然之物之德，與人見之而心與之相感應時，所可引致、亦人所當有之德。原彼自然之天地水火等，就一般之觀點看，原說不上德。孔、孟、荀言人之德，亦不直說自然之天地水火，眞有其德，亦罕言直接法天地萬物之德，以爲德也。唯墨子乃重人之直接法天，道家乃重言天地之德。然在禮記中庸則本聖德

以知天德，禮運樂記，更由人之大禮大樂之運于天地，以言命之降于天地山川，與禮樂之中之和序，同異、仁義，爲天地萬物之道之德。蓋本孔子之言仁者之生命，原有對人對天地鬼神之感通之義，亦必當說到此義。然中庸、禮運、樂記，仍未分別就天、地、水、火、風、雷、山、澤之諸自然物，說其皆具德。易傳則首于此諸自然物，皆說其具八卦之德。更以由八卦配合而成之六十四卦，表此諸自然物結合所成之自然界之事情，而說其各具六十四卦中之一卦之德。再于六十四卦之每一卦之彖辭中，言每一卦之德爲如何，其所表之由自然物結合而成之自然界之事情爲何，與人于觀此卦德時，當更求有何德何事，與之相配合。由此而人可于觀察或想像此諸自然物之結合時，隨處可據之以自修其德。此則爲其他之書之所未有者也。

此易傳之言自然物之天地水火山澤風雷之具德，蓋非如孔孟之觀水，禮記表記之言「水親而不尊，火尊而不親」等，尚可說爲譬喻之辭。蓋在易傳之言諸自然物之具德，乃自其中有形而上之道，在于其物之形器之中，以言其具德。卽以此道眼觀之，而實見其具德。在一般以物眼觀此諸自然物，誠可只說其有種種形象，存于時空中，而其形象，只有種種數量，卽可不言其具德。然此以物眼觀，而不見其具德，與以道眼觀，而見其具德，正不必相衝突。亦不可說只以物眼觀所得者爲客觀，以道眼觀者爲主觀。因自能觀而言，卽皆有主觀之觀法上之根據；自所觀而言，則皆有所觀之實境。唯以物眼觀，可稱爲低一層次之觀法；而以道眼觀，則可稱爲高一層次之觀法。此中低一層次之觀法，必升至高一層次之觀法，方能至其極；而高一層次之觀法，則可涵攝低一層次之觀法于其下。故必以道眼觀一切自然物，而知其具德，方爲究竟也。

所謂以道眼觀一切自然物，卽可知其具德者，因依吾人所說形而上之道，以觀自然物，則一切自然物，皆在與其他自然物相感應，而生變化，其變化亦有不可測之神，運于其中者。從自然物之互相感應而觀，則一切自然物，皆爲兩兩相對者。易中八卦所象之天地、水火、雷風、山澤，諸自然物，亦正爲兩兩相對者。天高地下、水降火升、山凸澤凹、雷震出自內，風回繞于外，皆兩兩相對者也。于諸自然物兩兩相正對、相平衡、而相聚合，更相感應，以成其繼續不息，而不斷擴大之變化生成之中，卽見天地萬物之所以爲天地萬物。故彖傳言由：「觀其所聚」、「觀其所感」與「觀其所恆」，卽可以知天地萬物之情。又言「正大而天地萬物之情可見矣」。在此物之感應歷程中，每一物呈其用于他物，以生他物，卽有其生物利物之功。一物之死而終，必有他物繼之生而始，則其終卽是其自己限制自己之「義」，以使繼之者，得生而始，以見其「仁」者。則仁義之德，亦卽藏于物之生物之用之中，而顯于其所生之物之中，故曰「顯諸仁，藏諸用」。此中，吾人不必先問，此自然物中一一物之是否有知。若分別而就一一自然物以觀，固可言其無知。然整個言之，則人旣有知，而此知通于萬物，則整個宇宙，未必無知，而此人之知之原，亦當是一無限之天知。但此皆可不必及。易傳亦未明言此義。實則吾人之謂自然物之具德，亦不必自其本身之有知無知上說。卽其無知，仍是有德。人之資于日月之光明，天地之和氣以生，卽此光明與和氣之有德于我。此德可只自其對我表現功用而說。人于此，如只本一自私之心，以享受其對我之功用，卽功用只是功用，而不見其德。人于此若不本自私之心，以觀其對我能表現功用，卽皆可見其乃依一形上之道，而自己超越其自己，以有貢獻其功用于我之德。由此以遍觀天地萬物之相感應而生之變化，卽皆可見此中之有一至德流行于其中。于此人若無自私之心，亦不自私其心爲我所獨有，將此心亦還諸天地，而觀凡此天地之所在，卽吾之心知、吾之神明之所運所在，天地皆此心知神明中之天地；則天地之現于前者無窮，此心知神明，亦與之無窮。合此天地與心知神明而觀之，則天地正未始無心；而吾人由天地之始生一物，卽皆可見天地之心之一始。故復卦彖辭言「復其見天地之心乎」。今本此意，以觀一切天地水火山澤風雷之自然物之相聚相感，而「雷以動之，風以散之，雨以潤之，日以烜之」（說卦），「在天成象，在地成形，剛柔相摩，……鼓之以雷霆，潤之以風雨」（繫傳）以成其變化而生物，更觀「動萬物者莫疾乎雷，橈萬物者莫疾乎風，燥萬物者莫熯乎火，說萬物者莫說乎澤，潤萬物者莫潤乎水，終萬物、始萬物者莫成乎艮」（說卦）；則天地水火山澤風雷之生萬物、成萬物，固皆見其德，而亦見天地之心之生萬物、成萬物，天地之神明之無所不在矣。故說卦傳將象此八者之八卦，分配于八方，而言其運行于八方，由震而始，如帝之始出乎震之東方，以至于其餘之七方也。唯此非西方之超神論以帝爲在萬物之上者，亦不同西方泛神論之說，以神帝遍在萬物者。蓋依此易傳之思想，而以道觀物，則物之體見于其用、其德；其用、其德，亦見于其變化；而卽在由此變化而生起之物之不可測處，言神，故言神曰「妙萬物」。妙爲少女，未爲母而能爲母以生育，而其所生者爲誰，尙不可測者也。故謂神曰妙，而不言神超萬物，以計劃生萬物；亦不言神遍在于萬物。以計劃生萬物，則皆有定限而可測者也。遍在萬物，乃就萬物之已成者而言其遍在。此與言神妙萬物，卽就神之運于方生者之不可測，言其妙，固不同也。

由此八卦所代表八種自然物，皆在其相感應相結合之際，分別具德；故由其相感應相結合，各成爲一自然界之事情，而各以六十四卦之一卦代表時，此一事情，卽爲二自然物之德之凝聚。如蒙卦由外卦艮、內卦坎所合成。艮爲山、坎爲水，則此蒙代表山下出泉之一事。而此一事，卽山之德與泉之德之一凝聚。師卦爲外卦坎內卦坤所合成，坎爲水，坤爲地，則師卦代表地中有水之事情。此事情中，卽有地與水之德之凝聚也。由此類推，則知六十四卦，卽爲八卦所代表之八種自然界可能有之結合方式，亦卽八卦所代表之物之德，所可能有之凝聚方式。自然界旣有此八種物，而恆相感，卽必有此六十四種之物之結合方式、與其德之凝聚方式；而此六十四卦之全體，與其相互之間之卦變，卽可代表「此自然物之德之凝聚，而流行于此自然界之全體」之事。此卽六十四卦可以「範圍天地而不過」也。

由此六十四卦所分別代表之自然界之事情之具德，故易之大象傳，于每一卦，言其代表一種自然界之物之結合外，更舉一當有之德行上之事爲說，以見人與天地萬物之可合其德。如于蒙卦言其爲山下出泉之外，更言君子以果行育德，此卽言君子之蒙以養正，而果行育德，亦如山之不斷出泉也。師卦中于言地上有水之外，更言先王以建萬國、親諸侯。此卽言先王之「建萬國、親諸侯」之相比，如地中之水之相比也。由此而人于見山下有泉時，卽當念果行育德，如山之出泉。人于見地上有水時，卽當念萬國諸侯之相親比，如水之行地。此外如咸卦代表山上有澤，君子念之，則當學「以虛受人」，如山高而能受水。謙卦代表地中有山，君子念之，則當學「謙尊而光，卑而不可踰」，而自假想如山之降于地下。大畜卦，代表天在山中，君子念之，則當學山之畜天，而「多識前言往行，以畜其德」。泰卦代表上天下地之交泰，而萬物通，君子念之，則當使「上下交而其志同」，「以裁成天地之道，輔相天地之宜」。……由此而人在觀自然界之物之相感，或想像自然物可能有之相感時，皆可一面見自然物之德之凝聚，一面自求有其德行，與之相應；而後一切自然界之事，無不啓示人一當有之德行，而亦無不顯爲一有德行意義之自然，亦無無德行意義之純粹之自然矣。

嚴格言之，上所謂自然界之物與物相結合之事，有其德之凝聚，可啓人一德行之意義，當不能只限于二種物之相結合。衆多之物之相結合，自亦有衆多之物之德之凝聚。一自然界之事所啓示之德行意義，亦可自不同觀點，而有其不同。故于易之彖辭與大象之辭之義，亦不能執定之而說。然要之易傳之文，可合以表現一「隨處在自然物之結合中，發現有自然物之德之凝聚，而啓示人以某一德行上之意義」之教。此卽可形成一人之觀自然界之物之相感之一態度。人能時時保此態度，則人不特可學于詩書禮樂等由歷史傳來之人文，亦可隨處學于自然，而見自然之變化無非教。如禮記孔子閒居載孔子語「天有四時，春秋冬夏，風雨霜露，無非教也。地載神氣，神氣風霆，風霆流形，庶物露生，無非教也」。在中國後之學者，亦善于隨處由自然得其所啓示于人之德行上之意義。此則固其原甚遠。而此易之大象傳之附于易經之原文，其影響之及于後世者，亦固不可忽也。

至于統此大象傳于六十四卦中所言之「人當由六十四卦所代表之自然物，而當有當學之德行」以觀，則除于乾卦下，兼以孟子所恆言之人之「仁、禮、義、智」之德，乃人所以合天之「元亨利貞」之德者，及坤卦下言「敬義」之德，乃人所以合地之德之外；則乾卦下言「天行健，君子以自強不息」，坤卦下言「地勢坤，君子以厚德載物」。此乃與中庸所謂「高明配天，博厚配地」之義，不甚相遠者。此外在各卦項下，又分別言君子所以自修其德，而自居其位，以爲學、施敎，以化民爲政之道。如蒙之言「果行育德」，小畜之言「懿文德」，大畜言「剛健、篤實、輝光，日新其德，……多識前言往行，以畜其德」，升言「順德積小以高大」，益言「見善則遷，有過則改」，小過言「君子以行過乎恭，喪過乎哀，用過乎儉」；晉言「自昭明德」，蹇言「反身修德」，家人言「言有物而行有恆」；恆言「立不易方」，坎言「常德行，習教事」，否言「儉德避難」，大壯言「非禮弗履」，頤言「愼言語，節飮食」，損言「懲忿窒欲」，震言「恐懼修省」，皆君子自修其德之言也。至于鼎言「正位凝命」，艮言「君子思不出其位」，需言「飮食宴樂」，隨言「嚮晦入宴息」，大過言「獨立不懼，遯世無悶」，皆言君子之居位而樂之之事也。至若同人言「類族辨物」，未濟言「辨物居方」，兌言「朋友講習」，離言「大人以繼明照於四方」，則言君子之學。蠱言「振民育德」，臨言「教思無窮」，无妄言「對時，育萬物，賢德善俗」，觀言「聖人以神道設教」與「省方觀民設教」，則言君子之成教。屯言「君子以經綸」，困言「致命遂志」，既濟言「思患而豫防」，歸妹言「永終知敝」，萃言「除戎器，戒不虞」，明夷言「蒞衆用晦而明」，遯言「遠小人，不惡而嚴」，大有言「遏惡揚善」，咸言「感人心」「以虛受人」，睽言「以同而異」，謙言「裒多益寡，稱物平施」，同人言「通天下之志」，則皆是言君子致命遂志，以成其事業與待人之道。比言「建萬國，親諸侯」，履言「辨上下，定民志」，師言「容民畜衆」，頤言「聖人養賢以及萬民」，剝言「剝上以厚下安宅」，泰言「內君子而外小人……以裁成天地之道，輔相天地之宜」，革言「治歷明時」「革命以順乎天應乎人」，豫言「作樂崇德」，渙言「享于帝立廟」，姤言「施命誥四方」，巽言「申命行事」，節言「制數度、議德行」，井言「勞民勸相」，則皆言君子之王道之政。至于噬嗑言「明罰飭法」，賁言「明庶政，無敢折獄」，解言「赦過宥罪」，豐言「折獄致刑」，旅言「明愼用刑，而不留獄」，中孚言「議獄緩死」，豫言「天地以順動，故日月不過，而四時不忒；聖人以順動，則刑罰清而民服」，皆使刑罰輕且清爲善政之言。合此以見易之大象傳之旨，皆不出儒家自昔所常言之義之範圍；其特色，唯在分隸之于六十四卦之下，而與六十四卦分別代表之自然界之事情中之德，相配應而說，以見人之德與天地之德之相合，以使人之「觀乎人文」之化成天下者，與人之「觀乎天文」所察之時變，亦相對應，如賁之彖辭之所言者耳。

易傳除上下繫辭傳，乾坤文言傳，彖象傳以外，更有說卦傳，序卦傳、雜卦傳。說卦傳在說卦象，而明白指出八卦之每一卦，能兼象各類之物，如乾象天、象父、象首、象馬；坤象地、象母、象腹，象牛。依一般之說，天地爲自然物之類，父母爲家庭中人之類，首腹爲人體中之物之類，馬牛爲動物類，此各類互不相通。然在易經，則由天、父、馬、首，皆在有健之德上爲同類，而皆爲乾之象。由地、母、牛、腹，皆在有順之德上爲同類，而皆爲坤之象。是則由于見德之同，而忘其形之別。物之德即物之情，故以八卦象物類，即皆所以「類物之情」者也。序卦傳在說上下經之卦排列之序，雜卦傳在說卦之相反對而相雜。序卦傳之言卦之排列之序，即所以見天地萬物，與人事之演生之有序。卦之有反對，即以見天地萬物之有相反，而可合相反者爲一全、爲一大中。此中序卦傳以上經乾坤之卦始，而屯、而蒙、而訟、而師……，即言由天地、而萬物、而人類社會之事之演生之序。又以下經之由咸恆之卦始，即言由男女夫婦、而有人倫之事之演生之序。此中一切事物之演生，皆有所自始，更由順承其始而發展，至乎其極；乃更轉變至其相反者，由相反以見相成。如其言物生必蒙，而始于蒙，于是物不可不養而有需，由需而有訟，由訟而有衆有師，由師而有比，由比而有所畜，有禮可履，有履而後安泰，即皆一順承其始之發展。然由泰而否，更言「物不可以終通，故受之以否」，「物不可以終否，故受之以同人」（序卦傳），則皆爲言正面直轉變至反對面之事。就此序卦之文，整個觀之，則言順承之發展之義者多，而言正反之直相轉變者少。故與西方之辯證法，直下以正反相轉變爲第一義者，其說初不同。凡順承其始之發展，皆見生而又生以成易，亦卽所以見乾健而坤順以相承之義。至于其言正反之相轉，以見正反之相成，亦不必與西方辯證法之由事物之有正反之相轉變，以見事物有內在矛盾者同其說。此則皆可由吾人讀序卦之文可自得者也。爲避繁文，不更詳釋，讀者可自取序卦而讀之。

第二編

第一章　陰陽家與秦漢學者順天應時之道及其歷史演變意識

一　陰陽家之順天應時之道

中國之學術思想中，陰陽家之思想，其原最遠，其流最雜，而影響于後世之民間者亦至大。于先秦諸子中，世皆以鄒衍爲陰陽家之祖。茲先引史記孟子荀卿列傳言其學之一段文，更析其義。其文如下：「深觀陰陽消息，而作怪迂之變，終始、大聖之篇，十餘萬言。其語閎大不經，必先驗小物，推而大之，至于無垠。先序今以上至黃帝，學者所共術，大並世盛衰，因載其禨祥度制；推而遠之，至天地未生，窈冥不可考而原也。先列中國名山大川，通谷禽獸，水土所殖，物類所珍，因而推之，及海外人之所不能睹；稱引天地剖判以來，五德轉移，治各有宜，而符應若茲。以爲儒者所謂中國者，于天下八十一分，居其一分耳。中國名曰赤縣神州。……中國外如赤縣神州者九，乃所謂九州也。于是有裨海環之，……如此者九。乃有大瀛海環其外，天地之際焉。其術皆此類也。然要其歸必止乎仁義節儉，君臣上下六親之施，始也濫耳。王公大人，初見其術，懼然顧化。……其游諸侯，見尊禮如此。豈與仲尼菜色陳蔡、孟軻困乎齊梁同乎哉。」

此段文，乃司馬遷之言鄒衍之術者。術卽其思想進行之道也。此初不外先驗小物，以推至于大；先序時間上之今，以至于遠古，更至天地未生之時；先列空間上近者，中國之九州爲神州，更推而遠之，至于大九州，更至天地之際。此種推論，今可名之爲一類比的想像之推論。如由中國之有九州，有海在其外，卽類比的想像至于大九州，卽是其例。故曰其術皆此類也。則其言天地剖判以來，五德轉移之歷史，亦當是本近事，而以類比的想像，成其推論。然類比的想像，不必皆合法之推理，故司馬遷以爲閎大不經也。

然司馬遷文，又謂王公大人，初見其術，懼然顧化，與仲尼孟軻之困于當時者殊。卽見鄒衍之術影響之大。其以類比的想像爲推理，更兼言禨祥吉凶，亦歸于仁義節儉之道德，則兼可滿足人之想像、推理，一般生活中之吉凶利害上、與道德上之要求。故陰陽家之說，不同于儒家之專依道德理性而說者，亦不同于道家如莊子之寄其想像于寓言，而又知其爲想像爲寓言者。再不同于墨法家之專重言實際上之功利者。吾人當說陰陽家之思想方式，爲一混合雜糅人之推理、想像、功利要求、與道德要求所形成之一思想方式。然此自爲人所可有之一思想方式，亦實爲一般人在日常生活中，自然而然最易形成之一思想方式。此卽陰陽家思想之本質所在，而其原最遠，其影響于後世者至大之故也。

又據史記所說鄒衍之書，不特于時間上、空間上，重由近至遠，由今至古，以至于古今之人羣社會之盛衰、禨祥、度制，與治之所宜，亦及于名山、大川、禽獸、物類。此卽見其所思想之內容，乃在此時空或宇宙及其中之人事與自然物類之事。原此人之知順時序以生活于一空間，以有其人事，兼與自然物類相接，乃與人有文化之歷史俱始。漢書藝文志謂「陰陽家者流，出于羲和之官，乃象日月星辰，敬授民時」。書經堯典作于何時，不必論。然堯典始于言「乃命羲和，欽若昊天，歷象日月星辰，敬授人時」後；更言分命羲仲、羲叔、和仲、和叔，依日所在之星位，東南西北之四方，以正四時云云，則正與漢志所言者合。此人之能順四時之序，觀空間中天象之東西南北之位，與自然界物類相接，以有其人羣生活上之事或政事，固與人類文化歷史俱始。如大戴禮夏小正之紀一年中各月之天象、氣候與動植物之情形，卽可知其原甚遠。陰陽家如鄒衍之所思者，亦正在此時空或宇宙中之人事，與物類之關係。則謂陰陽家者流出于羲和之官，自義理上言之，固未嘗不可說。自歷史上言，陰陽家之思想觀念，亦必多有自古傳來，流行于民間，更爲鄒衍與後之陰陽家之徒所取者也。

復次，吾人上言鄒衍之思想方式，爲本想像之類比以推論，亦兼涵功利與道德之要求者。此亦爲人自始卽能自然形成之思想方式，而用之以解釋人事與自然物之關係者。人之原始宗教生活中，皆有巫術之成份。巫術大皆原于人之本聯想的想像，以作類比的推論：人之言語行爲之及于自然物及鬼神者，其效用皆類同于其及于生人者；又其效用之及于一人物、一鬼神，亦卽及于同類之其他人物與鬼神。由此而有咒語及其他種種之魔術。其中卽包括種種自然之迷信，亦同時包括若干眞正之對自然之知識。此巫術與其中之迷信以及知識，又莫不連于人之「趨吉避凶，希其善行之得賞，畏其惡行之得罰，而爲善去惡」之「功利的兼道德的要求」，合以形成人運用巫術時之思想之形態或方式。此巫術中之知識成份，卽原始科學與技術知識；其中之想像成份，連于原始之文學藝術；其中希善之賞，畏惡之罰，則連于人之法律政治之意識。至于因此而更專求爲善去惡，則連于道德；信有鬼神，則連于對鬼神之敬祀，而連于宗教。然人初固不能知有此種種人文領域之劃分，亦恆不知其巫術中之何者爲迷信，何者爲知識。則此巫術之自古及今次第傳來，以流行于民間，更爲後之陰陽家之學者之所取，亦恆未能于此嚴加分別。此卽陰陽家之流，其思想亦最爲駁雜，恆與一切民間方技術數之學相連，而不可分之故也。

陰陽家之說，盛于晚周；而秦漢之際，有所謂方士。或謂方士原于陰陽家，或謂陰陽家原于方士。實則此二者，正當互爲因緣而生。其初則當只有自遠古傳來之民間社會之巫術，其中包括「人對天文物類，與人間之吉凶善惡之關係」之迷信與知識者。所謂方士，初蓋皆集此類知識或迷信以詔世之專家。陰陽家之學者，則如更能將此類知識迷信，加以系統的安排或理論化者。此二者乃由春秋至戰國以後之產物。此陰陽家與方士之徒，不斷吸收民間之知識與迷信，以自成其爲專家學者，亦不斷以之詔世，而散佈之于民間，故其思想卽又終不能只屬于個人，一學派，而兼屬于民間社會。其思想皆可稱爲個人之思想與集體之思想之混合物。故其流傳于口說，載于文字，以見于古籍者，皆難確考其始于何人何時代。鄒衍之書，史記謂其有十餘萬言，其內容必甚豐。然其中何者爲取諸其前之學者之說，何者爲取諸民間流傳之觀念，則司馬遷亦未必知。又此十餘萬言之書既佚，其流傳至後世之陰陽家或方士者又畢竟如何，亦皆難考定。然今觀呂氏春秋、禮記月令、管子、大小戴禮記、逸周書、易傳，及漢人之諸家易學，與漢代所傳之緯書以及醫書，如內經之類，以及其他方技術數之書，莫不有陰陽五行之論。五德終始之說，影響于秦漢之政治之轉變者，既大且鉅。由漢書五行志所載之漢代人對五行之種種迷信，更見此陰陽五行之說，深入人心。然凡此等等，原于鄒衍之說者有若干，則一般之考定，大皆出于猜測，抑亦有其必不可確切考定出之故在。呂氏春秋、禮記、管子等書，所記者孰在先，孰在後，亦同有不可必確切考定出之故在。此卽因此一流之思想之形態或方式，原與中國文化之歷史俱始，而又原爲流行于民間之一「個人思想與集體思想之混合物」之故也。

吾人雖不能對後之陰陽家之流之思想與鄒衍之關係等，有確切之考定；然對此一流之思想之形態與方式，與其中之基本觀念，亦可有較上文所及者更確切之論述，以見此陰陽家之思想之流，亦自表現一道。此與前所述之儒墨道諸家所言之道，相較而言，亦有可稱爲一新道者在。吾今姑名之爲順天應時之道。

二　陰陽與五行之名義，及五德終始說之起原

對此陰陽家之思想，吾人于上文論鄒衍時，已謂其內容包涵對時間、空間、人事與物類之關係之類比的想像，而卽依之以爲推論，而以陰陽消息與五德終始爲根本觀念，加以說明。此陰陽之二字，自字原觀，初蓋用之以表日出或日沒于雲，而連于天象。故說文謂「陰，闇也；陽，高明也。」繼卽用陰陽以表山之南北之方位，而連于地理。如詩經言山之陽、山之陰。日出而暖，日沒而寒，故陰陽亦表天氣之寒暖。如周語言「氣無滯陰，亦無散陽」。左傳昭元年言六氣，古注謂指陰陽、風雨、晦明。若依字原而論，陰卽晦，陽卽明。則此六氣中之陰陽，當只是表天氣之寒暖，或天地中之寒暖之氣，否則只有四氣，非六氣矣。由陰陽表寒暖，而連于寒暑，亦連于四時；于是「春夏陽氣勝，秋多陰氣勝」之說生。由此再引申，而物之寒者，如金水，則爲陰物，物之暖者，如火日，則爲陽物，則陰陽又可兼表物類。是見此陰陽之觀念，乃始于表空間中之天象，進而表空間中之地理，再進而表寒暑四時，而後更表地上之物類者。至由表地上之物類，更以之表地中之物氣，而國語周語中遂有「陽伏而不能出，陰迫而不能烝，于是乎有地震」之言矣。至于五行之金木水火土，則初當是表人在地上所見之五種物類，而人恆用之，以存其生者。故左傳文公七年言水火金木土穀，爲「六府」與「利

用」、「厚生」之事並言。此五類物，亦對人有最大之材用者。故五行又名五材，洪範言金木水火土，只言其從革、曲直、潤下、炎上、宜稼穡之功用，亦是古義。然此地上之五物類，原在地上之各空間位中；其在地上之活動變化，亦有不同之空間方向。如水潤下，而火炎上，木橫放而向上生，金凝重而向下沈，土則不如木火之向上，亦不同水之流下，與金之沈入土中，故爲居餘四者之中間之位者。人于金木水火土，既見其在地上之活動之方向之不同；北方之地恆較寒，南方之地恆較暖；寒者爲水，暖者爲火；遂進而以水表北方，以火表南方。極寒之時爲多，極暖之時爲夏，而水火可表冬夏。木盛于春，春時日自正東出，而木可表東方與春。日至夏而偏自南出，由漸暖而至暖，即由木而至于火。至秋以後日偏西，由至暖而漸寒，以至極寒。即如由金之漸寒，以至于如水之極寒。于是金即可以表西方與秋，水表北方及冬。土爲餘四之中，則宜用以表東西南北之「中央」，與四時之「中氣」。此諸觀念，蓋極早已由人之自然的聯想而形成。大率此五行乃初用以表人所用之地上之五物類，而後引申其義，以表空間時間中之方位與季節。便與陰陽之觀念先用以表天象天氣，後乃用以表季節與地上之物類者，次序正相反者也。復次，人于此五行物類之能辨別，又首賴于辨別其形色。火赤、木青、土黃，皆人所同見。水本無光，故其色黑。金無定色，而有內光，以反映他色，故謂爲有無色之色，即白色。則五行連于五色之觀念，亦初甚自然。墨子貴義篇謂人言墨子之色黑，不宜去北方，即依北方爲水，水色爲黑而說。則五方連于五色之說，在當時民間已有之。至于對人所共見之五行星何以名爲金木水火土，則其故不可考。近人王夢鷗氏鄒衍遺說考一一頁，謂漢書藝文志有「五行者，五常之星氣也」。此是誤引，因原文乃形氣非星氣；然其謂其色蒼者，謂之木星，其色赤者，謂之火星，其色黃者，謂之土星，其色白者，謂之金星，其色黑者，謂之水星。此則大體可說。火星赤，土星黃，而木星蒼，皆顯然可見，至言金星白者，則吾意當是由見金星晨出，故光白，言水星黑者，則蓋以其最小，光不易見，故黑。此上所言，自皆是推想之辭，然亦合乎情理。否則人之以金木水火土名五星之故，全不可解。蓋人必先以五色連于地上之五行之物，然後移用于五星。漢志亦先言人之五事失，五行之序亂，而五星之變作。不可謂五行之觀念，初依于五星之觀念而立也。五行之觀念，自是始于指人所用之地上之五類物，以推用于五方、四時、及天星。此原不同于陰陽觀念，初指天象，而推用于天氣、四時、及地上物類者。漢人尊天，或重五星之變，忘其原矣。陰陽之初表天象、天氣之變化，爲動態的說；五行、五材之初表五類物之質材，有顏色之不同者，則爲靜態的說。今以陰陽兼說地上之物，以五行兼說天上之物；又于陰陽之二者中，以陽爲動，以陰爲靜；于五行所表之五類物，兼重其功用與活動，如能有「行」者，則「上天下地中」之物之「動靜」之道通。此當是陰陽五行之合爲一名，所代表之人之自然宇宙觀之基本義旨也。

至于此陰陽五行之觀念，如何連于五德之終始？五行既連于五色，更如何連于朝政之當尚何色？如何以秦政之尚黑，至于車馬、旌旗、衣服，無不尚黑？而漢政之尚黃者，則于此等等，又無不尚黃？秦漢時人對此色，何以如此之重視？則吾人居後世者，尤難理解其故。此蓋當始于人固原知以物類之事，喻人之德行之事。此卽如孔子以水之「逝者如斯夫，不舍晝夜」，喻人之爲學成德之事之不已。又如孟子以火之始然，泉之始達，喻存心養性之事。再如荀子勸學篇之言「木受繩則直，金就礪則利」，而以金木之當受繩礪，以喻人之當化性以成學之事。荀子取金木之事，以喻德行之事，不同于孟子之以水火之事，喻德行之事。然皆以物類之事，自有類似于德行之事者在。此外，則愼子以塊不失道，喻道。老子以水與地喻德。莊子書之喻，更不可勝數，如齊物論言「大塊噫氣，其名爲風」，養生主言「如土委地」，推說其旨，亦以土喻德。合而觀之，則以金木水火土喻德，固諸子之常談。又人之德行必顯于人之喜、怒、哀、樂之情，此情卽必更見于容色。人之見彼草木之青綠，火日之赤，與大地之黃等之時，固莫不與一定之情調相連，卽可由此情調，以引生相應之德行。則人之旌旗輿服之爲色，固皆可有其所象徵之人之情感及德行之意義。而欲變一時代之人之情感與德行者，亦必當旣改正朔，亦易服色等，以一新天下之觀感。此正朔之改，要在表示人對于天之陰陽之變化之觀念之改。旌旗衣服之色等之易，則要在表示人對于五色、五行中所重者之不同，而亦表示人對于色所象徵之情感、德行之所重者之不同者也。

若吾人循方才所說，以理解鄒衍以降之陰陽家之思想之線索，與陰陽家之道之特性，則吾人可說鄒衍之五德終始之說，初當是先有見于物之性質之表現于其色，與人之德行情感之必表現于容色相類似，而物之色亦原有可象徵兼引起人之德行情感之意義，遂卽以五行之名爲人之五德之名。至于何以于人之德說之爲五，則其原蓋在子思、孟子之說。孟子明言父子有親、君臣有義、長幼有序、夫婦有別、朋友有信。除君臣有義、朋友有信外，父子之親，爲仁之始，長幼有序，爲禮之始，夫婦有別，卽智之別；故五倫之德，卽仁義禮智信之五常。此五倫、五常之言，亦見于傳爲子思著之中庸書。中庸書固不當爲子思著，如前所辨。然五倫與五常之並舉，則可能首倡于子思。孔子與其餘弟子，固未有如此之列舉也。荀子非十二子篇言「子思孟軻案往舊造說，謂之五行」。今人或謂五行卽五倫五常，此固非是。荀子亦必不反對此五倫五常而斥之也。或謂荀子于此乃誤會鄒衍之五行之說，爲子思孟軻之說。此則大有可能。或又由鄒衍嘗謂其言五德，原是本于子思孟軻而來。史記言鄒衍之說歸于仁義節儉，則其于儒墨之論，固皆有所承。鄒衍蓋是一方有取于墨家所傳之民間五行之論，更合之于子思、孟軻之五德之言，以成其說。墨家之思想學術，原較近民間，故五行之說，見于墨子。墨辯中亦討論五行有無常勝之問題。鄒衍既合五行五德之說爲一，又或嘗言其五德之說，乃本諸子思、孟軻，則由此而有荀子之誤會，亦不足爲怪矣。

然鄒衍之五德終始之說，據史記所言，又非只所以言人之德行，而要在本之以上推「自天地剖判以來，五德轉移，而符應若茲」。此乃是以五德之轉移，言歷史中之不同時代之制度中，所表現五德之轉移，亦無異將子思、孟軻之道德哲學，轉爲政治歷史之哲學。此以不同時代，當有不同制度之說，則孔子言「殷因于夏禮，所損益可知也；周因于殷禮，所損益可知也；其或繼周者，雖百世可知也」，已具其義。至言世運之有轉移，則孟子「五百年必有王者興」之說中，已有之。觀孟子之引及此言，蓋是指當時之一現成之說。孟子最後言「由堯舜至于湯……由湯至于文王……由文王至于孔子……」各五百有餘歲，亦有世運旣轉，賢聖自隨之而出之思想。孟子于聖賢之德，亦嘗謂其不必同；亦似意涵：各時代有具不同之德之聖賢，相繼而出之旨。然孟子又言孔子至今，百有餘歲，而嘆無能繼孔子者，並以當今之世，舍我其誰自任；則又非信聖王必五百年而後出者矣。又孟子之言王政，多及于以仁心行仁政，而罕及于政治上如何有具體的因革損益之道。至于荀子，則雖重制度，而言「百王之無變，足以爲道貫」，則重在樹立制度之常道，而不必重在言制度之變。孟荀更皆未嘗論制度之變化，本身有一定之軌則，如鄒衍所謂隨五德之終始而轉移。然在晚周，除孟荀之儒家外，道家與法家，則皆爲顯然主張一切文物制度當隨時代而變者。禮記中庸言「生乎今之世，反古之道，災及其身者也」，表記之言「夏道尊命，……近人而忠焉」、「殷人尊神，……先鬼而後禮」與「周人尊禮尙施，事鬼敬神而遠之」及「虞夏之質」與「殷周之文」之不同，禮運言大同與小康之不同，公羊家言三世，皆謂不同時代有不同之政治制度與道德精神。鄒衍言自天地剖判以來，卽五德轉移，治各有宜，符應若茲，則正可能爲此一流之思想之一先驅。此一流之思想，皆同可謂爲對人之政治文化歷史，加以反省而生之歷史哲學思想，並由此思想以主張在今後應有一新時代、新政治、新道德精神之興起者也。

三　秦漢時人之歷史時代意識

此上所說可能由鄒衍爲先驅，所開啓之晚周之歷史哲學之思想潮流，乃晚周之道法儒之徒，所共同開啓之一思想潮流。此一思想潮流，乃兼顧往而瞻來者，故亦或以一預言未來之姿態出現。其中法家首實現其開創一新時代之理想。秦始皇帝之自以爲「德高三皇，功過五帝」，史記言其自名始皇帝，以使繼之者爲二世、三世、以至千萬世，傳之無窮，卽亦代表一超越過去一切歷史時代之聖王，而使宇宙一新之意識。爲李斯所作而以「皇帝臨位，作制明法」二句始之泰山石刻文，亦見一空前之新時代來臨之自喜之情。然史記又言始皇「推終始五德之傳，以周爲得火德；秦代周德，從所不勝，方今水德之始，改年，始朝賀，皆自十月朔；衣服、旄旌、節旗皆尙黑……更名河曰德水，以爲水德之始，剛毅戾深，皆決于法……然後合于五德之數」，則見此始皇，仍只是應五德終始之說之水德，而興起者。水德之後，自當有代水德而興起者，則何千萬世之足云？故漢興之初，張蒼以唯漢能應水德，以勝周火。賈誼、公孫弘，又主漢當應土德，以勝秦水。此皆謂後一時代應勝前一時代之德之說；其序，爲以後尅前之木金火水土之序，以此爲革命之說之所據。自劉向以後，乃又有前一時代應引生後一時代，而主五德之轉移之序，當爲金水木火土之「以前生後」之序，以此爲禪讓之說之所據。終漢之世，五德終始之說，迄爲人所信。此其根抵，蓋在漢人之歷史演變之意識。

今按此漢人之歷史演變之意識，一方表現于向後追溯，一方表現于向前期待。其表現于向後追溯者，則沿鄒衍之五帝之說，晚周已有三皇之說。三皇之說有種種。秦漢人之天皇、地皇、人皇之說，則純出于想像之構造。鄒衍言有天地未生以前之事，淮南子亦言天地開闢以前之事。（淮南子俶眞訓）緯書則有「太初爲氣之始，太始爲形之始，太素爲質之始」，「太易始著，太極成；太極成，乾坤行；乾坤行，太極大成。一大之物名天，一塊之物名地，一氣之霝名混沌。」（乾鑿度），「元，清氣以爲天，混沌無形體」（春秋說題辭）等言，爲漢儒所承。故鄭康成注易有太極曰：「極，中之道，淳和未分之氣。」何休公羊解詁隱元年注：「元者，氣也，無形以起，有形以分。」漢書律曆志言「太極元氣，涵三爲一」，正本于緯書。班固白虎通義卷九，論天地之始，亦引乾鑿度之太初、太易之說，並言天地始于混沌。許愼說文解字釋一字曰：「惟初太始，道立于一，造分天地，化成萬物。」此皆由對當前歷史，向後追溯，以至天地未生之前之想像，而啓示人以一形而上學之情調者。在另一方面，則漢人之歷史意識，更表現于向前期待，以由前時代，進入一新時代之想。故漢人之書，多以「新」爲名。如陸賈新語，賈誼新書，劉向新序，桓譚新論（註），王莽之國號亦曰「新」，皆見漢

註：胡應麟少室山房筆叢卷三謂「陸賈有新語，顧譚亦有新語；賈誼有新書，虞喜亦有新書；桓譚有新論，夏侯湛、華譚、劉晝，各有新論。……六朝人好學漢類如此。」六朝學新則爲舊，非漢人之新也。

人之欲建一新時代之想。項羽見秦始皇言，「彼可取而代也」，漢竟代秦而興，固亦已是一新時代。然此五德終始之說，則更爲漢人所據，以期待漢以後之新時代者。故漢興百餘年，至昭帝，而董仲舒弟子眭孟，卽據五德終始之說，言漢德之將終，于是有哀帝再受命之事。然仍不能挽回人心之望另一新時代之起之想。王莽卽初由應此人民之望，本五行相生之說，而受漢禪。漢光武又由應人民之望有一代王莽之新朝者，而更興起。本此革命與禪讓之說，而漢禪于魏，魏禪于晉，歷六朝隋唐至宋太祖受周禪，皆假禪讓之名，行改朝易姓之實。此漢世以後，視革命禪讓之事爲不可已之一思想，固導自陰陽家之五德終始之論。然自其遠原言之，則此一新時代當有新精神，在上所引孔子言殷因于夏禮，周因于殷禮，皆有所損益，故繼周者對周禮，亦當有所損益，禮記之言夏尙忠、殷尙質、周尙文，道法諸家，重因時勢以爲新政，並有其義。自其近原而言之，則在秦代，言順時令以爲政，而成之書，則首爲呂氏春秋。呂氏春秋，爲呂不韋賓客之集體創作。史記呂不韋傳，謂其書備天地萬物、古今之事，高誘初注其書，謂其「以道德爲標的，以無爲爲綱紀，以忠義爲品式，以公方爲檢格」，其言皆甚泛。吾意此書規模固大，尤善卽事明理。其應同篇，亦及于五德終始之說。然其書特色，則要在順一年十二月紀之時序之變，以說王者之爲政修德之事。次則有淮南子之書，規模亦大。其書除有時則訓等篇，言人之順四時而生活之外，更重言古今之時勢之變，及學術文化亦隨時代而新生之旨，如其要略篇所說。再次，則有董仲舒承公羊家之春秋之義，以天之道雖不變，而三王之道，以遭變不同，必迭起爲用，以救溢扶衰，以春秋當新王之思想。更次爲王充之不同時代皆有聖賢人出，今世不必不如古，而著宣漢篇之思想。凡此諸家之著，皆見秦漢之世之學者，視其時代爲新的時代，而應有一新的政治制度，新的道德文化之精神，運于其中。此皆與陰陽家之思想之流，重人事之順天應時而俱變之思想，相涵接而不可分，而亦皆可名之爲言人之順天應時之道之思想者也。

此陰陽家與秦漢學者之順天應時之道，不同于泛言敬天、知天或事天之道，或泛言待時、應時或隨時之道。如泛言敬天，而視若一人格神而事之，則此爲詩書與墨子中之敬天、事天之旨。至如重知天命以知天，盡心知性以事天，盡性以達天德，則孔、孟、中庸之旨。以天爲人之心知生命之原，更知天之亦爲知之所不知，則莊子之旨。既知天行之有常，而不更別求所以知天，則荀子之旨。孔、孟、莊、荀之知天，已重在知天命、天道、天德，而不重知天之自體爲人格神之義。荀子之天，尤近乎自然主義之天，只爲一四時之運之原，故曰「天有其時」。至于泛言重應時、待時、隨時，則各家之論中，固皆有之。如孟子言：「可以速而速，可以久而久，……孔子聖之時者也。」卽應時而知其義之所存者也。孟子亦言「雖有智慧，不如乘勢，雖有鎡基，不如待時」，唯謂「天時不如地利，地利不如人和」耳。墨子急于救時世之弊。莊子大宗師亦言眞人「喜怒通四時」、「以知爲時，不得已于事也」。易傳更處處言時，如乾卦彖言「六位時成」，坤卦文言「承天而時行」，隨卦言「隨時之義大矣哉」。則言敬天、知天、事天、待時、順時、隨時，乃此先秦諸家之公言。然陰陽家與秦漢學者之順天應時之道，則自有其特殊之意義。此則要在此所謂天，非泛言之自然之天或人格神之天；而此所謂時，亦非泛言之時。此時乃一有種種「節度」之時。故此時所自原之天，無論視爲一自然之天，或人格神之天，皆爲一其活動有其種種節度之天。此一有節度之天時之觀念，則涵義至爲廣大，正爲陰陽家與秦漢學者所最能加以重視，而求一一引繹之而出者也。

易節卦彖曰「天地節而四時成」，革卦彖曰「天地革而四時成」。四時卽天之自節自革，以成四時之節度之事也。易傳又言「剛柔者晝夜之象也」，一晝一夜，亦天之變化之節度如一剛一柔者也。易傳又言「寒往則暑來，暑往則寒來，寒暑相推，而歲成焉」。寒暑相推，卽寒暑之自節自革，以使歲有寒暑之節度也。此人之知有晝夜、寒暑、四時，蓋與人之歷史文化俱始，不待專家之學爲之教也。人于寒暑、四時、晝夜中，見日月星之變化，江河之水之盈虧，植物動物之盛衰生死，更應隨其時，以爲採集、狩獵、耕種之事，亦初由累積經驗，而自知爲之者，亦初不待于專家之學也。至于紀天象、物象之怪異者，及紀人對自然物所爲之狩獵、耕種等事，以成原始之史籍之內容，亦不足言眞正學術知識。然人至于自覺此天時之有寒暑、四時、晝夜之節度；更知其由于天之日月星之運行；並知此日月星之運行，自有其軌道與纏位；再能依日月之運行之周而復始，定一年爲十二月，或更分一年十二月之氣候之不同，爲二十四氣；則爲人之以空間位定天象之天文知識，與以數定時間曆法之知識之始。此中天上之日月星之空間位之轉移，見日月星運行于空間之節度；而由之所成之四時、十二月、二十四氣、七十二候之變，則爲天時之節度。在不同之天時中，地上之川原之盈虧，動物植物之盛衰生死不同，則見地上之物之如何存在，亦自有其節度。由此而人之自求生存于此地上之一切對諸自然物，所爲之事，亦有其自然而當然之節度。人之自覺的反省及此天時之變、與地上萬物及人之活動，原皆有其自然相應合之節度；更求人之活動之節度，恒與天時之變萬物之變之節度，處處相應合，而不過；則爲陰陽家之學術思想。史記記鄒衍之學，言時間空間與萬物，歸于仁義節儉。人之所以當節儉者，正所以求與天時之變，及地上之萬物之變相應合而不過也。

四　天時與人事歷史中之節度意識

按呂氏春秋十二紀，淮南子時則訓，以及小戴禮之月令，大戴禮夏小正，逸周書時訓解、管子幼官、四時、五行、諸篇，皆同具體指出四時、五方、十二月中，自然界之日月天象之如何、天氣之如何、動植物之如何、與之相應之音律數如何、色香嗅如何，及與之相應之人之事之德、祭祀、居處、服色、時政等當爲何。此諸書所記，互有出入，而大體相似。謂之月令者，鄭目錄云以其紀十二月政之所行；蔡邕明堂月令論，謂是「因天時，制人事，天子發號施令」；則此月令，乃王者配天時，而于每月中對人民之所令。亦猶古所謂「天之命」通過王之命，分別見于十二月中，以對人月月分別有所令。若然，則月令之觀念亦可說爲昔之天命、王命之觀念之特殊化而成。此月令書畢竟始于何時人，不可考。或謂禮記月令爲周公作，（如賈逵馬融蔡邕之說），或謂禮記月令乃本呂氏春秋而作（如禮記正義所引鄭目錄之說），皆無確證。以理推之，初當是人在十二月中之生活所自然演成，而不必由何人何書而始。此言四時十二月之時令之變，其見于禮記、呂氏春秋、逸周書、管子、淮南子等書者，亦蓋輾轉抄襲成。然其所以輾轉抄襲，則正見其時代之人，皆重此依天時與地上萬物之節度，以定人之所爲之節度，之思想潮流者也。

上言此月令等書言四時、十二月中天氣之變、動物、植物等之變，亦言及十二月中所應之音律數之變，與其所相應之色味臭等之變。此乃由于人在四時、五方、十二月中所接之自然物不同，其所感覺之色聲味臭，自亦隨之而異之故。人所感覺之色聲味臭有五色、五聲、五味、五臭之不同，自相節限，而各有其度量；亦正如晝夜、四時、五方、十二月、二十四氣、七十二候之變、天象與地上之動植物之變之自相節限，而各有其度量。卽似皆同可以五行之義貫通之，以明此種種不同之節度之自身間之應合關係。此「五行」之義，卽可成爲一具通貫意義之哲學觀念（此可參考隋蕭吉五行大義及明臧廷槐性理會通五行總論等書）。凡彼有節度之物，皆有限之物，亦皆必在天時之運行中，相代而起。天之晝夜、四時、十二月、二十四氣，固自相代而起；其依時而生之物，亦莫不相代而起。相代而起者，此終則彼始，此消而亡，則彼息而生。凡終與消，皆如日爲雲蔽而可謂陰；凡始與息，皆如日之出，而可謂之陽。而一切事物之終始消息之變，卽皆爲陰陽之變，而陰陽亦爲具貫通意義之哲學觀念。鄒衍言陰陽消息，又言五德終始。然終始卽見消息，五德屬于五行；則言五德終始，卽言在此陰陽消息中之五行。陰陽之消息始終之觀念，初所以明事序，而屬于時間，爲縱的。五行原指地之五物質，初所以辨物類，而定五方之空間位，爲橫的。合之以言整個之時空，或宇宙中諸物類之消息始終，而見其無不有其節度，以生于此時空或宇宙。而人之行事，亦卽當依此天之陰陽五行之節度，以順天應時，以成其行事之節度。此卽陰陽家所陳之道，所以更有種種細節之故。漢志言陰陽家「敬授民時」，司馬談言陰陽家「序四時之大順」，皆未嘗爲苟說。舍此而對陰陽家之思想，作歧想，皆未能于陰陽家之道有的解者也。

但在上列月令等書，不僅言此自然之天，有其四時十二月，其四時之序，與地上之五方及物類之應合關係；亦言及上天下地之神靈，有在十二月中次第當令者；而在五方中，則有天上之五帝，分別爲其主。此十二月中之神，如勾芒等，或爲與地上之動植物之生殖相關之神，如希臘之 Dionysus 初爲助葡萄成熟之神。此當令于五方之天上之五帝，則當是後于歷史上之五帝之說而起。二者又皆可能是後于齊自稱東帝，秦自稱西帝而起。此天之五帝之名，可配于五行五色之名，亦或由于五帝之名，原由一般之火神、水神、土神等之名而來之故。此皆不可考。然要之此以十二月中之每月只有一神主之，五方之每一方，各有一天上之帝主之，乃表示神靈之活動，亦有其時間空間上之範圍或節度者。

五德終始之說中，言人間帝王之受天命而生，亦卽言其只是受天上之五帝之一之命而生。人王之政治命運，有其盛衰，亦卽原自天上之五帝在歷史之世代中之當令與否，而有其時運。此卽不同于詩書中，只以昊天上帝之降命于人王，其事之靡常，以說明人間帝王政治命運之靡常者。此乃是將詩書中之一昊天上帝，分化爲次第當令，而具不同之五德之五上帝，以使其當令而降命人王之權力，亦自始卽依其德之有定限，而有其定限或節度者。由此而人間改朝易姓，而有政權之更代，卽使在天上當令之五帝之德及權力，與人王之德及權力，皆同有其時運與定限或節度。于是人間之人王，必應具五帝之一德，而承其命以興起，亦必以其所承之帝之德之權力之運既終，而其命亦革，乃爲承另一帝之命，而興起之人王所代。此卽是爲人間之革命禪讓建立一宗教之基礎，亦爲人所信之天上之五帝，建立一政治之涵義。易傳言「湯武革命，順乎天而應乎人」。此所謂順乎天，在湯武之時，當只是順一昊天上帝。然在五德終始之說既起之後，則此順天，卽是順天上之五帝之一，以成其人間之革命。當此人間在革命之時，天上之五帝之命，亦自見其節度，以成天上之革命，而使此天上人間，同入于一革命之世界。如以禪讓代革命，亦是天上人間同行禪讓之大禮。此又卽此五德終始之說之影響于秦漢之政治思想，何以如此其鉅大之故也。

關于此天上之上帝，其數何以必爲五，以與地上之五方人間之五德配合，以合爲五行之論？又以此五行之說，分自然萬物之類是否皆適當？又其與五色、五音、五味、五臭等，是否皆果有其應合之關係，而一一皆容吾人以五行說之？此皆非吾人今所欲討論之問題。如依易傳之八卦配四正四隅之說，八卦各有一德，則人間應有八德。地上應有八方，天上亦應有八上帝。則人亦可倡八德終始之說。然易傳說卦又言一帝出于震，以運于八方，則又初只有一帝。此八卦之系統與五行之系統，初明爲二系統，則如何將此二系統，配合爲一，遂成漢代易學家之問題，後文當及之。然此二系統，同以爲世界之時間、空間、不同類萬物、以及天神之德之權力，皆各有其節度，而人當法此節度化的宇宙，以形成此節度化的人間則一。此秦漢學者，重觀此一節度化的宇宙，而求人之順天應時之道之精神態度，卽亦更有其類似之表現，見于秦漢學者之言政法學術道德等人文之道之他方面者，將更論之于以下諸章。

此陰陽家所開啓之順天應時之道，其影響于中國後世之文化風俗及民間生活者，爲中國人之重節氣如清明、端陽、七巧、中秋、重九、冬至、過年之類。但在漢世，尙不必已全有此諸節氣。此中國人之重過節之倫理文化涵義，吾于中國文化精神價值一書第九章第一節嘗論之。至于此重順天應時以生活之道，則演變爲後世皇曆之書，對人每一日之生活之事，皆定其宜與不宜。人果依之以行，未免過于機械。然亦可使人之生活，恒有節度。此其義固亦由周秦兩漢之世，歷二千年，以傳至于今。而此順天應時之道之影響，亦不可不謂之廣大、而長久也。

第二章　秦漢學者之言學術之類別與節度，以形成學術人文之領域之道

一　漢世學者之歷史精神，及司馬談、班固對學術思想之類別與節度之論述，及學術、人文領域之形成

上述之秦漢學者之順天應時之道中之天，乃一在時序時運中，見其節度之天。其將空間上之五方、人之感覺世界中之五色、五音等，與天上人間之五帝當令、人王當政之期，依陰陽五行之理，配合于四時、十二月、二十四氣、七十二候與歷史世代之運，亦皆是于時序時運中，見其盛衰終始之節度。人依月令而行事而生活，人王依五德之終始而受命、禪讓革命、改正朔、易服色，亦皆是依時序時運，以爲其有節度之人事，以形成人世之歷史者。此一依天之時序、時運之節度，以形成人事之節度、及人世歷史之意識，即爲秦漢學者言天人合一之要旨所在；而不同其前之儒墨道之言天人合一，皆只自一統體普遍之道言者。由此而秦漢學者之學術，即亦首富于一溯往瞻來之歷史精神。中國史學之眞成一專門之學，亦在漢世，此當先說。茲按中國固早有史官，尙書之爲史官所紀，其原甚遠。至

周代而各國皆有國史之紀載，孟子亦言孔子作春秋，然皆非專門之史學。春秋之三傳本春秋所載之史事，而言其義理上之是非，以成其經學或哲學，亦非史學。然三傳學者之本史事，而言其義理上之是非，已與先秦諸子之論學，唯舉史事，以證其所立之義理者，不同其學術之道路，而見一較重視史事之旨。春秋之一名，原爲表時序之名。上章所已提及之。呂氏春秋除有月令外，其十二紀中，亦包涵種種相應于天之春夏秋冬之種種義理之陳述。如于春紀言本生言貴生，即所以相應于天之春生者也。于夏紀、言勸學、言音樂，即所以相應于天之夏時，草木等之由生而長中，所表現之喜樂者也。于秋紀，言用兵刑，以行威禁，即所以相應于天之秋時，草木凋落中所表現之刑殺者也。于冬紀，言節喪安死廉節之義，即所以相應于天之冬時，草木衰死中，所表現之「由成始而成終之義」者也。紀昀四庫提要，及余嘉錫提要辯證二書中，子部呂氏春秋，亦言及此。總而言之，此即已是納有關人文、人德之義理于四時之序運之自然歷史之下。呂氏春秋以後，上章所亦提及之淮南子要略，論古今學術，亦言伊尹太公之謀，孔墨申商之學，與淮南子之書，皆一一應時代之需要而生；亦一一各對其時代而顯其價值。此便不同于荀子非十二子篇，莊子天下篇，韓非顯學篇，論當時學術，只分派而論者。如吾人以易傳之序卦傳之「有天地然後萬物生焉」以下所述，爲一最早之自然文化史之文；則淮南之要略，即無異一最早之論學術史之文。淮南子俶眞訓，又將莊子所謂「有始也者，有未始有始也者，有未始有夫未始有始也者；有有也者、有無也者、有未始有無也者」，代表天地開闢之階段。故以

「未有始」之階段，爲「未成物類」之階段；「未始有始」爲「天氣始下，地氣始上」之階段；「未始有夫未始有始」爲「天含和而未降，地懷氣而未揚」之階段。此則無異言一自然宇宙之開闢史。董仲舒春秋繁露之書，原名如何，或不可知。然其書乃以春秋之義爲本。其三代政制質文篇，言文質三統之更迭，謂春秋應天，作新王之事，王魯、而絀夏、親周、故宋。其書多篇，皆及于建元之義，重年月日之始，重四時之運。至司馬遷作史記，乃言其有聞于董仲舒之言（註），而于經學外，開一專門之史學道路。更言其意在承孔子之作春秋之志，以「究天人之際，通古今之變」。所謂究天人之際，亦卽究人事之隨天之時運，而相應俱行。此卽所以成古今之變之歷史者也。史記之八書中，有曆書，以言曆法；有天官之書，以言自然之天文；有封禪書，以言人對天地之神之禮；有河渠書，以言地理；有年表、月表，以紀史事之時。此皆應天時、地理，而爲史。其八書之禮、樂、律、平準之書，與本紀、世家、列傳，則所以紀人文與人物之歷史。此其所以爲究天人之際，通古今之變之書也。史記而後，著史者輩出。故史學乃自漢而成一專門之學。然此一歷史之精神，則初不表現于專門史學之書，乃先表現于經子之書，如上所述，再表現于漢人治學之重綜合前人之學以成其學，重家法師法，以承先啓後之精神。此一綜合前人之學，以成其學之精神，亦正爲使漢人于以前之學術，旣求論其淵原演

註：董對時序歷史之意識，見其對史事之是非評判者，乃其春秋經學。後文當別論之，並當論及其言與陰陽家、道家，及左傳，穀梁不同之處。今暫不及。

變，亦更爲之分家，以評論其得失者也。

此求綜合先秦諸家之學，以自成學之風，蓋在晚周已然。禮記爲儒家學者之書，而其中有道墨家義。管子當爲法家之書，而其中有儒道義。莊子外雜篇文，亦多攝儒法之義。此前已論之。秦漢之呂氏春秋、淮南子，皆爲成于衆人之手者，更顯然意在綜合其前之學以成書。故呂覽序意篇，謂其書「上揆之天，下驗之地，中審之人」，歸于言「智」之「公」。淮南子要略篇言其書「非守一隅之旨」。齊俗訓言「百家之言，指奏相反，其道合也……是非有處。得其處則無非，失其處則無是」。漢初學者書，如陸賈之新語，若非僞作，其書之尚仁義、重敎化、輕刑罰，固本儒家；其言「道莫大于無爲」（無爲篇）「君子之爲治也，塊然若無事，寂然若無聲」（至德篇），則道家義。其愼微篇言「道因權而立，德因勢而行」，則法家重權勢之旨。賈誼新書更明兼言道德與仁義。漢書載賈誼「與李斯同邑，嘗學事焉」。故其論政，亦重改定法制。董仲舒乃明宗孔子，然其書亦兼取陰陽、名、墨、法、道、諸家義。司馬談論六家要旨，乃明分其前之學術思想爲六。劉向校書，乃于其前之書，以七略爲分類，于諸子之書，分爲九流十家，爲班固漢志所承。實則先秦唯有儒墨二家之名，餘家之名，皆秦漢人所定。司馬談論六家要旨，乃以本虛無因循之道，而善養人之精神者，爲道家；以重人倫之禮者，爲儒家；以順時節、立敎令者，爲陰陽家；以嚴刑法者，爲法家；以正名位、名實者，爲名家；以重經濟上之彊本節用者，爲墨家。然司馬談乃以爲唯道家可統攝諸家。則司馬談之學，卽以道家之學，綜合諸家之學也。司馬談論道家學，重虛無因循之義與精神之義，語多同于淮南子。淮南子之綜合諸家，亦卽以道家學爲本者也。然其先之呂氏春秋，則重仁義禮樂之意多，其儒家之色彩又較重。後班固漢書藝文志，歸宗六藝，以衡論九流之學，遂謂儒家于道爲最高。然亦言各家皆同原于王官，皆于王政有所用。故班固于儒家言其「蓋出于司徒之官，助人君，順陰陽，明教化，游文于六經之中，留意于仁義之際」；于道家言其「蓋出于史官，秉要執本，清虛以自守，卑弱以自持，此君人南面之術，合于易之嗛嗛」；于陰陽家言其「蓋出于羲和之官，敬順昊天，曆象日月星辰，敬授民時」；于法家言其「蓋出于理官，信賞必罰，以輔禮制」，合于「易之明罰飭法之義」；于名家，言其「出于禮官，古者名位不同，禮亦異數」，合于「孔子言正名之旨」；于墨家言其「蓋出于清廟之守，茅屋采椽，是以貴儉；養三老五更，是以兼愛；選士大射，是以上賢；宗祀嚴父，是以右鬼；順四時而行，是以非命；以孝視天下，是以尚同」；于縱橫家，言其「蓋出于行人之官」，合乎「孔子貴使者之義，當權事制宜，受命而不受辭」；于雜家，言其「蓋出于議官，兼儒墨，合名法，知國體之有此，見王治之無不貫」；于農家，言其「蓋出于農稷之官，播百穀，勸耕桑，以足衣食」，合于書經「洪範八政一曰食，二曰貨」，及孔子「所重民食」之旨；于小說家，言其「出于稗官，街談巷語，道聽塗說者之所造也」，然亦合于孔子「雖小道，必有可觀者」。更總而論之曰：「諸子十家，其可觀者九家，皆起于王道既微，諸侯力政，時君世主，好惡殊方；是以九家之說，蠭出並作，各引一端，崇其所善；以此馳說，取合諸侯。其言雖殊，辟猶水火，相滅亦相生也。仁之與義，敬之與和，相反而皆相成也。易曰：天下同歸而殊塗，一致而百慮。今異家者，各推所長，窮知究慮，以明其指；雖有蔽短，合其要歸，亦六經之支與流裔；使其人遭明王聖主，得其所折中，亦皆股肱之材也」。此班固于九流十家之說，謂其所自出之王官，其學之宗旨所在，與其所合之六藝孔子之言，皆不必盡當。然班固于此九流之學，能更推本其原于古代之官師合一之學，明其義之合于六藝與孔子之教，而見其可相輔爲用，以成王治。此自是較司馬談之六家之說，未明及此等等者，更爲備足。然依吾人之意言之，則此司馬談班固之論六家、九流之各有所長、所得，亦各有所短、所失，實乃本在依一綜持之精神，以對先秦各家學術思想之義理，分別爲之劃定種類範圍，以見其言之互相制限，使用其說者，有一節度，以配合之爲用。此先秦所傳之學術思想中之義理，其所以有此六家九流之分，又正是與人之文化領域之分，其他專門學術之分，大體相應，而可由之以見漢代學者之所以蔚成人文之道者也。

依司馬談言道家之學，重養人之精神，此爲君者所最當學。養人之精神之學，卽通于人之一切精神修養、求養生、長生之醫學與神仙之修鍊之專門之學。依班固言，道家之學，原于史官，卽通于史學。依司馬談言，陰陽家之學，重依四時中自然物之情形，以定人在四時中之生活之規律，此卽通于專門之天文曆法之學、及載自然之山川，與其動植物之地理之學，以及包涵迷信，而本天象物類，以爲占卜之術數之學。法家重以法律治國、以兵強國，則通于專門之法律之學，及兵家之學。班固言縱橫家之學，則通于外交之專門之學。儒家重明人倫之德、人倫之禮，而禮必連于樂，禮樂又通于詩文與藝術之學。司馬談以墨家重強本節用，則重在言墨家之重經濟生活之意義。班固則以墨家出于淸廟之守，而重明鬼，則重其宗敎意義；而墨家之學，卽當與祭祀之禮之專門之學相通。班固以農家爲能重人之經濟生活者，有類司馬談所言之墨家。農家之學，則與農藝之專門之學相通。涉及人之經濟生活者，除農業外，兼有工商業。順農家、墨家、重經濟生活之旨，亦必可承認工商業之重要。而貨殖之學、工技之學與財政之學，亦與農家墨家之學可相通。司馬談、班固謂名家之以正名位、名實爲事；卽名家之目標，在使名當于其義。而以名釋名之義者，則爲語言文字之學。則名家之學亦可與語言文字之專門之學相通。班固之雜家，綜合各家以爲學，可不必論。本上所言，已見諸家所重義理之不同，乃由其所關聯之人文領域與專門學術之不同。今言人文之領域，不出倫理、宗敎、對自然之知識、技術、歷史、政治、經濟、語言文字、文學、藝術之範圍，而專門之學術亦卽涉及不同人文領域之專門之學。能知各人文領域、與各專門學術之各有其範圍，而互相制限，其效用皆自有其節度。今更使之並在而俱存，相生而共長，卽爲使人文化成于天下之大道。而在中國之漢代之爲諸子之義理之學者，則大皆已不偏限在九流六家之一以立論，而于各家之說，視爲各有其用，故于其所通及之專門之學，亦能使之並行不廢也。

吾人觀七略、漢書藝文志所載之書籍，其中之七略之分，乃本學術之原流而分，故先六藝略，而後諸子略、兵書略、詩賦略、方技略、術數略。若以其所論學術之類別而分，則六藝中之書與春秋，自是歷史，詩樂爲文學藝術，禮卽倫理政制，易則初爲占卜之書，屬術數之學，其中之涉及天地萬物之事者，卽人對自然宇宙之知識之原始。諸子之學中，儒者兼綜六藝，然重心初在詩禮樂。墨由儒而生，而重本尚書所記之上古聖王之敬天愛民之道，以立義于天下，重人民之經濟生活，尚農工之事。道家求自樂自得，由人樂而言天樂，以樂天道，而與造物者游。周禮衰，而內治其國，外交于他國之事，皆不必由禮，而可只以法內治其國，更以兵與他國戰，以縱橫之術與他國交，而法家、兵家、縱橫家之論生。陰陽家順天時之變，以立教令，猶易教之重「時行則行，時止則止」。名家之「正名位名實」，則謂之爲由于禮之正名位而來，與一切詩書之文字，皆須求合實而來，皆可說。此卽諸子之學原于六藝之學之大略也。後章實齋文史通義，言諸子原于六藝，亦正承班固之旨。至漢志之詩賦略，則詩樂之流。兵書略自屬于兵家之書。術數略中天文之書言天星；曆譜之書言曆法；五行之書言金木水火土之形氣，兼及五音六律；蓍龜雜占之書，言以物爲占卜；形法之書，言地上九州之勢，以立城廓室舍，及人與他物之度數。方技略中，則有醫經之書以治疾，房中之書以節男女之欲，神仙之書以長生。此皆或連于道家養生之論，或連于陰陽家之順天時，而求察往占來，觀自然之物類，以定人事之當如何之教，而亦皆屬于今所謂自然科學、與應用于自然之技術科學之類者也。

上來所論，乃意在說明漢之學者能爲六家九流之諸子所言之義理，辨其應用之範圍與制限，使之相輔爲用，咸有其節度，卽能于人文之領域或專門學術，使之並行不悖，而皆肯定其價値。故至漢代而天文、律曆、醫學、農業之學，財政之學（如管子輕重篇，及鹽鐵論等書所述）詩賦之學、文字之學（如由李斯之作倉頡篇，趙高之作爰歷篇，至許愼之分五百部首爲說文解字）等皆立。諸子之學之所自本之六藝之經學，亦有師法、家法，以各成一專門之學。故中國之人文世界與學術世界，形成爲一包涵多方面之全體，亦實始于漢；其根本精神，則唯是能綜合諸子之學以爲用，而知其制限與節度之所存、以爲道而已。今按此對各家學術之價値與功用，觀其制限或節度之所存，其原亦在秦之政制對學術之統制。而李斯韓非之重統制，又可說原于荀子之重辨統類。荀子重辨統類，而其評論諸子之學，卽謂其皆不能知統類之全，而恆只得其一偏。故諸子之學皆有所見，而亦有所蔽。荀子言王制，卽重農、工、商、士、天子、三公等各類之社會政治上之人，各有其職位，以有制限，合以「壹統類」。此在前文論荀子時已及之。然由荀子之學至法家之學，則法家所欲成就者，唯在國家之統一富強，故重農工，而輕士與商，更只重政治上分官分職之統于一君之權；而不重人文之禮樂，亦必非排儒道墨諸家之學，而視之若一無有是處。此則又不能如荀子之視諸子之家，咸有其所見矣。由此而法家之學之用于秦政，卽只教學者以吏爲師，而學者之學，亦皆只所以學爲吏，而禁止其外之學之自由講述。然此亦卽對學術之活動，加以制限也。學者以吏爲師，而吏有種種，則學術亦自分有種種之部門。秦之博士官，亦固各有其所職掌之學術，以並存于秦廷也。然以吏爲師者，其所學之範圍過狹，而秦之博士官亦不多。秦亡而漢廢挾書之令，民間之學術皆起，而漢所設之學官亦多。然後漢之學者，能對先秦之學術，為綜持之論，而分別觀其性質、種類、範圍、制限，亦更能開出種種專門學術之途也。

二 漢世經學思想中禮制之道，見于白虎通義者

就此漢代之學者所承于先秦之六家九流者而觀，則大皆不專宗一家，如上已及之陸賈、賈誼、淮南子、董仲舒固然；後之楊雄、王充、王符、仲長統、荀悅、皆好學博覽，初不專宗先秦之某一家；而于先秦之儒、法、道及陰陽家之流之學，並有所攝取，以成其學。此漢代諸子之學，以其皆不專宗先秦諸子之某一家；即皆可稱為先秦子學之通學。至于漢代之學能自成一專門之學者；除文學、文字學、醫學，及其他方技、術數之學外，則為漢世之經學與史學。在先秦，詩書六經與史籍，為諸子之通學；一一諸子之學，各為一專家之學。在漢世，則學先秦諸子者，多通學；而經史之學，反成為專家之學；遂與先秦成一顚倒。故欲知漢世之專家之學，則對經學與史學，更當重視。漢代之子書，對整個政治文化所表現之影響之價值，亦不如漢世之經學史學之大。西漢之經學家，初各有其傳承，故初不免于相爭辯。爭辯而求歸于一是，西漢有石渠閣之會，東漢有白虎觀之會。由白虎觀之會，而班

固有白虎通義之書，蓋卽會議討論之成果，由班固編定者。由此書之規模，吾人亦可見漢世經學家所思索討論之問題，實遍及于宇宙、人生、文化、政制、經濟之各方面。今據陳立白虎通義疏證，分此書爲十二卷，今先略述其主要內容，再略析其大旨，以見其哲學涵義。此白虎通義之主要內容：卷一論爵位。卷二論名號稱謚，與祀法等。卷三論社稷禮樂等。卷四論封爵、宗法、興國、建國、遷國、京師、制祿、五行之物之性、五味、五臭、五方、陰陽盛衰，五行之更王、相生、相勝、變化，及人事之取法五行等。卷五論兵、征伐、討賊、誅罪、休兵、復仇、諫諍、記過、隱惡、射、飲酒、養老等。卷六論致仕、入學、尊師、師道、學校、明堂、災變、封禪、符瑞、巡狩、道崩、歸葬、五嶽、四瀆等。卷七論政治上之考黜、王者之三不臣、諸侯不純臣、子是否爲父臣、王臣仕不仕諸侯之問題、王者臣之五不名、筮龜、占卜、聖人、八風、節候、與王者順承之政、及商賈等。卷八言瑞贄、王者改朔、三正之曆法、存二王之後、夏殷周之三教、三綱、六紀、性情、五臟、六府、魂魄、精神、壽命、宗族等。卷九論姓氏、名字、天地、日月、四時、歲、朝夕、晦朔、衣裳、佩帶、刑法、五經、與其教等。卷十論嫁娶、及天子、諸侯、卿大夫、士之嫁娶之禮、紼、冕、爵、弁等。卷十一論喪服、衰、杖、倚廬、弔、奔喪、殯、葬、合葬、墳墓等。卷十二論郊祀、宗廟、朝聘、貢士、車旂、田獵等。

今只觀上所略述此白虎通義之主要內容，則吾人卽可見此書所涉及之範圍，實遍及個人之性情、魂魄、精神、與其姓氏、名字、爵位、稱號；人與人間之倫理、社會、與政治之關係組織、禮樂、法律、兵事、教育、經典、卜筮等、所合成之人文世界；以及人所在之自然世界中之天文、曆法、地理、氣候、物類，人以上之神靈世界之天帝、社稷、祖宗之神；人之在此自然世界之利用厚生之經濟生活、與死葬之事、人之對此諸神之封禪、祭祀之宗教性的典禮。其所論者，雖皆以種種名物爲標題，而貫于其中者，則爲一經學家之道術，而有其哲學涵義者也。此經學家之道術，與子家史家之道術之不同，在子家之道術，乃直求建立義理，而以事物名器爲佐證。史學家之道術，則在言史事之變，其中亦包括思想之義理及名器之隨之以變。經學家之道術，乃卽名器以見道，卽事物以言理。其所用之名器事物，多承于古，故卽之以見其道其理，便無古今之分別。更本其道其理之所涵，以創製名器事物，而通經遂可致用。此蓋爲漢世之正宗經學家之觀點，而初非只以注釋、考證經文爲事者也。凡一事一物一名一器之用，無不與其他事物名器相連，故重其用，卽導使人之思想，趨于理解此人文世界之名器事物之全體，與其對自然世界及人以上之神靈之關係。此卽經學思想所具之哲學的涵義之所在也。

在人文世界之名器事物之中，「名」爲最重要者。對器與事物，人固莫不以名名之；而人之存在于人類社會之中之地位，更要在以名加以規定。此每一人之有一名字，而他人得呼其名字，以稱其人，卽使其人在他人之心靈生命中，有一確定的地位。人除其個人之名字外，尚有其姓氏，代表其在一家族中之地位。一家族之有其姓氏，有其歷史的淵原，亦表示其個人之血族，在社會政治上之地位。人在社會政治上之地位，又由其爵位之名，加以確切的界定。至于人之人格自身之價值上的地位，則賴種種才德之名，加以表示。如「五人曰茂，十人曰選，百人曰俊，千人曰英，倍英曰賢，萬人曰傑，萬傑曰聖」（白虎通義卷七）。此種種之名，不只可用于人之生前，亦可用于人之死後，而爲諡。由人之有個人之名字、姓氏、爵位、與諡等，卽使一人在他人心目中或整個社會中、與歷史世代中，有一確定之存在地位，而亦見此一人與其他之人之種種人倫關係、社會政治關係之所在，及人之職責義務之所在。人在社會之名位之如何，而其職責義務如何，又卽連于其當用、可用之器物如何，所當爲之事之如何，其立身之道，所成之德之爲如何者。此名器之重要，在任何社會中，人皆原可知之。在中國春秋時人，亦已有「唯名與器，不可假人」之語。孔子言爲政，亦以正名爲本。然此名與器之連于人所爲之事、爲事之道、所成之德，則未必爲人所知。而墨法之家之言政治，重在近效者，亦可不見此名器之種種社會政治的意義、與道德的意義。然在漢儒之董仲舒，則最善論此人之「名」所代表之意義之重大。其春秋繁露深察名號篇，卽深論天地之號、天號、君號、天子、諸侯、大夫、士、民、性等名號之義。今白虎通義一書之首卷，言爵位稱號，卷二則一半言諡，卷四一半言封爵、宗法，卷八言宗族，卷九一半言姓氏名字，皆是本此中之種種名之意義之重大，而爲論。此卽可見漢代經學家之所用心，而爲昔所未有者也。

此白虎通義之次稱謚而討論者，則爲祀法。祀者，念所祀者之名，而致其誠敬，以祭祀之事。卷三論社稷，則稱社稷之神之名，而致其誠敬，以祭祀之事。祭祀乃大禮，亦恆合樂，故卷三由社稷而論禮樂。卷六之封禪，爲告祭天地之事。災變、符瑞、爲天對人感應之事。卷七之筮龜、占卜，爲問于神明之事。卷十一論喪服、殯葬，卷十二中，則宗廟，爲祖廟之制，郊祀爲祭天之制。此皆關連于人對神靈、對死者之事，而帶宗教意義者。此可見漢代經學家之宗教意識之強，故于此等等事，皆鄭重討論之也。

復次，卷四繼宗法以下，即言興國、建國、遷國、京師、俸祿、以及于五行之物之性、五味、五臭等，與人事之取法五行等。此初看似義不相屬。實則其所以繼宗法，而言興國建國等者，則以國原由家族之擴大而成之故。其先言興國，則以興國，原所以存宗祀之故。有國有官，則必定俸祿。俸祿乃取諸地上之可食、可用而有味、有臭之五行之物。人既用此五行之物，則當知其意義價值，而對此五行物，亦有所取法也。今按爵位姓氏，乃表示人在他人心目中之存在地位，祭祀乃人對不可見之神靈之感格；用五行之物，而法之之事，則人對地上物之事也。卷五以兵事、征伐、討賊、誅罪、復仇、諫諍、記過、隱惡，相連而說。乃由于此諸事，皆關連于吾人對「無道不德之他人」之行事者。其下言射禮以表尊卑，鄉飲酒以序長幼，養老以敬老，入學必尊師，設學校以施教，建明堂以通神靈。凡此等等，則又皆所以昭顯人所尊、所貴、所敬之他人與神靈之行事者也。

卷七言政治上考黜，乃言人之政治生活之進退。言王之三不臣、與臣之五不名，則見君臣之關係之非無所不在，而有其實際上、名義上之限制。其義在表示人可出于此政治關係之外甚明。在先秦儒者，言士可自動的出入于政治關係中，而或進或退，或出或處，爲臣或不爲臣。君臣關係，亦原只爲五倫之一，故政治關係之不能概括人與人之一切關係，其義原甚明。然在漢世，則天下一統，而君臣之關係與天子之地位，遂特爲凸出。黜涉臣下之權在君，不同先秦言士之出處進退，其權之在己者。然此白虎通義所記經師之論，仍有王者之三不臣、與五不名之義，而鄭重論之，定爲經制。于此卷中，言占卜，亦謂王者之爲政不能專斷，故須問于神明；又言別有聖人，如孔子，爲「文」之所在；更言王者須順承八風節候以爲政。此三者之相連而論，則要在表示此三者，皆王者所當崇順，而見王者之權力，亦自當有節限。否則何以將此三者與三不臣、五不名等聚在一處而論之故，亦不得而明也。

至于其卷八首言改正朔，存二王之後，夏殷周三敎，更迭爲用，則爲漢世春秋家之義，其前未嘗有者。而董仲舒之徒，更欲行之于漢世。此乃代表儒者之一政治理想主義，俟後文于論漢人之春秋學處，當再及之。

卷八下文言三綱一節，乃以君爲臣綱，父爲子綱，夫爲妻綱。前于論韓非子章，已言韓非書先有其義。在秦漢之世，君主之地位凸出，又重家族，故父之地位，亦凸出；而君父皆夫，故夫之地位亦凸出；再濟以漢人之天尊地卑、陽尊陰卑之陰陽之說，遂有此三綱之說。在白虎通義之婚娶中，有出婦，而言無去夫，亦以如地之不能去天爲說。于是使此君臣、父子、夫婦，皆成不平等之關係。此與先秦儒者之五倫之說中君臣、父子、夫婦、兄弟、朋友之關係，初皆爲對等之關係者，全然不同。此只代表漢以後儒者之思想，而有其時代之意義者。然固非儒者言倫常所必涵之義也。此外其論天子、諸侯、卿大夫、士之婚娶之禮之不同，及紼、冕、爵、弁，皆所以表示重政治地位之差等，以定禮制等，則皆沿襲于周之宗法封建制度而來，更加以一理由化之說明。今日觀之，固無多意味可言者也。

至于卷八之言性情、五臟、六腑、魂魄、精神，卷九之言天地、四時等，可代表漢代經師之生命觀與宇宙觀。其言五經及其教，則代表其傳統之學術文化觀。此本屬哲學之當行。白虎通義于此所發揮者不多，玆可併略。

循上文吾人對白虎通義一書之大體，略加分析，卽已可見漢代經學家，對宇宙人生與人文世界之名器事物，皆能卽其名器以言其道，卽其事物以言其理。故知其道其理者，亦可更用之以立名、建制、用物、製器以成事，而立人道，成人德。此通經致用，乃經師之抱負嚮往所在，而不同于當時之子家、史家，可只志在成一家言，以傳後世者。以漢爲一新朝，故經師之學，亦最被見重。此經師之立名、建制、用物、製器，乃立種種名，建種種制，用種種物，製種種器，成種種事。今欲使之配合爲用，則于此種種名等，皆當分別觀其意義與價值，而見其名、其制、其物、其器、其事之範圍所及，節度所存。如白虎通義首論天子之爵，言天子之父天母地，但亦只是一爵之稱。除天子之爵位外，更有其餘人之種種爵位。各爵位之人，其當爲之事，各有範圍節度，互相配合，以成人之交于神明、接于萬物之王政。此與班固之論九流之子學，各有其分別所見之義理，而皆可措之于事，互相配合，以成王政，其旨固未嘗不同也。然以班固觀九流之學，則皆自始各只爲成王政、或人文化成之一端之學，其學術之價值，顯然各有其制限或節度。漢代經學家，則自始注意于此王政之全體，或人文化成之全體。由班固就諸儒集體討論之結果，所編成之白虎通義一書，則正可見此經學家之如何觀化成人文之一切名器事物之道之理，而求立種種名、建種種制、用種種物、製種種器，並使之各有節度互相配合爲用之思想之規模之大者也。

然由此白虎通義所見之漢人經學，雖可見其思想規模之大，但對全部之經學而觀，則白虎通義之經學，只要在言立名、建制、用物、製器，而皆可攝在經學中之禮學。一切政制禮制，與其中之名制器物，皆禮之所及者也。此禮學，仍不同于春秋、易學、詩樂之學。在禮學之規模中，固可論及詩樂，而用之以成禮，亦可涉及易學所言天地之道，更可涉及書春秋學中所言之三王之政制，如白虎通義中之所及。然詩樂與易書春秋之學，亦可各自爲一中心，以各自成一套經學。易學涉及宇宙之構造，春秋學涉及對人之善惡，與時代之政治文化之興衰之價值判斷，實更爲漢代經學之大宗，後文當分別論之。上文言白虎通義所代表之漢代經學，唯是由「其言禮制中之名制器物，重其相配合相節限，以成其用」，以見「漢代之學術之重此以配合爲綜持，以節限成度制之精神而已。

三　漢世學者之摹擬爲學之道，見于揚雄者

依吾之意，漢代學術之以配合爲綜持，以節限成度制之精神，亦不只表現于漢人之于先秦諸子多通學，能爲綜持之論述，如淮南子、董仲舒春秋繁露，及白虎通義之言禮制等；亦表現于漢人爲學之摹擬精神與批評精神中。漢學者中，最富有一綜持性的摹擬精神者，吾以揚雄爲代表；其最富有綜持性的批評精神者，吾以王充爲代表。二人爲學，皆同有極強之節度意識，茲于下文並及之。

據漢書揚雄傳贊云：揚雄「以經莫大于易，故作太玄；傳莫大于論語，作法言；史篇莫善于倉頡，作訓纂；箴莫善于虞箴，作州箴；賦莫深于離騷，反而廣之；辭莫麗于相如，作四賦。」此揚雄之所摹擬者，不只包括經傳書中之易論語，亦包括文字學書之倉頡篇，及有教訓意義之箴，與純文學之離騷，及司馬相如之賦。其太玄擬經，其法言似子，其訓纂篇，班固謂其是史，其州箴、反離騷四賦，則是文學之集。後世所謂經史子集之著，揚雄皆由摹擬而成之。揚雄固必先綜觀其前之經傳文史之書，而後更擇其所視爲最優者，而摹擬之。其摹擬之遍及于經傳文史，卽代表漢人爲學之綜持精神。其只選擇所視爲最優者，而摹擬之，則所以自節制其摹擬之事。又爲此摹擬昔人之著，乃只以昔人著作之法度爲法度，而又不重襲其文。此亦須于此法度之所以爲法度，先有一直接之契識，而加以

持守，以自制其思想、情感、想像、文字之運用者，然後能爲之。此亦出于一節度之意識也。揚雄以摹擬古人，成其著述，而其著述之思想內容，亦如賈誼、淮南子、董仲舒等之兼攝先秦諸家。其法言一書，固以孔子爲宗，而有「小諸子」（法言君子篇）之語，故其五百篇言「莊、楊蕩而不法，墨、晏儉而廢禮，申、韓險而不無」，其問道篇，尤大責申韓用人若牛羊。然在其問神篇，亦謂其多有取于鄒、莊之言天地人之經者。其問道篇以道德仁義並舉，而謂有取于老子之言道德，又言有取于莊周之少欲，鄒衍之自持。更謂申、韓、莊、周，「但不乖寡聖人，而漸諸篇」，則亦可如顏子、閔子。其太玄之書，以玄爲道體，其玄攡言「玄者，幽攡萬類，而不見形者也，資陶虛無，而生乎？……措陰陽而發氣」。此「玄」、「虛無」與「陰陽」之名，皆明出乎老子與陰陽家。其玄數篇，言太玄數之配五行、十二律、天干、地支，亦是求應合于陰陽家之流之說，以爲論。其法言曰「通天地人曰儒，通天地而不通人曰伎」（法言君子篇）。太玄之所以言此天地之論，固已有取于老子陰陽家之伎矣。揚雄嘗譏淮南子、太史公爲雜（法言問神篇），不知其自己之學，亦未免乎雜。然雜所以成其綜持之論，則正代表漢代學者之精神，亦何害也。

　　揚雄之書，爲其一生精力所注，而最自負者，卽上述之太玄。其書仿易之以一奇一偶之二爻，居六位，共成八八六十四卦者；而以一二三之三位，居方、州、部、家之四重，成九九八十一首。其書仿易之卦辭卽彖辭作玄首；仿易之爻辭，作玄贊；仿易象辭，作玄測；仿易之繫辭傳，而作玄衝、玄錯、玄攡、玄瑩、玄數、玄文、玄掜、玄圖、玄告。此太玄之書，班固已言「觀之者難知，學之者難成」，劉歆亦笑其「空自苦，吾恐後人用覆醬瓿也」。揚雄則自謂其「非好爲艱難，乃勢不得已」（皆見漢書揚雄傳）。然桓譚以其書必傳，張衡以爲漢家得天下二百歲之書，三國時吳之陸績著述玄，謂揚雄之經，周孔不能過，「考之古今，宜曰聖人」。後世宋之司馬光，更大好之，而更仿之作潛虛。吾對其書，愧不能好之，而耐心研讀。然人之謂其以艱深文淺陋者，亦無知妄說。吾觀其書，自是依一理性秩序，而刻意經營之著，實較易經之原書，更爲嚴整。其根本旨趣，盖不出班固所謂「大潭思渾天」，而「與太初曆相應」。亦卽意在以此八十一首，表象天運所成之歲曆中之陰陽之氣之次第升降而批參，所成之種種節度，而配合于種種人事之節度，以贊之。故其書卷一首段，終于「八十一首，歲事咸貞」之語。此八十一首，每首各有九贊，共爲七百二十九贊。以二贊表一日之晝與夜，共可表一年之三百六十四日又半。更加踦贏二贊，以表半日及四分之一日，以合于一年三百六十五日又四分之一之數。此顯然是立意以太玄之首與贊，配合于歲曆。其所以費大力而爲此書，唯依其亟欲表象此歲曆中之節度，故其書正當視爲漢代人之重觀節度之精神意識之一表現。否則對漢世之何以有此一奇書，亦不可解。今吾人果能識得其所欲表象者，在此歲曆中之節度，而更本耐心以細讀其書，則亦未嘗不可解也。總而言之，揚雄之以摹擬古人著述之法度，以自成其著述，其法言中對諸子之學之有取有舍，以及其擬易作太玄，以表象歲曆中之陰陽之氣之流行之節度，皆是漢代學者之風。此重視天之陰陽之氣之流行之節度，始原于陰陽家。對諸子之學，有取有舍，則爲漢代學者之一般態度。揚雄摹擬古人之著述之法度，以自節制其思想、情感、想像、文字之運用，而成之著述之種類，竟如此之多，則可謂之前無古人。此則自是開一爲學之道。能開此一道，亦卽一創造。唐之文中子，有中說擬論語，宋之司馬光擬太玄，作潛虛，邵康節亦嘗稱美揚雄，而自擬易，以成其先天圖之易學。胡應麟少室山房筆叢卷三經籍會通，錄後世擬易之書七種，擬詩書等經者又二十餘種。蓋凡此後世之一切由摹擬以成著述者，則皆可謂由揚雄導夫先路。然非在漢世之學風之下，亦不能出此揚雄之一人也。

四　漢世學者以批評為學之道，見之王充著

至于王充之以批評爲學，則與揚雄之以摹擬爲學者全異。然王充亦亟稱揚雄。其論衡案書篇謂「漢作書者多。司馬子長、楊子雲，河漢也；其餘，涇渭也」，王之稱揚，蓋由二人同重本法度，以成其有節制之論之故。而吾人亦可謂王充之批評精神，乃漢人之重法度節制之意識，另一種形態之表現。王充所著書，今存者唯論衡。論衡中對漢人所傳之世書俗說中之種種批評，固有其所依據之一套哲學。此可名之爲自然主義，經驗主義之哲學，如其論衡之知實、自然之篇所說。由此自然主義經驗

主義之哲學，而王充遂最能見及人之生而具稟性才能，有賢不肖種種之不同，如其論衡之本性、初稟、率性、答佞、程材、謝短、效力、別通、超奇、定賢諸篇所論；亦最能見及人生以後所遭遇之命運，與氣壽之種種不同，如論衡之命義、命祿、氣壽、逢遇、幸偶、狀留諸篇所論；復能見及人與其他萬物之形性之種種不同，人之小與天地之大，而互相懸絕，以及經驗世界中不能知有鬼神之存在等；由此遂反對一切天人相感應，物類與人相感應，及鬼怪神仙之虛妄之說。此則見于其論衡之物勢、奇怪、書虛、異虛、感虛、福虛、禍虛、龍虛、雷虛、道虛、談天、說日、寒溫、譴告、變動、招致、明雩、順鼓、亂龍、遭虎、商蟲、講瑞、指瑞、是應、治期、論死、死僞、紀妖、訂鬼、四諱、調時、譏日、卜筮、辯祟、難歲、詰術、祀義等篇。此數十篇文，居其書過半。王充依其自然主義之說，則天地之氣，總是同此天地之氣，故由此同一之天地之氣而生之人，在任何時代，皆有才智特出者。後世之人之才智，不必不如古，而世運之行，今世亦可勝于前世。故論衡中又有須頌，齊世、宣漢、恢國諸篇之著，以言漢世之盛于前世。凡此等等，固皆已見王充之能知人性、與其命運之種種節度，故謂天地萬物之與人爲異類者，無感應之事，又知各歷史之時代中之人才與世運，亦各有其特色與節限，故謂前世非必能凌越後世。然此皆本在王充之自然主義、經驗主義之思想。此王充之自然主義之哲學，亦遙與魏晉人之自然主義，以及南朝時主神滅論者如范縝之思想相接。然王充之言其哲學，皆以批評世書俗說之態度出之。凡其所批評之種種虛妄之說，如天人感應，今世不如古世等，亦原皆在世書俗說之內。王充之所以爲王充，則在其先能總覽其前世所傳下之書說，而更本其對自然世界之經驗，以作推理，更不殫其繁，以評斥此世書俗說，或不合經驗事實，或理論上自相矛盾。而王充亦能言此世書俗說中之種種虛妄之言，其所以形成之故，在語言文字之誤用，如其語增、儒增、藝增諸篇之所論。至其正說、書解、案書、對作、自紀諸篇，則爲對其前之著述，與其自己之著述之價值之評論。由此諸篇，正見王充能知人之語言文字之意義之原當有節度，若憑想像，而對所聞之言之意義，加以增益，更將所增益之意義，再用語言文字以說之，即有語言文字之誤用。是爲種種虛妄之言之所以出，亦流傳至今之書說，待于重加以對案，更與以批評之故。對自昔所傳之書說，重加以對案、批評，固自昔之人之所能。如孔子之「信而好古」，孟子之言「盡信書不如無書」，即于可疑者亦當疑之旨。韓非之書，于古昔所傳之聖王之事，更多指其誣妄不足信。然在漢初之在上在下者，皆亟亟于求得古人書，而更以己意，加以解釋。于是所附益之說，愈出愈多；而皆以世之好書之故，而爲世所信。如緯書中之所記，漢書之五行志所採者，即固多只是虛妄之說也。王充于此，一一加摧陷廓清，其中自亦不免傾水棄兒之論。然其本對自然之經驗，而依理性，以作批評之精神，亦可謂能求至乎其極。其詳辨古昔所傳之世書俗說中虛妄之說，則無異爲後之辨僞，與考證之學之先河。吾友李源澄先生于二十餘年前，嘗有文論之。其言語文與其意義之輾轉增益，而有語文之誤用以成虛妄之說，又實無異爲今之語意學之先河。王充能本一自然主義、經驗主義，以破除人對自然之種種迷信，亦可說其有一科學精神。故在清末民初之論者，恒本此以推尊王充。然王充又實未能對此自然世界，論其法則，而形成科學之理論。中國之科學思想之原自王充者，亦甚微少。王充之所以爲王充，則要在其能博覽古今之書，更評論其中之虛妄所以形成之故，在語文與其意義之輾轉增益。故吾人只宜說王充是開一「以批評爲學」之道也。

此以批評爲學之道，要在知古今之著述之學術價値之節度，知運用語言文字之節度，而更對若干著述、或語言文字之集結，加以廓清淘汰。此不同于劉向、劉歆之校書分七略，只將所傳之古籍，加以分類，以見其書中之學術之所屬之類，其範圍制限節度所在者。亦不同于班固之本向歆父子之七略，而更作藝文志，以見各家學術之如何配合，以用于王政者。由王充之批評，以觀劉班所列之書，則當删削者應不少。然通而觀之，則同是對以前之書籍學術，重加以整理辨別之事。唯劉班只有辨書籍學術之類，以分別見其所及之範圍制限節度，王充更欲辨其言之屬于眞實或屬于虛妄之類，而更排斥彼虛妄者而已。

至于以王充與揚雄，比較而觀，則揚雄重在摹擬古人，王充則多批評古人。揚雄爲法言擬論語，爲太玄擬易，又嘗言「竊自比于孟子」，（法言吾子篇）王充則不特破一般世書俗說，亦有問孔、刺孟之作。其自紀篇不諱言其書之多有勝古人者。則其爲學之道，與揚雄正爲兩極，一則捨己從人而倣古，一則抑人揚己而稱今。然自另一面觀之，則揚雄與王充之書，同不爲其時人之所重。二人皆同不滿于西漢之今文學，與緯書之傳。揚雄之擬論語、周易、離騷、相如賦等，乃意謂唯此諸書爲可擬，其餘皆不足擬；而卽以其只倣此數書，見其對其餘著述之輕視，而更不屑加以批評。王充之不惜于世所傳之書說，一一費唇舌，加以評論。又反見其對此書說之重視。則揚雄固未嘗捨己，王充亦非全是抑人。二人之學，皆無弟子爲傳人，然自皆各開一爲學之道。上已言宋有司馬光擬太玄，而後漢書則以王充與仲長統、王符合傳。仲長統、王符，固未必受王充之影響。仲長統昌言唯及時政，王符潛夫論，更能通治道之原，然其書本訓篇，猶存漢人之天人之感應之說。王充之學，則規模遠大過二人，亦全不信漢世之天人感應之說。然後漢書于王充，言其「閉門潛思，正時俗嫌疑」；于王符言其「隱居著書，指訐時短」；于仲長統言其「每論說古今，及時俗行事，恆發憤歎息」，則正以三人之批評精神相類，而合之爲一傳。今觀王符潛夫論卜列、巫列之篇，言不當「狎于卜筮」而「祭非其鬼」，不可「多忌妄畏」，亦與王充之論相似。仲長統昌言一書，立論之重徵實，與王充之旨亦略同。上文嘗言王充之自然主義、亦開魏晉之自然主義、後世之辨僞考證之學之先河。今按唐之柳子厚辨諸子，亦以天爲自然之天，而反對封禪之事，並論封建非聖人意，乃出于時勢之所不得已，正與王充之辨僞書，重自然與時勢者之精神，正最爲相類，讀者可更細觀之。則王充之哲學與批評精神，固非後世無傳也。

第三章　秦漢至魏晉學者之法天地以設官分職之道，及對人之才性之品類之分別與對人物之品鑒之道

一　秦漢學者及董仲舒之言法天地之政道

上二章言秦漢之時代，有一順天應時之歷史意識，重學術之類別與節度，以成學術人文之領域之道。而與此二者相應者，則更有其政治思想之重法天地以設官分職，及其對世間人物之才性，分別其品類，及對具不同才性之人物之品鑒之道。此當于本章中及之。

此設官分職之事，原自古有之，如尚書虞夏書卽言堯舜之任官，而商周之書、與國語、左傳、亦皆及于各時代之設官之事。左傳昭二年，亦記孔子有「守道不如守官」之言。孔墨老莊之書，亦同有關于設官長之論。然先秦諸子中，唯在荀子乃有一系統之理論，以言百官與士農工商不可不分職、當立制度，以節限其職責，更通之爲用，以成壹統類之治。韓非之治術，遂要在督責百官，以各盡其職守，秦制之設御史，亦卽原所以督責百官者也。然官必擇人而用之，而用人必先知人。大戴禮中遂有文王官人之篇，言由人之六徵，以知其九用，而分別授官之義。逸周書官人解，亦有由六徵以觀人，

而官人之論。蓋與大戴禮文王官人篇，同時代而相襲者。觀秦漢之際之一政治思想，別于法家與秦政之專以督責爲政者，則首爲由先觀人而後官人，更言人主之運用百官之道，不同于百官之各自守其職之道者。此則見于呂氏春秋淮南子管子大戴禮諸書。依此諸書，以言人臣或百官之自守其職之道，在各專于其職，有如地之方；而人主之運用百官之道，則當隨時變化，以成其圓運，如天之圓。于是此爲臣爲君之道，卽是法天地之道。如呂氏春秋有分職之篇，言百官之分職以自守，亦有圜道篇，言人主之用百官，當學天之圓運。必使此二者相輔而行，方爲善政。大戴禮之天圓篇，亦同此旨。管子君臣篇謂「主勞者方，主制者圓。圓則運，運則通，通則和；方者執，執者固，固則信」，則其旨最顯。秦之法制嚴，而人王只知督責以爲功，不能觀人以官人而圓用之，蓋秦之所以亡。此亦可說由于不知法此天圓地方之理以爲政之故。後此之董仲舒之改制變法，則更要在以天地之陰陽爲法。唯天道之陽生，能運乎地道之陰固；而與天道之陽生相應之官職，卽任禮樂敎化之官。以此任禮樂敎化之官，加于分別專任民政兵馬之官之上，而國家之政制，卽可得其圓運而活轉之機。此卽全變革秦制之專尙政法之法家精神，以合于儒家以敎化爲政法之本之精神，亦順乎天道之以陽生爲本，而合于天志與天心者。在此一理想之下，則在朝廷之官制中，百官之所任，自亦有其相尅相限制之一面，亦當有其相生相促進之一面，合以形成有節度之政治。在此所謂節度之義中，亦涵有節節相生相促進之義，則百官之在朝廷，各守其節度內之職責，亦如有一天之元氣之運于其中。而能使此元氣周運者，則亦在乎君心之順天道，以上契于天志與天心，而其言亦固爲兼合于陰陽家之順天應時之教者矣。

按董子之信有所謂天神，與陰陽家之信天神同。然董仲舒只有一至高之天神或上帝，而不如陰陽家之有五帝。按漢武帝始于五帝之外，祀太一之神。董仲舒之天神或上帝，則只是一太一之神。董仲舒之謂此天神或上帝之爲天地間之至尊、至大、至高、至深之存在，自有其天志、天情、天知，正無異世間之一神教所信之人格神。然董仲舒又必言此天神之有其形體之外容。吾人所見之有日日星之運行之自然之天，即此天之形體之外容。天之喜怒哀樂之情，亦即直接表現于此天容之運轉而有之春夏秋冬四時以生物之事中。此即其所謂之「位尊而施仁，藏神而見光」（春秋繁露離合根）。此即許吾人之由直接觀此天之四時之運，以知天情天志，而更求人之所以法天。關于董仲舒對天之純宗教性之思想，吾已釋之于中國哲學中之天命觀論董仲舒之一節。今不擬多所重複。要之，自董仲舒之天神之情志，表現于天容之運轉成四時，以生物者而論，則天之道自是人人所可知可見，以爲人求立人道時之所法。此董子所謂「道之大原出于天」也。此天之道，在根底上初只是一生物之道，此即先秦儒家之義。此生物之道，表現于天之生物之事。天之生物之事，見于四時之運者，始于春。而春即天之元之所在，亦即天之生道之始耑之表現于其生物之事，而與物爲春。由此而王者即位，遂當由觀天之生道之表現于春之第一月，更體此之道，以自正其心，正其德，正其政，故春秋更變此第一月之名，爲「王正月」。此即董子所謂「以元之深，正天之端；以天之端，正王之政」（春秋繁露二端篇）。由此而更當求正朝廷、正百官、正萬民、正四方（漢書董仲舒傳賢良對策），「以王之政，正諸侯之卽位；以諸侯之卽位，正境內之治。五者俱正，而化大行」（二端篇）矣。此董仲舒之言人之法天，與陰陽家之言法天，所不同者，一在其言天神之唯一，而人間之政治，亦當爲大一統之政治；二在其建元之義中，以天之元爲不變，天之生道，亦爲不變之道。所謂天不變、道亦不變也。故在政治上無易道，而只有變法。此卽與陰陽家之只觀天之時之變，而順四時以定敎令，而不重天道之不變者不同。陰陽家固不能如董子之于天道之表現于元年春之正月，見一特殊之意義，謂由此可透視天之元、天之道之爲至正；謂王者之政，亦當求朝廷百官、萬民四方之莫不正；以一強度之求正精神，上契于天之正，而普遍化此「正」于天下也。

此董子之言天不變、道亦不變，乃指天之元之深之不變，其生道不變；自非謂天無四時之變，無歷史上之世代之運。天自有四時之變，而在四時之變上說，則天在春夏，雖表現生道，然在秋冬，亦表現刑殺之道；則生道似不足以盡天道。然天道仍畢竟是以生道爲本者，則在秋冬之後，必再繼以春夏，而秋冬之刑殺，必不能殺盡萬物。若殺盡萬物，則無世界，亦更無四時、無歷史上之世代之運。今既有世界，有歷史之世代之運，則必有萬物之生。故生道與世界與歷史必同在。今依此義而言，春卽遍運于四時。故有四時之一春，亦有貫徹四時之春。天有與生道相對之刑殺之道，亦有貫徹于刑殺道，以轉運其刑殺之事之生道。此貫徹之生道不變，故天道不變也。

依此天之生道有此不變之義，而人之爲政，卽不能以刑法爲本，而當以能生養萬民之德行教化爲本。此卽當以儒家義爲本，而不能以法家義爲本。然四時之運，又必有秋冬。故在歷史之世代中，亦必有一尙刑法之世代，如秦與漢初之政是也。此秦與漢初之政，亦在一世代中，所不能免者。然秋冬之後，必繼以春夏，而秦與漢初之政，卽亦必當更改。此二者同爲歷史之必然。秋冬後再繼以春夏，爲一年四季之復始，以成四時之化。改秦與漢初之尙刑罰之政，而還至其前之不尙刑罰，而尙德行教化之政，是卽爲「復古更化」。天之四時，各有節度，其四時之運，卽無異自變易其節度。人在政治上之復古更化，卽人之自變其政治上法律制度，是名變法改制。天道雖不變，然四時之節度不變，則不成。故王者之體天道以爲道，雖亦不變，而王者又必順歷史之世代，以變法改制。政治之法制亦不變不成，而秦與漢初之尙刑罰之法家之政，亦不可不變爲崇德行尙教化之儒家之政也。

此董仲舒所言之復古更化、變法改制，崇尙德教之政，以代尙刑法之政，卽法天之以其春夏，代其秋冬。春夏爲天之陽生，秋冬爲天之陰殺，故此亦同時是以陽生代陰殺，而貴陽賤陰。貴陽賤陰，卽貴儒家義，而賤法家義。法家義自是貴陰賤陽。陰陽家亦初未言貴陽賤陰，但只平觀陰陽消息之變。故董子雖言陰陽，其說與陰陽家亦不同。此貴陽賤陰，在政治上，爲貴德行教化、賤刑法。今欲成此德行教化，則對人之生命心靈之活動，須發揚其活動之趨向于陽生者，此卽出于人性之仁者；更裁制其活動之趨向于陰殺者，此卽出于人性或情之貪欲者。此裁制，卽所以成義。此義之本身以裁制爲事，故亦是陰。由此而董子之言政，卽連于其人性之論、與仁義德行之論。此吾已論之于原性篇，今不更贅。要之，人雖當貴人性之仁而賤情欲，情欲自不可絕，須制之有道以成義。故在政治上，人雖可只尙德行敎化，而刑法之用以成天下國家之公義者，亦不可絕。卽雖尙儒，而仍可以法家之刑法爲用。由此而儒法之道，卽有主從，而未嘗不通。本此以言政治上之設官，則當有司敎化生養之事，以立仁道之官，亦當有司軍刑法禁之官。此「設官分職使相輔相生，亦相制相尅」之原理，則又正本于陰陽而開出之五行之論。

二　董仲舒書及周禮之言官職之類別

董子春秋繁露五十八五行相生篇嘗曰：「東方者木，農之本司農尙仁，進經術之士……倉庫充實，司馬食穀。司馬者本朝也。本朝者，火也。故曰木生火。南方者，火也。本朝司馬尙智，進賢聖之士。……天下旣寧，以安君官者，司營也。司營者，土也。故曰火生土。中央者，土君官也。司營尙信，卑身賤體……信以事其君。據義割恩，……以成大理者，司徒也。司徒者，金也。故曰土生金。西方者金。大理，司徒也。司徒尙義……邑無獄訟，則親安。執法者，司寇也。司寇者，水也。故曰金生水。北方者水。執法司寇尙禮……百工維時，以成器械……以給司農。司農者，田官也。田官者木。

故曰水生木。」又五十九五行相勝篇：「木者，司農也。司農爲姦，朋黨比周……則命司徒，誅其率正矣。故曰金勝木。火者，司馬也，司馬爲讒，反言易辭，……執法者誅之，執法者，水也。故曰水勝火。……土者，君之官也。……君大奢侈，過度失禮，民叛矣；其民叛，其君窮矣。故曰木勝土。金者司徒……司徒弱不能使士衆，則司馬誅之，故曰火勝金。……水者，司寇也。誅殺無罪，則司營誅之，故曰土勝水。」此中吾人首當注意者，除因各官職皆相輔相生，亦相制相尅之外，乃以東方木之司農而尚仁之官，居首位。司農之官乃直接有關于人民之生養教化之事者。其以北方之水，配司寇之官之本爲主刑罰者，而言其尚禮，蓋意謂其用刑罰亦當合乎禮，亦志在使人有禮，而更不待刑。東方在四時爲春，北方在四時爲冬，冬必自盡而回于春，故刑必求合乎禮，亦志在使人有禮，而更不待刑也。董子之以尚仁與尚禮，論此二官，明以儒家之旨爲本。至于其以司馬之官配南方之火，則在四時爲夏。司馬主軍，不可逞其威勢以殺人，軍威如夏時之草木之怒生，故可配夏。然司馬之主軍，則當尚智進賢聖之士。在鄒衍五德終始之說中，智本爲水德，今言南方之火之司馬之官當尚智，即無異言當用水以自尅其火之盛，以免于此火之盛之殺人也。至于其言司徒之官屬西方之金，則在四時爲秋。司徒之官理民政，當求公平，使人各得其所，故尚義。此則如秋之使草木疏落而各得其所，不同于夏之草木怒生、以相凌犯也。此董子之言司馬須尚智、司徒須尚義，亦不違儒家之旨。然其中之司寇之本職自在刑，司馬之本職自在軍，此軍刑則爲法家之所重。董子唯以智義之德，規約此人之爲軍刑之事者，即以儒家之義統法家之事。其于五行相生篇，更言司營造之事之官，其職配中央之土，謂其尙信。合上所述，則見儒者所言之仁義禮智信之五德，爲五官所當分尙，而與四時五方相配，以見儒家所言之德行，通于五行之義者也。

此種以五行配人之德行與官職之說，不始于董仲舒。陰陽家之依四時十二月，以定其對人民之教令，而加以執行，已必當有其官守，如四時十二月中之各有其當令之神，以掌其時之運。官之有分掌農事、刑事、民事、營造之事者，亦原與人類之政治社會俱始。司馬、司寇、司徒等官名，亦自古傳來。又以此諸官，配人之德行，與四時五方，當如何配法，亦有種種不同之說。上引董子之說，亦非人所共許之論。然此於政府中之官職，視爲分屬于五方，于五方中，分別表現四時中之德，與人之五常之德，則直下展開一官職之世界，以應合于外在時空中之自然世界，及人內心之德性世界。由此而百官雖同在一政府，然自其職守之差別而觀，亦如東西南北，各有其不同之方位，而不可相濫；其所爲之事，順次序而行，以相依爲用；亦如四時之順次序而行，以相依爲用。此不同之官職須並存，有如五方之必並存，然後其所爲之事，得相依爲用，如必有五方，而後有四時之氣之行于五方。此則又略不同于五德終始說中言帝王之受命者，只各在歷史之世代中，更迭而起，而各偏尙五德之一，以上應于五方中之五帝之一者。在五德終始之說中，帝王只應一德以生，而在此董子之政府中，則有「以其職守，分別表現五德，代表五方」之諸官之並在，以合爲一全體。則五德終始說中之一帝王之德，亦猶此五官中一官之德而已。由此而吾人可理解何以在董仲舒之學中，雖亦言及五德終始之說，然又非其說之主幹之故。盖王者果能使其所設之百官，各代表五行之德，合以表現五德之全，則大一統之王政，亦可直接表現五帝之德之全。地上之人王既一，則天上之五帝，亦當只是一天神或上帝。王政之要，則唯在其設官分職之後，其事之能順次序而行，以相輔、相制、相依為用而已。

此一重設官分職，使其事之能順次序而行，以相依為用，原為政治之本質，更為秦漢以後大一統之政治所必重。然求合之于人之道德上之理想，與天之四時五方相配，則為儒家與陰陽家之思想之所增益。至中國古藉中，大言政治上設官分職，更重其所為之事，能順次序以相依為用之一書，則為周禮。昔謂此周禮之書為周公治太平之書，或六國陰謀之書，皆無可徵。然其書自西漢之末而出現，為新莽之所遵之而行者，則大可使人疑其成書之時代，亦相距不遠。故方苞周官辨，以此書為劉歆假造，此固不必然。但此書對中國後世學術史政治史之發生意義，乃始于此時。此周禮之書，尚六。故一切官分屬天、地、春、夏、秋、冬六官，每官所掌職者，亦恆分為六，如天官所掌有六典、六敍、六屬、六職、六聯等，地官所掌有六德、六行、六藝、六樂等，春官所掌有六瑞、六摯、六器、六尊、六彝等。此與依五行分五官之系統，初不同。史記言秦政亦尚六，故分郡為六六三十六郡，定官制亦以六為數。賈誼新書，以道德性神明命為六理，為內度，稱六法；表現于外，為仁義禮智聖和之六行，與詩書禮樂易春秋之六藝，是為六術；以配陰陽之各有六月，以與天地之六合，人之六親相應，亦見貴六之旨。管子書五輔篇言德有六興，五行篇言人有六府，人道以六制，則亦似重六。此尚六之思想形態，與易經之八卦思想之尚八，及五行思想之尚五，各不同。然五行中之土，即周禮之天官地官中之地。周禮之春夏秋冬四官，則爲四時之官。此重「序四時之大順」，則爲陰陽家之傳統。呂氏春秋作于秦時，亦依此傳統以論十二紀。依四時分官，明屬于此一傳統思想之流。旣依四時分官，更依地而立地官，依天而立天官，併四時之春夏秋冬四官，卽周禮六官之說所由生。管子五行篇旣言六府，又言黃帝得六相，分任天、地、東、南、西、北之事。但其中尚無天官地官之名，唯言四方之官，卽四時之官，謂：「春者，土師也；夏者，司徒也；秋者，司馬也；冬者，李（獄官）也。」又與董子及周禮皆略異。如管子書爲早出，則周禮之六府、六官之說，或卽皆本于管子。在此周禮六官說中，天官冢宰，地官司徒，春官宗伯，夏官司馬，秋官司寇，冬官司空，初與董子之五官之配于四時五方之說不同，亦較爲整齊而合理。周禮以天官冢宰爲百官之總，地官司徒爲理地上萬民之民政之官，宗伯主禮樂祭祀，司馬主兵馬，司寇主刑法，司空主營造。此中以天官冢宰配天，而于董子視爲屬西方，而當爲秋官之司徒，改爲地官，以見理地上萬民之官，高于專主某類事之官。又益以宗伯之官，以掌禮樂祭祀之事爲春官。此蓋依于特有見于禮樂祭祀之事，對人之生命精神，有加以生發開啓之價値而來。此亦甚契于儒家以禮樂祭祀之事爲重之旨。其以司馬屬夏官，與董子同。兵馬軍威之盛，亦固與夏之草木怒生相應者也。周禮以司寇主刑法，爲秋官，與董子之視北方之官爲冬官者不同。然依董子言天之刑，亦當始于秋，而非始于多，則司寇之官，固宜爲秋官也。營造之事，乃人之尅伐土木之事，此卽人之由以刑法施人，而更以刑法施于自然之土木。此刑尅之事之極，亦如嚴多爲秋之刑尅之極。此亦較董子之以營造之事，屬中央之官者爲合理。此一周禮之于政治上設六官，以配天地四時，更于六官之中，分設種種之官職，以掌一切天下國家之事，而亦重各官職間之事，相輔相聯之關係，以使之相依爲用；卽形成一極繁富之人間之官職之世界，以與天地之大、萬物之多，人事之繁，求加以應合者。周禮一書，亦卽由一「求天人間之一一事制度化」之理想之所鼓舞而寫成。王莽之欲依此書所陳之理想以爲政，雖歸于失敗，然此書仍爲後之學者所重視。至南北朝時代，北周之熊安生治周禮，影響及于隋唐之政制之建立。隋唐所設六部中，吏部卽周禮之冢宰之遺，戶部卽司徒之遺，禮部卽宗伯之遺，兵部卽司馬之遺，刑部卽司寇之遺，工部卽司空之遺。此六部之制度，更爲唐以後各時代之官制之所沿襲。此六部之制，固原于周禮。周禮之設官，則固表現在人之欲求應合于天地之道，以爲政之一理想也。

此上述之重設官分職，並使人間之官職，與天地四方四時相對應，以成一天人合一之政治，可謂漢儒所共持之一大政治理想，爲漢代今古文之經師所共有。但落到實際事實上之需要，畢竟應設若干類之官，若干等級之官？其爵位、俸祿當如何而定？又是否人當有其子孫世守一官職？再如何對政治上開創一新朝之功臣之爲官者，或王室之子孫，未承天子之位者，封以土地與爵祿，並使蔭及其子孫？此封土之大小等級如何？爵祿高下多少之等級如何？此則皆有種種具體之政制問題。秦雖廢封建，然漢初亦再有封建之事，而秦以前之政制則有封建，其制實如何？其原有種種官職之制，其政治意義與價值何在？是否可取用于今？則皆有種種之問題。今文家之以王制公羊爲宗者，與古文家之以周禮左傳爲宗者，則爲一大分野。兩漢之石渠閣白虎觀兩次經術之會，皆以討論此有關禮制或政制之問題，爲一中心。然經兩次之會以後，漢末之經師，仍相爭不已，並延及後世。然由漢代經師之聚訟，亦正見漢人之思想之重設官分職，與所連及之爵祿封建之問題。此設官分職，則在建立一人間之官職之世界，以與天地之四方四時相對應，以成一天人合一之政治。此則爲一基本上之政治之道，亦一政治哲學之基本之觀念也。

三　秦漢學者之辨人物之才德才性之品鑒之道，與魏晉人對才德才性之表現所成之人物風度之品鑒之道

人之行事之成，必賴其才。人之自處其才，卽見其德。于人之不同才德，知所辨別，而更爲之類分，亦盍與人之歷史文化俱始。故書經皐陶謨有九德之分，洪範有三德之分。由國語左傳之書，吾人所見之狀人之才德之名更多。孔子雖要在以仁孝教學者，然論語中，亦有其他種種德目之名。至若冉

求之「藝」，祝鮀之「佞」，宋朝之「美」，孔文子之「文」，則皆專狀人之才之名也。以人之德之不同，而有賢、不肖、君子、小人之品。人欲成其德，以爲君子，其道有種種，並可列舉其數。故論語季氏章言君子之九思、三畏、三戒，益者之三友、三樂。成德之道不同，而所成之德，亦卽可說爲非一。人之于德，或生而知之，或學而知之，或困而學之，或困而不學；而有上智、中人、下愚之分，亦見人之品。故對人之才德，加以分類，爲人之品定高下，孔子早已有之。後之孟子，恒言仁義禮智之四德，亦言五倫之德。孟子除以君子對小人說之外，更喜以大人對小人說，而于聖人又爲之定清、任、和、時之四品。荀子于人更分爲大儒、雅儒、俗儒、俗人等，以見德行之品，又分人爲士、農、工、商等，以見其才任之品。後之中庸言三達德，五達道，易傳依元亨利貞之四天德，以言仁義禮智之四人德。墨辯于仁義忠任之德，成功利民之才能，皆有所言及。然法家則只重人之才能而輕賢德。道家喜言大德、至德、玄德、全德，與「才全而德不形」或「上德不德」之德。至于觀人之德之言，則左傳已多記春秋時人，如季札之觀樂聲以知德，及其他由辭氣容貌以觀德之言。孔子有「視其所以，觀其所由，察其所安」，以知人之德之語，孟子有觀人眸子以觀人之語。莊子列禦寇托孔子言觀人當「遠使之以觀其忠，近使之以觀其敬」等。逸周書大戴禮，並有文王官人之篇。則觀人之德有種種之不同，固其原甚遠也。

在兩漢之學者，多是綜合先秦諸家之義以爲論。大體而觀，則于道家所言之道德，亦視之如一德，亦如儒家之仁義等之各爲一德。法家之嚴賞罰，而尚公正，亦自爲一德。其刻薄寡恩，則爲一負面之德。綜述各種之德，而分其大類，則更爲漢代學者之所喜爲。此則如賈誼新書言德有六理，更有六法、六術、六行，以與天地之六合、音之六律、人之六親相應合。賈誼之貴六，亦如秦政之貴六。上文已及之。董仲舒則重申五帝五德之說，以配五行。傳于漢世之周禮，亦有六德、六行之分。而謂人之德行有高下之不同，連于人之才性以言人有上中下種種之差別，則爲董仲舒、王充、荀悅、以至漢魏之論才性者之所重，如吾在原性篇所論。漢代政府初有舉孝廉、賢良方正與文學之士之制，後有九品官人之制，則表示對社會上有不同之德行才能之人，能察其品類，而加以舉拔。此則爲秦以前所未有之制度，而見漢人于具不同類之才德之各品類之人，樂加以辨別，而更加以推重或任用，以形爲社會之風尙，助成政治上之設官分職之一時代精神者。漢代學者中，最能重此一不同人物有具不同類之才德之品類，分別肯定其在人類歷史文化中之地位，更對之一一求有同情的了解，而或更加以讚嘆者，實莫如司馬遷。至于能就人之才德、才性之有種種品類，而廣開政治上之用人之道，浸至魏晉時代之用人不拘一格，對具不同才性、才德之人，皆能加以欣賞讚美者，則爲漢魏之際之才性之論，與魏晉人之品鑒人物之言。此皆不可不一略說。

司馬遷之史記，乃以傳爲主，即人爲主。其傳中有帝王傳之本紀，有世家，有列傳。本紀中如于五帝，固言其大德。世家中于吳太伯、魯周公、及孔子，亦盛稱其德行。在列傳中，司馬遷更明似意在對具不同品類之才德之人作傳，以見其各有其可稱美或讚嘆之處。其列傳中首伯夷叔齊之傳。此卽孟子所謂聖之淸，亦求自潔其身，而避世之道家型之人物。其次之管晏列傳，則近孟子所謂聖之任，而擔負政治責任之人物，亦理想之法家人物。商鞅，則急功近利之法家人物也。酷吏傳，則漢代之尚刑之法家人物也。游俠與刺客列傳之人物，尚意氣、重然諾、輕死生、而急人之難，此皆爲能有信義之道于朋友之間者，乃儒墨而俠者。龜策列傳，則陰陽家方士之爲占卜者之流。貨殖列傳乃經商致富之流。滑稽列傳則以詼諧之言諷世之流。此皆顯然屬不同品類之人，而各有其不同之才或德者。然司馬遷皆分別爲之傳，而寄其嘆賞之情。其七十列傳之人物，今固不能言其各代表一型之人物。然亦多是自有其人品，以使後世讀者由其所爲之傳，以想見其爲人者。司馬遷于此不同類之人品，未嘗專依先秦諸家中之一家之說，以評論其善惡與高下，而只就其一生之事之如是如是，見其爲人之有可觀者焉，卽同情地理解之、敍述之、嗟嘆之、欣賞之。此有類于孔子之于堯、舜、文、武、周公、伯夷、叔齊、管仲、晏子、子貢、顏淵等不同之人物，皆能加以稱美。然孔子固未能如司馬遷之一一于其所稱美之人，皆爲之傳也。自司馬遷對歷史上之人物，分別其品類，而爲之傳；而後世之史書，亦莫不于人物分爲種種之品類，以爲之傳。此中之人物之品類之分，乃人之個性、思想形態之分，亦恆是其所連之人文領域之分。如上述之管晏之在政治領域中，貨殖傳中人在經濟領域中，史記中之老莊申韓孟子荀卿、史記漢書之儒林傳中人，在學術領域中，史記之司馬相如傳與後世之文苑傳中人，在文學領域中是也。故此史書之分種種傳，所以別人物之品類，亦所以見人物之品類，連于人文之品類。吾人前已言于學術人文，開爲不同之種類，乃漢代之精神。今當更言別人物之品類，並于其中見人文之品類，亦是漢代之精神。史書之有志以紀人文之別，有列傳以別人物之品類，亦卽自具有爲「成就此人文世界、人物，世界之合爲一全體」之一道，亦如政治上之設官分職，以應合于天地四時，更察不同人物之品，而用之以任官職，爲一成就此社會之人物連于政府中之人物之一道也。

然克就司馬遷之論人物而言，則其中之歷史人物，如在伯夷與貨殖列傳中人，初皆非任政治上之官職者，卽見其論人物之觀點，更爲廣大。後王充論人物，謂漢之人物，皆多不亞古人，亦重人之氣質之殊，而各有其才德。漢魏之際之論才性者，如鍾會、劉劭之論人之才性，有種種同異之品類，則蓋趨向于一更廣大之對人物之觀點，以用人任官職者。如劉劭之書言人物有清節家、法家、術家、國體、器能、臧否、伎倆、智意、文章、儒學、口辯、雄傑十二類之分。其言「德行高妙，容止可法，是謂清節之家，延陵晏嬰是也」。此非指隱者之徒，乃指人之以德行勝者。又言「建法立制，彊國富人，是謂法家、管仲、商鞅是也」。此卽建立政治制度者。又言「思通道化，策謀奇妙，是謂術家，范蠡、張良是也」。此卽指能在政治上應變者。更言三材皆備，爲國體，如伊尹、呂望。三材皆微，爲器能，如子產、西門豹。至于「清節之流，不能弘恕，好尚譏訶，分別是非，是謂臧否。法家之流，不能創思遠圖，而能受一官之任，錯意施巧，是謂伎倆。術家之流，不能創制垂則，而能遭變用權，權智有餘，公正不足，是謂智意。凡此八業，皆以三才爲本」。此則由對三材之全備與否，及其所偏至，更分五類之人物。其下文更言「能屬文著述，是謂文章，……能傳聖人之業，而不能幹事施政，是謂儒學。……辯不入道，能應對資給，是謂口辯。……膽力絕衆，才略過人，是謂驍雄」。則純依人所偏能之文武之事，以更分爲四種。下文更言「凡此十二材，皆人臣之任也。主德者，聰明平淡，總達衆材，而不以事自任者也；是故主德立，而十二材，各得其任也。清節之德，師氏之任也；法家之才，司寇之任也；術家之材，三孤之任也；三材純備，三公之任也；臧否之材，師氏之任也；伎倆之材，司空之任也；儒學之材，安民之任也；文章之材，國史之任也；辯給之材，行人之任也；驍雄之材，將帥之任也。是謂主道得而臣道序，官不易方，而太平用成」。則主德在善用此十二才，使任官職，有主德者與有此十二才者，合爲十三類之人物。卽見其對人物之種類之分，與其用于政事之各有所宜，最能取一廣大之觀點；而不同于王充、荀悅之偏重在以狹義之德行上之善惡，對人之才性作三品、九品之分者。三國時曹操詔令求「負汚辱之名，見笑之行，不仁不孝，而有治國用兵之術」之才爲用，亦正由其時之才德之觀念之轉變，乃至于「崇獎跅弛之士」，此顧亭林所嘆息爲「東漢風俗之美，自此而壞」(日知錄卷十三)。然自另一方觀之，則史亦載曹操之知人善任之種種事（洪邁容齋隨筆卷十二、嘗列舉之）三國時之劉備、孫權與曹操，共爭天下，其用人唯才，蓋皆不拘一格，並有其豁達大度之處。吾嘗愛讀袁宏之三國名臣序贊（文選卷四十七）言當時之「赫赫三雄，並廻乾軸，競收杞梓，爭采松竹；鳳不及棲，龍不暇伏，谷無幽蘭，嶺無亭菊」。其中論當時之三國名臣，魏九人，蜀四人，吳七人之風格，與其君臣之遇合，以見「才爲世出，世亦須才，得而能任，貴在無猜」之辭，皆甚美。讀者可取而觀之，便可想見三國之時代其取人才德、不拘一格之風。劉劭人物志書，又由人物之材性之不同，而論其所見理之不同，而或爲道理之家，或爲義理之家，或爲事理之家，或爲情理之家，及各種人才其相接識，或相了解、欣賞、遇合之情形之不同。魏晉以降對不同個性之人之才德，互相品鑒、欣賞讚美之風，如世說新語所載，正是緣此以自然形成。今可對世說新語一書之內容，略加分析，亦可見其時人之尙不同形態之人物之品鑒。

世說新語首卷之載其時人之德行、言語、政事、文學，此乃初不出孔門四科之遺者。然其後諸卷之言其時人之雅量、識鑒、賞譽、品藻、規箴、寵禮、企羡，即純就人之能包容了解，而欣賞讚美此不同才性之人格，而即以此見其爲人之德者。其豪爽、容止、自新之篇，則爲就人之表現其才德之態度、容貌，或自新其德之事，而加以讚賞者。其捷悟、夙慧、巧藝之篇，則記當時人對天生之才之讚賞者。傷逝之篇，則言對所交游之人格之懷念。餘如其任誕、簡傲之篇記個性強之人格任才傲物之事。排調、輕詆、假譎、黜免、之篇，則紀不同形態人格之相詆排、相黜免、而假飾以相交之事。至于儉嗇、汰侈、忿狷、讒險、尤悔、紕漏、惑溺、仇隙諸篇，則紀人之不德之事與情，唯足資談助爲鑑戒者。總而言之，則此世說新語，乃代表魏晉以降人對人之表現才德性情之事，有多方面之包容、了解、品鑒、讚賞之書。蓋在漢魏之際之論才性者，已知人之才性原有種種之不同。由此進一步，遂知每一人皆可有其獨特之個性之表現，此則唯有由紀其事，更加以具體地了解品鑒，以見之。于此當說一人之獨特之個性，固有各方面之表現，以分屬于各類，故亦宜更分別紀之于各類之中。此卽世說新語之所爲。其所依之觀人之觀點，固更有進于漢魏之只將人之才性分爲各類，以一人只能屬一類者也。

此世說新語之紀人之才性之表現，乃就其零散之表現，而散記之，以見一人之風度，故不同一般史傳之紀一人一生之事者。世說新語之重見人之風度，亦不同于後之高僧傳之爲不同類之高僧作傳，重見其宗教性之功德者；再不同于宋明人之紀聖賢之言行，重在使人想見其聖賢之氣象者。于風度可只加品鑒、欣賞，或讚美；于功德，則當更繼之以頂禮崇敬；于氣象，更當就而涵濡浸潤于其中。此後二者，固非卽魏晉人之所知，然要必先能有魏晉人之對人之風度能加以品鑒爲其始，然後可進而知高僧之功德，聖賢氣象之莊嚴，更合之以見不同人格所合成之人格世界之眞實存在。求見有此人格世界之眞實存在，正爲中國數千年之文化精神之一中心所在。其原可遠溯至尙書虞夏書之「知人曰哲」、「敬敷五教在寬」、秦誓之貴「其心休休焉，其如有容」之教，孔子之言仁者之心，當無所不感通之教，以至道家之言「德無不容」，中庸言「道並行不悖」等義。近則原于秦漢以來于九流之學，皆重其可融通爲用之處，重設官分職之能各得材，以成就此人文世界，而重人之才性個性之論。其流則及于中國以後二千年之歷史，皆一直以人物爲歷史之中心。故史書皆以本紀列傳之人物爲主。此遂使中國人文歷史之世界，在本質上爲一人物之世界、或人格之世界。此固不容輕加以忽視者，故引申而言之如此。

第四章 秦漢之神仙思想與鍊養精氣神之道，與道教思想之發展

一 神仙意識之原始及方術內學之流

此上所述兩漢魏晉之思想中之道，要皆由欲建立一人文之世界，人格之世界，以順天應時，更以人文配天文，而開出。然天文之見于天體之日月星之行，四時之運者，皆天所垂之種種象，其中雖有種種變化；天上之神靈之自身，固可常在而久存。又人于其自然生命之有死亡，則自始有一畏怖。然在初民，亦信人死而爲鬼神，與其鬼神之恆在；故又不必皆貪生畏死。唯在人旣知自樂其生之後，又必求其壽之久長，如鬼神天神之不死。此卽爲人之求爲神仙之思想之所自生之根原。此求爲神仙之思想，自非先秦諸子思想之正宗，而初夾雜于若干原始之迷信或知識，以逐漸形成。先秦諸子，大皆知人之死爲不可免。孔子謂「朝聞道，夕死可矣」，孟子以盡道而死爲正命。則于孔孟，死非必可惡。墨家勤于生事，信死後鬼神之常在天，亦不畏死。法家則只重論政治，更不及于個人之生死問題。唯道家之老子，言長生久視，莊子言入于不死不生。然其長生久視，不死不生，蓋是自精神生命之死而不

亡者言，而非自此自然生命之長留不死言。陰陽家之鄒衍，是否已有神仙長生之說，似未可定。漢書劉向傳，言宣帝復興神仙方術之事，而「淮南有枕中鴻寶苑秘書，言神仙，使鬼物爲金之術，及鄒衍重道延命方，世人莫見其書」云云。然據史記所言，鄒衍之說，唯是深觀陰陽消息，以說五德終始，固無人之自然生命可一生而不死，有始而無終之說也。呂氏春秋依四時、十二月爲紀，以言人之順天應時之道。于其冬紀有安死之篇，言人當安于死之終。如一年之以冬爲終，則順四時而行者，正不當求不死也。故此神仙之說，初可無根于先秦諸子之論；蓋爲人之樂生貪生而求不死之要求，所自然衍出一思想。嚴可均全上古三代文卷十五輯古逸書，謂羿請不死之藥于西王母，嫦娥竊之以奔月，此蓋後起之神話。然據史記封禪書，燕人宋毋忌號火仙，羨門子書有形解銷化之術；齊威王嘗遣人入海至蓬萊、方壺、瀛州三神山，求不死之藥。韓非說林上，亦言有獻不死之藥于荆王者。外儲說左上又有「客敎燕王爲不死之道者，王使人學之，未及學而客死，王大怒，乃誅之。」此爲求不死之學之一最早之大諷刺。然後之史又載秦始皇漢武帝欲長生不死，而求不死之藥于海上。可知其時人之深信人之不死，可由藥物而致。蓋世既有藥物，可延一日一月一年之壽者，亦似應有藥物，可延壽至無盡期。然此只爲依人之類比的想像，以推論一可能有者，人固不能斷世必有不死之藥也。人若念彼藥物終爲一有限之物，則其延壽之功效，亦必爲有限，則世亦不能有不死之藥也。然人之智慧，爲其求長生不死之要求所蔽，則不能不依此以思想。此卽燕齊楚之君，與秦皇漢武，皆欲得此不死之藥于海上也。

今不論是否有不死之藥，可使人長生不老；然此求不死之藥，以使人長生不老，要爲人之一思想。此一思想，初乃與人之以醫藥延年之思想，出于一根。故漢志于醫家書之後，有神仙家之書。此神仙家之思想，不外乎求人之如鬼神之無死亡；仙之一字爲山人，蓋即避世而隱于山谷之人。其中固可有得藥物，以養生延生，而較世人久壽者；世人之信其當永不死，更信爲如神之不死之仙，遂爲世人之所慕。故楚辭遠游有「美往世之登仙」之句，莊子天地篇亦有封人「去而上僊」之言。人果能登仙，而長生不死，則其生命超越時間之限制，而其生命之游蹤，亦可遍及九州，而不受地域之限制。若其身體，果異乎常人，而較常人爲輕靈，則亦可實飛昇上游于天，乘雲霧，騎日月，而亦不受地面空間之限制。人果能上游于天，自非地上之一切水火之物所能害，而超出一切爲害之物質之物之限制。又人果能使其身體之物質，由藥物或其他之鍊養之方，以使之成一可任意變化，而有神奇之力，以變化其他之物者，則人亦不受其身體之物質之如是如是之所限制。此使人之生命之存在，超越時間、空間與物質之限制，以成爲同于神之仙，固可爲人生之一大欲之所存，亦人之神仙思想之發展所必然歸向者也。

觀中國之神仙思想之發展，其初蓋由燕齊濱海之地，見海上之島嶼或天上之海市蜃樓，而意彼神仙之世界，在海上之某地，其地上當有爲植物之不死之藥。一般人喜肉食，而所肉食之動物，壽命短；植物之壽命恆長；故人意食植物者恆長生，而不死之藥，亦初爲植物。然礦物之壽命，又長于植物。何時人之學神仙，方知煉丹砂之礦物，而食之，今不可考，或當在漢以後。人之煉丹砂之事，與人之冶金鐵之事，本爲同類。人之燒水銀，固原可成金，而金則堅固于水銀，則人固可燒汞成丹而食之，以求不老。此求爲神仙之術，則通于化學之知識。然水銀不必皆可煉成金，而服之人未必不死。則信其可服之而不死者，只是一虛妄之類比之推理所成之迷信。此外，人又或見女子之能生殖，其所藏之生命力，似多于男子，遂有本房中之術，以求延年或爲仙者。此則可于漢志之房中之書，連于神仙家書以見之。人之求長生，而求超出其生命在時間上限制，恆連于人之生命欲超出其所遇之空間中之物之限制。人之自力，不足以致長生，則欲藉藥物等爲補。人之自力，不足禦物之毒害，則亦欲藉他物爲用。至此人之所能藉之他物等，皆不足以禦毒害，使人長生時，則人或將祈禱于鬼神之助，或更求役使鬼神，以去此毒害；或對使我受毒害之人物，還加以毒害。此卽爲巫術中之呪詛之類。其原皆出于人之欲超出于其生命所受于其外人物之限制，而與人之求爲神仙時，欲求超出一切空間中之物之限制，同其要求。故此求爲神仙之術，恆與人之巫術相連。漢武帝時，齊人李少君，旣謂能煉丹砂，以使人服之不老，又能召一已死之李夫人之鬼魂，而武帝信之。漢武帝之信神仙，信鬼神，亦導至所謂巫蠱之獄。卽見神仙之術與巫術之相緣而起，皆理有固然者也。

此中國之神仙之說，何時不以神仙世界在海上，而在天庭？何時不重服植物礦物之藥，不重依房中術以行採補；而重卽此身之調理呼吸等事爲修鍊之要道？蓋亦難詳考。莊子天地篇之言及封人之「

去而上僊」，與刻意篇言「吹呴呼吸，吐故納新，熊經鳥申」之術，其說始出于何時，同不易定。然卽此身以爲修鍊，乃一內在的修鍊，實爲後世之學仙之學，亦後世之道教之核心。此重內在的修鍊以成仙，則依于此內在修鍊之可能，與「人之生命化爲仙之生命」之可能，之肯定或假定。此肯定或假定，則初爲一哲學上之觀念。依此觀念，而後人有其以修煉而學仙成仙之道。此則其原甚遠，爲今所當說。

于此廣義之內在于己身之修學，則儒道墨法之家，皆有心主乎身，而內在于此身之義。凡言養心、盡心、虛心、靜心、正心，以至人之如何自處其心中之情欲志意，如去情、節欲、持志、誠意等，莫不爲內在之修學。此固儒、道、墨、法諸家所多少共有，亦一切人在其一生之學中，皆多少共有者。由此內心之若干修學，以修身、正身、安身、自處其身，亦爲一切人所多少共有者。然卽此儒道墨法之言內心之修學，已有種種不同之義，以次第及于高明廣大，如前所述。道家之心學，由老子、莊子、至管子白心、內業諸篇所及，則向于對人之內心之深處之精、氣、神之運行之體驗、與調理之道。此在吾人前論管子內業之篇時已述及。此管子內業之篇，蓋秦漢之際，或漢初人之一綜持此道家之內心之學之業之著，故正式標出此內業之名。內業所重之精氣神，亦爲淮南子之書之精神訓等篇所重，而屬淮南子之內篇；以與其外篇中言黃白之術者相對。故淮南子之內篇之精神訓等篇，言人在內心之修養工夫，亦卽屬管子所謂內業之學之流。漢世之神仙或道教之思想，亦要在依管子、淮南子等書言精氣神之旨，而次第開出者也。

于此，當知此神仙或道敎思想中所言之精、氣、神，皆屬于吾人一般心意之內層或深處，而又更可通于天地萬物所自生之精氣或神靈者；故爲人之一般之心意之所不必能及，而帶若干神秘之色彩者。漢世除淮南子精神訓，專論此精神之修養，董仲舒亦重此精神之義，司馬談更本之以說道家之特色，在使人「精神專一，動合無形」外；緯書中亦重言天地人之精氣與神靈。緯書多有圖，與讖相鄰。圖讖之學之在漢世，稱爲內學。後漢書方術傳序舊注曰「其事秘密，故稱內」，亦卽自其具若干內在之神秘，非一般心意與世俗之學所能及，而稱內。漢志中有黃帝內經十八篇。今存內經固未必漢世所傳之舊，然其所論屬于人之生理之構造節度者，亦卽一般心意之所不及，故稱爲內。內經中所言之醫理，在緯書中，亦原有之。傳漢末魏伯陽作參同契，其言仙道，有「與鬼爲鄰」之句，亦卽言其道之陰秘。又傳其書祖述黃庭內景經。此經以黃指體內，庭指天地之日月星辰，而以體內之氣爲本，以通天地之氣爲仙道，故有此經名。此蓋緣管子之言內業與圖讖之學之爲內學，黃帝醫經之爲內經，而後此仙道之書，亦名內景。由此內之名，卽見其所及者，乃屬于人之生命與天地之若干內秘。此諸書，亦皆同及于人之精氣神，卽見此精氣神之屬于內秘。故修之以成仙之學，亦爲內秘之學；不同一般世間之學之顯明于外，而無內秘者。此中國漢代之學有內外之分，亦如西方中古之宗敎之學有 Exotic 與 Esotic 之分，印度佛敎有顯敎與密敎之分。然佛敎傳入中國，與中國之世間之學相對而言，佛學又皆自稱內學。明耶穌會士亦言其所傳之神學爲內學。然此皆同原于中國本有內學、外學之分，以言天地人之內祕者爲內，修其道者爲內業，亦能成內景之思想，而來者也。

然此一中國之內業內學之流，如何演變爲後世重內在的自節制其精氣神之運用，而依修煉之法度，加以修煉，以成仙之道教？則亦有其思想義理上之次第演變。此則屬于哲學，今當就所見以略說。

二　儒家之內心之學，與道家之內心之學，及先秦儒道之家言精、氣，與神之意義

玆按人之學之有屬一般世間範圍者，亦有超于其範圍者，則莊子書已有游于方之內，與游于方之外之分。其意是以此方爲世間之禮法之範圍，超于其外者爲方外。以莊子觀孔子，孔子爲方內，而其學與道家之學，應爲方外。然此方外之學，則可次第及于一般心意所不及之天地人之內祕，而成內業之學或內學。此後之內外之義，遂與莊子所言之方內、方外之義，正相對反矣。

玆按在孔子與儒者之學中，亦非無其內心之學，復非謂天地人之無其非一般心意所及之一面。唯儒者之內心之學，乃以內心所自覺之心、情、意、志之修養爲本。于道流所言之精氣神等，儒家書固亦非無其名。然依儒家義言神，初卽人之鬼神；言氣，卽身體中流行運轉之血氣體氣，而可表現爲氣貌氣色者。論語言「屏氣似不息者」，卽只是體之呼吸之氣。釋名言「氣，慨也。慨然有聲，而無形

也」。此即謂依呼吸之氣，而成聲氣。孟子言「氣，體之充也」，則指體氣充于內，見于外者。左傳莊十年言「一鼓作氣，再而衰，三而竭」，即此充體之氣。荀子「不觀氣色而言謂之瞽」，禮記祭義言「孝子有深愛者必有和氣……愉色」，皆指氣色氣貌也。由此而演為後儒所言之聖賢氣象之氣。人之生也固有其體氣，以成其言動。其歿則形體存而言動息，則可謂其形存而氣往，以為鬼神。人身之形為質，為人身之魄。左傳昭七年言子產曰：「人生始化曰魄，陽曰魂。用物精多，則魂魄強，是以有精爽，至于神明。」則人先有體魄，後有神明。體魄為底質，故月之底質名月魄。神明則如月之光明。左傳意謂魂魄之強，賴于用物之精多。此物精多，並非人之精之謂也。人之能知言動者為魂。故人歿則魄如離魂，以只降為形質，而其知言動之魂，則如往而升，而成此言動之體氣，亦如與魂俱往。故禮記禮運言人死則魄降于地，而魂氣則為「昭明悽愴，而無不之」。禮記祭義言：「氣也者，神之盛也；魂也者，鬼之盛也。合鬼與神，教之至也。」此即言魂氣即鬼神也。此人之歿而魂氣、神氣之無不之，以為鬼神者，乃「視之而不見，聽之而不聞，洋洋乎如在其上，如在其左右」（中庸語）孝子慈孫，唯以其齋敬之誠，與神明相接，以成人之齋明。故禮記祭統言「敬盡然後可以事神明」，中庸言「齊明盛服以承祭祀」。是即儒者所以超其一般之心意，以通接于此不可見聞之鬼神、神明，或神氣、魂氣之道也。至于專就人之生前言，則儒者言自覺之心意，與形體及其氣之關係，要在以心意或心志率氣為教。孟子言：「志，氣之帥也。志至焉，氣次焉；持其志，毋暴其氣」，即以志率氣。荀子言治氣養心之術」（修身），又謂「形具而神生，好惡喜怒哀樂藏焉，夫是之謂天情」（天論）「酒亂其神」（解蔽）此神之義連于情。性情即心之所治，情之義亦連于氣。人之心志能及于高明正大，則其神其氣亦然。故孟子有「所存者神」及「聖而不可知之之謂神」，及「浩然之氣」之盛大流行，而「所過者化，所存者神」之說。荀子言治氣養心之術，則以心知道，而治氣以自化同于道者，爲神。故言「神莫大于化道」（勸學）。又言「治氣養心之術」，「莫神一好」。（修身）更言「誠心守仁則形，形則神，神則能化矣」（不苟），「盡善浹洽之謂神」（儒效），「誠信生神」（不苟），「積善成德，而神明自得」，（勸學）故心亦即「神明之主」（解蔽）。至于荀子或言大神，如王制言「夫是之謂大神」，正論言「居如大神」，賦篇言「通于大神」；則觀其上下文所指，亦並是喻德化所及者之之大。後呂氏春秋精通篇言「神出于忠，而應乎心」，亦依心之德以言神之旨。此要皆以養心志或心知，以治及體氣或血氣，以成其心之神，而屬儒學之傳者也。

上文略述儒家言神與氣之旨。其合神氣爲一名，則初即指魂氣。唯禮記中孔子閒居所謂「地載神氣」，則同于後之道家所言之天地之神氣，此乃後起義。至對精之一字，則孔孟蓋初未嘗言之。國語周語上「祓除其心，精也，非精不和」。此精同于祭祀之誠敬。周語下言「味入不精，不精則氣佚」，此則韋昭注爲精美之精，無深義。荀子解蔽言「蚊虻之聲聞，則挫其精」、「用精惑也」，成相言「思乃精」，修身言「精雜汚」，正名言「君子之言，涉然而精」。此乃只指人之精專之心。賦篇言「血氣之精」，正名言「性之和所生，精合感應」，則此精只指血氣之精要。至荀子言于天雖「精不加察」，易傳之言「精義入神」，則此精只是精微，而與粗大相對者。如樂記之言「精粗之體」，此精亦與粗對，皆唯是狀體之辭，非直指實有之體。至于易傳言「精氣爲物」，「男女構精，萬物化生」，則此精乃一萬物可由之而生之精。如穀之精，指潔白明瑩之米核，爲芽葉等可由之而生，而有實體之義者。此則與後文道家所言之精之義最近。又儒書多言精氣、神氣、而罕言精神。孔孟荀書及禮記之言中，精神連用，唯一見于荀子賦篇，一見于禮記聘義，皆無深義。至孔叢子言「心之精神謂之聖」一語，則是攝精神于心之語。後之陸象山、楊慈湖、羅近溪，皆善言心之精神。此皆別具奥旨，非本章所及。然其思路仍與道流之以精及神氣爲心之本，並于精神之中特重精者，有所不同也。

道流之言氣，蓋不如儒者之特重人之形體之氣，而恆更及天地萬物之氣。蓋氣之一名，亦可兼指人氣與天氣。老子言「心使氣曰強」，言「專氣致柔」，仍是指人之體氣。然氣之原義，則指雲氣，引申以指天氣。如左昭元年以陰陽風雨晦明，卽天之六氣。莊子逍遙游言神人「乘雲氣」「御六氣之辯」，齊物論言「大塊噫氣，其名爲風」，亦初指天氣。然莊子人間世之言「無聽之以心，而聽之以氣」，則又是指人之氣，在未有心時，乃虛而能待物生感者。此感物之事，卽超于其形體之外。故此體氣，宜只說之爲一生命之氣，不宜以形體之氣名之。庚桑楚言「欲靜則平氣」，達生言「純氣之守」，亦宜說之爲一生命之氣之平。達生篇言鬬鷄，謂鷄之虛憍而恃氣，疾視而盛氣，則不可以鬬，則乃是以此鷄之物之生命之氣之未平，以喻人生命之氣之未平者，皆不可以鬪。大宗師言「游乎天地之一氣」，知北遊篇言「通天下一氣耳」，則合一氣與天氣以為一。大率在莊子，此氣之一名，在人則與心及身之形之名相別，而較心及身之形之義，更深一層；在天則與物之形、質之名相別，亦較形質之義深一層。言人身與物之「形」，乃自其現狀說；言身與物之「質」，乃自其內容之堅實者說；言心，則自有所知說；言氣則自其非定形定質之存在，而為一流行之存在，亦在心之底層，而恆能虛以待物之生命說。故言「通天下一氣」，卽言一切有定形定質之物，皆為一存在的流行、或流行的存在，而亦實亦虛，而更自以其虛，涵其他之物之氣之實，以相通相涵相生，以合為一氣者。故此氣之一名言概念，乃所以表有定形定質之一切物，能自超化其定形定質，以合為一存在的流行或流行的存在，以為此一切有定形定質之物之所依，與所歸者。自此一氣為一切物之所依而相繼以生言，則此氣為一切物之母之原或元始，而莊子大宗師有「氣母」之名，漢人卽更有「元氣」之名矣。

至于此神之一名，則老子言「其鬼不神」，仍是儒者所傳之鬼神之舊義。老子言「天下神器」，則言天下非可以人之智力把握之義。然其言谷神，則又指人心如虛谷所出之心神，而亦為如虛谷之天地所出之神，而能為天地萬物之玄牝或根，而又非昔之所謂鬼神者。莊子之言神，則多只指人之心神、如逍遙游之言其神凝之神，養生主以神遇之神。莊子言神之語甚多，不必盡舉。此心神之為神，則要在自此心之合于氣，而虛以待物時，無一般之心知，而感無不應，卽同于鬼神之感格之「不可度思」，故名此心神爲神。此心神之感無不應，卽恆遍運而不滯，以變化無方，而亦不爲所接之物之形之質所定，其義卽有與氣之義相同者。然自此心之神依心之知之遍運不滯說，則其義初連于心知。故庚桑楚于上所引「欲靜則平氣」之下一語曰「欲神則順心」。順心之知以遍運，是爲神。則與吾人之生命之氣之在心知之底層，及其外之天地萬物之氣，不必有心知者，其義又不同。此中之吾人生命之氣、天地萬物之氣與神，及一般心知之關係，當是依此人之一般心知之底層，以說一虛而待物之生命之氣，更依此一心知之不爲定形定質之物所限，而有其遍感遍運，以言其爲心之神，而得合于其虛而待物之生命之氣，如應帝王篇所謂「合氣于漠」；而此神亦卽與此生命之氣同流，亦如爲此氣之表現，而可合名爲神氣。莊子田子方篇言「至人者上闚青天，下潛黃泉，揮斥八極，神氣不變」(註)。此神氣之所以不變，卽以其不滯于定形定質之物，而能遍感遍運于青天、黃泉、八極，以成其不變也。此神氣之不變，亦可只說爲氣之不變，如可說之爲「純氣之守」（達生）亦可說爲神之守，如言「純素之道，唯神是守」（刻意）。然此中之神之義，必連于此遍感遍運之心知，以通于所知者說。故卽說之爲與人之生命之氣共流行，而爲此氣之表現，此神之義與氣之義亦有不同也。

註：錢賓四先生莊老通辨有道家精神義之一文，于先秦至漢之道家言精神之文句，皆具引之。可供參考。但與本文之重言精氣、神、三者之關係之旨者，則不無異同耳。

至于此精之一字，初乃老子之所重。莊子天下篇言老子「以本爲精」，卽以精爲本。如言「窈兮冥兮，其中有精，其精甚眞，其中有信」。此所謂精，乃自其中有眞信者而言，則不重在以精與粗相對。蓋此精之一字，說文訓爲擇米。所擇之米，卽潔白明瑩之米。今按凡字之從靑聲者，如淸、晴、倩、靚、靖、請、睛皆有淸明亮達之義。淸明亮達之物，卽有其內在之眞信、或精蘊，而能顯者。此卽如穀米之精者，亦卽能同時爲一種子，而內蘊藏一「能生芽、生葉、更生穀米」之生幾者。老子言精，所以喻道之能生，故其言精，當是取于穀米之所蘊藏。莊子書內篇多言神與氣，精字只兩見，一爲「鼓筴播精」（人間世），此只指米之精。一爲「勞乎子之精」（德充符）。此以上下文觀之，蓋只指血氣之精。二者皆無深義。然外篇則多言精，除言「山川之精」（胠篋）「天地之精」（在宥）乃指自然物之精之外，其言「昭昭生于冥冥，有倫生于無形，精神生于道，形本生于精」（知北遊）「一之精通，合于天倫」（刻意）「聖人貴精」（刻意）「至道之精……無勞汝形，無搖汝精，乃可以長生」（在宥），皆貴吾人之生命之精蘊之旨。至如秋水篇以「可以言論者，物之粗也；可以意致者，物之精也」。此只是與粗對之精，非必指生命之精蘊耳。

然老子未以精與氣之名，連用爲一精氣，亦未以精之名與神，連用爲精神。然在莊子外篇，則多將精與氣、精與神連用成名。如「願合六氣之精，以育羣生」（在宥）「神之又神，而能精焉」（天地篇）「神明至精」（知北游）而莊子外篇以精神爲一名之處尤多。亦或以精與儒家之誠連用，如漁父篇言「不精不誠，不能動人」。此言以氣之精育羣生，卽言將此氣之所內涵之功能或精蘊，加以表現，以育羣生之謂。言「神之又神而能精」「神明至精」卽由神之相續，以見精之至；而言精神、精誠，則有將人所內具之精蘊，表現于神之運，與志之誠之義，要皆是以精爲神氣之本也。

茲可總述此道家之流精氣神之三名之義，以言其關係。氣乃以一流行的存在，或存在的流行，爲義。神以氣之遍感遍運于其他之氣或物，爲義。精則自氣之有其內蘊，而能表現于氣于物，爲義。凡于人或天地萬物之氣之流行中，一方見有已成之定形或定質之物之化，一方見有物之新生出，卽見有此流行之氣。更還觀此新生者之所以自已成之物，而化出，卽見此已成之物與其氣，具有其所內蘊，而能表現彰明于外，以成此新生者。此所具之內蘊，而能表現彰明者，卽此氣之精。亦必氣之有其內蘊之相繼表現，而後有氣之流行之相繼；又必有氣之流行之相繼，乃有對其外之氣或物之相繼感通，以成遍感遍運之神。故氣必有其精，而後成爲氣，以更有神。故氣之精卽神之精。氣依于精，謂之精氣。氣而有神，名神氣。由精至神，是爲精神。此卽見氣之流行，神之通感運行，並以此精爲其本。精略如西方哲學中所謂本質 Essence，氣之流行爲此本質之顯爲變化 Becoming，神則爲一變化之流之通感于其他變化之流，略如 Geist。此人之精氣神之運及于一定之物，方有一般之心知志意情欲，爲一般之自覺之所及此皆屬于心之浮層，乃以此精氣神爲其根本，而精又爲氣神之根本；故一切內心之學，亦皆當在此根本上用。此則道家者流言精氣神所趣之思想道路也。

三　董仲舒與淮南子之重精為氣神之本之義

此道家者流之趣向在言精氣神，更以精爲本，在老莊之書只有散見之文。然在吾人前所述之管子之內業之文中，其言精氣神之修鍊，歸于以精爲神氣之本之旨，已大顯。時相先後之呂覽書，言精氣與神者，亦散見各篇；然特有精通、精諭之篇。其論人篇言，「知精則知神」，盡數篇言「精不流，則氣鬱」，亦是精爲神氣之本之旨。循此以觀漢人之喜言精神、精氣，則知其大皆以精爲本。此以精爲神氣之本，與重養精神之義，卽在醇儒之董子亦有之。如董仲舒春秋繁露言：「天積衆精以自剛……故天道務盛其精。」（立元神）則明見其乃是自有內在之精蘊，能表現彰明于外者言精。其下文更言「聖人積衆賢以自強」，則以衆賢有德，而能表現爲功，正是人中之精之故也。董仲舒又言：「身以心爲本，精積于其本，則血氣相承受……然後身可得而安，治身者務執虛靜，以致精。」（通國身）此則謂人體之精爲其血氣之本。又言「氣之清者爲精」（通國身）氣清，卽能表現其內藏者于外之謂也。董子于言精之文之後，亦恆繼以言神。如言「能冥能昏，謂之神人」（立元神）。又言此氣神之運行，乃「氣從神而成，神從意而出，心之所之謂意；意勞者神擾，神擾者氣少，氣少則難久矣。故君子閑欲止惡，以平意，平意以靜神，靜神以養氣……精神者，生之內充也」（循天之道）。「安精養神，寂寞無爲」（立元神），此其欲超一般之心知，由虛靜寂寞，以安精、養神，而治血氣，其旨亦與道流不殊。

然董仲舒更重郊祀之禮，以敎王心承天心，以致其誠敬，而與天神通感，則純本儒家義說。揚子雲法言特有問神之篇，亦要在承儒家之傳統，以神卽心之潛于天地之中。其文曰：「或問神，曰心……潛天而天，潛地而地。神在所潛而已矣。……天神明天，照知四方；天精天粹，萬物作類。」此亦以神明之照知屬功用，精粹爲萬物之所以作成其類之本質。東漢儒者之論定經術于白虎觀所成之白虎通義之一書卷九，言天地之始判分，仍以「精出曜布，庶物施生……精者爲三光，號者爲五行」；然後有「情性」「神明」與「道德」「文章」爲言。此仍是以精爲五行之氣與神明之本之旨。故卷八精神曰「精者，靜也，大陰施化之氣；神者，恍惚，大陽之氣，萬化之本」。則此精氣之施化者，亦卽「萬化之本」之本。至其言聖人一節，謂聖人與神通精，則自其兼通動靜而言也。

此漢代之儒者，如董仲舒以至會于白虎觀之諸儒之言精氣神，乃由其爲一時代之共同觀念，人恆不能外之而不言之故。漢人之言精氣神之義最多，而與管子之內業之說最近者，則其前之淮南王書，以及緯書與內經等書。唯此諸書，方爲漢代之神仙與道敎之思想之所自出也。

淮南子精神訓首言未有天地之先，有「二神混生，經天營地，別爲陰陽（之氣）……，萬物乃形，煩氣爲蟲，精氣爲人。是故精神者，天之有也；而骨骸者，地之有也。精神入其門，而骨骸反其根，我尙何存」。此無異言先有天之精神之氣，人得之，遂成爲人之精神；故此人之精神，亦可再入于其所自出之門，以與先天地之精神合一。此中言「精神，天之有也」，及言天地之開闢，有如莊子之言天地之精神。其于此精神二者，乃先言二神之氣混生。此二神混而生，卽亦無異合而爲一。此應卽相當于主術訓所謂太一之精。其言此二神之氣，自有其精以生人，此精亦卽自神氣之有其內蘊，而能表現于人者以言。人得精氣，乃更有其精神。則人之氣與神，皆依此精而有，功夫亦在「澄澈神明之精」（要略）以「懷天氣、抱天心」。（要略）以此精爲本，爲主于神明心氣，正老子董子以精爲本之旨也。此精爲氣之本之義，用于人身，則淮南子精神訓後文言「血氣者，人之華也；五臟者，人之精也」。更言五臟當屬于心，然後「精神盛而氣不散則理，理則均，均則通，通則神」；而五官之孔竅，卽精神之戶牖，以使神通于外，而不馳騁于外者。馳騁，卽精神之陷于物中而馳騁。此與神之通于外，依其「精神內守形骸不外越」者，大不同。精神守于內，卽精神守于心，以外通物，而內主其形身。故言「心者，形之主也；而神者，心之寶也」。此言與荀子之言「心者形之君，而神明之主」之義之不同處，則在荀子直以心知爲神明之主，淮南子言心知則必先有神爲寶，然後能主形，更制其形中之氣。故原道訓謂「氣者生之充也；神者生之制也」，俶眞訓言「神者，智之淵也。淵清者智明矣。智者，心之府也」。其以神爲心智之淵，則神之義明較心知之義爲深；而神又出于精，故上引精神訓文後又言「精神守其根，死生無變于己」。此乃以對心而言，神爲其內寶，對神而言，則神爲精之神；故後文謂能于死生無變，以死生爲一化，以萬物爲一方者，在其見此死生之萬物「同精于太清之本」。後文又言「抱素守精……游于太清」，亦以精爲太清之本。其流至于後之道藏之三洞四輔之書之編纂，亦以洞眞部之太清經爲首。老子「其精甚眞」，眞卽精也。後之道教經典言清，太清之上有上清，上清之上有玉清，玉清之上有大羅之初應一氣，愈說愈高。易緯通卦驗首託孔子曰：「太皇之先與耀合元精，五帝期以序七神」，亦以精爲首，神爲次。易緯乾鑿度則言天地之始，其德「通情無門，藏神無內」。無門無內，應卽神藏于精，而無內無外之境。淮南子又言「心之精者，可以神化」（繆稱訓），而精神訓亦言其能「有精而不使、有神而不行」。此卽于精神皆守其根之旨。精神之根，卽天之精神也。人由守此根，以入于此天之精神之門，卽人之「契太渾之樸，而立至清之中」。由此而下文更言：「其動無形，其靜無體，存而若亡，生而若死；出入無間，役使鬼神，淪于不測，入于無間，以不同形相嬗也。……此精神之所以能登假于道也。……故形有摩而神未嘗化者。……化者，復歸于無形也；不化者，與天地俱生也。……故生生者，未嘗死也……化物者，未嘗化也……至人……稟不竭之府，學不死之師。」此卽明言內守其精神之根者，卽能超出其有定限之形體之生存，以還入于其生命所自始之天之精神之門，更與之爲一，而能以不同形相嬗。此則由其人之精神，初是與天地俱生，以生萬物之生，之「生生者」、而原不死者；故人之內守精神之根，而還入于天之精神之門，任其形骸之返地，而「抱素守精，蟬蛻蛇解」于其形體之外，以「游于太清」者，亦自無死，而唯以不同形相嬗矣。淮南子此篇之至人，亦卽詮言訓「能反其所生，若未有形……未始分于太一」之眞人也。

此淮南子精神訓之文甚美，而讀者或不知其關節，與前後文明相照映之義。故上舉其要以述之，以見其義旨非只在描述一精神之境界，而實是指出人之由精神之內守其根之工夫，即可超其形體，以還于其所自生之天之精神之門，而不死，以不同形相嬗。此不同形相嬗，乃指登假于道之人之精神，能自變化其形體，以自相嬗繼，與莊子寓言篇之言「萬物皆種也，以不同形相禪」者，其義不同。此正為仙道之理想。則世之謂淮南子學仙道，而與鷄犬共登天，固亦淮南子精神訓之文，原有之理想也。

然此淮南子之書，亦只有此一守精神以游于太清之本，以不死，而能自變化其形體之理想為止。于如何守精神以游于太清之次第工夫，固未述及。此即不同于道教經典之有種種鍊養之工夫者。此一人之精神可不死之說，乃意謂人物之形體，皆原于天之精神，故此人之精神可離此人之特定之形體而存，更能自變化其形體。緣此即有人之登假于道，以成仙之理想。然世之哲學，亦可據現見人之精神之依于其形體之氣，謂精神本以血氣為主，血氣常附形體，仙道之說為誣妄者。此即如王充論衡之說此神不離形，而無神仙之論。王充固言「養精愛氣」（論衡道虛）自「作養性之書……愛精自保，庶冀性命可延，斯須不老」。然又謂「人亦蟲物，生死有時，猶入黃泉，消為土灰」。（論衡自紀篇）則知為不死之仙，乃不可能之事也。然依王充之說，亦謂形體依氣而有，形體化而氣自在天地間，則人果能由鍊養其形體，以化之為氣，其氣不滅，其鍊養之功，亦當不滅；則將此現有之形體，由鍊養以化之爲氣，再依此氣以生新形體，亦卽在理論上非無其可能者也。

大約淮南子與後之道敎言鍊養之工夫，除服藥石之外，皆重調氣息。此氣息乃最易由人加以變化轉動者。若並此而不能加變化，則更不能自變化其質實之形體矣。由調氣息，以使口鼻之氣，入于五臟；以至于人之精血之所在，而施以鍊養之工夫，則仙道之流所謂鍊精。此中人之精血，爲人之無窮之子孫生命之原始，則亦可說其內藏無窮生命之精蘊者。仙道之流之或以房中術爲仙道，或以保童貞之元陽爲仙道，其術雖不同，蓋皆依其有見于此人之精血，爲人之無窮生命之原始，遂信其內藏無窮生命之精蘊；而意謂人果能由鍊養此精血，而開其內藏，卽可通接于此無窮生命之本原或元始，而人卽可至長生不死。然人亦可于此有精血之身體之其他部份，或其心靈之任何部份，皆謂除其已有之表現之外，更內藏有精蘊，而此精蘊，亦是通于生命之原始之無窮者。則人由鍊此一部份之心身始，而得其精蘊，亦同可通接于生命之原始之無窮。由此而吾人于所知之任何精氣神之表現，亦皆可謂其內藏深一層之元精、元氣、元神，而此所知之精氣神之表現，亦卽以此元精、元氣、元神，爲其精蘊；而此元氣元神，亦皆無異元精。則吾人對此精氣神之任何表現之鍊養，皆可通接于生命之原始之無窮。要之，人無論沿何途徑，以通接于此生命之原始之無窮，如參同契所謂「天地至精，可以口訣，難以書傳」，以更變化其原形體之質，使皆成氣，卽常言之化氣之事。至由此鍊精所成之氣，達于至清至精，則其感物也，亦當能遍通而遍運，此卽鍊氣化神之事。氣至清而感物，更不滯不執于物之實，視之如虛，而以神與此虛相接，卽鍊神還虛。此蓋非謂其神之歸于虛無之謂，唯是如列子仲尼篇托亢倉子言「體合于心，心合于氣，氣合于神，神合于無」，以成一精氣神合一之生命，恆至清以遍通遍運，以流行而不滯于物之謂。至清而開其藏以表現于外之謂精，流行之謂氣，遍通遍運之謂神，不滯于實之謂虛。此後世仙道之言所代表之理想，亦固皆可沿上述淮南子精神訓之義，以進而形成者也。

四　淮南子，與漢以後之道教之發展

此淮南子之言之足開仙道之說者，除其精神訓之言及精神之修養者外，據漢書藝文志，除淮南子內篇二十一篇，與今存之淮南子之二十一篇數合外，更有外篇三十篇；而在詩賦略及術數略中，皆有淮南之書。淮南王傳，言淮南作內篇二十一篇，外書甚衆，中篇八卷，言神仙黃白之術。此其中篇及漢書楚元王傳所言「淮南有枕中鴻寶苑，言神仙使鬼物、爲金之術」，是否亦在藝文志所言之外篇中，亦不可考。然其書蓋皆是其門下士之集體創作。其書之多，則見其門人之多。惜其書多佚。大約其中之言黃白之術者，同于前此之方士所言者。淮南學之特色所在，則就今存淮南子書而觀，其中除言精神之鍊養者外，更詳論種種政教之道，以綜合百家言。其中之若干義，吾已散及于前文及原性篇，亦非此章之所當及。于此所唯當略及者，卽淮南子旣兼有政治思想與神仙思想，其書又多，則其謀反之事旣敗之後，共著其書之門人，卽有一將其書所涵之政治思想與神仙思想，加以結合，以傳播于世，更形成一社會中之政治性的宗教團體之可能。西漢順帝時，襄楷有太平道，其所據之思想，是否亦有原自淮南子者，亦不可知。襄楷自謂其太平清領書，自于吉傳來，似別有其傳。西漢成帝時董仲舒之弟子眭孟言，漢德將終；齊人甘忠可依包元太平經謂，許漢再受命，而哀帝遂有再受命之事。則見包元太平經中有五德終始之說。順帝時之太平清領書，當自此太平經而來。則此襄楷之太平道，其政治意味必甚重。後之張角爲太平道，亦意在爲一政治性之革命。然今存太平清領書中，亦有道教之修鍊思想。太平道奉老子，又不同陰陽之流。此太平道，卽當視爲陰陽家思想、道教之修鍊之說、與政治革命意識三者之一結合體。此蓋卽後之道教組織之形成之一原始也。

至于漢末之所謂天師道，則傳由張道陵所創。張道陵爲張良之八世孫。史謂道陵之孫張魯，初爲五斗米道，魯之子張盛至龍虎山，遂有天師道云云。天師道唯行導引避穀以長生，亦有以符籙等驅邪、醫疾、禳解之術。則其道之內容，當是一神仙之術、醫術、與巫術之結合。此爲後世道教之正宗。天師之名，首見莊子徐無鬼篇。今名天師道，卽無異將漢人所信之天神推開，而代以天師。其與太平道，同奉老子，老子固以道爲先天地生，則得道者，亦應可稱天師。此天師道之初不具政治性，卽純存在于社會之道教也。原始之天師道，如何教人修鍊之詳細內容，今不可考。然傳爲漢末之魏伯陽著之參同契，則其書尙存。參同契之本易卦言修鍊，則與漢代之易學之旨通（註）。若此書果爲後漢之著，則此書爲道教思想之開始學術化理論化之始。至東晉葛洪著抱朴子，以外篇說儒家經世之政教，以內篇言仙道，明主以道教爲本、爲主，儒教爲末、爲附。抱朴子之言仙道，則旣有體內之鍊養以成內丹，亦有體外在之服食藥物，以成外丹之說。而在其外丹之說中，亦有黃白之術。此卽綜合儒道又綜合戰國黃白之術，與體內之鍊養之說，亦可稱爲道敎之學術理論之趨于融通。晉哀帝時，更傳有上清經之出世，爲道藏中之第一經。後更次第有道經出世，而道敎之理論大備。此可參考近人陳國符之道藏源流考一書。至南北朝時，北朝之寇謙之，兼重符籙與科敎。科敎中卽包括對災禍之禳解，對鬼神之祈禱等儀式之規定與實行者。南朝陶弘景，傳嘗搜道教經典，作眞誥敍錄，設道觀以爲道人清修之所。後之馬端臨文獻通考謂「道家之術，淸淨一說也，鍊養一說也，服食一說也，符籙一說也，經典科敎一說也」。淸淨指老莊之淸淨人心之說。鍊養卽體內之修鍊、或內丹之說。服食則服體外之藥物、或外丹之說。此後二者皆所以使人成仙或長生者。符籙則爲巫術中之咒語之變爲一符號者。經典科敎，卽道敎之書與儀式之規定與實行。而其禳解祈禱之宗敎儀式，則旣爲一宗敎性的與鬼神之交

註：參同契一書，隋書經籍志無著錄。然陸德明經典釋文，有虞翻參同契注。舊唐書經籍志，有參同契二卷，魏伯陽撰，乃本雲笈七籤神仙傳。其注，以五代後蜀之彭曉注爲最早。此書之時代，固有可疑。然其配易之卦氣說，以言丹道，則至少可說其與漢代易學相通也。

通之禮，亦兼有對鬼神之役使之巫術者。合此神仙之術，巫術及與鬼神交通之宗教之禮，遂有道教之儀式組織。道人共居道觀，而道教卽漸成一足與其時之佛教對抗之一固有宗教矣。

沿此上所說，則吾人無妨更一縱論此中國之道教之發展之方向，使吾人對道教之道有一整個把握。依吾意，此道教發展之方向，如自此中之修鍊之目標而觀，則大約其初所言之效果，只是長生，以游于海上三神山。此則戰國至兩漢之神仙思想中已有之。葛洪抱朴子內篇之所謂「游于名山，謂之地仙」者也。其後乃有淮南子內業，至參同契諸書言體內精氣神之修鍊，由此而有抱朴子所謂「舉形昇虛，謂之天仙」。此卽與魏晉時代之其他言虛無或無之思想俱起之道教思想。至寇謙之、陶弘景，而道教成一組織之宗教，與外來之佛教抗衡，與儒並尊，更與儒佛之教，互相激揚，于是道教之影響，遂遍及中國社會之各階層、中國文化之各方面。由此而道教之人中，亦當同時有不居道觀、不在道教之組織中，自隱于山林，以從事修鍊者。民間遂逐漸形成若干遊戲人間之神仙故事，見于晉唐之小說。由是有八仙之說。此八仙之名胡應麟少室山房筆叢卷四十，考其出于元世，蓋初由杜甫先有酒中八仙之詩而來云云。然鄭樵通志有八仙圖，又有八仙傳注，唐江積撰。此是否卽道教所傳八仙不可知。然道教所傳之八仙，則皆託諸唐人。在八仙之傳說中，傳呂嵒得道于鍾離權，權授以採藥鏡。觀今存呂嵒詩，蓋爲一豪放不羈，以游于人間之奇士。此外有關于韓香子、李鐵拐等之故事，亦皆頗有奇趣，並帶一游戲人間之詩人情調；皆與杜甫詩中之酒中八仙之情調，有近似處。然此種能游戲人間之八仙，則較其前之只求往海上仙山、或升天之神仙意識，又更高一格。此乃由于其游戲人間之時，卽同時直下化此人間爲仙境，而不必求于海上天上。求仙境于海上天上，猶如佛家之只求出世之小乘；而八仙之游戲人間，則略近于世間與出世間，不見爲二之大乘境界矣。此八仙之傳說，及唐代叢書中之唐人小說中神仙故事，與唐詩中之有仙意者；皆較魏晉以來神仙傳記、及神異之小說、與游仙詩等，尤富于奇逸之想，亦開文學之新境。至由五代至宋之道教思想，由种放、穆修、李之才，傳至邵康節者，則另具一形態之哲學義理。邵康節乃亦儒亦道，而亦游戲人間之「天挺人豪」；但只居一地以爲安樂窩，則不同八仙之喜遨遊四海者耳。北宋之張伯端遇劉海蟾，謂得唐鍾呂之傳，遂作悟眞篇，言道家之性命雙修，別于儒佛之只修心性而不修命之旨。至于金之王重陽，由儒入道，創全眞教，傳至元之邱處機，而元成吉思汗嘗降旨，命其管領三教。此全眞教與其時之大道教、太一教，皆並以「兼善濟物，匡扶世運」爲懷。近人陳垣並稱之爲南宋初河北之新道教，而爲之考。其中之全眞、大道，全不尙符籙；太一教，則仍以符籙應世。然皆不同于其時南宗之宗張道陵之正一教，專守符籙科教者。全眞教「其遜讓似儒，其勤苦似墨，其慈愛似佛」（光緒陳教友長春道教原流卷一引金辛愿靈虛觀記），此則眞有救世之大乘精神者也。金元之道教，十之七屬全眞教。至明之末季，則不特其時之道教徒多主三教同原之說。卽儒家如王龍溪、趙大州、李卓吾、焦弱侯、管東溟等，佛家如憨山，智旭等，同有會通儒佛道中之二教或三教之說。民國以來之道教，則更有加耶回二教爲五教，而主五教同原者。此則初原于道教之道，自始卽爲種種道之複合物之故。漢代之道教卽爲一神仙之道與巫術醫術之複合物，其與陰陽家在漢時卽發生交涉。佛學東來，而道經多仿佛經，並取其義以爲之。至唐而與儒佛二教，互相激揚；宋金元以後，卽自然與儒佛二教趨于混合。道教之說，恆生根于民間，初不必有高深之義理，而對餘教之義理，恆只取一被動的攝受之態度。故其思想之內容，卽恆由各方面之混合而成。然此混合之自身，亦是一道；而其所據之以從事于混合者，亦自有其千古不變者卽：必求人之成爲長生不死之神仙，而講求所以成神仙之一切修鍊之道是也。此則固未嘗出于漢代之道教之根本思想之外也。

第五章 春秋學中之對善惡是非之褒貶之道

一 春秋書之性質問題

吾人于上來各章所論之陰陽家、與秦漢學者之順天應時之道、重學術人文之類別、人物才性之品類、及人物風度之品鑒、與神仙及道教思想發展等，皆是通論秦漢之學術思想之精神及其流風影響之及于後世者。此精神之有其發展之方向，卽有其「道」。吾亦引漢代諸子如淮南子、董仲舒、揚雄、王充之書以及史籍之論及此種種道者，爲其佐證。然吾則無意論及關聯于此種種道之種種專門之學術如史學、文字之學、神仙之修煉之學等。吾亦無意再對漢代之諸子，作分家之論述。吾意漢代之學，就其能承先秦之學，而又對當時之社會文化政治教育之影響最大者而論，實爲經學而非子學。五經之書，原爲有史事，亦有義理之文，在四部中爲子史集之書之共原。然對五經之書，作訓詁章句，或發揮其大義微言，更用之于政事，則初爲漢儒之業。故漢學能承先啓後者，要在其經學。在經學中則對詩書禮樂之義理，孔孟荀與禮記易傳之書，已多及之。後之漢儒論此詩書禮樂之義，蓋不能更勝于前。漢代經學之大宗，除禮制之學可以白虎通義爲代表，前已述及外，則其易與春秋之學之盛，正爲前世所未有。說易與春秋者，皆有古文學與今文學之爭，而言春秋者，兼有今文之齊學魯學之爭。春秋之義，又與時政密切相關。故此易與春秋之學之爭論，尤多且鉅。此中漢代易學之具哲學義理，較爲明顯。至漢代之春秋學之哲學義理何在，則較難言，當先試論之，然後再及于漢代易學中之哲學義理。

此春秋學之哲學義理之所以難言，在春秋一書，原爲史籍。吾人今若離三傳以觀春秋之本文，只見其在年、月、日之下，或以一二句之文，紀一時之事實，不見其有何義理。傳王安石謂其爲斷爛朝報，亦不爲過。然漢儒則深信春秋爲孔子所修，必有微言大義，存于其中。春秋之三傳，又實嘗言及于若干之義理。漢儒本之以更加推述，遂各成專門之學，皆自以爲能得孔子作春秋之本旨；而所推述者，彼此不同，遂相爭不決。魏晉之世，劉兆嘗作春秋調人之書。唐人啖助、趙匡，更攻駁三傳，而重春秋之經。宋元人又別爲義理以講春秋經，于三傳以意取舍，或別爲新說。清人則再欲復兩漢經師之師法與家法，而今文家之講公羊春秋，與古文家之講左氏春秋之爭，遂延至清末。直至民國之學風，更不尊經崇聖，而後公羊左氏之爭，乃自然而息。然吾人觀此漢世之春秋學之爭，可延至二千年之久，歷代之春秋學者，著書如此之衆多，亦恆與一代之學術政治，密切相關；則吾人亦不能不求知此春秋之經傳之書，所以爲人所重視之故，而或亦可緣此以知其所涵之微言大義，或哲學義理所存也。

此春秋之書之見重，實始于漢。孟子言「孔子成春秋而亂臣賊子懼」；又謂孔子言「其事則齊桓晉文，其文則史，其義則丘取之矣；春秋，天子之事也，知我者，其唯春秋乎？罪我者，其唯春秋乎」？公羊傳又載有不修之春秋，則孔子當有修春秋之事。然此所謂孔子修春秋，是否實有其微言大義，口授弟子，傳至公羊穀梁，乃筆之于書；公羊穀梁所筆之于書者，又是否皆孔子所口傳，則皆大有可疑。故朱子謂：「春秋，某煞有不可曉處，不知是聖人眞個說底話否？」（語類卷八十三，三十二頁）今謂孔子實嘗修春秋，則此亦儘可只爲一私人而修史之事。私人修史，以紀齊桓晉文之事，而自知其善否，卽「丘取其義」，非必另隱其義于文字之外也。古之史官，爲王官世業，則以私人而修史，卽可罪。于亂臣賊子之事，直書無隱，亦固可使之懼。故崔子弒其君，而史官記之，崔子卽殺之，是見直書無隱，卽可使亂臣賊子懼也。孔子稱「董狐，古之良史也」，亦只謂其「書法不隱」。則孔子修春秋，亦不必別有隱于文字外之微言大義，而後可使亂臣賊子懼也。若果有微言大義，隱于文字之外，人又可「習其讀，而問其傳，則未知己之有罪焉爾」（公羊傳定公語），亦正不能使亂臣賊子懼矣。依公羊傳莊公七年謂「雨星不及地尺而復」，謂爲不修之春秋，君子修之曰「星賈如雨」。此君子若卽孔子，則此不過一變其文；而略其不及地尺之句。此修文正不必善于原文。今姑不論。要見孔子若修春秋，亦可只修其文而已。朱子嘗言孔子修春秋「只是直筆而書」，蓋得其實。今觀論語所記孔子之言，皆明白易直，故謂「吾無隱乎爾」，亦似不當別有秘密之例法，由口說而專傳授一二弟子者。唯秦漢之方術之士，乃有所謂秘密之傳授也。今觀傳春秋之公羊、穀梁，亦如傳易之商瞿馯臂子弓，皆名不見于先秦之書，謂其獨能得孔子之文外之微言大義，實甚可疑。漢人謂公羊穀梁皆傳自子夏。吾唯見韓非子外儲說右上，有子夏說春秋者二節，亦只謂春秋之弒父與君，乃由漸而積，「善持勢者，早絕姦之萌」云云。莊子齊物論言「春秋經世先王之志，聖人議而不辯」，而公羊穀梁之言，則皆甚辯。莊子天下篇又言「春秋以道名分」，亦未言變名分，以隱寓褒貶。至荀子之言「春秋之微也」，則春秋之文簡，卽義微。荀子亦未嘗言春秋別有微言隱義，而論之也。左傳成公十四年謂：「君子曰：春秋之稱，微而顯、志而晦、婉而成章、盡而不汚，懲惡而勸善，非聖人誰能修之。」則其時孔子尙未生。若果其時已有此言，亦只是泛說春秋難修之語。然此君子曰之言，大可只是後人所加，以預言孔聖之生而將修春秋者。呂不韋集賓客爲呂氏春秋，其十二紀，言春夏秋冬之時，而更于春紀，配以貴生之義；于夏紀，配以禮樂之義；于秋紀，配以刑法之義；于冬紀，配以節用安死之義；而後春夏秋冬之時令，乃皆有其相應之義理，如隱于此春夏秋冬之名之後，方可說春秋之別有微言隱義。若只就今存春秋經之原文以觀，儘可只視爲據事直書之史。三傳學者之釋春秋年、月、日、時，皆謂其別藏微言隱義，爲孔子作春秋之本旨所存，或亦正由有見于呂氏春秋以及陰陽家之言四時之序者，皆別有其義，遂爲之推述而說。此固皆不必爲春秋經之本旨之所具，而只代表三傳學者之思想者也。

此三傳之時間，蓋左傳先行，穀梁繼出，公羊後盛。而本義理以講春秋，則先是公穀學者，而左傳學者爲後（註）。由三傳學者，皆本義理以講春秋，遂皆成經學。三傳經學家對史事之態度，亦與傳統之史官、道家及陰陽家對史事之態度，皆有所不同，其所重之義理，亦彼此不同。此卽皆是屬于歷史哲學之觀點之不同者也。

註：關于三傳成書之時，則漢書儒林傳言「漢興，張蒼、賈誼等皆修左氏傳」，又言瑕丘江公受春秋及詩，于魯申公。江公與董仲舒並。以上使與仲舒議，不如仲舒。而丞相公孫弘，本爲公羊學，比輯其議，卒用董生。于是上因尊公羊家」。又言「胡母生治公羊春秋，爲景帝博士，與董仲舒同業」。然申公嘗見高祖，則當是左氏先行，穀梁次出，公羊後盛。唯四庫提要則謂公羊漢景帝時，始著竹帛；穀梁則漢武帝時，始著竹帛；謂穀梁多襲公羊或駁公羊，應爲後出云云。然近人劉師培著春秋三傳先後考，謂公羊多用穀梁，公羊應後出。余嘉錫四庫提要辨證子一陸賈新語垻下云：「太平御覽引桓譚新論云：左氏傳世後百餘年，魯穀梁赤爲春秋，又有齊人公羊高，緣經作傳。……禮記王制疏，引鄭玄云：穀梁近孔子，公羊當六國之亡。漢書儒林傳言……瑕邱江公，受穀梁春秋及詩于魯申公，並無穀梁傳至武帝時始出之說。」則仍當以公羊後于穀梁之說爲是。至于三傳之文，是否相襲，則哈佛燕京學社出版之春秋三傳引得，有洪業春秋三傳引得序，謂三傳學者，乃各自傳授，則不必互見其書，蓋得其實。皮錫瑞春秋通論又引「班氏云漢初學者學左氏者，惟傳訓故，劉歆治左氏，引傳云以解經，由是章句、義理，皆備」。是見左傳書雖先出，講者初不重其義理；亦未必用之，以爲解春秋經之傳。故漢書楚元王傳及劉歆傳皆謂：漢博士云，左氏不傳春秋。而左傳中之「君子曰」之文言義理者，是否左傳所原有，亦是問題。故宋林栗謂此乃劉歆所加。朱子亦嘗引林說（語類八十三）。此君子曰，卽非劉歆所加，而爲左傳作者之所自加，

吾人亦可說此左傳之成書，是先成記言記事之史，而後再加以「君子曰」之辭，以表其本義理而施于史事之評斷，然後左傳可說不只是史。若至劉歆講左傳，而後乃備義理，則三傳之本義理以講春秋，乃以魯學之穀梁最先，齊學之公羊次之；而左傳則最後，乃學公穀而言義理者也。

二　春秋三傳家對史事之態度，與他家之不同，及本義理以評斷史事之態度之三型

此三傳之家對史事之態度，與傳統之史官及道家陰陽家皆有不同。在傳統之史官，對史事之態度，唯是據其所見所知之事以直書。此史官之道德，卽表現于「對任何事，皆據事直書，以忠于史職，寧犯死難，而不隱諱事實眞相」之處。此除上所引及之孔子言董狐爲古之良史之外，則世所共知者，有齊太史之書崔子弑其君，崔子殺之；其弟又書，崔子更殺之；而南史氏聞之，仍再執簡往，及聞史官已書之，乃返。此事尤可泣可歌。故後之文天祥作正氣歌，謂「天地有正氣……于人曰浩然……時窮節乃見，一一垂丹青」，其下句卽以「在齊太史簡，在晉董狐筆」爲例。至于道家對史事之態度，則要在由知史事，而知事勢之已然者，遂只靜觀其已然，而更無所爲，或因之任之以成事。然其因任此已然之事勢以成事，畢竟只是因之而順應之，或因之而更革之，則亦可無一定之態度。至于對未來

事勢之發展，道家之徒亦可不求先知，以預爲適應。然陰陽之家對史事之態度，則重對未來之事之先知。于未來之事不能據已往之事，加以推知者，則本祥瑞災異等爲占驗，以預爲趨吉避凶之謀。然又可不問此吉之是否當趨，此凶之是否當避。此三種對史事態度；史官重紀所見所知之當時現在之事，道家重因已然之過去之事，陰陽家重知未來之事。然皆非以判斷已往史事之是非，示人以事之所當然，爲其所用心之焦點。此則共異于三傳之家，皆有對已往史事之是非之判斷，以往事垂誡戒，而示人以事之所當然，以使人自定其現在未來之事者也。

至于春秋之三傳之別，則何休有「公羊墨守，左氏膏肓，穀梁廢疾」之書。范寧著穀梁傳集解序謂：「左氏艷而富，其失也巫；穀梁清而婉，其失也短；公羊辯而裁，其失也俗。」此皆唯是文學比況之辭，不能使人知其切義。今當說左傳如舍其「君子曰」下之文，則純是紀事亦紀言之史，連此君子曰之文，則宜如劉知幾史通之謂其在經史之間。左傳之爲史，其所紀之事，多及于晉楚之事，其文亦多同國語中之晉語楚語。孟子言：「晉之乘、楚之檮杌、魯之春秋，其義一也。」則晉楚之史與魯史齊名。昔人多言左傳兼據晉楚之史，故其于晉楚之事，所紀最詳。鄭樵謂左傳作者爲楚人，亦有可能。左傳書較公穀先傳于漢世，其君子曰之文，更評論史事，不知何人所作。然要初是以有此君子曰之文，而得稱爲春秋經之傳，乃不復只是紀事紀言之史。此君子曰之文，評論史事，多是就事之成敗之結果，而更追溯其所以成敗之故，遂及于人之處事之方；亦附及于行事之合禮與否，及人存心之正邪、善不善。故左傳之君子曰之文，兼有對人處事之方可致成致敗之功利性的判斷，與對行事之合禮與否之文化性的判斷，及對人存心之正邪善惡之道德性之判斷三者。而其中功利性的判斷，又特多。故朱子謂：「左氏是非而不本于義理之正，並引陳君舉說，左氏是一個審利害之幾、善避就底人。」又謂：「左傳君子曰，最無意思。」（語類八十三）左傳旣兼取晉楚之史而作，而晉楚之學，原較富功利縱橫氣習，則君子曰之評斷，自亦難免其氣習。然爲史事作評斷，自有此左傳之君子曰之一型，而重此功利性之判斷者。如宋之蘇氏父子之論史，以及朱子之友呂祖謙東萊左氏博議之論史，卽皆重功利性之判斷者也。

至于公穀二傳之歷史與文學之價值，皆遠不足與左傳比。公穀之異于左傳者，在公穀多直論事之合禮與否，及其是與非，以及于人之賢不肖，存心之正不正，善不善。此則爲文化性或道德性之判斷，而更以道德上之賢賢賤不肖、善善惡惡之義爲本者。此種文化性道德性之判斷，卽據儒家所言之禮義之原則，以用之于史事之評論，又無異儒家所言之普遍抽象的道德文化之原理，落實運用于具體特殊之史事，而成之評論。然公穀之家，更謂彼等所依之以評論之義旨，卽具于春秋原文之書法之中，爲孔子修春秋之本旨。而春秋遂成爲聖人之褒貶之書，亦卽聖人之藉史事，以見其道德文化性之判斷者。春秋書中「一字之褒，榮于華袞；一字之貶，嚴于斧鉞」。孔子乃不得位，而作春秋，以寓褒貶；其貶可「貶天子、退諸侯、譏世卿」；而孔子之位，遂又在世之天子諸侯世卿之上。公羊家以此而謂孔子乃絀周、王魯、以春秋當新王，意在爲後世制法。故孔子有素王之稱。孔子所以能以春秋當新王，而爲素王，則純在其能于春秋之書中寓褒貶，自加施其道德文化性之判斷，于天子諸侯大夫之上。今重此孔子之道德文化性之判斷所寄之春秋，而視之爲禮義之大宗，則正表現公穀之學者，重此禮義而不尚利，不見一切現實權勢之精神與思想。此則非左傳之君子曰之文，只沿事之成敗，言其所以成敗，而附及于人之行之合禮與否，存心之善不善等，所能及；而是純承先秦儒者之「據義以論事」之精神與思想者也。故以左傳與公穀較，唐啖助已謂「公穀守經，左氏通史」。朱子謂「左氏是史學」，「記得事卻詳，于道理上便差」；「公穀是經學」，而「義理卻精」。至于近世今文學家，則自劉逢祿、康有爲、至崔適，更謂今之左氏書，多爲劉歆僞作，原非春秋之傳。此則純屬考證之事，非今所論。然公羊、穀梁，重在據義以論事一點上雖同，其所據之義，又不必盡同；故對事之是非，對人之賢不肖善惡之判斷，亦恒不同。穀梁早出，而爲魯學，蓋更能固守儒者之學之傳；其言禮義，更爲謹嚴，而不免于拘固。公羊後出，而爲齊學，賈逵已謂其雜有權變，即更能適應時代之變化。故漢世自董仲舒胡母生、公孫弘皆言公羊，而公羊學在漢世，即最爲顯學也。

若自穀梁公羊之內容言之，則皮錫瑞春秋通論嘗謂穀梁之春秋學，有大義而無微言，公羊則兼有大義與微言。其所謂大義微言，乃以「大義在誅亂臣賊子，微言在爲來世立法」之語，加以界說。皮氏謂春秋之大義，只在誅亂臣賊子，公羊穀梁之旨，亦皆只在此。其範圍過狹。嘗謂穀梁之旨，要在以道德文化上禮義之原則，斷史事之是非善惡，使世人學善而棄惡，而未能兼從「由今世以通來世之政治上之大經大法」着眼，以判斷史事之是非，與其可垂範來世之政治上之意義。此卽謂穀梁以義斷事，尚只見其爲道德文化上之理性主義者。此卽昔胡安定所謂「義莫精于穀梁」也。至于公羊，則更爲一政治上之理想主義者，而期爲來世建制立法者。凡制法必有例。此卽胡安定所謂「例莫明于公羊」也。是卽足見穀梁公羊之學之義理型態之不同矣。

按此公穀之義理形態之不同，今姑卽以二傳之首隱公元年注爲例以說。此中之史事，唯是隱公之卽位之事。隱公之父爲惠公。惠公原欲立桓公，而桓年幼，諸大夫遂立隱公。隱公立後，二傳皆言其原擬成其父之意，平國人之心，更反政于桓公。而桓公既長，更不及待，遂弒隱公。對此中之史事，三傳所記者，初未嘗大異。然春秋經文，則只有元年春，王正月六字。穀梁與公羊釋此經之六字，並對此上所述之史事評斷，則又大異。今先照引二傳文于下：

穀梁傳曰：「元年春王正月。雖無事，必舉正月，謹始也。公何以不言卽位？成公志也。焉成之？言君之不取爲公也。君之不取爲公何也？將以讓桓也。讓桓正乎？曰不正。春秋成人之美，不成人之惡。隱不正而成之，何也？將以惡桓也。其惡桓何也？隱將讓而桓弒之，則桓惡矣。桓弒而隱讓，則隱善矣。善則其不正焉，何也？春秋貴義而不貴惠，信道而不信邪。孝子揚父之美，而不揚父之惡。先君之欲與桓，非正也，邪也。雖然，既勝其邪心，以與隱矣；已探先君之邪志，而遂以與桓，則是成父之惡也。兄弟，天倫也；爲子受之父，爲諸侯受之君；已廢天倫，而忘君父，以行小惠，曰小道也。若隱者，可謂輕千乘之國，蹈道則未也。」

公羊傳曰：「元年者何？君之始年也。春者何？歲之始也。王者孰謂？謂文王也。曷爲先言王，而後言正月？王正月也。何言乎王正月？大一統也。公何以不言卽位？成公意也。何成乎公之意？公將平國而反之桓。曷爲反之桓？桓幼而貴，隱長而卑。其爲尊卑也微，國人莫知。隱長又賢，諸大夫扳隱而立之，隱于是焉而辭立，則未知桓之將必得立也。且如桓立，則恐諸大夫之不能相幼君也。故凡隱之立，爲桓立也。隱長又賢，何以不宜立？立適，以長不以賢；立子，以貴不以長。桓何以貴？母貴也。母貴則子何以貴？子以母貴，母以子貴。」

據此公羊與穀梁對此元年春王正月六字之解釋，及同一事實之評斷，顯然大不相同。在此春秋經文，只繫此六字，其下無事。此不同于二三月無事，則不書其月，又不同在其餘之元年下書「公卽位」者。公穀之家，卽就其何以書此六字又不書公卽位，求其義理。今按春秋之書此六字，何以不書他事，固原可能有其義理。然春秋原文既未說，則公穀所說，皆只是其所自加之解釋。若依左傳家，周王正月，此只是說此爲周王之厤法中之正月，此外別無義理。其前之春之一字，王應麟困學紀聞卷六謂是後人所加。今按穀梁言正月具一「謹始」之義理，固只是其自加之解釋，然尚易解。公羊之更說春爲歲始，亦可說。然謂王必指文王非周王，謂元年爲君之始年，正月爲文王之正月，表大一統之義，則純依公羊家之理想而說。秦漢方有大一統之政治，顯見其言之出于秦漢之世，其必以王爲文王，則以文王爲開一新朝者，乃表示公羊家之望一新朝之來臨。于此六字，穀梁只言「謹始」，純只是一道德性上之當然之訓。公羊家則必及于文王之大一統之義，則顯見爲一政治上之理想主義。至于董仲舒之以此六字中之元爲天之元，謂此六字之旨，在教人王：「以元之深，正天之端；以天之端，正王之政；以王之政，正諸侯之卽位；以諸侯之卽位，正境內之治。五者俱正，而化大行。」（春秋繁露二端篇）何休本之而言五始；則更爲公羊家之政治的理想主義之推演；非如穀梁家之矜愼，唯于此說一謹始之訓所許可者矣。至于對此中之所以不書公卽位，則公穀皆謂是成公志，或成公意。卽謂隱公本有讓桓之意，則其卽位，亦非意自欲卽位；故依其意，而不書卽位。隱公本有賢名，今謂其原有讓國之意，故不書其卽位，卽所以顯其讓國之意。此乃如後之佛家之以不說爲說。公羊、穀梁，皆稱隱公之賢。然穀梁則以隱公不當有此讓國之意，而公羊則謂隱雖長且賢，而卑，桓則幼而貴，隱宜當讓桓，此則有畢竟此讓與不讓，何者爲合禮、或合理之問題。

此中關于何者爲合禮、合理之問題，關連于依其前之宗法制度下畢竟何者爲合禮，及依儒家之言道德上政治上之義，何者爲合理之問題。依穀梁范甯集解鍾文烝補注謂，隱爲長庶子，原當立。左傳昭二十六年亦云「王后無適（嫡子），則擇立長，年鈞以德」。隱旣長而賢，固當立，而不讓桓。然左傳記「桓公之母仲子，生而有文在其手，曰爲魯夫人」。蓋桓母亦嘗實爲魯夫人，故公羊家謂桓公之當立，爲「子以母貴」，則隱公雖長且賢，亦當讓桓。此當時之禮制畢竟如何，如陳立公羊義疏所記，則又有文家，質家之說等，其爭論甚繁，今不擬及。然純依義理說，則左傳隱公三年傳云「賤妨貴」「少陵長」「淫破義」爲六逆之三。依儒家之禮義標準，長幼、貴賤、及賢不賢、各爲一標準。隱公長且賢，而得其二，桓公只母貴，僅得其一，則仍宜說隱公當立，而賢德亦正爲儒者之所重。則穀梁之言隱公當立，亦不當成其父之邪志而讓位，以成其父之惡，方得爲孝子，卽全部是自道德上之義理立論。此自道德義理上立論，非只自一端之道德而論。如自一端立論，則順父之志，亦爲孝。然父之志不正，則依義卽不當順，不順，方合乎道。故穀梁傳僖二年，有「雖通其仁，以義而不與也，故曰仁不勝道」之語。仁之所以不勝道，亦猶任何一端之德，皆當更以他端之德衡之，以定其是否合于義，方爲合道也。在此點上，穀梁之言合道之旨，實有精處。故朱子謂穀梁之義理精也。然公羊家之從長久之禮制上着眼，依子以母貴之原則，分嫡庶以定尊卑，更不雜以賢與長之標準；則可免于君王之本其私愛，以擅定太子。此卽可絕君位之紛爭，而安天下。則其在政治之事上，所慮者更大且遠，而亦合乎立君之大義。觀此穀梁與公羊之不同，亦卽純道德理性主義之大義、與政治上之理想主義之大義之不同也。

此上所說公羊與穀梁二家之不同，唯舉其對隱公元年春秋經只有「元年春、王正月」之六字，而無公卽位之語之解釋爲說，以見其以義斷事之評論，乃各爲一型態之思想。其餘公羊穀梁，對春秋文句之解釋之異同，皆非今所及，而屬于專家之學。要之，穀梁之道德意識極強，可用之以修德。公羊之道德意識，則卽在其爲來世立法建制之政治意識中。此乃與漢之爲大一統時代，最有待于建新制、立新法之需要，更爲相應者，故公羊學遂爲漢代最顯之春秋學。此公羊家在漢代之發展，則董仲舒代表一階段，漢末之何休，又代表一階段。

三　董仲舒之春秋學

漢志儒家有董仲舒百二十三篇，隋志始有春秋繁露八十二篇，宋人于董書遂或疑或信。明胡應麟少室山房筆叢九流緒論，謂二者異名同實。今本此書以觀董子之講春秋，蓋承公羊傳而更進。公羊傳之義，唯散在注文，而未嘗合爲體段。董子之書，于春秋義，則分篇而論，一一皆成體段。故春秋繁露既爲說經之書，亦一家之言，而經子之學，于是乎通。董仲舒又爲賢良對策，論當今之制度，並傳嘗以春秋義決獄。漢書藝文志，亦載有公羊董仲舒治獄十六篇。姚振宗漢書藝文志拾補，謂當在董子明經術之書之外。隋志載有董仲舒春秋決事十卷，唐志有董仲舒春秋決獄十卷，蓋篇卷分合不同，而爲同一之書。則董子之學于古之經學，亦通其用于今世。史記太史公自序，謂孔子言「我欲載之空言，不如見之於行事之深切著明也」，故退而修春秋。然春秋亦只道古人之行事。孔子尙未能如董子之以春秋之義決獄，而建立學官之制于其當世也。

董仲舒之春秋繁露，依今本諸篇之序次，前十七篇皆專說春秋之義。由第十八篇至二十八篇，則多及于政治制度；二十九篇至三十一篇，總說人之仁義仁智之德與人性及爲政之道；第三十八篇以下，則發揮陰陽五行之義，以言天人合德與郊祀之義。其言春秋之義者，乃卽春秋之文而知其義，就春秋所述之事而知其志。首楚莊王篇言春秋之貶討，「常于其嫌德者，見其不得也」，又言「春秋文約而法明，尊禮而重信，信重于地，禮尊于身」，「春秋賢而舉之，以爲天下法」。此皆謂春秋重在道德判斷上之決嫌疑，以定是非，貶討不賢，而舉賢以爲法。而其所本之原則，則可謂之爲道德上之「禮信尊貴于土地之物與身體之形軀」之原則。此卽爲一道德上之理性主義。其繼言春秋分十二世，有見三世，有聞三世，有傳聞三世。「于所見微其辭，于所聞痛其禍，于傳聞殺其恩，與情俱也。……屈伸之志，詳略之文，皆應之。吾以知其近近而遠遠、親親而疏疏也，亦知其貴貴而賤賤、重重而輕輕也，有知其厚厚而薄薄、善善而惡惡也，有知其陽陽而陰陰、白白而黑黑也。百物皆有合偶。偶之合之，仇之匹之，善矣」。此則本公羊傳哀公傳之「所見異辭、所聞異辭、所傳聞異辭」，而更說之。此卽見春秋之文之屈伸詳略，皆表現近近遠遠、親親疏疏、厚厚薄薄、善善惡惡、以顯其當顯者，是其當是者（陽陽白白），隱其當隱者，非其當非者（陰陰黑黑），而分辨其價值之等差之旨；以與事之爲所見、所聞、所傳聞者，相合相應。則人之學春秋之義，當有分辨事之價值等差之意識，以作判斷，而「別內外，差賢不肖，而等（分等）尊卑」，則亦可知矣。故春秋之道，非只立一普遍之價值原理之道，而是立種種差等之價值判斷之道也。

楚莊王篇再下一節，則爲言春秋之道，乃奉天而法古，又言「聖者法天，賢者法聖」。此法古卽法古聖，以共奉天。然下文又謂新王必改制。此「非改其道，非變其理」，唯新王「受命于天，易姓更王，非繼前王而王也。若一因前制，修故業，而無有改，是與繼前王而王者，無以別。受命之君，天之所大顯也。事父者承意，事君者儀志，事天亦然。今天大顯已物，襲所代而率與同，則不顯不明非天志。故必徙居處，更稱號，改正朔，易服色者無他焉；不敢不順天志而明自顯也。若其大綱，人倫道理，政治教化，習俗文義，盡如故，亦何改哉。故王者有改制之名，無易道之實。……大改制于初，所以明天命也；更作樂于終，所以見天功也。……應其治時，制禮作樂，以成之。成者本末質文，皆以具矣」。人奉天志，則天道之志，爲其本其質；改制作樂，則其末其文。其謂樂者「作之于終，而名之以始，重本之義」。則是謂文反于質，末還于本，以應天，而「人心之動」與「天」，乃「離而復合」。是卽天人二者之離而復合也。

春秋繁露第二篇玉杯更言：「春秋之論事，莫重于志。……志敬而節具，君子予之知禮；志和而音雅，則君子予之知樂；志哀而居約，則君子予之知喪。……志爲質，物爲文，文著于質。質不居文，文安施質？文質兩備，然後其禮成。」此則略同孔子言「文質彬彬」、荀子言「情文俱備」之旨。其下文更言「春秋之序道也，先質而後文，右志而左物」，卽見董子之意，尤重志質之先備。人之志質，當「賢法聖，聖法天」，君皆當以聖自期。故董子下更言春秋之法，「以人隨君，以君隨天」，以「屈民而伸君，屈君而伸天，春秋之大義也」。此卽人之志質之上達，以由賢而聖而天之事也。人之志質本于其性，而董子下文言「人受命于天，有善善惡惡之性，可養而不可改，可豫而不可去」。由此而人亦必當對世間之善惡，作善善惡惡之判斷；故言「春秋正是非，故長于治人」。蓋春秋之表是非之書法極嚴，能于人「繫之重責，使人湛思，而自省悟，以反道」，「重累責之，以矯枉世而直之；矯者，不過其正，弗能直」。此中董子之舉春秋書趙盾弒其君之例，以言春秋之嚴于責備賢者，所以矯枉，正有如法家之言重刑。然刑必實傷人身，春秋之重責，則唯在「使人省悟，以自反于道」。法家乃尚嚴刻之刑罰者，春秋則儒者所宗之書，而尚嚴刻之道德責訓者也。以嚴刻之道德責訓，代法家之嚴刻之刑罰，則董子言春秋之有契于法家之旨，而亦以儒易法之一道也。昔人多謂春秋爲聖人之刑書。（如邵康節皇極經世卷八，湛甘泉文集卷十七春秋正傳序），蓋亦董子之旨也。

春秋繁露第三篇竹林，則首言春秋之常辭，不予夷狄而予中國。然「今晉變而爲夷狄，楚變而爲君子」，則易其辭以爲褒貶。下文更言春秋之重賢與重民，故戰伐必書傷。又春秋之法，必責「苦民、傷民、害民、殺民」，惡「不任德而任力、驅民而殘賊之」，故疾「德不足以親近，文不足以來遠，而斷斷以戰伐爲之者」。此則本儒家愛民之義，以言春秋之義。至于春秋惡詐擊，而善偏戰，恥伐喪而榮復讎，則春秋固有義戰。然此義戰，「比之詐戰，則謂之義；比之不戰；則謂之不義。……戰不如不戰，然而有所謂善戰。不義之中有義，義之中有不義，辭不能及，皆在于指。非精心達思者，其孰能知之」？此言義不義以相比而見，而不義之中有義，義中有不義，即言春秋之義與不義，非只抽象的相對相反，而亦有其相涵與相攝，當以精思爲之辨。其下文更言義有大小，小不義者，可以成大義。如司馬子反爲臣「內專政而外擅名」，似爲不義；然爲其有慘怛之恩，不忍餓一國之民，使之相食，則是「大爲仁者，自然而美」。故春秋之道，有常有變。故「禮者庶于仁，文質而成體者也。然今使人相食，大失其仁，安著其禮？方救其質，奚惜其文？故曰當仁不讓，此之謂也。春秋之辭，有所謂賤者，有賤乎賤者，則亦有貴乎貴者矣」。此則謂義與善，有其大小高下之差。人遇特殊之變，則當依義之大小高下，以爲權衡，而不能拘于常禮也

下一節更言何謂知權，如逢丑父殺其身，以生其君，爲不知權；而祭仲措其君于人所甚貴，以生其君爲知權。蓋丑父之生其君，乃「使之冒大辱以苟生。故春秋示之以義也。國滅，君死之，正也。正也者，正于天之爲人性命也。天之爲人性命，使行仁義而羞可恥，非若鳥獸然，苟爲生、苟爲利而已。是故春秋推天施，而順人理，以至尊爲不可以生于至辱大羞。故獲者絕之，以至辱爲不可以加于至尊大位，故雖失位，弗君也。已反國，復在位矣，而春秋猶有不君之辭。……丑父大義，宜言于頃公曰：君……今被大辱，而弗能死，是無恥也。……請俱死，無辱宗廟，無羞社稷。如此雖陷其身，

尚有廉名。當此之時，死賢于生。故君子生以辱，不如死以榮。……由法論之，則丑父欺而不中權，忠而不中義」。此節所言之義，甚正大莊嚴，確是孔孟之愛人以德之旨。愛人以德，而于君之受大辱者，請與俱死，而不只願其君之苟生。此方爲大權大義。本此義立論，而以春秋所記之史事爲例，則先儒所未及，而董子及之者也。

凡此春秋繁露之前三篇之所及之春秋之義，皆純依儒家之道德理性，以成其褒貶之判斷，于穀梁所具之義，董子亦具有之。不可謂其無穀梁學也。然董子所論之義，則前後次第相連，以由粗及精，由淺及深，亦自成其義理之體段，則遠非穀梁之所能及。其中如王者必承天志，不變道而改制，則爲公羊義。然董子之發揮此公羊義，則在其後之他篇，而不在此三篇也。

春秋繁露自玉英、精華以下，至十指九篇，或散說春秋之所褒貶之善惡，並決其嫌疑，或總說其指要，乃純粹之解春秋文義之篇，而非吾人所擬述者。當知此董仲舒之解春秋之義，與一切公羊學者穀梁學者，以及謂左傳亦是解經之傳之學者，同有一根本之信仰，即春秋全是孔子之賢賢賤不肖，而善善惡惡之書。故視春秋經之文，字字句句，皆有義理。其所以于同類之事，其書或不書，以及其所書者之不同，皆必由其事之性質、與其價值意義、或道德意義之所不同。如上所述同此元年正月，或下書一事或下不書事，或書公卽位，或不書公卽位，春秋家卽于此思其意義之畢竟何在，是其一例。此外，春秋于一事或書時或不書時，或書月或不書月，或書日或不書日；或書其事發生之地，（如春秋隱元年夏五月之鄭伯克段于鄢之地）或不書其地，或書作事之人之名，或只書某國之人，（如楚人）或更易其人之稱號。春秋于一人與他人共作某事，或用「及」，或用「會」，或用「暨」；于同是戰爭之事，或用「伐」，或用「戰」，或用「獲」，或用「執」。又史有一事，春秋書之，或不書之；于一事書其此一方面，或書其另一方面。以至于春秋經之所說之事，以他書參之，明不合史實，亦有似為誤記者。凡此等等，春秋家皆無不一一求其義之所存，而歸在發現春秋之如此如此書，皆有孔子之賢賢退不肖、善善惡惡之旨，存乎其中。人果能于此春秋之文，一一皆見此孔子之旨，則此春秋所記之全部歷史，皆卽化為一處處啓示一價值意義、道德意義之歷史；而歷史之世界，與紀此歷史之文字之世界，皆全部化為充滿價值意義、道德意義之世界。此可稱為歷代春秋家之所以必繼踵相接，窮老盡氣，以求通此春秋經之文之精神動力之所在。此其所依之信心，實亦至貞固而誠虔，其目標亦偉大而莊嚴，為吾人所不能不先加以正視者也。然若春秋經之原文，只是史官所為，其紀之事實，亦容有誤，其文亦容有脫譌；孔子修之亦可只潤其文，更不必一一皆依先懷之一定條例以用辭；卽有條例，亦可只是史法，不必是處處隱喻褒貶；則此春秋家之皓首窮經之事業，必遭遇無數之疑難。然此疑難，又皆有改易其解釋，而更加以解答之可能。此亦如今人于一切敍述事實或誤述事實之語言，皆可探其何以敍述此事實此方面，而非彼方面，何以用此語言，不用另一類似之語言，以及人何以說錯一語言，之心理的動機，而見其皆有其意識中，或下意識中之價值的取向。今若設定其人為聖人，于善無不好，惡無不惡者，則吾人固可謂其任作一言，皆表現其好善惡惡之情，而有道德的價值意義，存乎其中，待人之發現也。此卽春秋學之所以永遠爲一可能之學之根據。亦是古今之學者，必繼踵相接，窮老盡氣，以求其義，亦自信其必能得其義之信心所依之根據。此亦如基督敎佛敎之宗敎徒，于新舊約之文或佛經，無不信其文皆有神聖意義，而亦皆信其意義，可爲人所知，而更依之以起信也。此理，讀者可自思之。然此亦非謂其求解釋意義時，不經種種疑難之謂。觀董仲舒之釋春秋經，其所感之此種種疑難，則又正爲更多于前此之公羊穀梁之家之所感，而又終能更自加以解釋，以得維持其信心而不變之第一人也。

對此春秋經文之解釋，可有種種疑難，董仲舒前五卷所述及者已多。其答春秋文何以于同類之事異文，何以于不同類之事同文，要不外更于同類之事中求其異，或不同類之事中求其同，以爲解釋。而此于同類之事求其異，非必自事之本身說。此或是就事之爲作春秋之所見、或所聞、所傳聞之異，而說；或是就其事之爲作春秋者，其國之事，所親近之諸夏之事，或較疏遠之夷狄之事之異，而說；或其事之是否爲其親者或賢者或尊者之所爲，而說。春秋有所見異辭，所聞異辭，所傳聞異辭之義。後何休本之說張三世是也。亦有于其國之事、諸夏之事、夷狄之事、亦異辭之義。此與穀梁哀七年所謂「春秋有臨天下之言焉，有臨一國之言焉，有臨一家之言焉」，其旨初無不同。何休所謂異外內是也。又有爲親者諱、爲賢者諱、爲尊者諱之義。此皆是就作春秋者與所述之事之人之關係之異，而異辭。凡此等等，與前所說之義中有不義，不義中有義，以及嚴于責備賢者等，皆可作爲解釋「事同而春秋之辭異，而褒貶異」之種種原則。此外，于事之同者，其志或異。設定其志之異，則亦可說明事有而辭無、事同而辭異之故。又事之異而辭同者，亦可就其同其志，或同屬賢者、尊者、親者之所爲等，以說明其辭之所以同。至于事之屬于此人，而加于彼人，其人無其事而說有其事，似明屬誤記者，本當用此名，而春秋不用此名以名之，「實與而文不與」者，則董仲舒稱之爲春秋之詭辭。詭辭者，「詭其實以有避也。其書人時易其名，以有諱也。故詭晉文得志之實，以代諱，避致王也；詭莒子號謂之人，避隱公也；易慶父之名，謂之仲孫，變盛謂之成，諱大惡也。然則說春秋者，入則詭辭，隨其委曲，而後得之」（玉英篇）。此卽所謂「春秋無達辭，從變從義」（精華篇），「春秋有詭辭，而無達辭」。若然，則凡人于春秋文中，其記事與用名之誤者，于人之當貶者未貶，當褒者未褒者，皆除可依其「義中有不義，不義中有義」，以說其意在責備賢者之外；更可說之爲對賢者、親者、尊者，有所諱，而轉移其褒貶于他人。則春秋之文，卽無往而非意在善善惡惡，而寓褒貶。其辭之變，而同事不同辭，更無達例，其志亦恆在寓褒貶，以「恆從于義」。然作如此說，自邏輯之眼光衡之，則又正可反證春秋之原文或本無必寓褒貶之意，其旨唯在紀事；其紀事之辭，亦未必依一定之條例規律而爲之。誠然，事自必有善惡，事之善者，人必好之而褒之；事之惡者，人必惡之而貶之。則凡紀善惡之事者，亦必當同時有此褒貶之心；其依此心以紀其事，亦必自然用若干有褒貶等價值涵義之辭。

此則固可說。然何以知此釋春秋者之褒貶，卽紀其事者心存之褒貶？又何以知紀其事者，所用有褒貶涵義之辭，皆先嘗自覺地依一定條例規律而用之，以全然自相一致？則此乃永不可對證者。則釋春秋者，如董仲舒所見于春秋之辭中所褒貶之善惡，亦唯是其所見者之如是如是而已。他人于春秋之事，所知者不同，所見之善惡不同，而褒貶不同，則亦可更有其對春秋之不同解釋。此卽三傳學者之所以相爭無已者，恆多不能決之故。然其皆共信春秋之文所紀之事，有其善惡之價值意義，而皆欲透過此春秋之文，以發現充滿善惡之價值意義之歷史的世界，則如前文所說。其相爭無已，而莫能決，則又可見此史事之善惡之價值意義之有不同之方面，而可分別次第展現于後人之心思之前。後人于此價值意義，能見其遠者大者，則其春秋學之價值，亦更遠且大。董仲舒之所見，固遠大于前人。今徒本邏輯之眼光，對之加以評論，則又評者之卑陋也。

四　董仲舒之文質三統之更迭為用之道

董仲舒離合根以下之篇之文之論政道、制度、德性、陰陽五行者，不能謂其一一皆是春秋學所必當涵。然董仲舒言政道之意，在奉天道，以成就大一統之治，則亦原于公羊之義，如上所及。茲按春秋傳有天王之名，以名魯君，顧亭林日知錄卷四謂：「以當時楚、吳、徐、越，皆僭稱王，故加天以別之，以表無二尊而已。」然此天王之名，亦畢竟爲一時代之新觀念。孟子嘗言天民、天吏，而未有天王之名。言天王，則示人以此王爲天之王，亦當法天道，以有成就天下之大一統之政道。王者欲法天道，自當觀天之陰陽、四時、五行，天之災異與祥瑞，則董子之學，自可通攝陰陽家之學。然董子之天，爲唯一之天神，則不同陰陽家之五德終始之說中之五帝，乃次第當令者。五帝次第當令，則天神不一而無統，而人王之法天，亦只能依五帝之序，而法其一。此可爲人間政治之當有禪讓革命之一理論基礎，而未必可爲天下之大一統之理論基礎。天下爲一統，則天亦只有一天。然天雖只有一天，又不能言人間之文化政治制度，一定永定而不變。此則唯有使人間之文制政制之變，如天之四時之變，以周而復始，則雖變而皆有所應合于天。董子有三代改制質文之論，卽以人間之文制政制，當隨時代而變，亦周而復始者。然此人間之文制政制之形態，則基本上爲三，而其道則皆與天相應合而變，以不失其統者。故曰三統。此則不同于陰陽家依五德以言其形態爲五，而分別與五帝德相應合而無統者矣。

關于董子之言一天，而視之爲一降天命之天神，以統陰陽四時五行之義，乃董子之形上學宇宙論或宗教哲學，其旨吾已詳及之于中國哲學原論原命篇。董子之言性，則吾已詳之于原性篇。今皆不擬重述。此下所擬述者，唯是其三代改制質文言三統之義。

此董子之言質文三統，蓋原自禮記中「夏尙忠、殷尙質、周尙文」，三代之制不同之論，更可上溯至論語所記孔子言虞夏商周四代之禮不同之旨。此乃一純依人文禮制之變所形成之歷史觀，而初不同于陰陽家之兼依自然界之陰陽五行之變，所形成之歷史觀者。然董仲舒生于漢代，亦不能不對陰陽家所傳五帝德之說，與以一相對之承認。此卽其三代改制文質篇中，于周殷夏三代之前，更言五帝，于五帝之前，更以軒轅爲皇帝，以成九皇之說。此卽以三代之三統之說爲主，而將五帝之說納于第二義，更以一皇帝爲此三五之所自始。其所論之要義之所存，則不在言五帝之代表五形態之德與制度，而要在言三代之三統，所代表之三形態之德與制度也。

此董仲舒之三代改制質文篇中之三統，乃代表三形態之禮文之統。其稱爲黑白赤三統，乃自此三統之禮文中，種種朝服輿馬旗寶牲之物，乃依白、黑、赤三色而異，以更說其中冠婚喪祭之禮與樂，以及爵祿、郊宮、明堂之方圓之形狀之制異。依三統而改制，在以白統繼黑統，以赤統繼白統，而三王之道若循環，以隨新朝，而耳目一新。至于三統中之禮制與政制之精神，則不外一商一夏，一質一文之更迭。「商質者主天，其道佚陽，親親而多仁樸，故立嗣予子，篤母弟，妾以子貴；夏文者主地，其道進陰，尊尊而多義節，立嗣與孫，篤世子，妾不以子稱貴」。周尚文以易商之質，而春秋之新王，則當更返周之文，從商之質。赤白黑三色之制，「三而復」，文質之制，更迭爲用，稱爲「再而復」。然文質之制中，又各有二制，彼此相別，合爲四法；其更迭而用，稱爲「四而復」。文質之制之四法，皆可次第更歷赤白黑三色，故共爲十二色之制，以更迭爲用，以常新一時代之耳目觀感。此董子對三統文質之制度內容，種種構想，今人已難發生興趣。唯當心知其意，乃重在言一新時代應有一新時代之顏色與禮樂，而文質之制，則當相代爲用。卽親親之仁樸與尊尊之義節，當相代爲用。其言春秋當新王之意，在由文返質，故當重仁樸。故上文說言春秋之義，重愛民之仁，「方救其質，奚恤其文」。此春秋之新王，卽孔子之理想，而期之于後一時代者，亦卽此漢所當依之而改制者。以董子觀秦政之重刑法，卽由于偏尙在義，爲陰德。故救此秦之敝者，則正爲春秋之尙陽德而尙仁，亦卽以尙敎化代尙刑法之政。此春秋之義，卽有爲後世或漢制法之意義；而春秋之爲書，其用亦卽在當今之變法改制矣。

又依此董子之三統之說，則一新朝新王起，同時亦封前三代之王，使存其宗祀，行其禮樂。如周之時，仍有杞宋之爲夏殷之後。春秋之公羊穀梁，原有興滅國繼絕世之義。此卽謂一新王之起，只是舊王之退，而自封百里。新王次第起，歷三王，而舊王退居于五帝之列，歷八代而退爲皇。歷世愈遠，而其名號則由王，而帝，而皇，以益尊。尊之極，而出于九皇之外，由皇轉而爲民。然當新王之初起，則前二代之舊王之宗祀禮樂，仍存于其所封之百里之地，以與新王，並稱三王。此則非于前王之宗族，加以斬盡殺絕，滅其宗祀，亡其禮樂之說。乃意在使人間之王者之政權之遞禪，仍有其共存共榮，以見三統之禮樂人文，既相續而亦並存；亦不似一般言禪讓之說者，對禪讓之王，無所交代者。此其構想實甚美，亦合仁義之道，而具深情。此乃當時依陰陽家之五帝德之相尅或相生，而言革命禪讓之說者，所未能有之一構想。後董仲舒之弟子眭孟，嘗言漢德將終，漢帝宜退位，以自封百里之地。此正是承董仲舒之敎而說。眭孟亦蓋以爲漢德衰，而其君讓位自封百里，以存其宗祀禮樂，乃理所當然，亦合乎仁義之道者也。

此董仲舒之由公羊家春秋當新王之旨，以言三代之質文改制，春秋之敎對未來時代之意義，即最表此公羊學之爲一政治上之理想主義之精神。故後之何休，以公羊家爲作非常異議可怪之論者。何休之公羊學，固大皆承于董子。然其張三世之說，友人段熙仲先生公羊春秋三世說探原（中華書局中國文史叢刊第四輯）考其兼原于緯書。除張三世外，如存三統、三科、九旨、五始、七等、六輔、二類之名辭，一一爲其所提出，卽可使人于公羊之義，易有一總持之把握。然其公羊解詁之書，則爲專門之學，非今所及。何休只爲一經師，不同董子之一大儒，能以其學影響于當世制度之若干變革者。公羊之學，至清而大盛。清中葉言公羊學者如莊存與、宋翔鳳、劉逢祿，固未必有以之影響時政之意。然至魏源、龔自珍，則論及時政。至康有爲，更著春秋董氏學，而言變法改制。清末言公羊者，如陳立、皮錫瑞等，則仍止此經生之業，有如漢之何休。則董與何，亦公羊學之二型也。

漢人之春秋學以公羊爲最顯，而左傳穀梁之學，亦不絕。爲左傳之學者，自劉歆起，卽爲左傳屢爭立學官，終不能如公羊學之盛。後漢乃有服虔、賈逵之重左傳。至杜預，而言左氏之義例，亦寓有褒貶之大義，遂成晉世之顯學。杜預之言左氏傳之義，謂「弒君稱君，君無道也」，則許有臣子之革命，說者謂其足以助司馬氏之纂弒。則左傳之學，亦有對時代政治之意義。左傳之爲書，紀史事較詳。史無不變，而習史者亦莫不重當今之變，而求所以應之。故清末之爲左氏學者，如章太炎、劉師培，亦能順時代而爲革命。柯劭忞注穀梁謂其言九旨之譏貶絕等，尤密于公羊。蓋其對史事依道德理性，以制是非，義正辭嚴，以寓勸戒，故可助教化。然不足以爲變法革命之所據。至于由唐至于宋，以己意去取三傳，以說春秋者，如孫復之春秋尊王發微，胡安國之春秋傳、明春秋尊王攘夷之旨，以救宋之積弱，則亦見春秋對其時代之文化倫理政治之意義者。近世之爲今文學者，如皮錫瑞、康有爲講春秋學，而說互不同。然皆以春秋之旨只是藉事例明義，以至一切經之旨皆然。此無異謂春秋經文，與一切經旨之所歸，卽在論義理之哲學。今觀中國之歷代春秋之學，亦實爲一爲歷代之學者藉說春秋之史事，以表現其道德判斷，並寄託其對當代與來世之文化倫理政治之理想觀念或義理之學者。今能知此義，則吾人雖可不信春秋爲孔子依一定之條例，而寓其褒貶之著，其初當只是史；亦無礙此歷代之春秋學者，藉事明義之論，自有其價值；而待有能爲一春秋學史者，就其所明之義，一一舉出而出之，而併攝入于哲學之義理之世界之中，以觀之。此固非吾之疏陋之所能及。吾今玆之所論，亦唯在指出此春秋之經學，亦未嘗無若干哲學義理或道，存乎其中而已。

第六章　漢代易學中之易道及其得失與流變

一　略說歷代易學之多方及學易之興趣之種種，與漢易之問題

易經一書原爲卜筮之書，釋易者首有繫辭傳，其釋易重在說其義理，前已論其大旨。漢初如淮南子、董仲舒春秋繁露，以至劉向之說易，亦皆主義理，切人事。皮錫瑞易經通論嘗言之。皮並謂田何、至施、孟、梁邱之易，當是如此，是爲易之正傳。至孟氏、焦氏說易，雜陰陽術數，爲易之別傳云云。然田何與施、孟、梁邱之易如何，不可考。在漢代之易學中，如孟氏易、焦氏易、京氏易、荀氏易、鄭氏易、虞氏易，則各爲一家之易學，皆略可考。而其所重者，則皆在易之象數。此當說爲漢易之正宗。皮氏之說，未見其可。

然漢易之後更有魏晉之易，如王弼、韓康伯之易，皆反漢易。宋人言易，又別有先天圖之傳，而兼不同于漢魏之易。明末淸初之人，又反宋易，今人又以西方之科學哲學之觀念言易。民國初年杭辛齋學易筆談，自謂其搜求各家易經，已得六百餘種，與見于著錄者相較，尙不過十之三四云云。此各家之易，皆多欲依種一定之原則，以注釋易經經文，而蓋皆有所通，亦恒有所不通，故接踵相繼，而

爲說各不同。然易經一書中經文中，所繫于卦爻之辭，是否皆依一定而前後一致之原則而作，一一皆確定不移，則是一根本之問題。吾人如據毛奇齡春秋占筮書（皇淸經解續篇卷十五至十七）所輯國語左傳所記其時人對易之卜爻之解釋之方式而觀，皆似只就當時之人所遇之事，而隨機加以解釋。則易經經文所繫于卦爻下之辭，亦可能初爲人已有之解釋之集結，而加以整齊化者。蓋非必由一人于一卦、一爻，繫某某之辭，皆依于其先所自覺的建立之種種概念原則，然後唯繫此若干之辭，而不繫以其他之辭也。由此而後人之先自覺的建立種種概念原則，以求通其卦爻之辭者，卽未必能說明易經經文之繫此辭，而不繫彼辭之故。此當是後人對易經一書，不斷求予以一新解釋，而終難有圓滿之解釋之一理由所在也。

至于昔人于易經文，終難有圓滿之解釋，而後人仍不斷求新解釋者，則除由此書傳爲孔子所刪定外，亦由于此書之似有一吸引人興趣之魔力。此可說由于此書中之卦爻之關係，與其相互之變化，卽引起人之一審美的興趣。此書以抽象之線條，象徵種種具體事物，而此抽象線條兼有一般文字之意義，卽使人于一般文字之符號之外，另見一符號之世界，而自一般文字之符號得一超拔之途，以向于一可容人之自由安排之抽象線條所集成之世界，亦當下使人之心靈由觀此線條，而得一簡單化、空靈化，如超升至一形上之純意義之境界。此卽可引起人之作形上之觀照的興趣。又易經一書之藉卦爻之變化，以象徵時空中物類之性質數量之變，卽連繫于種種物類，在時空中之升降往來出入進退之形態。此種種形態之概念與時空數類性等概念，皆如一般西方哲學中之範疇，而有普遍必然地應用于自然萬物之意義者。此卽又可引起人之一般哲學科學的自然知識的興趣。用此知識以制器養生，則可引起技術的興趣。再此易經之爲卜筮之書，示人以吉凶禍福，則連于人之求預知未來之興趣。其示人以吉凶禍福，而連帶教人之所當爲不當爲，則又引起人之辨道德倫理政治上之是非善惡之興趣。此易經之書，兼能引起人之種種興趣，在繫辭傳，正有相類之語。繫傳嘗謂「易有聖人之道四焉：以言者尙其辭，以動者尙其變，以制器者尙其象，以卜筮者尙其占。」辨是非善惡以成行爲，卽以動者尙其變也。本審美與形而上之觀照，與自然知識而有言，亦以言者尙其辭也。此易經之能引起此種種興趣，蓋卽中國之古今之才智之士，恆欲求對此書加以解釋，愈感其不易得一圓滿之解釋，而愈欲求解釋之之故也。

由易經一書之可爲人之種種興趣所聚集，而恆在可解不可解之間，故此書在中國書籍中，成一具神妙性之奇書。然人對之之興趣，亦可說有其所偏重。此偏重之興趣之不同，亦正爲歷代之易學之所以分流之故。如人之預知未來及技術之興趣濃者，則恆視易經爲示人吉凶禍福卜筮之書，或更連之于易所示之對宇宙自然之知識，以求趨吉避凶、求福免禍之術，以論易。人之醫術、命相、堪輿之術，以及其他制器用物之方術，卽皆助人之趨吉避凶、求福免禍者。由此而易學卽恆與醫卜星相之學相連。至人之道德倫理興趣重者，見易之言吉凶禍福，必歸于教人明是非善惡，則其易學恆與道德倫理政治之學相連。此則始于繫辭傳，而大顯于程伊川、王船山之論易。而宋之李光、楊萬里之以史事言易，亦卽重政治倫理道德之事者也。至于人欲由有象之具體物，求超升至無形，以作形上觀照之興趣重者，則見易學與形上學或玄學之相連。此則如王弼之易學，于一卦中重論主爻，以由繁歸簡，由有象以言忘象；又如王船山之易學之重由卦爻之變化以觀宇宙之生化。至人對一般哲學科學中自然知識之興趣重者，則或重易經之卦與圖之如何形成，如邵康節朱子之溯八卦之原始于太極之分爲兩儀四象，而連于若干數理，及對自然宇宙之基本知識以論易；或重易經之卦爻之變化之原則，如焦循之以旁通、時行、比例，言易卦易圖之如何形成，而卽以其卦爻變化之原則，爲自然宇宙之形成之規律。然此後世之易學之流，多導原于漢代之易學。此漢代之易學之本質果何所在，其所示之易道爲如何，則吾人所今當先說者。

吾意此漢代之易學之本質，初乃一由卜筮以預知未來之興趣，與一般哲學科學之自然知識之興趣，道德倫理政治興趣之複合物。其中心問題，則爲如何依于當時之自然知識，配合于五行之系統，與易經所原有之八卦系統，而求形成一整個之自然宇宙觀，以明天道，再用之于人事，以趨吉避凶，得福免禍，而亦可合于公認之道德倫理政治之標準者。故此漢代易學所賴以發展之興趣其方面最多，其內容亦可謂極駁雜。其中所較缺乏者，爲純形上學的、純審美的、及純重內心之道德修養的興趣。至于漢代易學家在求將當時之自然知識，與易經思想相配合之問題中，則求曆法與樂律之知識，與五行八卦之觀念，能相配合，又爲其中心。至于其在一般哲學與自然知識上之成果，則在提示出種種說明自然宇宙之變化之普遍的思想範疇，如時、空、數、類、序、位等，此須更次第說明如下。

此曆法之知識，原爲以農爲本之中國文化之所重。中國古代之教育，亦初爲樂官所掌。玆姑不論尙書之言夔典樂，至少自周已重禮樂。儒者尙禮樂，卽早有樂律之知識之積累。曆法中之有改正朔，初當由于歲差，而冬至之日，自然須由十月移至十一月，更移至十二月。冬至之日，如爲朔旦，乃表示月之顯其光明之始，與日之回陽之始。此中日月星三辰之交會，爲自然界之一大事。今如依此以定歲曆，則以歲差之故，曆法必若千年而改。曆法卽自然成專門之學。樂律之言五音十二律，亦爲一專門之學。何時中國始以音律與曆法並論，固難考定。然以樂律與天文並論，在西方之辟薩各拉斯、與近世科學家凱伯勒之思想中，皆有之。音律之旋轉相生，與天文之運轉、及時序之運轉，固原有相類似之節奏。則合律曆而觀，乃人原可自然生起之一思想。故呂氏春秋等書之繫十二之律，于十二月，漢書合律曆爲一志，蓋其原有自。然漢代之爲易學者，兼以八卦與五行之思想，論律曆，則另引起一套之問題。此中五行之系統，原與八卦之系統不同。八卦爲易所原有，五行之思想則自陰陽家傳來，以說四時、五方、地上之物類，與政治上之五德終始，以更擴及于政治上之官職之分、及五常之德者。易經中之坤爲地、爲土、坎爲水、離爲火，固屬五行之三；說卦說乾爲金、巽爲木，又似合于五行之二。然說卦傳所言之八卦方位，與五行方位初不同。言帝出乎震，齊乎巽、相見乎離……只有一帝而無五帝，亦明與五行系統不同。此前文亦及之。再易經之原書，雖言及時間，如臨卦彖辭言「至于八月有凶」之類，亦言空間方位，如坤卦彖辭言「西南得朋」、「東北喪朋」之類。又說卦傳亦爲以八卦定方位，但初並未爲六十四卦之每一卦，皆定以一空間方位與時序。易經之用九用六雖爲數，其筮法亦依蓍草之數定，如大衍之數一章所陳，然亦未明以一一之卦，配于一一之數。易經本文，亦未明論及音律與曆法與數理。總而言之，卽易經初無一套關于時序、空間方位、數、律、曆之系統理論，如五行論者之所爲。而漢代爲易學者，則必欲將此五行之系統，合于易經八卦系統，並連于當時之音律、曆法、數理等知識以爲論。此卽引致人之學術思想上之種種新問題。而漢代之易學，卽蓋皆緣此類問題，以次第發展而出者也。

二　漢世今古文易學之演變

漢易之傳，始于齊人田何。然田何之易學之本來面目，無可考。其傳至于施讎梁邱賀者，亦無可考。唯孟喜之易，則自謂出自田何。據惠棟易漢學卷一，言孟喜之學主卦氣，「以坎離震兌爲四正卦，餘六十卦，分主一年三百六十日之六日七分，又以辟卦十二，謂之消息卦。乾盈爲息，坤虛爲消，實乾坤十二畫也。又于四卦主四時，其二十四爻，主二十四氣。十二卦主十二辰，爻主七十二候云云」。此卦氣之說，亦見易緯之乾坤鑿度、與稽覽圖。此以卦配年曆時序，卽明爲學陰陽五行論者之所爲。依此孟氏卦氣之說，言一年之四時氣候之運，乃有其自然與當然之意義者。故惠棟引谷永之言「王者躬行道德，則卦氣理效，五徵時序；失道妄行，則卦氣悖亂，咎徵著」。可見此卦氣之論，亦兼在使人之生活，皆順天應時，而皆合道德，與陰陽家之旨固同。至其以人之所行不合道德，則自然之卦氣亂，並以此卦氣之亂，見人之失德失道，則依于天人恆相感應之信仰。此則亦如陰陽家之言人王必上應天帝之德而生，其當位之年，與天帝之當令之年，同其終始。唯孟喜更細言及在一年之中，人與天亦時時在相互之感應中耳。由此卦氣之與人事之相應，而人用易以占卜時，占得何卦何爻，卽知其時之如何，其時之自然之變如何，其相應之人事之變與吉凶得失又如何。此卽依卦氣以言陰陽災變之思想道路也。

依此孟喜之思想道路所見之此自然宇宙之易道，卽爲一有月、有日、有種種氣候之節度之宇宙，亦與陰陽家所論者同。然易經之六十四卦，乃由陰陽二爻之分居六位而成。今依此六十四卦中之陰陽二爻之或多或少，分居六位之情形之不同，而排列之爲一圓圈，以表一年之時序之周而復始，與其中之氣候之變，物類之生；則可使人于此一年中自然世界之變化，有一凌空而整全之一觀照性的把握，以使之合呈于人心之前矣。讀者可自取易漢學所載之圖而自觀之。

至于焦延壽則嘗自謂從孟喜問易。然人謂焦延壽乃得隱士之法，托之孟氏。今傳焦氏易林，或謂非焦延壽所著，而託之焦氏者。如余嘉錫四庫提要辨證子部卷三，考爲王莽時崔篆字延壽者之著。胡適之于史語所集刊，亦有文判決其出于崔篆。余、胡之說，當否不可知。至詳注其書者，則四十年前尚秉和有易林解詁一書。吾觀易林之以六十四卦中之每一卦，演爲六十四卦，共成四千零九十六卦。其推演之原理，唯是依于六十四卦，可視爲一互相涵攝之一全體之故。此爲其書唯一之哲學意義所存。孟喜既以六十四卦，配一年之時運，而一年之時運，旣周而後始，以往來不窮而相通；則任一時節或任一卦所表之一段時日，固可涵具通于其餘一切時日之意義，而表此段時日之卦，亦當涵具通于其餘諸卦之意義。依一卦中之諸爻之次第變，亦固可演出六十四卦，以更表狀此不同段之時日間之互相涵攝之意義；以見此不同段之時日，不只可總合之爲一全體，且爲此全體之各部份之各段時日，亦原是能涵攝其他部份，以自爲一全體者矣。

玆按今存孟氏易遺文與焦氏易林，並未特重五行與甲子之觀念。後之京房易，乃重之。漢書京房傳言其「長于災變，分六十卦，更直日用事，以風雨寒暑爲候」，此乃承于孟氏之易學而來。京房更言六十甲子各有五行，所謂納甲之說是也。京氏又有飛伏世應之說，以成八宮卦次之說。此或亦是承孟氏易而來。所謂「世」者，言一卦之可依其爻之次第變，以變爲他卦；而其變歷五世，又必將返回，以成其所謂游魂歸魂之變。今以乾坤坎離震艮巽兌各爲一世，又各合其五世與游魂、歸魂之變，即可衍生此六十四卦。此卽爲重此六十四卦之如何由八卦而衍生之次第，與如何可分屬于八宮或八類之旨。此一易學之思想，卽不同于孟氏易之似只爲自外排比六十四卦，爲一圓圈者，亦不同焦氏易之由其相涵攝，以推擴爲四千九十六卦者。此乃是自此六十四卦之全體之內涵，說明其構造，分別其所屬之宮，與其由八卦分別衍生之次序者。至于所謂「應」者，則是言六爻之動皆有應。一卦中前三爻合成之內卦，爲地，後三爻合成之外卦，爲天。爻之「動于地之下者（卽初爻），應于天之下（卽第四爻）；動于地之中者，應于天之中；動于地之上者，應于天之上。」此是言一卦之內外卦之爻之動之相應關係，乃所以言一卦之內涵之構造。至于所謂飛伏者，則飛卽顯，伏卽隱。陽見則陰伏于下，陰見則陽飛于上。則有某陽爻之卦，其下自伏藏另一有陰爻之卦；有某陰爻之卦，自有某陽爻之卦飛翔于上。此乃是言卦爻間之互爲隱顯，以相依而存之關係，亦屬于卦爻自身之內涵的構造。此中之八宮卦之爲八類之卦，其衍生有「次序」，一卦之諸爻之動，有「相應關係」，卦爻有飛伏「隱顯」，爲京氏所用，以說明六十四卦之內涵之構造之諸概念，亦卽可用之以說明自然世界中之物之變化範疇。自然世界之物，固可分爲「類」，有其衍生之「次序」，與其動變間之「相應關係」，並恆有其「隱、顯」—「所飛、所伏」之二面也。依西方哲學之術語言之，飛伏、隱顯、猶潛能與現實，有與無。相應關係猶因果關係。次序則可爲因果之次序，亦可爲類之大小之次序，復可爲時間空間與數之次序。然京房之八宮中之卦之次序演生，所表示之物之演生次序，則當是言一類之物在其次序之變化歷程中，卽次序化爲不同類之物，而又不離其初所屬之類者也。

京氏易學以八卦配五行，坎屬水、離屬火、乾兌皆屬金、坤艮皆屬土、震巽皆屬木，以合五行之數；更將六十甲子，分屬八卦，亦分屬五行。同屬土之坤艮，則由其所涵之甲子之不同，而其所涵之五行之不同，卽可見其差別。同屬金之乾兌，同屬木之震巽，亦然。此中，亦見一將八卦系統、與五行系統，及甲子紀時之系統，加以配合之苦心，或匠心。此外京氏易更以五行分配于天干之十，地支之十二。其目標，蓋在說明于此自然世界之時序之運行，可以八卦之八言之者，亦可以五行之五言之，又可以天干之十，地支之十二言之。由此而不同性質之類概念如「行」、「卦」、「陰陽」等，與不同之數概念如「五」、「八」、「十」、「十二」等，未嘗不可依其所說者之爲同一之自然世界之時序中之運行，而見其未嘗不相貫通，亦未嘗不同類。在西方思想，于表不同性質之數概念，恆趨向于求其最大類以爲之統；于表不同數之數概念，則恆惟賴對數之加減乘除之運作，以使之成等值。然依漢易學家之思路，則于表不同性質之類概念，表不同數之數概念，恆欲求其共表之具體事物，以見其雖異而同。而此整個自然世界，在時序中之運行，卽「行」、「卦」、「陰陽」、「五」、「八」、「十」、「十二」等概念，所共表之一大具體事物也。吾人若能知及此義，則于漢人之以八卦配五行，以五行言天干地支等說，卽皆可不視爲怪，而當視之爲一通貫人之對事物性質之類概念與數概念之一種思想方式或思想道路，而導人之思想以往向于具體事物之世界或自然世界，之整全通貫的認識者也。

至于荀爽之易學，則出于費直之古文易學之傳，乃重在分別卦以釋經文。故重言一卦自身之卦德，其中之陰陽爻之升降。此與揚雄擬易，而作之太玄，重一卦之卦德，依陰陽爻之升降，以定卦序之旨亦類似。揚雄之學固近古文家者也。荀爽言升降，謂乾陽居二，當升至五；坤陰居五，亦當降至二。此重陽之當升、陰之當降，卽兼一價值意義之說辭。此乃于京氏之言卦類，卦序、卦變、爻變及陰陽之互爲隱顯之外，更言陽之當升，陰之當降，以使陰陽得其正位，而合于當然之道，以喻賢人君子之當升而居貴，小人之當降而居賤。此其重陽當升，陰當降，以喻君子之當升，小人之當降之價值意義，則正有進于京焦氏易學偏在言吉凶禍福者。稍後之鄭氏虞氏易，皆言陰陽消息所成之十二卦。此十二消息卦之成，由陰陽之次第積累，其中有陽（或陰）逐漸增多，陰（或陽）卽逐漸減少之勢，則兼爲依于量之概念而成。鄭氏易，虞氏易，亦有貴陽、賤陰，貴君子、賤小人之義。虞氏易並歸于「乾元用九而天下治」。此可見東漢末期之易學重價值意義之趣向。孔穎達周易正義謂：「荀、劉、馬、鄭，大體更相祖述。」荀氏易出于費氏易。鄭氏注易，皮錫瑞謂其用費氏古文，則謂其爻辰之說，出于費氏之「分野」，當大致不差。鄭所謂爻辰者，卽言十二月不只可配乾坤二卦之十二爻所表之陰陽消息，如京氏易之說，且上應天上之二十八宿所在之方位。此不外兼以易卦配天上之星辰。至于虞翻于易學，更取日月爲易之說，而以易卦說月之弦望等象。此亦鄭氏以十二爻說星辰之類，而見東漢易學之重觀天上日月星辰之光明之思想趣向者。此外則虞氏之易，除自有其卦自何卦來之卦變說，異于京氏易外，又特重旁通之義。言一卦所旁通之卦，卽一卦之爻之由陰變陽，由陽變陰所成之卦。

此爻變之義，無異承京氏易所說陰陽之有其互爲飛伏隱顯之關係而說。京氏易自謂承孟氏易，此爻變之義，或亦原自孟氏。故張惠言虞氏易事卷一謂「費氏之易學，無爻變，故鄭荀之義，以坤輔乾；而孟氏之易則有爻變，故虞義以坤息乾」。此所謂孟氏易，卽上述之京氏易。坤息乾卽坤能生乾，由坤之爻之次第變，以變爲乾，而以乾爲坤所旁通之卦之謂也。唯虞氏承孟京氏易，特重此旁通之義，以解易之經文，于易之經文之一句一字，又皆依卦象爲之解釋。原卦之象不足，則除如鄭氏之易以互體爲解釋之外，兼用卦變旁通以及半象之說，爲之解釋，遂使經文之每句每字，皆若有交代。此卽清人如張惠言、曾釗等，皆特尊虞氏易之故也。

三　漢代易學之用于占卜與釋經文者之評論

上文已順歷史之線索，略言漢代易學之發展，今更將自一更廣大之觀點，總論其得失。此漢代之易學，一般稱之爲重象數之易學，以與王弼之易學之言忘象重玄理、宋代易學之重人事之義理者異流。然實則凡易學無不有象數，王弼與宋儒之易學，同有象數。明儒至今之言易者，亦莫不言象數。又言象數者，亦莫不有其若干之義理。唯漢代之爲易學者，首重此象數，則以漢代之易學，代表象數之易學，更以後之重此象數之易學，爲漢代易學之流亦可。

吾人謂漢代之易學爲象數之易學，其名亦甚善。據上文所述，漢代之易學，自是始于以八卦、六十四卦言時序、言曆法、言音律、言空間方位、言天上日月星辰，與地上之物類，及人間之事類。凡此等等之物，無不有象、亦有數。漢代之爲易學者之用心，卽求其數之可相配合而對應，于一切事物之一般視爲分屬天文、地理、地上、人間之不同類者，亦見其在八卦系統或五行系統者上言，未嘗不同類。此八卦系統之分一切物類爲八，與五行系統之分一切物類爲五，亦可由其所表物類自身之同一，以設法求其象其數之相配合而對應。故此漢人之易學思想，卽盤桓于象與象間、數與數間、及象與數間，求其配合對應之思想。誠可謂標準的象數之學也。

至于就此漢代易學之傳而論，則上文已言漢易傳自齊人田何，卽初爲齊人之易學，亦卽受陰陽家之影響之易學。此一易學，初蓋由民間興起。秦以易爲卜筮之書，于民間所藏之易經之書，任其流行，則必有人緣之以發展出易學思想者。易原爲卜筮之書，其初之爲易學者，自亦初當是爲占卜之用。占卜未來之事，必知時序之運，卽必與曆法、天文之知識爲緣。故有孟喜之六十四卦，配四時與年日之「六日七分」說。然卜筮之事，本有驗有不驗。以易經爲卜，而卜得某卦某爻，謂其當有某自然之事，或某人事，或某事吉凶如何，而或不驗；則人必求更爲之解釋。于是人卽或說此乃由于此卦之屬何宮，當如何變爲他卦，一卦之內外卦如何相應，一卦所伏者何卦，飛于上者何卦，以爲解釋。此卽成京氏易中所謂世、應、飛、伏、等說。本此世、應、飛、伏等，以爲占卜之事，卽于易卦，另開種種解釋之門，亦即無異于占卜不驗者，另開種種之遁辭之門。然人之占卜，而作較具體之斷定者，則即本此世應飛伏之說，另開種種解釋之門，以爲遁辭；然其可能有之解釋與遁辭之範圍，仍爲有窮，而其占卜仍可不驗。于此即見占卜之可虛妄。京房以易爲占卜，終遭殺身之禍，蓋亦由其占卜之有不驗也。故此由孟喜至京房之以易學爲占驗，其中包涵種種之迷信，無庸諱言。東漢之費氏易學，遂轉而只以十翼解釋易經經文爲事，是爲易之古文學，以別于孟喜以降之易之今文學。大率凡經學中之爲今文學者，氣象皆較濶大，喜比類而推，能編造系統。然亦多任想像，作擅斷，爲預言，誇大而無實。古文學家則較樸實，重徵驗，不敢輕易任想像，作擅斷，更不爲預言。故當陰陽家與今文學家之浮誇之論，爲人所厭，其所爲之擅斷預言或占卜，又多不驗時，而在西漢之末，古文之經學遂興。桓譚、張衡反今文家所信之讖，揚雄作太玄擬易，而不以之爲占卜，皆古文經學之精神。費直之易學，只求解釋易經之文句，亦樸實讀書之旨。後之荀爽易注，重釋易經文句，正承費氏之學。荀氏易注，唯直對一卦之卦德，與爻之位之當升降，爲之注。四庫提要所謂，「究爻位之上下，辨卦德之剛柔」，已與後之王弼注易略近。荀氏易不重觀一卦如何變爲他卦，或如何旁通他卦。鄭玄易注亦然。但鄭亦採用今文家之言，足解釋本文者。其爻辰之說，以易爻配二十八宿，亦類似孟喜、京房，以易卦言天之氣候之論。故世稱鄭氏兼採今古文。然鄭氏易注，目標則只在注明經書，與今文易學家之先憑虛架構一系統者，仍有所不同。爲欲解釋經文之辭，鄭玄已用互體之說。左傳中之言及易象者，固亦早有互體之說。至于虞翻之易，則三國志虞翻傳，言虞翻之高祖，卽治孟氏易。虞翻旣承家學，又讀荀馬鄭諸家注，見其不能盡釋一一卦爻之辭，使一一字句皆有着落，乃兼取半象、旁通之說以注易。上文已言「旁通」，卽謂一卦之旁通于陰陽爻相反之卦之謂。此旁通之說，出于孟喜、京房之爻變之說。虞氏更大用此旁通以注易。半象者，如⚍爲兌☱之半象，又爲爲震☳坎☵離☲之半象。卽一卦之二爻皆可爲四卦之半象。用半象亦是對卦爻所繫之辭，大開方便解釋之門。然易經之卦爻所繫之辭，何以于此處須用旁通解釋，何以于彼處，又不必用旁通解釋；又何以或只視某二爻爲四卦中之一之半象，而不視爲餘三卦之半象；則虞氏易並無一定之原則，先加以規定。則其用旁通半象，旣爲一方便解釋，亦卽無異遁辭。而其不能更說明何以必用此解釋，而不用其他解釋，亦卽其遁辭之所窮。由此以觀漢易之發展，至虞氏易，謂之能于易卦爻之辭，一字一句，皆使之有着落固可，然謂其實未能使此一字一易，皆有着落，而其易學爲一失敗，亦可。此卽其時之王弼之所以反對漢人之象數之易學，謂其「巧愈彌甚」「義無所取」（周易略例）而宋明清之易學，皆由不滿漢易而生之故也。

四　漢代易學之價值，在以易卦虛涵天地萬物之變化，而提出種種觀之之方式範疇，及漢易之二宗

然自另一面言之，則漢易亦自有其所得。此所得，不在用之爲占驗，與釋經文，首當在諸易學家

之有一「以易之八卦，六十四卦，範圍天地之化，或自然宇宙、與其中之人事之變化」之一精神態度；並將此自然宇宙，與人事之變化中之歷程與關係，加以一節度化，概念化的說明，而亦連接之于五行系統思想中，若干有哲學價值有哲學意義之概念。漢易之八卦之論、與五行之論，皆使中國人之心思，注意及時間、空間、數及天文類、地上物類、人事類之存在，而使人之心思求範圍此自然宇宙或天地之化。其于不同類之天上地中人間之事物，求見其相類處，于不同之數，求見其所表示者，乃一自然宇宙或一天地之化；卽使人恒想念及天與人之相應，及此自然宇宙或天地之化之爲一全體，而又有其內在之節度者。此漢代之易學，正爲形成此心思人所宜有之一訓練。此易學之用于占驗與釋經文，固皆可謂之失敗。然卽上章所謂孟氏之易學，以六十四卦表一周而復始之時序之運，卽已可使人于想像六十四卦所形成之圓圈時，只見此由一一爻，次第鋪于卦之六位之圖象，而虛涵此時序中之盛衰升降生壯老死之萬物。而吾人之透過之，以觀萬物，而與之不卽不離，若卽若離；卽可使人之心靈，升至所觀萬物之上一層面。于其他之漢代易學，吾人以同樣態度觀之，亦皆見有同樣之價值。人于此若將此虛涵萬物之六十四卦，着實于特定之時序物類，以爲預斷或占卜之事，固可導至種種迷信。然吾人若只淩空提起此六十四卦，如循孟喜之說，而謂六十四卦之圓圈，只表示萬物之變之周而復始，其中有物之升降盛衰見陰陽消長之節度；或藉京房八宮之說，而謂物類之變有其次序，雖變出諸類，仍屬于一元始類；或由京房之上下爻相應之說，以謂物之有相隨而動之因果關係；由飛伏之說，以謂存在之物有隱顯二面；則此「周而復始」、「陰陽消長」、「物類」、「次序」、「隱顯」皆普遍的思想方式或範疇，人可用之以觀物，而其自身不包涵錯誤者也。

至于後此之荀氏易言陽當升、陰當降，君子當升，小人當降，則要在言自然物與人事之有一趣向或一目的之嚮往，而觀自然人事之當有其趣向或目的，亦同可爲人之一思想方式範疇。無論自然物與人事之事實現狀如何，亦永容許人之謂其當有何趣向目的。此說其當有何趣向目的之言，固人所永不能謂之爲非，亦非人據任何事實上之現狀所能否認，復爲人可用之以觀物，而其自身不包涵錯誤者也。至于後鄭氏易之重互體義，其所直接表示者，是一卦中之三爻，可合爲一卦而觀；其間接表示者，則爲此一卦所由合成之內外卦所代表之二物，其發生關係時，此二物之中任一部份，亦可與他物之一部份，發生特殊關係，以合爲一物。此亦爲吾人可用之以觀物之普遍的方式或範疇。虞氏之言旁通，吾人固謂以之釋經文，無一定之原則。然謂一卦可旁通相反之卦，其所間接表示者，即爲一物之可變爲一相反之物，如今之辯證法之所論。今謂一物終可于其變化歷程中，變爲其反對者，亦同爲吾人可用之以觀物之一普遍的方式或範疇也。若不言如何用之以釋經文，則此旁通之啓發人之辯證法的思維之用，固至大也。又虞氏言半象，吾人上亦謂以釋易經經文，乃隨意取用，亦不見其應用之一定原則。然于世間之物，吾人見象之半時，固可想像其餘之半。此想像有各種可能，而吾人即思其有各種可能。此「可能」之自身，固亦爲一思想之方式範疇。人于見一物半象時，更謂其外可能有另一半之象，以合為一全象，此思想固人所當有，亦為其自身不包涵錯誤者也。

由上所論，則漢易之貢獻，卽可說在發現種種人之觀宇宙之種種方式或範疇。凡漢易中所言之時、空、數、類、序以及萬物之「變化」，其變化為「周流」，物類之變化依「次序」變，而不離其「元類」，一變動必與其他之變動「相應」，物之存在有隱顯二面，二物之一部份，可合成一物，物可化為其反對物，物之半象可暗示全象等，皆人可普遍的應用于人所知之自然宇宙，以形成人之自然知識與思想之方式範疇，而皆可容人之永加以應用，以求眞理，而其自身中，皆不包涵錯誤者也。其用之而導致錯誤，唯由于人用之之時，兼限制其範圍于特殊類之物中之故。如謂物有變，不錯，然謂某物必變為另一物，則可錯。漢人為易學者，用此等等于占卜、于釋經，固恆多有錯。然吾人如謂其易學之價值，在發現此諸方式範疇；而不在其應用之之時之限制其範圍于某特殊類之物，則此漢代易學，固于宇宙萬物之易道，大有所發明，而非先秦學者之只泛言觀萬物與其變化，所能及者也。

然吾人可普遍的應用，以觀宇宙之思想方式或範疇，畢竟有多少，則在西方哲學中，固人各異說。在中國之易學之流中，亦有種種之說。此亦皆同不能不及于象數。如在由荀爽、鄭玄、至王弼之易學中，則其觀一卦之象，重其所表示之一卦本身之卦德。此卦德由卦名而表示，亦由一卦所由合成之二卦之關係而見。如屯卦之卦德為艱屯，此亦由屯卦所由成之坎震二卦之關係而見。此中坎為水為險，而在上在前；震為雷為動，而在下在後。動乎險中，卽有艱屯之象。故此卦之卦德，卽艱屯。王弼易學重一卦自身之卦德，而其注易即重以本卦釋本卦，而不重觀本卦所變成之卦，或旁通之卦，更取其辭以釋卦之辭者。此蓋爲費直之古文易，爲荀爽、鄭玄至王弼易學之所承者。吾觀中國之易學之大分野，蓋即一爲重以本卦釋本卦，一爲重以其所變通之卦釋本卦。古文易之傳，重以本卦釋本卦，王弼更重本卦之主爻。後之程伊川王船山之易學，亦承此傳統。然今文京氏易以至虞氏之易，則重一卦所變通之卦。明之來瞿塘用錯綜以言卦變，清焦循之更申此旁通之義，以言其卦之依時行比例以旁通言卦變，又皆有一定之次序法則，則皆同爲重一卦所變通之卦，以論易之流。此二流之分，始于漢之荀氏易與京氏易之不同。京氏易出于孟氏易，荀氏易始于費氏易，故亦即始于費氏易與孟氏易之不同。張惠言虞氏易事，以言爻變爲孟氏易。爻變即由爻之變，以成卦變也。此于一卦觀其所變通之卦之思想方式，即包涵于一正面之卦，觀其反面之卦之思想方式，亦即觀一事物之由自而他、由正而反之變之辯證法的思想方式。依此以觀事物之變動，又恒趨于更觀其外所引起之相應之變動。此動爲因，其外所引起之相應之動爲果。反之亦然。則其因果關係爲外在的因果關係。在京氏虞氏易中，皆可見此重外在因果之思想方式。于此種思想方式，吾人亦可說爲向外開拓，向前進展之廣度的「思想方式」。然在重以本卦言本卦之古文易學之傳，則其思想初只集中于本卦。故吾人可說其思想方式，爲向內凝聚的，向後反溯的，亦爲強度的。而依此方式之思想，即不同于前一今文之易學之流。此要在直觀一卦之自身與結構等，所表示之本質意義或德，而非重其能通于他卦之功用。此所代表之觀宇宙事物之方式，乃視由二卦合成之一卦，代表一具體之情境，或事物之有其內在之結構者。而一卦之六爻之次第，即代表事物之內在的結構之「次第形成」，或「終始」之歷程。在此終始之歷程中，其前之啓後，即表示一事物之內部的發展或內在的因果。此前後之關係在卦爻中，即如王弼所言之承乘之關係。所乘者即其前因，所承者即其後果。此所乘所承之爻，皆爲最近者。此最近者與事物自身之連續，即表示事物自身之發展，與內在的因果之連續。後之程伊川、王船山言易，重一卦本身之內在的結構，所表示之本質或德，而以之代表具體之情境，或事物之本質或德，更依之以觀其諸爻所代表之「此事物之內部發展之諸階段諸次序間」之內在的因果之連續，亦與王弼之易學相似。在此一易學之流中，其思想之方式，重在觀事物之內在結構之本質或德，與事物之依其本質或德，而次序發展。故其論易，不言其卦之可由變通而生出相反之卦等，其觀事物，亦不重觀其如何由自而他，由正而反之一面。至多只謂事物之順其德其本質之次第發展，至于盡頭處，即自然變爲另一物。然此乃不須在觀一事物自身內部之發展時，所必須論列者。亦非于論一卦之所以爲一卦，其所直接代表之事物爲何事物時，所必須論列者。此一流之易學，亦初未嘗不連于卦之象數，以爲論，唯不同他流易學之象數耳。後文于王弼之易學，當更稍詳之。

五　略說後世言象數之易學之流變，及其循漢易之道路，而更進之義

宋人之易學，其本河圖洛書，而言先天圖者，自別爲一傳，蓋出自後之道家。周濂溪太極圖，亦原自道家。河圖之圓，所以象事物變化之周流。洛書之方，所以象事物之變化中其形數之互爲增減，而其和未嘗不相等值以見一平衡。此二者亦皆可爲人思想宇宙之方式。先天圖之重乾坤坎離之在四方之對稱，不同于後天圖之無此對稱者，亦卽各代表一對八卦之分佈于方位之思想方式。太極圖之既表陰陽之相反相生，又表陽或陰次序增盛，必至極而後陰變陽、陽變陰。正爲兼重觀互爲正反之陰陽之變通，與陰陽之自身之次序增盛時之恆自如其德者。此正爲上述之重觀正反互變之易學，與「重觀卦之恆自如其德」之易學之綜合，所成之觀宇宙之方式。宋之邵康節，更言八卦本于四象，四象本于兩儀，以言八卦之原；而提出兩兩相對，以觀宇宙之思想方式。明之來瞿塘言卦之錯綜。其錯卽相反之卦爻之相錯，如坎離乾坤之相錯。其綜則上下卦爻之位顚倒，如屯爲上坎下震，蒙爲下坎上艮，而艮震之爻位，上下互相顚倒，坎之位在二卦中，亦上下相顚倒是也。此一觀世間事物之位之高下可相顚倒，如君子小人之位可相顚倒，一切價值次序之可相顚倒，自亦可成爲人之一思想之方式。而毛奇齡之仲氏易，則有五易之說。一曰變易，陽變陰、陰變陽也。二曰交易者，陽交乎陰、陰交乎陽也。畫卦用變易，重卦用交易。三曰反易，如屯䷂之轉爲蒙䷃。四曰對易，如需䷄訟䷅與晉䷢明夷䷣對，以地對天，以火對水。五曰移易，如泰䷊爲陰陽類聚之卦，移三爻爲上爻，三陽往而上陰來，則成損䷨。此仲氏易之旨，亦卽在言人之觀事物可有觀其變易、交易、反易、對易、移易不同之思想方式。此與來氏易，皆重卦變之流也。

至于清初之胡煦周易函書兼採漢宋易(註)。其書由觀事物之由「內」而「外」之「生」、「成」，以言事物之「始」、「終」、「微」、「盛」；乾坤之首尾相函，其元亨利貞之「連」、「斷」、「分」、「合」；事物之「形」、「氣」所居之「時」、「位」；以及「相交」、「相配」、「往」、「來」及「見」、「伏」、「動」、「變」等；則無非言具體事物之「生成與交配之歷程」中之種種存在範疇，而亦爲人之觀此事物之思想的範疇或方式之所在者。其易學蓋先觀本卦之始終，而亦及于卦變。焦循易學三書，言易卦之變通，謂卦之變必先在本卦之內部變，使爻之不當位者，互相易位，初與四易，二與五易，三與上易，以成本卦內部之互易；然後旁通于他卦。其旁通他卦而成其變，亦須本卦之初通于他卦之四、二通于五、三通于上；又必二五二爻先變，而後上下之初四、三上之變應之，方爲合于時行之道，而得道；否則爲不合道而失道。失道而更變通之，則爲改其失道之過，以再得道而時行，以成其順序之變通。焦循于卦之變通，又言比例。比例者，言一卦之如此變通，與另一卦之如彼變通，其所成者乃同一之卦，卽見此二卦雖不同類，而依不同之方式以變通，又可歸于同一之卦，而見其同類者也。此焦循之易學之言卦變，必

註：四庫提要易經類有胡氏之周易函書約存三十餘卷，全書百餘卷未刊。在清人易中，其名爲焦循所掩。杭辛齋學易筆談，嘗屢及其書。友人牟宗三先生于約四十年前之易經與中國之玄學與倫理學一書，乃特加表彰。

先本卦而後他卦，必二五先行，以形成一次序之變通、或時行，而不同于虞氏言卦變之未嘗立此規則者。此蓋卽所以使人觀萬物之變通以由正而反之事時，知其初乃一物在其內部自相感通，以自變其各部之地位，然後與他物交感而變；而其與他物之交感，亦有其一定之次序，乃先有其主要部份，卽二五爻之所代表者之相感；然後有其附從之部位（卽初四爻、三上爻所代表者）之相感。又無論內部之自相感通，及與他物之感通之事，亦皆可有迷失道路，顚倒當有之次序而失道之時。失道之後，則又當轉回正道。此亦整個可合爲吾人觀萬物之由感通而變化之思想方式或範疇。而焦氏之卦變之說，較虞氏之卦變之說爲全備者，則在其說，雖亦重陰陽爻互易而有之變通，以成爲一廣度的由內而外之開展歷程，然旣初先有本卦內部之互易，乃更旁通于他卦，故其說中亦攝有王弼一流之易學重觀本卦之義旨在。至于其言比例之義，則無異于言不同類物象，只須其可變爲同類，卽其變之結果、所歸向之目的之同類者，皆可相比例而觀，以言其有同類之義。此則爲重觀事物之結果，所歸向之目的之同類，以通異類之物之思想道路，而亦可視爲一人之思想世界之物之一範疇或方式者也。對此焦循之易學，吾人雖謂其不屬于以本卦說本卦以言易之流，因其言旁通、時行、比例之說，皆必通他卦以爲言。其易學所代表之思想道路，仍爲廣度的，向外開展的，非向內凝聚的、強度的。然以其中亦攝有先于本卦言變通之義，卽先于一物之本身看其內部之感通之義；又有順序之義，以規範其變通之歷程，以求合道，而改其失道，卽有一價値之意義；再有比例之義，以由諸異類之物之變通，所同歸向之目的；以通此異類之物，而視之爲同類，並見其皆有實現其所歸向之目的之價值意義。故其說在歷代易學中最爲弘通，亦最有條理者。然其對易學之貢獻，亦同當由其易學之能啓示人之觀事物，可以此旁通、時行、比例等爲其思想方式或範疇而見。若吾人徒觀其用此等等，以釋易經之經文，則吾人雖可見其似無不可通，然實則依此旁通、時行、比例，以變通卦爻，固原可由一卦爻，以及其餘一切卦爻，而無不通，而于其辭之異而相反者，自亦可無不通。于此，吾人對焦循之以旁通、時行、比例等釋易經經文，仍可問其于不同經文何以于此只須變通若干次，卽見其比例，以見其所繫之辭之所以相類，于彼則須少幾次，或多幾次，乃見其比例，及其所繫之辭之相類，則此中亦不見有一定之理由。則其所謂能于經文之辭無不通者，亦正如善遁者之可無所不遁，而其易注，乃以遁辭爲之，亦猶漢人之易注也。

吾人上言漢代易學之爲象數之學之價值，與其所開啓之後世言象數之易學之價值，皆不在其用以占卜與釋經文，而在其所用之概念，亦同時爲可用以觀宇宙之種種思想方式或範疇。此方爲諸易學之言易道，眞有哲學價值，亦有哲學意義之一部份。由此以言易學中所用之五行之說之價值，吾人亦將言其有哲學意義與價值之部份，不在助成易之用于占卜，與助成易之經文之解釋，而在五行之論之諸概念，可成爲人之觀宇宙之思想方式或範疇，而易學家取之，亦卽可充實其所用之思想方式或範疇矣。此當于下章論之。

第七章　五行之義、六十甲子義，及其用于易學之得失

一　五行之概念，及其可成為普遍的思想方式之理由

此五行之論與易之八卦之論，原爲不同之系統，上文已說。大約八卦之說，初純爲形式的，以表示可相對應，而加以並觀之八物，如天與地對、水與火對、山與澤對、風與雷對是也。故八卦之論，直接展示人之靜觀天地萬物之對應而平衡之思想範疇。五行之說，以其初由五種人用之物質之觀念來，故自始爲實質的。由五行之觀念與陰陽相連，而此五物，卽視爲變化活動的，而人或更重此五物之相生相尅之力。五行之觀念，遂成人用以觀宇宙之動力進行關係之思想範疇，而用以說明萬物之依因果關係，而次第變化者。故五行之說首衍爲五德終始之歷史哲學。由漢易之將相對應而平鋪之六十四卦，排爲一次序，以表時序之運，卽已爲求八卦系統之能表自然之氣候之變中陰陽之動力之運行；而五行系統中之五行之關係之有相生相尅，亦正可用作說明吉凶禍福之所以然之所資。吉與福，皆可說由物之相生而來；凶與禍，卽皆可說由物之相尅而來。此宇宙中之物有相生相尅之關係，固無往而不然，則生尅卽爲一可普遍應用之思想範疇。物之能相生能相尅者，有其範圍，卽可以定物之類；

其相生相尅，乃次序進行，即可以定物之序。生者爲本，所生爲末；尅者爲主，被尅者爲客；而本末主客之位，即有高下之不同。此已可見此生尅之涵義牽涉者甚廣矣。

在五行之物中，其生之序，爲木生火，火生土，土生金，金生水，水生木。其相尅之序，爲木尅土，土尅水，水尅火，火尅金，金尅木，此皆終始之木。然五行之任一行，又皆可在一生尅之序中居始而又居終。五行之以何者居始居終，即不可以任一行之自身定。然自天之始爲陽生，終爲陰成言，則爲陽者必爲始。木生于春，代表東方之陽生，則木當爲五行之始，其次爲火。木爲陽之微，火爲陽之盛，即陽之「數量」之增。土爲陰陽之「平衡」。由火生土，即表示陽之數量，增至極而轉。然其初不能逕轉爲陰，必經陰陽之平衡之土，更生金，而後陽轉爲陰。言金生水者，則由金爲陰之微，水爲陰之盛。陰由微至盛，又代表陰之數量之增加。故此五行之相生之歷程，即「陽由其微至盛，經陰陽之平衡，轉爲陰之微，至其盛」之一歷程。五行之論，可說由陰陽之論而開出。陰陽二者，初有性質之差，而合爲一全。然由此一全，先出陽，更如其性以增盛，即爲木火。再通過一有此陰陽之平衡之土，以出陰，亦如其性，以增盛，即由金而水。故此五行中，有得陰陽之中而兼之者，有只得其偏者；得其偏者中，又有數量微少者，與盛多者之分。故此五行之概念之形成，乃依于陰陽之有「正反性質」之不同、「數量多少」之不同、及對此二者之「兼具」、「不兼具」之不同。此所謂「正反性質」與對此二性質，能「兼具」與否，及「數量多少」，固皆爲人所可普遍應用，以思物之思想方式或範疇。則此五行之概念之全體，固可視為一思想範疇也。

在此五行相生之序中，由木之陽之微，至火之陽之盛，歷陰陽之平衡，至陰之微之金，陰之盛之水，乃一圓圈，如由陽至陰之為一圓圈，其義不難解。然何以在此相生之序中，必兼有相尅，而所尅者，恆為其所生者之所生，所謂「迭相生、間相尅」，則須有一解釋。此蓋由于凡物有所生時，不特不能同時生其所生者之所生；亦必不生此所生者之所生，然後能生其所生。如人造一物，此所造之物，亦可再用之，以造另一物。然人在正造一物時，欲求此物為一完成之所造物時，必不能同時以之造其他之物。又如人之行路，須自節制尅制其下一步，乃能行此當前之一步。若不能尅制其下步，併兩步為一步，必致顛蹶。再如于一加一成二時，不能同時于二加一成三。人必自然節制其于二加一之思，乃能于一加一成二也。由此而吾人于五行之相生之序中，木之只生其次之火，必尅此火所生之土；火之生土，又必尅此土所生之金，……卽皆可有一解。卽一切宇宙中物之依次序而生，皆是尅其後序，以成其先序。此尅後序，以成先序，正為先後之序之所以次第成之原理。無此尅後序，卽無以成先序；故一切次第成之物，皆兼有此生尅之義，存乎其中。則「有生必有尅」，卽可成為吾人觀物之一普遍的思想方式範疇，而初不必待見物之有生之者恆有尅之者之具體的經驗事實而立矣。

至于吾人若不由一事物自身之變化歷程，以縱觀其生前序之事物，必尅後序之事物，而橫觀諸事物之生尅關係；則事物之生，固必有助之生者，亦卽生之者；亦有其所助之生者，亦卽所生者；又必有尅制之者；復有其所尅制者。其自身則居其中，爲生之者；其所生者、尅之者、與其所尅者，一平衡中和之地。事物之生之者爲何，所生者爲何，尅之者爲何，所尅者爲何，固爲人只能由經驗事實而知者。然此不礙人之謂其皆理所應有，而求所以知之。則依此五行之生與尅，以觀宇宙之事物，固皆可爲一思想之方式或範疇也。

至于在此橫觀之思想之進行中，吾人之所以說有生我者，而能生彼「生我者」，又恆爲尅我者，（如我爲木，生我者爲水，生水者金，而金尅木），則亦同可依上段之理由而說。卽此生彼者，其生彼之時，唯意在生彼以成彼，此爲前序事；而彼旣成之後，能生我，乃後序事。當生彼者，意在成前序事時，必制此後序事之生，亦制此彼之生我之事，使暫不得成。如父母生子，而望子之先長成，則必禁其子之早放縱其情欲，以自求生子。此亦卽無異父母之禁其子之生子。又如農人生五穀，五穀生後，可爲我用而助我之生。然農人正種植時，必禁止我之同時防其所種殖之五穀之生成。此農人，卽在此義上，亦爲對我之所爲，必加以尅制者。循此以觀，則一切能生「彼生我之物」之其他人物，以其活動只向在生「彼生我之物」以求其成，卽皆必有一尅我制我之活動之意義。由此而吾人若謂世間有生我之物，則必然有尅我之物。任何物若自視爲一我，亦必有生之者、與尅之者也。因能生「彼生之者」之物，卽必有同時尅之制之，以免礙其「生彼生之者」之事之一性向在。此一性向，卽同時爲尅制之者也。

依此一五行之理論，無論縱觀物之次序生、橫觀物之並生，皆見其互爲生尅。生即是陽，尅即是陰。五行之互爲生尅，即互爲陰陽。先秦之思想中，重陽者爲儒，重陰者爲法。漢人之思想則儒法並用，故陰陽之生尅之思想並存。在五行之互爲生尅中看，一物之自身始生，而在木之階段，則所生者爲其生之盛之火，所尅者爲土，而生之者，爲其前一段之水，水則陰之盛，亦他物之終也。他物終而後此物始生，故生之者爲水，而尅之者，則爲生此水之金。若一物之自身，已至生之盛之火之階段，則所生者爲土，所尅者爲土所生之金，生之者爲木，尅之者爲生木之水。……故一物無論在五行之何階段，皆有其所生所尅、與生之尅之之者。今將處五行之任一階段之一物，與他物對觀，則能生之、或尅之、或所生或所尅之他物之爲何，則亦依其自身之在何階段而定。然無論其身在何階段，亦必有在何階段之其他之物，能尅之，或生之，爲其所生，或爲其所尅。吾人觀一切事物之各依次序階段而生，與其他之物並存于宇宙，而恆往求觀看其間之生尅之關係之互相對應，固亦可成爲吾人之思想此宇宙之一思想範疇也。

至于此五行之理論，所以導致種種迷信者，則由一物與其他之物相生尅，乃原于一物與其他之物各有其之特殊性質。然後有其特殊之生尅關係。泛言物相生尅，不能使人知與之有生尅關係者，果何物。此必循經驗事實之觀察實驗等，方能一一加以確定（註）。又由經驗以知在某階段之物，何者爲能生之、尅之，或爲其所生、所尅者之後；若該物有變，而先爲他物所生所尅，或已另生另尅；則可不復爲能生之或尅之，不復爲其所生或尅。又何物爲能生此一物，或尅此物者，則其同類之物，自亦能生之或尅之。然其他之物中，何者爲眞正在此亦能生或能尅上，爲同類，亦不易定。則人如由經驗，見何物嘗爲能生能尅，嘗爲所生所尅，遂謂其永爲能生能尅，永爲所生所尅。此則成一妄信。又人可于二物，並未見其在能生能尅此物之一點上爲同類，而只由此二物之有其他類似之點，遂斷此二物于此物同爲能生能尅。此亦爲妄信。此妄信固人之所不免，而爲五行論者，亦正多有此類之妄信。然此固不關此觀生尅之爲一普遍的思想範疇，其自身爲必然可應用于觀物，以求眞理者也。

註：至于吾人若謂凡物之生成歷程，皆有木火土金水之五階段，如一年之有春、夏、夏秋之交，秋、多五階段；則可說二物相對，若此物在火或夏之階段，而另一物在木之階段或春之階段，另一物對此物，亦必有一生之之意；再一物在水之階段，或多之階段，則對此物必有一尅之之意。此或爲五行論之秘密所在。但亦須于二物生成之終始之歷程，全把握而分爲五段後，乃可言二物之各屬何段，以定其生尅之關係。此全把握，仍待乎經驗也。

二　以五行言甲子之意義及其問題

漢世爲五行之論者，以五行言甲子，此甲子是否眞可形成一普遍的思想範疇，則尙待討論。以天干地支，配成六十甲子以紀日，見于甲骨文，其原甚古，然初未以之紀年月時。顧亭林日知錄卷二十，謂漢以前不以甲子名歲，只以紀日，亦無一日分十二時之說是也。古人之何以用六十甲子紀日，或有曆法上之理由，今亦不可考。然初蓋亦未嘗連于五行之論。如不以六十紀日，而以一百或一千紀日，似皆由人之任定，而無必然之理由。然漢以後之五行家之以六十甲子，兼紀年月日，更分一日爲十二時，則重在言五行之分運于年月日時，皆以六十爲一周；而後之子平術，卽本之以算人之命運。此六十甲子之觀念，在實際上已爲中國數千年來人，用以規定時間次序、與其中之事物生成之次序之一普遍的思想範疇。然其中是否有眞實義理可說，則爲一問題。若其有眞實義理，則此義理當如何說，今試討論之。

六十甲子之成，乃以天干之十，次第配于地支十二所成。天干何以十？地支何以十二？此首當試依五行之說而論列。依五行之說，或謂天有五行，地亦有五行，則成天干之十。如易言天數五，地數五。鄭玄注：「大衍之數五十，謂天一生水于北，地二生火于南，天三生木于東，地四生金于西，天五生土于中，……陽無耦、陰無配，未得相成。地六成水于北，與天一幷；天七成火于南，與地二幷；地八成木于東，與天三幷；天九成金于西，與地四幷；地十成土于中，與天五幷也。」然以甲子言天運，則天干之數卽已是十，不待以地爲配，故上說不甚切。今當先論五行之數何以必爲五。則須連五行之說于陰陽之說而觀。如將陰陽分觀，其數必爲二，言陰陽之全、或將陰陽之事，合爲一氣或一元氣之流行，其數必爲一。今更謂陰陽氣之二，乃初出于此能流行爲陰陽之元氣，或「陰陽之全」

之一；其出又有微盛二者之別；則此元氣或陰陽之全之表現，爲陽之微，陽之盛，歷陰陽之全之表現爲陰陽之平衡，至陰之微，陰之盛，其數必爲五。卽吾人若承認前所說陰陽之表現，有中而兼之者，有偏而不兼者，又有微盛之別，則陰陽之全之表現爲「行」，其數必爲「五」。故五行之爲五，亦卽依此而有其一定之義理可說。如以五行說天干之十，則人似可謂于五行中之每一行，更分陰陽，卽必爲十。天干中之甲乙爲木，卽謂甲爲陽木，乙爲陰木；丙丁爲火，卽謂丙爲陽火，丁爲陰火……故以陰陽配五行，自然成十也。然吾人如說一陰陽之全或一流行之元氣，表現爲五行，乃視此「一陰陽之全」、或能流行爲陰陽之「元氣」，爲一全體，或視若一形上之「實體」，其表現爲五行，如其自身之展佈爲五段之活動，卽其所顯之五「功用」。此中之視爲實體與功用者，有上下層面之不同，則似不能逕混淆其層面，而配之成十。天干之十，皆自天之運行言，亦自其功用言，則不能逕以爲五行之實體之「陰陽之全」說之。于此，蓋必言此陰陽之全，旣展佈爲五行，亦同時展佈其自身之二面，于五行中之每一行，而與之俱行，然後有天干之十之數。此卽同于謂爲實體之陰陽之全，旣展佈爲五行之用；其實體之全，亦分別在其用中，以與用俱行。于是吾人若要說此中之旣有體之呈爲用，更有體之在用中，或說體旣呈爲用之「分」之「多」，此體之「全」之「一」，亦必在其用之「分」與「多」中；卽亦必須于五行之每一行，更言陰陽，以開之爲天干之十。此天干之中之陰陽之體，旣在用而隨用俱行，自亦屬于此用。故此天干所狀者，亦卽只是此用之行，或天運之依十而行。本此以言天干之數之爲十，卽有一定之義理可尋。天干之數，亦卽不能不爲十矣。

吾人今如依此天干之十，以先觀小物，則吾人可說在任何小物之變化歷程中，皆一方有木火土金水之次第興起，亦有木火土金水之次第消逝。其次第興起，卽其自身之陽；其次第消逝，卽其自身之陰。若謂此生起與消逝，爲一陰陽之全之實體之表現：則其興起，如由體出用；其消逝，如由用返體。其出是陽用，其返是陰用。則此十者，皆在用之運行中。若吾人能于一小物之五行，可如此觀之爲十，則于合一切物爲一全之天之運，自亦可觀之爲十也。

此上說天干之立，可有一定之義理。然何以天干外，更有地支？于地支之數，何以說爲十二？則義更難明。昔人恆言天五地六，倍之則天十地十二。然何以地爲六？是否以空間有三向六方之故？然自然之天，亦有三向六方，六方可分爲八象限，何以不言天亦六，又何以不言地八，倍之成地十六？或謂此十二支之數，乃依于一年之十二月而立。人之初重此十二之數，除由此十二之數兼爲六四三二之四數之倍數之外，蓋亦由年有十二月之故。然年有閏年，又不必十二月。然吾觀漢人之爲六十甲子論者，于一年之分爲十二月，初乃不關月亮之運行之事；而唯依日之運轉，有季節氣候，定一年爲二十四節氣。合二節氣爲一月，卽成十二月。故其用六十甲子所名之月，乃包涵二節氣之一月。後之子平術謂人生于某月，當以六十甲子中之何者，名其月，皆依節氣，而移前移後是也。故此中一年之分爲十二月，唯是以一年爲主，而分爲十二段。然何以于一年，必分爲十二段，每段相當于十二支之一支？此理由卽不能以一年中通常月亮有十二次之輪轉，說之。此必須待于吾人之觀漢人之何以重律曆合論，乃能漸知此中之理由。當知在音樂之十二律中，此十二之數，乃一不能自由增減，而爲一定之數。十二律卽十二樂音。此十二樂音，其聲波之振動數，乃有一定之比例者。故吾人如以黃鐘之音爲始，而于其音之振動數，三分而損一（卽減一），卽生林鐘之音；林鐘之音三分之而益一（卽加其一），卽生大呂；……如是依三分損一、三分益一之原則，次第進行，卽可衍生出十二律，以合成一全體。其中之十二律，乃皆有一定之比例關係，而不容人之自由增減者；則此中之十二之數，亦不容人之自由增減者。依十二律以論曆法，則使曆法有一確定之理論基礎。如劉歆三統曆（全漢文卷四十一）明言「六律六呂而十二辰立矣」。依此十二辰分一年爲十二月，而律曆卽得相配而論。蓋此十二律可說爲由有不同長短之管籥之聲氣之有高下以成，而一年之十二月，則由氣候之變以成。一年之氣候之變，卽陰陽之氣之變或寒暖之氣候之變。此一年之氣候之變，根本上原于地球距日之遠近向背，而不在一日之晴雨。地球距日有遠近向背之不同，而地球本身之溫度不同，亦卽地之寒暖之氣、陰陽之氣不同。簡言之，卽地氣之變。此地氣之變，乃可用含輕灰之葭管，置于密室不通風之地下，在十二月中，觀其灰之如何浮起，而加以測量出者。便可見此十二月中，此地氣之變，其數量之成比例，亦如十二律所代表之聲氣之高下其數量之成比例，而皆是理當如此者。因十二律之成比例，關鍵在聲波之數。溫度亦自有數，自亦可成比例。音歷十二律，以成一周；地氣之寒暖，亦歷十二月成一周。則二者自可相對應。若純從地氣之寒暖觀，固可分爲十二或十三十四等不同之程度，而十二月之分，亦無一定之理由。然自十二律之分爲一定，更以地氣與管籥之氣相對應以觀，則一年只當分爲十二月，而此十二之數，亦爲一定矣。

此一年之必爲十二月既定，則人卽不難一方以十二支分別名之，同時定每月中之五行。在一年十二月之氣節中，冬至之月爲寒之極，卽陰之極，而陽始回之時。今定冬至之月爲子月，則後之一月爲丑月……。此十二月中五行之分佈，在子丑之月水尙盛，必至寅卯之月，木乃盛，次第至火盛、金盛、再水盛。此皆依于五行之序。然五行亦非可截然分段，則于木盛之月，可尙留其前之水，亦始有其後之火……。由此而十二支之一支，與其所代表之月，卽可不只涵五行之一行，而或兼涵其前後之他行。此卽見十二月之時間之連續性，亦見運于其中之五行之連續性，而可以五行之次第的生、壯、老、囚、死于十二月中，以說之（註）。由此而五行之分佈于十二月與十二支，卽爲循木而火、而土、而金、而水之次序，以承先啓後，亦涵先攝後，以進行者。此卽不同于天干中之五行，各依陰陽以進行，乃設定之爲截然分爲十段進行者。則此天干之十之意義，要在明五行之相差別，而其流行，乃依此差別以分段而流行。地支十二之意義，則在明五行之任一行，與其前其後之行之「交會」，其流行亦卽此「交會」之次第形成，亦次第「散開」，以成其差別。由此以言此天干與地支之相配，以成六十甲

註：淮南子墬形訓有五行之次第生壯老囚死之言，惠棟易漢學卷五亦言京氏易中有五行生死于十二支之義。

子，而紀時運，卽無異將此上之二種意義相配合，以觀時運中之五行之成份之變。天干之干卽幹，天之有五行，每行有陰陽，卽天之運之主幹也。地支之支卽枝，卽天運之分支，每一行之涵先攝後，由交會而散開，散開而交會，亦卽其枝分流衍也。六十甲子之每一甲子之有幹有枝，卽有本有末，而見五行之既有截然之差別，有種類之不同，又有其枝分流衍，以先後涵攝，以成其聚散。若五行既有差別，又有涵攝聚散，則天干之五行與地支之五行，卽皆必不可少矣。

至于此天干之十，配地支之十二之所以必得六十數，而不得百二十數者，則蓋以天干地支所表者，皆爲五行之運，唯天干表分段之運，地支表連續之運耳。故此二者，乃同時俱運。欲表其同時俱運，則天干甲配地支之子之後，天干之乙卽只能配子後之丑，而不能再配地支之子。于是以天干配地支，其數只能爲六十，而非百二十矣。此亦如以五音配十二律，爲音樂中之六十律。此則在京房易學中已有此義。可參考全漢文卷四十四京房文。

此上所述，乃試探六十甲子之所由建立之義理道路。今若加以應用，以言年月日時，則一年之分十二月，既有十二律爲據，而有其義理；此一年中之五行之次第流行，而先後相涵攝，以分佈于十二月，亦卽與十二律相應，而有其義理。而天干之五行，既必與地支之五行，次第俱運于此十二月、十二時中，卽必皆歷六十甲子而後辨，亦皆有其義理矣。」然如何說年與日亦有甲子？此則有問題。蓋年日與月時，大有不同。以年爲單位，其月爲十二月，十二月中陰陽寒暖不同，而五行不同。以一日爲單位，歷十二時，其晝夜之陰陽溫涼亦不同，而五行不同。今言各有天干地支之五行之次第運于其中，固皆有六十甲子之可說。而以十二月合爲一年，十二時合爲一日，亦皆有太陽地球運轉、氣候之變爲據。然十二年，則似不能合爲一大年，十二日亦似不能合爲一大日。如合爲大年大日，亦不見有太陽地球之運轉所成氣候之變足據，則如何可言十二年、十二月中，亦有地支之運？又如何更可依天干之配地支，于年與日，亦各以六十甲子說之？則吾意此只能是一類比的推想。卽月時旣有五行之運，可分六十甲子，年日便亦應有五行之運于其中，而有六十甲子。此推想雖無地球太陽之運轉所成之氣候之變，爲經驗上之根據，然亦未嘗不可同以音律爲理由。蓋如音聲之升降經十二律，以周而復始，有數理上之必然，可合爲一單位以思之；則一切事物之有升降，以周而復始者，卽可能皆有其十二律，可合爲一單位以思之。故一年之周而復始者，可分爲十二月，而此十二月，可更合爲一單位之年以思之。一日之周而復始者，可分爲十二時，而于此十二時，卽亦可更合爲一單位之日以思之。則于十二年、十二日，亦當同可合爲大年大日，以思之。則地支天干之五行之運于其中，亦當同有此六十甲子之數。而木星（卽太歲星）約十二年一周天，古人以之紀年，亦似可據以謂十二年可合爲一大年。然由此謂此十二年十二日，可合成一大年大日，並謂其中亦有五行之次第之運，同于一年一日中之有五行之次第運，則又畢竟無吾人感官經驗所可覺察之氣候變化，加以證實也。

然吾人雖不能由經驗以證實此類比的推想之必眞，吾人亦不能由經驗以否證此推想，而謂其必誤；則人亦自可據此推想，而謂年月日時，皆以其屬于六十甲子之一，而各有其中之五行；由此亦可謂人之生于六十甲子中之何年何月何日何時，卽稟賦如何如何之五行，此五行之成份之多少，其生尅關係之如何，以屬何行者爲多爲主，屬何行者，與屬其他之行，有如何之關係；卽決定人之生命之自身之構造，而爲其命；其生後之與一一時序之運中之五行相遭遇，以更對其命中之五行，有生或尅等，則爲其運。此卽後之子平術之所以本五行論而生。此子平術由知人之命運中之五行，更以五行之每一行，代表人之生命之氣質、能力，對其外之人物之活動性向，與對其外之有某種關係之人物，有無相適合之活動，以及人在某時運中所遭遇之事物，屬于生之者，尅之者，則可預斷其吉凶休咎。此中，如人之木多者，趨于仁，金多者趨于義，五行之成份多相生，則吉，反之則凶，亦似有種種之義理可說。然此子平之術，所據之以六十甲子定年與日之說，上文已謂其終無確證。又此人之生于何時，所稟得之五行之氣，乃初只是自然之天之運行中之寒暖陰陽之氣，此乃是一物質之氣。此物質之氣對人之生命心靈之氣之決定力有多大，亦原是問題。今本此物質之氣之決定之力量，更謂某行代表人之何種之氣質、能力、活動、性向，本之以推知人之命；再謂天運至何時，而其時之五行成份如何，以推知其時必有相應于其五行之如何之事物出現，以對人有生尅等運，更皆是依類比的想像，以爲推理。故其術亦多不驗，其驗者亦恆爲偶然。故此子平之術，只爲術數，而不足以言道。此亦如本五行以占卜其人事者，亦恆不驗，其驗者皆爲術而非道也。

三　五行之哲學，及用五行釋易經經文，與其他漢易之共同得失

然吾人今如不以五行爲算命、占卜之具，而專自五行說天運，則至少于一年之十二月、一日之十二時，可說其中有五行之次第運行。則言五行之次第運行于十二月十二時，必歷六十甲子而後周，因而本六十甲子，以觀以五行之運之終始相生，即可成爲人之觀時序中之宇宙之一種思想方式或範疇。觀天干之十，以見五行之各有其陰陽，以分別的次序流行；觀地支之十二，以見五行之分佈于十二月乃前後相涵攝，以聚散而流行。合以見五行之自相差別以成類，若不連續，而又未嘗不相連續；則可于宇宙之事物，可不偏執其不連續或連續之一偏。至于視天干之五行，皆所以表天運，其本在一「陰陽之全」之實體，而由此體之呈爲用，而亦自表現于其用，以開出；則亦蘊藏一體用不離之哲學義理。此陰陽之流行，可說出于一能流行爲陰陽之元氣，或陰陽之全體，則可見一與二之不離，以通一元論、二元論之說。此亦爲一哲學義理。觀漢人之陰陽五行之論，蓋以元氣之概念爲之統。易緯書及他書言之尤多。至于說此元氣即天之元或天神所在，則可通接于漢人之宗教。此中之元氣或氣之觀念，乃表示一能流行之存在，亦能顯爲存在的流行者。「氣」之一名，有通此「變化活動」與「存在」之意義。于宇宙隨處見存在，亦見變化活動，亦同爲人思想宇宙之一方式或範疇也。至問此氣之爲物質

的或精神的，則若只自四時寒暑，以言陰陽之氣，則初爲物質的，然亦可涵精神與德性之意義。若視元氣通于天神，或自人之生命心靈言氣，則爲精神的。漢人蓋兼取二者之說。漢人對元氣或天神，以及一般之物質精神，蓋未能如宋以後之學者，以性理說之。然此固不礙其自成一哲學思想之道路。而其以「氣」，通「存在」與「活動變化」之義，則後之學者，未有能加否認者。以觀氣化之眼光觀萬物，而見萬物雖殊，無不流行于一大氣之流中，亦可形成一通萬物爲一之意境。故于此以五行言天干地支之論；吾人若不自其下流爲算命占卜之術數以觀，而反溯其流爲術數所自本之義理，直至于見到此元氣或氣等之原始意義，則于此五行、天干、地支之觀念，卽皆可凌空向上加以提起，而使之成爲一觀宇宙萬物之方式，更使之統于一總攝性之元氣或氣之一，則其哲學意義亦甚大也。

吾人上來之說此五行之論，可爲人之觀宇宙萬物之一思想方式，而具哲學意義。然不謂此用五行于算命、占卜等之必然有效。而爲易學者之用此五行之說，以助其解釋易經經文，吾意亦謂其同不能必然有效。此卽因作易者原非依五行系統而作易，亦未嘗先定其一一卦與一一爻，屬于何行，其爻辭卦辭中之物之屬于何行，依何相生相尅之序，以連于一卦爻辭所言之他物。由此而本五行之生尅關係，以釋易之經文者，卽不免于純爲臆測。吾人固不能言易經文中，必無若干有關五行生尅之思想。因金木水火土間，有相生相尅之關係，固人可本經驗而知者，易所繫之辭，亦固有水尅火、土尅水之思想也。此亦如吾人之不能言易經之必無八卦配八方之思想。如以東方屬春，春雷動而物生，則言東方屬震，亦作易者所固能有之思想也。此外，卦中之陰陽有多少、有升降，而一月一日中之陰陽，亦有多少、有升降，則作易者于觀卦中陰陽之多少升降時，亦固可以其所象者，爲某月某日。如臨卦繫辭，有「至于八月有凶」之語，復卦有「七日來復」之言是也。又繫辭中之有甲子日數者，如先甲三日，後甲三日，亦必由作易者于卦象中見有可象此者，然後爲之辭。……循此以觀，則後之爲易學者，以五行方位、年、月、甲子等釋易者，皆可有據于易經之文，亦如以消息、旁通、互體、半象等釋易者，皆可有據于易之文。若全無據，亦不能成易學之家。然凡此等等，皆不能證明易之經文，初即自覺的依此後之易學家所提出之概念原則而作。因若自覺的依此等概念原則而作，則必須于同一之卦爻之情形下，遍繫以同一之辭；而注易者，亦不只須注一辭之何以見于一卦爻之下，且當更注其辭之何以不見于彼同類之卦爻之情形下。然昔之注易者，則恆只注其辭之何以見于此卦爻之情形下，而不能注其辭何以不見于彼同類之卦爻之情形下。故其注易之事，皆不能言成功。此當正由于初爲易經之卦爻繫辭者，原未嘗自覺的建立此諸概念原則，而本之以繫辭；唯是于其以易爲占卜之時，本其當機之聯想，或類比之推想，便以某卦爻有某象，即以說某象之言，繫爲某卦爻之辭。其當機之聯想或類比之推想，亦可自然循某一思想之方式範疇而進行。而同用易爲占卜者，亦可共約定某卦爻，即代表某象，更本象繫辭，遂輯成易經之一書。至于後世之誦習易經者，探昔人于卦爻觀象繫辭時之思想方式，列爲概念原則，一一加以舉出；自亦可有合于初以某卦爻代表某象，而繫以何辭之心者。然吾人今若自覺的依此諸概念原則，以對此易經之卦爻繫辭；則所成之易經，又必不如此之散漫，而必于每卦中皆依年月、方位、五行等爲之說；又必以同類之卦爻辭，繫于同見有互體、半象、旁通等卦象之下；亦必使五行八卦，分別所象之物類，其數皆爲五，或皆爲八，或皆爲「五而八」；而八卦所象之各類之物之相排斥、相涵攝，或相生，亦必皆如八卦之卦爻之相排斥，而相涵攝或相生；以八卦配于五行時，五行所象之物類之相生相剋，亦必皆如五行之相生與相剋。然今存易經之經文，明未達如此之一理想。此正證易經之經文之繫辭于卦爻，原未自覺的依此後世易學所提出之概念原則以爲之。此所證者，乃易經于卦爻所繫之辭，原不合理想，而不證後之易學家所提出之思想範疇概念之非是。唯後世之易學家，視易經之經文爲聖經，以爲其一字一句，皆不可更易；又以其所自覺提出之諸概念原則，卽是爲此經者所自覺，而本之以作卦爻繫辭者；遂以本此諸概念原則以釋易經經文，卽皆可解；而不知其解之恆不盡，更不能解其何以于同類情形下，不皆繫同類之辭之故。故其解皆不能言成功。而後之易學家，又不知其本無成功之望，其咎乃在此作易經者原未眞自覺依一定之概念原則，以遍繫卦爻之辭。此又卽作易注者，視此易之爲書爲聖經，一字一句，皆不可更易之過也。

第八章　王弼之由易學以通老學之道（上）

一　王弼易學之性質

王弼在中國思想史中之特殊地位，在其由經學以通玄學；有如陰陽家之特殊地位，在其由先秦諸子之學，下貫于西漢之經學。漢人經學以春秋與易爲中心。魏晉玄學之精神，則遠于春秋之義而近乎易。孔穎達周易正義序謂漢世傳易者，荀（爽）劉（表）馬（融）鄭（玄），大體更相祖述。近世焦循周易補疏，謂劉表之學受于王暢，而王弼則表之外曾孫，暢之嗣玄孫。故王弼之學，蓋淵原于劉而實根本于暢云云。皮錫瑞易學通論，嘗稱焦氏說，近人于此更有論述。此王弼所承易學之傳，即是費直、荀爽之古文易學，四庫提要已言之。此古文之易學之傳，重在分別解說經文之卦爻辭，而不同于今文易學之先將諸卦配合成一大系統，而觀諸卦相互間之變通關係，以表自然宇宙之構造，更本之以通易經之經文，如孟京氏以降之卦氣、納甲、納音、世應、飛伏、旁通之說者。費直之古文易學，只分別解說經文，已爲一簡易樸實之易學。荀爽至鄭玄之注易，即承此學風。蓋易之經文，原皆只重說人事，未多說及自然宇宙之構造，又除言人事之吉凶、得失、利害等有功利的意義者之外，亦言貴與賤、君子與小人、善與惡之分，而具道德的意義者。今文易學家孟京焦之言災變占卜，乃初重此吉凶得失之功利的意義，而荀鄭等之易學，則更重貴賤等道德的意義。漢末承孟京氏之易學之傳之虞翻，亦重此貴賤之分。然荀爽之重十二消息卦，鄭玄之言爻辰，仍是以今文易學中之卦氣、十二辟卦、與天人相應之說，爲底子。唯王弼之易學，則于此一切以自然宇宙之構造說人事之論，皆加以掃除，亦即掃除今文易學之傳中之象數。故人多謂王弼之易學言義理，不言象數。然據吾人上章之所論，則今文家之易學之言象數，亦自有其所涵之義理。此卽有關一自然宇宙之構造之一套思想方式範疇之義理。王弼之易學亦初未嘗不根據卦象，而有其所用之觀宇宙事物之思想方式或範疇，如事物之內在的本質，切近的因果，重以簡主繁等。上文已提及。其與今文易學之不同，當說在今文易學之思想方式，爲對自然宇宙之構造，作總包性、外延性的觀察；而王弼之易學，則爲對一一事物，作分散性、內容性的觀察。又今文之易學，是由人外之自然宇宙之事物，以觀切近人生之事物。王弼之易學，則是以此最切近人生之事物，卽宇宙中最重要之事物。故孔潁達正義謂王韓之易學，乃以人事爲主。吾人前謂王弼之易注，乃以一卦代表一整個之情境，此卽以一卦代表人當下所處之一情境。依此以言人之卜得一卦，卽言人之自見其處于此卦所示之情境中。至于人之泛觀一卦而玩其辭，則爲人之自設定其處于此卦所示之情境中而言。人處一情境中，更順此情境而活動，同時有其活動或人事。此活動或人事，亦卽人所在之情境。二者不可分，而皆在由始而終之變動歷程中。此卽由初、二、三、四、五、上之爻之次序所表示。在此次序中之爻，有當位、不當位之分，有其所前承與後繼，有其比應等，卽見其吉凶得失，與可能有、及當有之變動等。觀此當位與否，及爻之承、乘、比、應之關係，卽人之觀易之卦爻之思想方式，亦人之自觀其人事或活動或情境之變動或進行之思想方式。此中卽有種種吉凶得失之象，與當如何變動進行、不當如何變動進行之人事之象可見。表此人事或活動或情境之變動進行之次序之初二三四等，自亦是數。故王弼之易學，自亦有其象數，與其前之易學無殊。對此上所說，可將王弼之周易略例之文，略加分析以說明之。

二　明彖與統宗會元之理

王弼之周易略例，首爲明彖：「彖者何也？統論一卦之體，明其所由之主也。」卽謂彖辭乃對一卦所代表之情境，作一整個之判斷。如屯卦上坎下震，表示雷在水之下，卽一整個之情境。雷表動，水表險陷，卽見一艱屯之情境。故彖辭曰：「屯，剛柔始交而難生，動乎險中。」此彖辭之判斷，乃直對此整個情境，作判斷，卻不牽涉其他之卦所表示之其他情境。故此情境，亦卽一當下獨一無二而無外之情境。此情境有其本質或德——卽艱屯。人于此時，亦只須面對此情境之本質或德，而知之思之。此卽純依此德、此本質，而知之、思之之思想方式。此乃不同于觀此情境與其他情境之關係，觀一卦與其他之卦之關係之思想方式者。人如說此情境與其他情境應有關係，一卦與他卦，亦可錯綜成一卦；則依王弼之意，當說：若然，則另有一情境出現，可另以新卦表之。然于此新情境新卦，仍當視之爲獨立之全體，並就其本質或德而知之思之。故此一視象辭爲統論卦體之說，仍不可廢也。

王弼之明象章，以彖爲統論卦體，同時明一卦所由之主。此一卦所由之主，亦爲決定一卦體之爲如何者。卦所由之主，即一卦之主爻。王弼明象章，要在論一卦之必以其主爻，爲統此一卦者。主爻之所在，初不必以位定，亦不以陰陽定，而以衆寡多少定，並以少者寡者爲主爻。故謂「一卦，五陽而一陰，則一陰爲之主矣；五陰而一陽，則一陽爲之主矣。夫陰之所求者，陽也；陽之所求者，陰也。陽苟一焉，五陰何得不同而歸之？陰苟隻焉，五陽何得不同而從之？故陰爻雖賤，而爲一卦之主者，處其至少之地也」。此王弼之論一卦主爻所在，不以陰陽定，即超出漢易學家貴陽賤陰之思想。主爻不必當位，要在爲他爻所求歸往；即不重主爻之自當位，以成主，而重在爲其他爻所求、所歸往，以成其爲主；即不自主，而爲他所主以成爲主；亦重在言少者、寡者與簡者，能主乎多者、衆者與繁者。故明象第二句即言：「衆不能治衆，治衆者至寡者也。夫動不能制動，制天下之動者，貞夫一者也。故衆之所以得咸存者，主必致一也；動之所以得咸運者，原必无二也。物無妄然，必由其理。統之有宗，會之有元，故繁而不亂，衆而不惑。故云六爻相錯，可舉一以明也；剛柔相乘，可立主以定也。……故自統而尋之，物雖衆，則知可以執一御也；由本以觀之，義雖博，則知可以一名舉也。……故舉卦之名，義有主矣。觀其象辭則思過半矣。繁而不憂亂，變而不憂惑，約以存博，簡以濟衆，其唯象乎？」

此明象之文，皆原只是言釋易卦當重對一卦之德或本質，與求至少至簡之爻，以爲主爻，遂及于物之有其「統宗會元」之理。人于此恆先去玄想此理爲何物，則于此文旨不相應。實則循其文以觀，此理卽是「衆之向寡、多之向少、繁之向簡」之本身。此向少、向簡，卽向于會，亦卽向于宗、向于元。初不須于此外更求統宗會元之理。故所謂「物無妄然，必由其理」者，卽物之所以實如此如此以成一物，由于「多之向于一，衆之向于寡，繁之向于簡而交會」之理。郭象莊子德充符注「物無妄然，皆天地之會、至理所趣」，亦以會趣言理，正得王弼之旨，足證吾說。唯此一會趣，是成一物；亦卽成一變動、或一事。此變動或事，卽是易。此多之向一等，乃求一，求卽感應。而此「易」卽「以感應爲體」（註）。初不必由此元此宗，以往思一元氣或天神，或任何客觀存在之形上之實體，或形上自存之理，爲元爲宗也。此由多之向一等所成之物或事或變動，亦皆爲一一具體之事物或變動，卽一具體之情境，如上述之屯艱之情境之類。然此屯艱之情境、或任何情境，總是一「多之向于一，衆之向于寡，繁之向于簡」之一聚會。而名之曰一聚會，卽只是一，而爲寡爲簡。凡人之正面觀一情境之全，皆是一之、寡之、而簡之，亦卽皆是統之于一宗、會之于一元，而知其所由之理。此理只是一「所由」，如道之只是一「所由」。「由」衆至寡、「由」多至一、「由」繁至簡之「由」之所在，

註：世說新語文學篇載殷荆州曾問遠公易以何爲體？答：易以感爲體。此旨實首發于王弼也。

卽理之所在，亦易道之所在。此「由」，則可說不在繁，亦不在簡；不在一，亦不在多；不在衆，亦不在寡，而對之可形成種種玄理之論。今不必述。然其切實之義，則當下卽是，初不難明。而爲玄理之論者，或智者過之，亦如愚者之不及也。

三　明爻通變及位與情趣

至于王弼之明爻通變章，則直就形成一卦之全體之諸部份之爻以觀。此王弼之論爻，初不重一爻自身之當位與否，其後文更有易之六爻，初上無位之論。此爲王弼易學之一特色，亦後之爲易學者如清之胡煦之所承。此王弼之于辨位章，謂初上無位，亦有易經經文作證。如乾卦上九文言「貴而無位」，需上六象傳言「雖不當位」等。然主六爻皆有位者，亦可另作解釋。此王弼之言初上無位，其理由是：「初上者，體之終始，事之先後也。故位無常分，事無常所，非可以陰陽定也。尊卑有常序，終始無常主」。此言之理趣，是事物之于其始時及終時，不可言有一定之尊卑之位。此所表示者，乃是事物之始生，其位尚未定；其終則化爲他物，而亦自變其位。事物爲有，其始在由無至有之際，其終在由有至無之際；則其位皆在有無隱顯之交，而無定位。此如潛德之君子而未仕，仕而歸隱者皆無位。此言在社會政治上之意義，是保住「不在政治上貴賤秩序中之人」之存在。其哲學上之意義，則是保住「物之定形定位之先之後一階段，只是一無定形無定位」之一存在。如謂一般之物，皆爲一定形定位之存在，則此無形無位者，卽非一般之物、非一般之存在，而爲一「通接于無」之物或存在，或「由于無，歸于無，而自無中出，爲無所包涵」之「有」。此卽可連于王弼之老學。然王弼之辨初上無位，則自是由易以言易，以限制貴賤之位之觀念之應用；並見在事物之始終，則事物無定位、亦卽無位；而只于二三四五爻，可言貴賤之位。此是王弼辨位之旨。然王弼先論明爻通變後，乃及于辨位，遂不如其前之易學，多首重辨位之貴賤者，則已見王弼之初不甚重此「位」之觀念矣。

王弼之明爻通變章，其文甚美，玆先照抄如下：「夫爻者，何也？言乎變者也。變者，何也？情僞之所爲也。夫情僞之動，非數之所求也。故合散屈伸，與體相乖。形躁好靜，質柔愛剛；體與情反，質與願違。巧歷不能定其筭數，聖明不能爲之典要，法制所不能齊，度量所不能均也。爲之乎，豈在乎大哉？陵三軍者，或懼于朝廷之儀；暴威武者，或困于酒色之娛。近不必比，遠不必乖。同聲相應，高下不必均也；同氣相求，體質不必齊也。召雲者龍，命呂者律，故二女相違，而剛柔合體。降墀永嘆，遠壑必盈。投戈散地，則六親不能相保；同舟而濟，則胡越何患乎異心。故苟識其情，不憂乖遠；苟明其趣，不煩強武。能說諸心，能研諸慮，睽而知其類，異而知其通，其唯明爻者乎。故有善邇而遠至，命宮而商應，脩下而高者降，與彼而取此者服矣。是故情僞相感，遠近相追，愛惡相攻，屈伸相推，見情者獲，直往則違。故擬議以成其變化，語成器而後有格。不知其所以爲主，鼓舞而天下從者，見乎其情者也。是故範圍天地之化而不過，曲成萬物而不遺，通乎晝夜之道而無體，一陰一陽而無窮，非天下之至變，其孰能與于此哉。是故卦以存時，爻以示變。」

此章言「情僞之動，非數之所求」、「巧歷不能定」、「度量不能均」，卽見王弼易學之不重數量之觀念。言「聖明不能爲之典要，法制所不能齊」，卽言非外在之敎化政治所定，而純爲自動。言此「動」恆與體質相乖違，卽言此「動」恆往向于「異質」、「異體」之異類者。此卽與漢儒如董仲舒之重同類之相動，與爲今文易學者，重天人間同類之事之相感應，大不同其說。人物之體質之如此者，其往向于與異類、異質、異體，求相感應，乃賴其「情」、其「趣」，卽其體質之「用」。王弼重情用，過于重形體或體質。此首發于注乾卦之言。其言曰：「天也者，形之名也；健也者，用形者也。夫形也者，物之累也。有天之形，而能永保無虧，爲物之首者，豈非至健哉。大明乎終始之道，故六位不失其時而成，升降無常，隨時而用。處則乘潛龍，出則乘飛龍，故曰時乘六龍也。乘變化而御大器，靜專動直，不失太和，豈非正性命之情者邪」。此王弼之易學所謂形體或體質之義。蓋初皆同漢儒所謂體，亦同吾人通常所謂物體、形體之體，而用此形體、體質者，則爲用。此用，乃在此形體或形質之上一層面。用形而後有形，亦用形而有形之生，與形之變。故以「健」用天之形，而後天之形，得永保無虧。此「用」用形體，而在形體之上一層面，則非形體。故王弼此明爻通變章，亦特用易繫辭傳「通乎晝夜之道……而無體」之句中之「無體」之言。若必說此用形體之用，亦屬于此形體或體質，則此用，卽此形體或形質之情、或願、或僞。凡一般有形體、體質之物之情、願、僞，則恆向在與其體質、形體相乖違相異、以至相遠之物。此不同于天之爲統一切形之大形，更無與之爲異形之物，爲其情、願、僞之所往，故只不斷流形，而其大形，得「永保無虧」，以表現天之健。然除天以外一切天中之物，則有其形者，其情、願、僞之所往，則皆向在異形、異類者。故此「情」、「願」或「僞」，即爲通一切異形、異類之物之原理、或道之所在，以成物之相感應，而有其變化者。此亦即是人之可于不類見類、于異見同，「睽而知其類，異而知其通」，而得視之爲一宇宙之原理或道之所在者。此一物之情、願、僞之「向于何物」，乃依物之性情而定，即屬于性質之範疇，不屬于數量之範疇。故「爲之者，不在于大」，「同聲相應，高下不必均」。亦不屬于時空之高下、遠近之範疇，故「近不必比，遠不必乖」，「降墀永嘆，遠壑必盈」。又此情願有多方面多類，以自相限制、相改變，故言二女雖相違，而剛柔合體，可共事一夫；投戈散地，則六親散離；同舟而濟，則胡越同心。此則又見物之情、願之有多類者，亦可相改變，而互通。在易卦，則情、願之所往，見于爻之變。此爻之變，亦即以表一切異類之物，異類之情、願，可互通互變者。故明爻，即所以範圍天地之化，而通乎晝夜之道，以知天下之至變也。

四　在整個之卦中，爻之適時之變

王弼周易略例第三篇為，明卦適變通爻，一本作明卦通變適爻，一本作適變通爻。要在言爻之吉凶，可依其所在之「整個之卦，所表示之始終之時」中之地位，與他爻之關係而見；又可由爻之動或靜，而有其適應于此整個之時之變。是卽爻之適時之變。故首謂：「卦者，時也；爻者，適時之變者也。夫時有否泰，故用有行藏；卦有小大，故辭有險易。一時之制，可反而用也；一時之吉，可反而凶也。故卦以反對，而爻亦皆變。是故用無常道，事無軌度，動靜屈伸，惟變所適。故名其卦，則吉凶從其類；存其時，則動靜應其用。尋名以觀其吉凶，舉時以觀其動靜，則一體之變，由斯見矣。夫應者，同志之象也；位者，爻所處之象也；承乘者，逆順之象也；遠近者，險易之象也；內外者，出處之象也；初上者，始終之象也。是故雖遠而可以動者，得其應也；雖險而可以處者，得其時也；弱而不懼于敵者，得所據也；憂而不懼于亂者，得所附也；柔而不憂于斷者，得所御也；雖後而敢為之先者，應其始也；物競而獨安于靜者，要其終也。故觀變動者存乎應，察安危者存乎位，辨逆順者存乎承乘，明出處者存乎外內。遠近終始，各存其會；辟險尚遠，趣時貴近。……吉凶有時，不可犯也；動靜有適，不可過也。犯時之忌，罪不在大；失其所適，過不在深。……故當其列貴賤之時，其位不可犯也；遇其憂悔吝之時，其介不可慢也。觀爻思變，變斯盡矣。」

此所謂「卦者，時也」，卽謂卦表一事物之始終。此始終之歷程，卽是一時間之歷程，故名之曰時。而此所謂一事物，卽一具體之情境。人在一具體情境中，此具體之情境之如何，卽一卦之卦德之所表。此具體之情境，可爲否或泰、爲大或小、爲吉或凶。此是一存在之事實。然人在此有始終之具體之情境中，當下居何階段，當如何變動，則爲爻之所表。人之如何變動，則又可改易此情境，而變其吉凶。故一時之制，可反而用；一時之吉，可反而凶。而在不同之情境中，人之爲同一之變動之事者，其吉凶之價値意義，又不同。故卦不同，而同此一爻者，其意義亦不同。故曰：「卦以反對，而爻亦皆變。」是故「用無常道，事無軌度」，而「動靜屈伸」當「惟變所適」。此爻之所適者，卽此卦體所代表之全部情境。然此卦體所代表之全部情境，爲已然、爲實然；而爻變之所代表之更如何變動或適應之事，爲當然、爲將然。此將然、當然之事，是在卦體所表之已然、實然之情境上，更加一運用之所成。卦體所表示之情境之吉凶，雖已先在；然人之如何變動、適應之事，或人之如何動靜，則有變其吉凶之用。故曰「名其卦，則吉凶從其類；存其時，則動靜應其用」。在漢易之以易爲占卜者，重占吉凶，不只以卦占吉凶，亦以爻占吉凶。然在王弼，則卦體自代表一先在之吉凶。然其爻，則代表人之動靜之事，自有變其吉凶之用，而吉凶遂無定。玩易之事，則正在知此卦體之吉凶之可變而無定。故曰：「尋名以觀吉凶，舉時以觀其動靜，則一體之變，由斯見矣。」此一體之變，卽一卦體所表之情境，由此「事」、「用」而成之變也。非一卦變爲他卦之變也。

至于下文謂「應爲同志之象」，則此應乃陰陽異類之相應，位卽陽爻居陽位，陰爻居陰位之位，王弼雖不重位，然亦自有所謂得位、失位，以言爻與其位之關係。承與乘之分，卽一爻所上承之後一爻，與所乘之先一爻之分。陰承陽則順，陽承陰則逆，故承順爲逆順之象。此猶言靜順動則順，靜逆動則逆。此是表一情境中之各先後段落之內在的因果關係之順逆。故曰：「承乘者，逆順之象也。」至于遠近，則自爻之相距之距離言。距離遠而相求，則路險難，近則容易。故曰「遠近者，險易之象」。易一卦有內體或內卦，與外體或外卦。內卦所表者，爲靜處之階段；外卦所表者，爲動出之階段。靜處之初，爲下爲始；動出至極，爲上爲終。故以內外卦，象出處，以初上爻象始終。此中以始終說初上，以出處說內外，以險易說遠近，以逆順說承乘，以所處說位，以同志說應，乃是以「事用」進行之始終等情態，說卦爻之佈列。卦爻之佈列，爲空間性的，有遠近內外等廣度的量的關係者；而事用之進行之始終等情態，則在時間中，而有出處險易逆順之強度的、質的關係者。王弼之此諸言，則在言此空間的廣度的、量的關係，皆初只所以象徵事用進行之在時間中之強度的、質的關係。然必由此事用進行，自有在此時間中之強度的、質的關係，方使之成一整個之事用。故此進行中之各種關係，亦互相影響以爲用。由此而遠者雖險，然如得其應，亦可動；險者雖險，而在險難之時之終，則險之強度減，亦可處。如邢昺注王書謂：「需上六，居險之上，不憂入穴之凶，得其時也。」至于下文之「弱而不懼于敵也」，皆可依同一之理而解之。讀者可參考邢注。要之，皆不外言一整個之事用中，其中之各種關係，亦互相影響爲用。故吉凶不可以一端斷。今變此中之一關係，則整個之事用之吉凶變。下文所謂「觀變動者存乎應，察安危者存乎位；⋯⋯各存其會」之句，即謂人當依應、位、承、乘、外、內、遠、近、終、始，而會通之，以觀一事用之吉凶，而定其動靜趣捨之謂。其後文之「遯險尚遠，趣時貴近」，卽言避凶尚遠，趣吉貴近。言吉凶有時不可犯，乃指已然實然之吉凶；言動靜有適不可過，則由適當之動靜趣捨，以形成將然當然之吉，而避其可能之凶。此後者乃人之憂悔吝之時之所爲，故此中纖介皆不可輕忽慢易。王弼之此篇，歸在重此爻變所代表之人之事用，變卦體所代表之人所處之情境之吉凶之旨，由此亦可盡見矣。王弼之言觀爻思變，其旨亦當歸在是也。

五　象、言，與意之關係

王弼周易略例之第四章爲明象，其得意忘象、得象忘言之語，卽見于此篇，乃人所最喜徵引，並據之以言王弼之易學，爲掃象數之論者。此章在略例中，乃居第四章。其易學之歸趣，固有在此章者。然其易學之要旨，則仍在明彖、明爻之前三篇。彖爲整個卦之判斷，爻以明其變。王弼明象篇，乃承之而作。故首謂：「夫象者，出意者也；言者，明象者也。盡意莫若象，盡象莫若言。言生于象，故可尋言以觀象；象生于意，故可尋象以觀意。意以象盡，象以言著。」此所謂象，卽如上述之上雲下雷合成之具體情境之卦象，而屯艱則爲意之所知。又卦中之爻，在卦之內外始終中之地位，與其他之爻有比應承乘之關係，亦表示逆順險易，而當如何變等象。此逆順險易與當如何變等，並爲意之所知。王弼之明象篇，首言「意以象盡，象以言著」，卽謂「意」「象」「言」三者相孚應，而次第生起，乃易之爲書之所以著也。其下文曰「言者所以明象，得象而忘言；象者所以存意，得意而忘象。猶蹄者所以在兔，得兔而忘蹄；筌者所以在魚，得魚而忘筌。……是故存言者，非得象者也；存象者，非得意者也。象生于意，而存象焉，則所存者，乃非其象也。言生于象，而存言焉，則所存者，乃非其言也。然則忘象者，乃得意者也；忘言者，乃得象者也。得意在忘象，得象在忘言。故立象以盡意，而象可忘也；重畫以盡情，而畫可忘也」。此要在言人之了解此易之爲書所以著，當循「由言而象而意」之序，方應合易之爲書所以著之「由意生象、而有言」之序；然後著者之意，與讀者之意乃合而無間。固非謂不當有象與言。故其言得意忘言之語，雖用莊子語，而不必全同其旨。莊子固不謂意以象盡，象以言著也。此明象篇文之要點，乃在人既由言而象，而得意之後，則當知循同一之意，可有不同之象以表之。故下文謂：「觸類可爲其象，合義可爲其徵。義苟在健，何必馬乎？類苟在順，何必牛乎？爻苟合順，何必坤乃爲牛？義苟應健，何必乾乃爲馬？而或者定馬于乾，案文責卦，有馬無乾，則僞說滋漫，難可紀矣：互體不足，遂及卦變；變又不足，推致五行。一失其原，巧愈彌甚；縱復或値，而義無所取。蓋存象忘意之由也。忘象以求其意，義斯見矣。」此意之所知卽義，今名爲意義。乾健坤順，皆意義也，馬牛則象也；而能象乾健或坤順之一意義之物，不限于馬或牛；又一卦體中雖無乾坤，而爻變中有健順之意義者，亦同可用馬牛爲象。故亦不能謂凡有馬牛，皆定有一乾坤之卦體之在。而健順之意義，亦不只卦中有之，爻中亦有之也。此卽所以批評漢人于易經經文言所表之象，皆求有一卦體，與之相對應，而有之互體、卦變、五行之說。此評論亦大致不差。當時之鄭氏易、虞氏易，卽皆本互體、卦變、五行之說，而求易經文之一一言所表之一一象，皆有一卦體，與之對應者也。然王弼所謂「義苟在健，何必馬乎？類苟合順，何必牛乎？」則不可用以責漢易。因漢易固亦知健不必馬，順不必牛。說卦傳言：「乾爲天、爲圜、爲君、爲父；坤爲地、爲母、爲釜……」卽不以乾必爲馬、坤必爲牛也。又漢人之易學，以八卦類萬物之情。每卦之象，固亦有種種，則亦正是求本于人所知之物之意義，其相同類似之處，以分物象之類，如前章所論。唯漢之易學家，于此點或不自覺，遂恆「存象忘意」，不能「更忘象以求其意」，而亦不知：此意爲象之原，更知由此意，固可另行取象以表意耳。

循此王弼明象之說，象之原在意，而表一意者，可有多象，則易經卦爻之只如此如此取象，卽非無另取他象之可能之謂。故于易經之卦爻，另繫以他辭，亦不失其爲易經。吾人之讀易經，固不能不由言、而象、而意，然得其意者，亦可不論易經。今本此意，以論其他之書，有其他之辭，其他之象，而有同一之「意義」者，亦卽未嘗不可。王弼之所以能于注易之外兼注老，卽正由于其在老子之辭與所說之象中，亦見有與易經類似或同一之「意義」在故也。三國志鍾會傳注言王弼十餘歲，好老氏。然其注易與注老，仍未知孰先孰後。其注易未及繫辭，是由其注易之功未畢而終，或由其視爲不須注，亦不可知。然王弼雖幼好老氏，其家學淵原，則在易學，而不在老學；而觀當時之思想學術之流變，乃是由經學而及玄學。則似仍當謂王弼之學之歷史的意義，在其由易之經學之流，以更通及于老學為是。至于自其所以通易老之義理而言，則固當是以易老之文互證，其所趣向者，則近乎老。然吾人居後世而觀其所趣向，亦當先理解此易學可以通老學之義理線索。

此中之義理線索，吾將首重王弼言易之重「由言得象，由象得意」之旨。此象已可是老子之無物之象。由此旨轉進一步，卽通及于老子之言「大象無形」之旨。人之心意能知此無形之象，卽可通及于老子言道之義。

然此當先自其言易之卦象之旨，次第說來。按易之卦爻所象，乃具體之事物，而意之向于具體事物，則必重知此具體事物之意義，而見此意義之後，亦可取其他具體事物為象。可取而未取，則此其他事物之象為虛象。一意義，有種種可能之事物為象，則可涵種種虛象。一意義，對其所可能涵之虛象言，卽亦如自凌虛，而浮于上層，初無一定之所着之象者。此時，人所知之意義，卽自具體事物之象或具象中，解放游離，如自成一意義之世界。吾人觀易象，至得其意中之義，卽升至此一意義之世界，而見一一卦象、爻象，皆各表現一意義。此意義，只是心意中之義，亦只對心意之有所向往，而呈現。故亦不能離此心意之主觀以言。而此意義之世界，亦卽可說只是此心意中之境界或意境。此意境，卽一方以其凌虛而浮于具象之上層，一方以不能離心意而呈現，加以界定。

然泛說意境，此仍可是由一類事物之意義之浮于上層，而顯于心意之意境。此卽是文學藝術之意境，而更以其他之具象之語言，或具象表之者。亦可是整個宇宙之一切事物，合以形成之意境，而只可抽象之語言表之者。此後者爲哲學的意境。如本易義，以形成一哲學意境，則非必每一卦皆可形成對整個宇宙之一哲學意境。如家人卦，只及于一家之人，則初不能形成一哲學意境。除非吾人視宇宙爲一大家庭，此家人卦卽無哲學的意義。若吾人要將易中之每一卦之意義擴充之，以成爲一有哲學意義之卦，亦有難亦有易。循此去想，亦甚有趣味。各人所重之卦，亦可大不同。易卦中顯然有哲學意義之卦，首爲乾卦。此乾卦之象，固有種種，如天、馬、龍、君、父……皆是。然以乾象天時，則天又可包括乾之一切象、與餘卦之一切象，以爲一大象。若謂此大象之意義是健動，則此健動之意義，卽爲可用于整個宇宙而有哲學的意義者。故此卦最爲一切易學家之所重，王弼亦自不能外。此外王弼又重復卦。其言易重感應，則重咸卦，以咸卽感也。王弼之如何由易通老，卽可由其如何釋乾、復之卦，與重感應之義而見得。

此王弼釋乾卦之辭，上文已引之。其言天之形，永保無虧，卽此天之象。而其形之所以能永保無虧、或此形之永保無虧之意義，卽是其至健，「靜專動直，不失太和，以自正其性命」等。此解釋不必與易文之原意相合，但今只須了解王弼之意。此中須注意，其言健爲用天之形，亦在天之形之上一層面，而于天之不斷流形，而永保無虧中，表現此健者，如前第三節于所說。故此健之意義，同時是一用。然凡形體在流行變化中，卽同時見自超其爲形體，而只顯于其用。天是大形大體，健卽爲大用。此「大用」用此大形大器，使之永保無虧，亦使之恆自超其形體，以表見爲一大用之行，而無體。此如依宋儒之體用之義言，則于此大用之流行不息處，當更見一此大用之所以流行不息之上一層之理，或道等爲體。依漢儒言，則當有一天神或元氣爲體。然漢儒之天神元氣，在時空中運行，又必表現于形，卽仍可說爲只是有大形大體者。王弼之思想所進之一步，卽爲見此形體或器之在流行變化中，恆自超其形體，而謂無此體；然尙未及于宋儒之卽用之流行不息，而見得之更上一層之體。故王弼之言體用，不可說同于宋儒之言體用。其言體用，在思想史之地位，乃正在漢儒與宋儒間。簡言之，卽漢儒重形體之體，王弼化此體爲用，宋儒更卽用顯一理體、道體。故王弼之論乾卦之義理，乃于天只見爲一健動之用，而更不見體，既不見下層形體之體，亦不見此用之不息所顯之上層之體。王弼注易，時言卦體。然此卦體；唯指六爻之結構。爻在運用中，此結構亦然。此卦體之體，非由此天地間一切健動之用之不息，所顯之一上層之體也，故于其說，亦可名之曰有用無體。有用無體，則用自無出，而亦卽可說以無爲體。然以無爲體，而無卽非有，而此體爲非有爲無。然就王弼以言王弼，則只謂其以無爲體，亦可耳。

第九章　王弼之由易學以通老學之道（下）

六　「復」、「無」、「感」及老、易之會通

上言王弼之易學，乃由形體之在流行變化中，自超其爲形體，遂歸于只見體之無，而以無爲體。即可一方通于其言易之復卦之義，一方通于其注老之重體無之義。其復卦注曰：「復者，反本之謂也。天地以本爲心者也。凡動息則靜，靜非對動者也；語息則默，默非對語者也。然則天地雖大，富有萬物，雷動風行，運化萬變，寂然至無，是其本矣。故動息地中，乃天地之心見也。若其以有爲心，則異類未獲具存。」

王弼謂寂然至無，爲一切運化萬變之本。此寂然至無，即無一切形器形體，而「無體」之「無」。此無，乃一切物之動之息處，亦一切物之獲具存之所依。此處吾人如思此無中，更有何物，則與王弼之思想不能相應。此無即如語息之默、動息之靜。人于語息動息處，即可直下見此無。此無，乃可純現象學地，加以觀照者。觀照得此無，即觀照得一切運化萬變，皆同在此無中起息。一切運化萬變，是乾之健用，而此無，則爲此健用之所依。依此無而語息于默，而後另一不同類之語起；依此無而一

物之動息于靜，而異類之物之動起。由此方有異類之語、異類之物之得具存。是卽見無爲異類之物之語起息之中樞或中心，而亦爲其本。此本乃取象之辭。因物之起，依此無起，如枝葉之依本幹起，故說爲本。實則旣寂然至無，則亦無本，只是一無本之本，或以「無本」之「無」爲本，如言無體卽以「無」爲體也。

此王弼之注復卦，以動息見天地之心，固亦非卽易之本意。此復乃一陽來復，重在表陽之始生。漢儒言消息卦，復爲陽息之始，卽陽生之始。後程伊川亦以復見天地之心，卽動見天地之心。此當更合易之本義。然王弼之思想道路，意在較漢儒，更多進一步。其以復卦乃表動之息于地中，此息初乃止息之息，而不同漢儒言消息卦者，直以息爲生息之息者。王弼之息，乃初同于漢儒所謂消。此卽意在矯漢儒之重動之有之偏，而趣向于另一偏之重靜之無，以成一思想發展中之平衡。王弼思想之偏，固亦其時代所當有，亦自有深趣者也。

上言之深趣，在言羣動之有，乃人初步之思想，而言羣動之息止，則爲進一步之思想。凡人之情，固喜多言，故言易而默難。樂動易而樂靜難，知「有」易而知「無」難。故能知無，總是進一步、高一層之思想。充無之量，而于一切有，無不可無，以爲「無」所超過越過，而亦爲此「無」之所虛涵。人能知無而虛涵一切有，人之心靈，卽升至一切形器之物之上一層面，亦升至其一切意義之上一層面。此無，自亦是一意義。然能順此無之意義而思，亦可無「對一切形器之物、一切意義之一切之思」，以成上一層面之思，而以此思兼虛涵此一切之思。此卽形成一極高度之哲學意境。是亦卽王弼由易之復卦注，更通至老子注，所形成之哲學意境也。

按王弼言易重感應，而易卦之咸卦卽言感。物必相感，而後成其變易。相感則有物之來應或往應。故感應不可分。王弼之注易，重得其應；亦卽重得其應，以成其相感，而成變易。故咸卦雖爲三十四卦之一，而在王弼之易學中，則有一特殊地位，而爲可通一切變易之事之全者。王弼注咸卦「天地感而萬物化生」，曰：「二氣相與，乃化生也。」此是自感之必有二者之相感說，乃一般之易義。至其注「觀其所感」之句，言：「感之爲道，不能感非類者也。故引取女，以明同類之義也。同類而不相感應，以其各亢所處也。故女雖應，男之物必下之，而後取女乃吉也。」此所謂同類，如男女同爲人，而實亦可說爲人中之異類。此男女之相感，乃依于女雖應，而男能下之。如男女各亢其所處，則此男女之相感不成。男之下女，卽男之不自亢，而忘其爲男，虛其自以爲男之心，以往受女。故下文注曰：「以虛受人，物乃感應。」此卽言虛爲成感應之變化之本，亦猶復卦言必有動息于靜中，乃有運化萬變也。此感應之事，必以往感者之先自虛爲先、爲本，如以此虛爲實，卽如以其自靜爲先、爲本、爲實。故下文注「咸其拇」曰：「處咸之初，爲感之始，所感在末，故有志而已。如其本實，未至傷靜。」此卽謂非以虛靜爲本爲實，則不能成感。以虛靜爲本，而有往向所感之意，卽爲一志。此志亦卽略例中所言之情願。此志、情、願，固王弼之所重。故何晏主聖人無情，而王弼非之。然在王弼之意，則此情或感，乃正依于「以虛受人」，亦以虛靜爲本而後有。能以虛受人，而以虛靜爲本者，亦正當先有願有情，方有感。故謂「聖人茂于人者神明，同于人者五情。神明茂，故能體沖和以通無；五情同，故不能無哀樂以應物。然則聖人之情，應物而無累于物者也。今以其無累，便謂不復應物，失之多矣」（三國志魏鍾會傳注）。此謂聖人有情，同于人，其無累于物，不同于人，則其情亦自有不同于人之處。此不同于人之處，在依其無累，而其情、其感應，乃廣大而不可窮極。然其廣大不可窮極之所依，正在其能以虛受人，而以虛靜爲本。此義乃自昔道家之公義，而儒者亦不能廢者。然明申此「虛靜所以成感應，亦可以成相感應所生之變易」，以通道家義與易義，則王弼之所以自易學以通老學之關鍵，而爲昔人之所未及者也。

此感乃原于虛受，虛受而志向于所感，此所感自是一有。但此虛受之虛，則只是虛其所有，而成無。以無受有，而成其感，此在客觀萬物亦可說。然要在自人心說。易咸卦彖言「聖人感人心，而天下和平」，卽自聖人之心之虛，能感天下人之心言也。而自客觀萬物，說其亦有虛而能受，固可。然對此虛之意義之知，則賴于人心。虛之意義本身，非一物，乃唯對人心而呈現，如無之只對人心而呈現。若只自客觀之萬物上說，亦可說其皆是有，而無此「無」與「虛」也。然人心自能了解此虛、此無之意義，並由此了解，以虛無一切，故虛無宜連心而說。若說有一客觀之虛無，爲物之所自生之本，則亦當連天地之心以說。故王弼復卦注，謂天地以「寂然至無」之本爲心也。然王弼是否眞謂有一客觀之寂然之至無，存于一客觀之天地之心，則蓋未必然。則此天地以寂然至無之本爲心，可只是一所謂中心之心。吾人見天地之形、與形之動，恆息于寂然至無，而與相冥合，則吾人之心，卽天地之心，固不必說別有天地之心也。然人亦未嘗不可由人此心之可與天地之「寂然至無」相冥合，以說此心自始卽爲一天地之心，或謂吾人之心，卽此天地之心之表現于吾人，以成吾人之心者，並由此心之能生生不已，以言天地之心之自「生生不已」，或「於穆不已」，以表現于吾人，或降命于吾人。此可爲宋明儒者所向之義。然王弼蓋未必能及此。故其所謂天地之心，可只是虛說其如有一心。天地只有其動之息于寂然至無之本，唯人心能知此「本」爲寂然至無。此寂然至無，亦唯呈現于人心，以爲人心所知之一意義。此則較合王弼之旨。循此以理解其注老之旨，亦最順者也。

七　王弼之老學道路，及老學發展之諸道路

按王弼之注老言「無之爲物，水火不能害，金石不能殘；用之于心，則虎兕無所投其齒角，兵戈無所容其鋒刃」，（老子十六章注）此乃文學比喻之辭。其旨要在言人當知此虛、此無，而用此虛無，以虛無一切有形體形象之物，與一般對物所了解之意義，以呈現其共同之寂然至無之意義，而觀其皆存于此寂然至無之境。此境乃對心而爲一心之境界。友人牟宗三先生才性與玄理，論王弼之注老子，

唯是依于修道者之冲虛玄德所呈之境界是也。但此德乃原于道，亦宜本道以言德。又王弼之旨是否卽老子之本旨，乃別一問題。吾前論老子文中，已詳及王弼注老之未必得老子意。王弼沿人心之能體此虛無之義，以言老子之道，亦可能是高看老子，或只明老子之一勝義。此中有老子之道，畢竟當先自客觀萬物說，或自人心之境界說之問題；有老子之道，是否當只偏自虛無說，或兼自實有說之問題；再有老子之言道，是否有各層面之意義，或只具一層面之意義之問題。吾前論老子之道，有各層面之意義，乃由見老子文句言道者，確有層面之分，若視爲皆在一層面，則此諸文句難通之故。至老子之道，畢竟可否自客觀萬物說，尤爲問題之一焦點。若可連客觀萬物說，則可有物之道、地之道、天之道、人心所體之道、與道自身之層面之分。若不能自客觀萬物說，則道只是一道，此道非具體之天地萬物，亦只對一能超越于具體天地萬物之上之心而呈現。此道亦非具體事物之有，而亦必先無具體事物之有，而後呈現。故老子言道之義，亦只當由虛無之義以契入。然依吾意，則老子之原文中所謂道，實原可兼自客觀與主觀二面解釋。此乃一原始形態之道家思想，更可循不同方向而發展，而爲老子書者，亦初未必自覺此中有多方向發展之可能者。玆試略分別說此多方向之發展如下。

玆按韓非之解老篇代表一方向之發展，此則爲純視道爲客觀之物之道者。吾前嘗引韓非解老之文謂：「道者，萬物之所然也，萬理之所稽也。理者，成物之文也。道者，萬物之所以成也。……道，理之者也。……故理爲物之制。萬物各異理，而道盡稽萬物之理。」此卽明是以道爲成此各有定理之萬物之客觀的道或大理。又此「道雖不可聞見，聖人執其見功，以處見其形，故曰無狀之狀，無物之象」，「故諸人所意想者，皆謂之象也」。此乃以道爲人之意想之所對，雖不可見，而仍是對此意想爲客觀者，如「人希見生象也，而得死象之骨，案其圖，以想其生也」之象，爲客觀存有者也。此以道爲客觀存在之大理，自是老子之學之一發展方向也。

至于淮南子之言道，則代表老學之發展第二方向。此乃視道爲客觀萬物所由成，亦天地所由成，且更謂道在時間中爲天地萬物之所自始。故謂：「道始于虛霩，虛霩生宇宙，宇宙生氣。」（天文訓）更謂：「無形（卽道）者，物之大祖也。其子爲光，其孫爲水……有生于無，實出于虛。」（原道訓）此卽將道加以實在化，而類似天地未開闢前之一形而上的存有。可參考淮南子書。今不多贅

至于漢初之言黃老之術以爲政者，則爲老學發展之第三方向。此則多取于老子之清靜無爲，與民休息之旨。此乃偏主觀之爲政之心理態度上言道。而此以無爲言政治之道，則韓非子中之主道等篇，與其他法家言中，亦多有之。此或爲外飾無爲，以免其情之爲臣下所窺；或爲立法以「令名自定，令事自正」，而不必賴于一一事，皆由君主自爲之，以使君得逸而無爲。然漢初之依黃老以言政者，則蓋有惡于秦暴政之苦民而主休養生息。呂氏春秋已有貴因之篇，隨處言因時爲事之旨。淮南子之言道，除以道爲天地萬物之原，用以養精神，亦重言無爲因任之道。淮南子詮言訓言「無爲者，道之體也」。人間訓言「明禮義、推道體」，亦卽由禮義以推至無爲之道爲體也。至因任、因循、因順之言，

尤偏見淮南子書。如主術訓言「因循而任下」。原道訓言「天下之事，不可爲也，因其自然，而推之。萬物之變，不可究也，秉其要歸之趣」。司馬談論六家要旨言道家，除亦重以道家之學，養精神外，卽重此以因循爲用。故言「因者，君之綱也」；並以「與時遷徙，應物變化」，爲道家之本。此正同淮南子要略自言其書「觀天地之象，道古今之事……與世推移」之言，亦皆期在以道家之因循因任之道，休養生息，而使民得遂其生而樂其生者也。行此因循因任之道，則非必全無所事事，故修務訓言「吾所謂無爲，循理而舉事」，以別于「用己而背自然」之「有爲」耳。司馬遷承其父司馬談，言道家之學，重因任之旨，于史記管晏列傳言管仲治齊之政曰：「俗之所欲，因而予之；俗之所否，因而去之……善因禍而爲福，轉敗而爲功。」管仲之因任之政，固大有所事事也。

至于養生家醫家與神仙家及後之道教之言老子之道，復爲一方向。此則重在由節欲養生，至長生久視上言。淮南子司馬談之以道家義養精神者，亦可歸至長生或神仙之說。此則原自修老子之道，亦可成就人之主觀生命精神之收斂與長久而說。然人之主觀生命之存在，同時爲一天地間客觀之事實，而修老子之道，以使之收斂長久，亦可爲一客觀之事實。則此道亦不能說只屬于人之主觀。此老子之學之發展之第四方向也。

王弼之言道之思想方向，若列爲第五，則可說是：重在自主觀之心境上言道，亦不只以之爲一爲政者之因任、因循之道者。王弼言政；自亦重無爲、因任、因循，使人民自遂其生、自樂其生之旨。其言無主、不宰，亦卽涵不用政治之權力，以主宰專斷人民之事之旨。然此則非王弼之老學新創之精義所有。其新創之精義所存，乃在言由人之主觀之心之能體無，卽可使人心達一至高之境界，而有上德、玄德或至德。其重在此心之體無，而偏在此心之至高境界上說道，其陳義亦卽高于前此自他方向發展老學者。然老子文之原意，是否卽如此，則亦正有問題。觀老子之文，與老子之學之發展之原有多方向之可能，則見王弼之老學，實未能具此多方向之可能，其注亦正有種種與老子文義不切合處。故此王弼之老學，其陳義所以能高于前此之自他方向發展老學者，可能由于王弼專高看老子，或偏看老子之高處之故。或正由王弼高看老子，或偏看老子高處，方有此王弼注老之精義。然其高看老子，亦當由老子之義，原具有向其所高看者，而發展之可能。則吾人于其注文之不切合原文之處，亦當觀過知仁，與其所以不能不爲此不切合之注文之理由與密義之所在也。

八　王弼以虛通之境言老子之道之義，及無爲之義

吾人所謂王弼高看老子，偏看老子高處，卽謂其偏在心境上言老學，亦偏在虛無義言此心境中之道。此與其時代之何晏著無名論，言「夫道者，無所有者也」同一思路。所謂偏在心境上言老學，亦

偏在以虛無義言此心境者，卽王弼之言心，只重其爲呈現一虛無之境界之心，而全不重其爲一有作用活動之心。如老子言「心使氣曰強」「守柔曰強。」此于氣守柔之心，卽有作用與活動之心。老子又言「聖人無常心，以百姓心爲心」。此卽一仁慈之心，故老子三寶中亦有慈。然王弼之注「心使氣曰強」，則曰「心宜無有，使氣則強」。又注聖人無常心曰：「動常因也」。則心無直接使氣之義，只當先求無有，而聖人之以百姓爲心，亦無慈之義，蓋只是因順彼百姓之心而已。此因順，唯出自聖人之能自無其心，而虛其心。故王弼之注老之言，唯重在無其心、虛其心，以此心呈現一虛無之境界。故三十八章注曰：「天地雖廣，以無爲心；聖王雖大，以虛爲主。故曰：以復而視，則天地之心見。滅其私而無其身，則四海莫不瞻；殊其己而有其心，則一體不能自全，肌骨不能相容。」此卽可見其偏在由心之呈現一虛無之境界，更呈現四海百姓，于此心之前，爲一觀照所對之境。此心之對四海百姓，則更不表現其他之作用與活動，此心卽成一眞正之無爲無事之心。此無爲無事之心，因其虛而能容，「以空爲德」（二十一章注），自能「蕩然公平，無所不周普」（十六章注），「無物不經」（三十八章注），「周行無所不至」，「周無所不窮極」（二十五章注），「無所不包通」（十六章注）。簡言之，卽能依此虛無，以通于一切物之有。如依其易注義以觀，卽亦能于物有情有感。王弼之聖人，固亦有哀樂以應物，唯無累耳。但聖人雖有哀樂之情之感，卻亦可無事無爲，而唯此無事無爲，乃宅心之本。故曰：「本在無爲」。在此無爲無事之心境中，原空無所有，故不可以名名之。此卽一無名之心境。依此心境，以呈現觀照一切物之有，則此無名之境爲母。故曰「母在無名」，而一切事物之有而有名，則爲其子。以此無爲之心境爲本，則依之而有之一切之仁義禮之有爲者皆爲末。王弼固亦許有此末與子，故亦言「守母以存其子，崇本以舉其末」。然此中之問題，在崇此無爲之心境爲本，是否必舉其末？守母是否必存其子？則循王弼之言，唯謂必守母而後子存，必崇本而後末舉。故唯當「得本以知末，不舍本以逐末」（五十二章），而未嘗謂「崇本必舉末，守母必存子」。本母爲無爲、無名之心境，末子爲有爲、有名之事物。守母崇本，非必舉末存子，則其所偏重，固只在此無名、無爲之心境之形成，而不在有名、有爲之事物之成；而可只求此心境之形成，卽無不爲；而別無所事、別無所爲也。

今如依老子之本文以觀，則于其所謂「無爲而無不爲」，明有其他解釋之可能，而不限于在一主觀心境中之依虛無以呈現觀照一切有而言無爲而無不爲。老子所謂無爲無不爲，可是淮南子所謂因順或因循物之「形性」物之「勢」而爲，亦可是「生之、畜之、生而不有、爲而不恃、功成而不居、長而不宰」中之無爲而無不爲。不有、不恃、不居、不宰，卽無爲；然其生、其爲、其「成功」、其「爲長」之「爲」，固自在；其生、其爲，固可歿身不殆，而無不爲也。然王弼之解釋上文之旨，則唯曰「不塞其原，則物自生，何功之有？不禁其性，則物自濟，何爲之恃？物自長足，不吾宰成」；「因物而用，功自彼成，故不居也」。此卽無異謂：只須吾人能消極的對物之原之性，不塞不禁，卽是生之畜之。由此不禁不塞，而物自濟、自生、自長成，則我本不能有功，本不能爲宰。然此老子之原文所謂長而不宰，功成不居，豈必限于此本不能有功爲宰之處？老子原文，明是言己之有功而不居，己之爲長而不宰，非謂功之自彼成、物之自長成者，吾不能居其功，而爲之宰也。功原自彼成者，不居功固易；功自己成者，不居功則難。不塞不禁，以任物自生自濟，而不有不恃，固易；自有所爲、有所生、而不有不恃則難。則焉知老子之言「生而不有」、「爲而不恃」，非就此難者爲言，而必如王弼之就其易者而言乎？循王弼之言，人只須于物之原、物之性，不禁不塞，而不對之有爲，以任物之得自生自爲，便是無爲而無不爲。此「無不爲」，在物，而不在己；「無爲」則在己，而不在物，而分屬兩邊。則老子亦當說己無爲，而物無不爲。然觀老子言無爲而無不爲之語意，則當同時在己。則以有生而又不有，有爲而又不恃等，釋無爲而無不爲，當更切合老子之旨。何必言由己之無爲，使物得自生自爲，卽是無不爲乎？依王弼之言，于「己」可只說「無爲」，此己之無爲，卽只形成一主觀上之「虛其心、無其心」之心境。亦唯其偏在形成此一主觀之心境，然後其「無不爲」乃在物而不在己，故將「無爲」與「無不爲」，分屬己與物之兩邊。然此不能成爲老子所謂「無爲而無不爲」一語唯一可能之解釋，固亦明矣。

九　物之由于虛通之境，卽由于道之義與自然義

然王弼之只重一在主觀上無其心、虛其心之心境之形成，尅就其自身而言，亦自有一極高之價

值。此乃因依此說，則人于道之義，卽可直下全離天地萬物而說，更不說所謂物之道、地之道、天之道，以至于人之道。卽此心之道之名，亦可不用。因人在「無其心、虛其心」之心境中，其心卽是無，則此中實只有一「無其心」之境界之呈現。說其是一心境，乃對此境界之反省說。此反省是心，則其所反省者，便是一心境。若不對反省說，則此「無」非事物，而只爲一意義。此意義呈現于心，以爲其所知，則此意義，自亦成心之境。然此心之以無爲境，而未自反省，心卽只在此無之境中，仍可不自見其心；只體此無，與此無俱運，而未嘗有其心，亦不見此無之爲心之境。今尅就此境言此境，卽可不說心，而可只說其爲一寂然至無，亦至虛至靜之境界。然人在致虛極、守靜篤，以至于此境之時，則一切物之有，亦並作並呈于此境中。此境對一切物之有，無不包通；一切物于此境中，自有其所有、自然其所然、自由其所由。今自此一切物，皆自由于此境言，卽一切物之共由于此境。共由者之謂道。道如道路之道，卽一切物之所共由者。然常說道，則恆依表現道之物，或「由于道」之物以成名。如人行道、車道、船道，卽依「由于道」中之物以成名。如水道、石道，則依表現道之物以成名。至于人之待人之道，如父待子之慈道，子待父之孝道，亦依由此慈孝之道而行之人，其爲父爲子，以成此子道父道之名。若乎人之行事之道，如治道、政道、教育之道，則依表現之政治教育之事，以成名。然自然界中有天之太空，初爲一寂然至無之境，則爲一切自然物共由之道，而初無名者。人之慈孝政治教育之行事，皆出于人心之感物。人心在未感物之先，亦可說有一心之寂然至無之境，此亦初無名者。此天之太空，乃吾人感覺之活動之所涉。然人心自更有其他想像、思維、情意之活動，亦有其所涉，以成人之行事。此一切之活動行事未有之先，亦可說同有此寂然至無之境。此一寂無之境，實更大于感覺所涉之太空之爲一寂無之境，而可包括之。然吾人亦可卽以此太空之寂無，喻此一寂無之境之全。此太空之寂無，或此一寂無之境之全，自其爲事物所共由言，卽是道。此道無名，亦可不連于「共由于其中、或表現此道之事物」說，而亦無特定事物，能表現此道之全。如無一物所佔之空間，或其消滅後所留之空間，能表現太空之全。又如任一語之息所成之默，任一動之息所成之靜，皆不能表現「默」、「靜」之全。任一物之無中所表現之無，皆不能表現「無」之全。故此寂無之爲道，不能依表現之之事物說，而當說爲在一切事物之上層、外層，其大爲不可窮極者。今視之爲事物所共由，而名之爲道，此道之大，亦卽不可窮竭。自此「無」爲事物所共由言，其由之，卽通之。此通卽是道；此通亦不可窮竭。吾人之感物，乃物之通于我，卽物之依此通，亦依此道，以至于我。此通中必無阻塞，乃成其爲通。愈無阻塞，則愈通。阻塞皆是一有，無阻塞，卽無此「我之通至所感之物之中間爲礙之有」。愈無此中間爲礙之有，則愈通。亦卽依無此有，以成此通，亦成此我之通于物之道。然若我既通及物，欲更有所通，或更有道，以更有所通；則此人初所通及者，又可化爲此中間爲礙之有。則于此有，亦當更無之，或觀其無、觀其動息而止、觀其歸根、觀其復。此中仍須循此無，以無此新成之中間之有，方能更往前通。能前通卽有前道。道卽是通，通卽是道。必無有而後通，無有則「有」由「實」而「虛」，而通則爲「實之經虛」之辭。故道卽虛無之道，亦卽虛通之道。故王弼恆以虛無虛通言道。如曰：「無狀無象，無聲無響，故能無所不通」（十四章注）；「體道大通，則乃至于極虛無也」（十六章注）；「萬物以自然爲性，可通而不可執也」（二十九章注）；「動皆知其所無，則物通矣」（四十章注）。人能無有，而得循此虛通之道而行，卽成人之德。此虛通之道中無物，故人之此德，亦爲不德之德。此卽爲人之上德。此虛通之道中，無物可見，亦無一般之物可名，無名之謂玄。故此德亦無名，而爲玄德。人行通道，以有玄德；亦依玄德，以行通道。則于其所遇之物，皆直通、直達，而有之之後，亦恆卽通過之、而無之，使其不爲一中間之礙；則能「在方而法方，在圓而法圓」，而不見方圓之相違，亦不見一切物之相違，而皆自然其所然，自由其所由，自生其所生，卽皆在一自生、自由、自然之境，而不相繫縛，不相主宰，亦不見有爲之主宰者，復不見此物之由彼物來、或自另一萬物之上之天神元氣等來。故王弼恆言「自然」、「無主」、「不繫」，言物之「不知其所由來」。蓋有所由來，卽有所繫縛。然人依玄德，而行于通道，則唯見物之自由其所由于此通道中，不見有繫縛，卽不見其所由來也。

十　道之名稱，及「無名無稱」之域

循此上之旨，進以解釋老子注之若干之文句，則順而易明。如其第一章注曰：「可道之道，可名之名，指事造形，非其常也。故不可道，不可名也。有皆始于無，故未形無名之時，則爲萬物之始；及其有形有名之時，則長之、畜之、亭之、毒之，爲其母也。言道以無形無名，始成萬物，以始以成，而不知其所以，玄之又玄也……兩者，始與母也；同出者，同出于玄也。異名所施，不可同也；在首則謂之始，在終則謂之母。玄者，冥也，默然無有也，始母之所出也，不可得而名。故不可言同名曰玄。而言謂之玄者，取于不可得而謂之然也；謂之然，則不可以定乎一玄而已；若定乎一玄（此五字據陶弘慶校補），則是名失之遠矣。故曰玄之又玄也。衆妙皆從同而出，故曰衆妙之門也。」

依前段所說，則老子之道，自始卽一虛通之道。此虛通卽道，則道自爲無形無名。物之有乃在此虛通之道上之所見。循此虛通之道而見物，則虛通之道先于物。物未生，而虛通之道自在，而此道亦先于物。故道爲萬物之始。而在物生後，物亦爲此虛通之道所虛涵。由此虛涵以觀，物之自由其所由、自然其所然、自生其所生，則此虛通之道，卽虛涵之；而亦如使之生、而成其然，亦可言「長之、畜之、亭之、毒之」，以爲其母。此爲母之事，非有爲之事，而只是道之虛涵之事。人之依此道，而以其心虛涵萬物，亦非有爲之事。人只依此道而虛涵物。虛涵物，卽使物直通直達于此心，而無阻塞之者，卽無異當下使之生，而成其然。此不須外對之有所事有所爲，然後使之生、而成其然也。

此虛通之道之虛涵物，而爲其始，與爲其母，初只是一事。虛涵之于物未生之先爲始，虛涵之于物既生之後，以至其終，則爲母。故此始母之異名，乃依物之始終而異名；不依此「虛涵」之自身而異名。此始與母，同出于此虛涵。此虛涵之自身，只是一虛而能涵。所涵者有名，其始終亦有形有名。然離此所涵者，以觀此「虛而能涵」之自身，則無形亦無可名。無名，卽爲一玄。若無此「虛而能涵」，以涵物之始終，則亦無始母之名。故始母之名，同出于此一玄。此玄，則不可說是一名，故不可言名曰玄，只可言謂之玄。此則由于王弼之辨「稱謂」或「字」與「名」之不同。故「字之曰道」注曰：「名以定形，字以稱可。」其老子微指略例又曰：「名號生乎形狀，稱謂出乎涉求。名也者，定彼者也；稱者，從謂者也。名出乎彼，稱出乎我。故涉之乎無物而不由，則稱之曰道；求之乎無妙而不出，則謂之曰玄；妙出乎玄，衆由乎道。」又曰：「道也者，取乎無物而不由也；玄也者，取乎幽冥之所出也。」友人牟宗三先生于其才性與玄理嘗引其言，而斷之曰：「名出乎客觀，稱謂出乎主觀。彼卽客觀，我卽主觀也。」此言甚善。玆按此名與稱謂之分，非始自王弼。吾人前論周秦諸子對名之道嘗引及尹文子：賢不肖善惡之「名」，宜在「彼」，親疏賞罰之「稱」，宜屬「我」。稱謂乃順此我之主觀之涉求或肯可之活動，而爲言。凡依主觀涉求或肯可之活動，而有之言，亦皆不可說是一客觀之名。此道之一言，原只表其爲萬物之所由（動詞）。吾人之思萬物之由于一虛無之境之中，卽思此萬物之由于一虛通之道。吾人此時之思，亦由于此虛通之道，以有所往，而有所涉求。此涉求之所往，亦卽此道之所往。故此「道」之一言，亦出于此涉求。吾人有此涉求，亦卽循道而往。此涉求之活動及于物，而見物有形，物亦遂有名。然尅就此活動之自身或其中之道言，則無形亦無名，而「道」之一言，卽爲稱謂之言，非名之言。此涉求之活動之自身，不連及于物言，卽只是上述之虛涵有形有名之物之虛涵之活動。此虛涵之活動卽一觀照之活動。吾人知此虛涵觀照活動之自身，初本無定形、可名之物，爲其所及，卽見其所虛涵觀照之境，初爲一無形無名可得之境。今謂之爲玄，此玄亦只表示此無可得。無可得，卽入于幽冥。由此而有言，以表狀此幽冥，卽謂之爲玄。故此玄之言，卽出自此幽冥，亦只是用以稱謂人之此涉求之無形無名之可得，而亦出乎此涉求者。然旣有此玄之一言，則人恆意此玄，亦有爲其所指之客觀存在，視此一言爲此客觀存在之名。故必再言此「玄」作爲名來看，此名無其可名之客觀存在，並言此人之欲更往涉求此可名之客觀存在，終不可得。故于說一「玄」之後，必再說一「玄」，而言玄之又玄也。

此王弼之釋老子第一章，固未必合老子原文之本意。因老子之無名天地之始，有名萬物之母，常有常無，乃並行之句，非只重常無。又老子亦未必如王弼之必辨名與稱謂之不同，而必謂道不是名。因老子他章亦言「自古及今，其名不去」。此第一章所謂常名，亦可是指道之名爲常名也。然王弼之注，則有一極高之理趣。其辨物之有形有名、道與玄之無形而非名，只所以表人沿其心意之涉求，而知及之「意義」。道只是一「意義」，玄亦只是一「意義」，非客觀之有形有名之存在對象。唯此中之稱謂既成，人卽有視之爲名之趨向。玄之名，原出于不可得而名者，亦可被人視爲名。故必更知此視爲名者，其所名者之不可得，而更言一玄，亦皆有理趣。然在二十五章注又言：「道，稱中之大者也，不若無稱之大也。無稱，不可得而名，曰域也。道、天、地、王，皆在乎無稱之內，故曰域中有四大。」二十五章注又謂自然，爲「無稱之言，窮極之辭」。則于「名」外，有「無名之稱」，「無名之稱」外，尚有「不稱之域」，及「自然」之爲無稱與窮極之辭。域者，一切可稱可名之域。自然者，一切可稱可名者之自然。此「域」與「自然」之辭，卽成爲在可名、可稱之外，而自爲一類之超名、超稱之辭。然此在域中或自然中者，則或爲「可名」，如天、地、王；或爲「可稱」，如道。唯在人之思想言說之域中，則亦可說只有此可稱、可名之二者，道只屬于可稱，而非可視如有名之萬物或天、地、王等耳。

按王弼四十二章「道生一，一生二，二生三」章注，亦與第一章注之旨相發明。其言曰：「萬物萬形，其歸一也。何由致一，由于無也。由無乃一，可謂無已。謂之一，豈得無言乎。有言有一，非二如何。有一有二，遂生乎三。從無之有，數盡乎斯。過此以往，非道之流。」按老子原文，下文言萬物負陰抱陽，沖氣以爲和，則陰陽卽二，加沖氣卽三。此固順而易解。然王弼之注，則別有理趣。其言由無乃一，猶以前文之虛涵之活動，虛涵萬物，或萬物共由于虛無中，卽見其一。此亦如第一章注，所謂由萬物之同以玄爲始母，卽見其爲一。見其爲一，而謂之一，則如第一章注之由玄爲始母所狪出，而謂之玄。然此謂之玄，謂之一，與其所謂相對成二之言旣立，卽有使人「視之爲名，而表一客觀存在」之可能。故人必超于此相對之二，以返于其初之「無此二」時之一。此二之返于初之一，即合爲三。此當由二以返于初之一，正如第一章注必于玄之言既立，而化爲名時，當更知其名所名之不可得，而更言「又玄」也。故此二章之文，正相發明。此皆是指吾人之言說道時，應經之三歷程，亦只須此三歷程。故曰「過此以往，非道之流」也。

十一　由道之無之虛涵物之有，及物憑之而定性，得其精、真、信之義

本上所述，吾人可言王弼之所謂道，只是一虛通之道，亦一虛通之境。依此境之爲萬物所由，亦吾人包通萬物之主觀之心意之涉求或活動之所由，而稱爲道。此心意之涉求之活動，不着于物，則有此活動之心意，只是虛涵其所包通者之觀照。在此虛涵觀照之境中，初本無定形之物，故不可得而名；而謂之爲不可得而名，即有此玄之言。故微指略例于上所引謂「道也者，取乎萬物之所由也；玄也者，取乎幽冥之所出也」之下文又言：「深也者，取乎探賾而不可究也；大也者，取乎彌綸而不可極也；遠也者，取乎綿邈而不可及也；微也者，取乎幽微而不可覩也。」此謂道爲深、大、微、遠之言，亦只表示吾人于道欲究之、極之、及之、覩之之種種涉求，不能盡之、得之，以視之爲一客觀存

在之物者，有如「玄」之言之表示道非名之可得。此道之所以不可視如客觀存在之物，乃以道只是一寂無之境，虛通之境。唯依其爲萬物與心意之所由，所通，而謂之道。然物雖由此道，通過此道，而不能眞表現此道之全，上文已說。故道不可說屬于物，如太空之航道，不可說屬于飛機。人如由飛機之飛過太空，而說太空爲飛機之航道。此「之」亦非「屬于」之「之」，而只是「之往」之「之」。飛機在太空中之往，太空虛涵飛機，飛機不能虛涵太空，則太空不能屬于飛機，亦不能屬一切太空中之物。此義自明。于此，人若依飛機等物之是有，而說太空之航道是有，在日常語言固可說。然此乃由人之透過此物之有，以觀太空，而將此有，亦移用于太空之故。此移用，只原于人之心意。此有亦只透過此自然之移用，而後可說。說其有，亦只是表意語，非指太空而視之如物，而謂之有也。于此，唯人不透過物之有，以觀太空，此人之心意，于此「有」無所得，方是此心意之直向于太空，直會此太空，而不夾雜物之有，以如實觀太空。則此心意之于太空所會得者，便只是一虛通寂無之境之道。此境不可連物說，此道亦不可連物說，只可以寂無或虛通說。今以此太空，喻整個心靈中之寂無虛通之境之道，而對之如實觀、如實說，固不能連其中之任何事物之「有」說，而只能以心意直向此虛通寂無之境，而直會之，而亦只能以寂無或虛通說。故王弼于老子二十五章之「有物混成，先天地生」（二十五章）與二十一章「道之爲物，惟恍惟惚。惚兮恍兮，其中有象；恍兮惚兮，其中有物；窈兮冥兮，其中有精；其精甚眞，其中有信」之言，依原文之語意，明視道如有物，而自有其精眞信者，必變而注曰：「混然不可得而知，而萬物由之以成」（二十五章注），「以無形始物，不繫成物。萬物以始以成，而不知其所以然。故曰恍兮惚兮，惚兮恍兮，其中有象也……深遠不可得而見，然而萬物由之，其可得見，以定其眞。故曰窈兮冥兮，其中有精也。……物反窈冥，則眞精之極得，萬物之性定。故曰其精甚眞，其中有信也。」（二十一章注）

按此上所引王弼二十一章注，乃以物非指道之爲物，亦不指道之象，只指萬物之象。眞、精、信三名，皆指物在道中之得其眞精信，而非指道之自有眞，而有精，有信。此意亦甚美。其美在人唯于一恍惚窈冥寂寥虛無之境中觀物，物乃憑虛而呈現，而定其性，如其眞，見其精純信實，而無雜。此中有極深之依無以顯有之旨。循此無以觀一切有，則一切爲有之一切物之象，皆如于一窈冥之靜夜中，不待人之心之有所通，有所主，而自然昭明，以俱呈俱現，而成大象。故微指略例又曰：「四象形而物無所主焉，則大象暢矣；五音聲，而心無所適焉，則大音至矣」。此固皆美言。然卻與老子原文之語意不合。王弼于此未嘗言此大象，即指道之呈現于物象之象，而以有象說道。其注老子三十五章「執大象，天下往」之句，竟釋之爲天之氣象，使人怪異。然其原正由在其絕不許視道如物而有象，而以有說道之故。此便明不同于老子原文，固許有「物之道」「地之道」，亦可說道屬于物，因物爲有，故亦可說其道如「象帝之先」之混成之物，而可以「有物」「有象」等說之者矣。又在老子谷神不死之章，此谷神所以喻道，谷爲虛而神爲有，即以喻道之可兼以無與有說。然王注則曰：「谷神，谷中央，無谷也，無形無影。」則此神只是谷之中央之無谷之處，則神只是一虛，而實無所謂神。然王弼之必不許視道爲有物、有象，而以有說道，只許以虛通或寂無說道，並必由大象之無形而言超象，其旨亦正有進于老子者在也。

十二　王弼之言道與德，及王弼與老子言道之論之高下與得失

此王弼之只以虛通或寂無之境說道，要在自此虛通寂無之境，可爲萬物與心意所由、所經，而謂之道。故人之知道、行道，以求得道，而成德，要在以吾人之心意，由經此虛通之境而行。此心意由經此虛通之境而得者，亦只此虛通，而別無所得，而此德亦卽不可名，只可稱之爲玄德或不德之德，如上文所提及。此義之詳說則見三十八章注。注曰：「德者，得也……何以得德，由乎道也。上德之人，唯道是用，不德其德，無執無用，故能有德，而無不爲。不求而得，不爲而成，故雖有德而無德名也。下德求而得之，爲而成之，則立善以治物，故德名有焉。求而得之，必有失焉；爲而成之，必有敗焉；善名生，則有不善應焉。故下德爲之而有以爲也。無以爲者，無所偏爲也。凡不能無爲而爲之者，皆下德也。仁義禮節是也。……夫大之極也，其唯道乎？自此以往，豈足尊哉。故雖盛德大富，而有萬物，猶各得其德；雖貴以無爲用，不能捨無以爲體也。不能捨無以爲體，則失其爲大矣。所謂

失道而後德也。以無爲用，德其母，故能已不勞焉，而物無不理。下此已往，則失用之母；不能無爲而貴博施（仁）；不能博施，而貴正直；不能正直，而貴飾敬。所謂失德而後仁，失仁而後義，失義而後禮也。……載之以道，統之以母，故顯之而無所尙，彰之而無所競。用夫無名，故名以篤焉；用夫無形，故形以成焉。守母以存其子，崇本以擧其末，則形名俱有。……仁義，母之所生，非可以爲母；形器，匠之所成，非可以爲匠也。捨其母而用其子，棄其本而適其末；名則有所分，形則有所止；雖極其大，必有不周；雖盛其美，必有患憂。功在爲之，豈足處也。」

此章乃王弼言道與德關係之總論。其言上德與下德之分，在上德之人唯道是用。道爲至尊。唯道是用，卽唯道是由。此由是動辭，非原因之由。由道用道，卽必尊道。亦以人初未能用道由道，而于道有所失，乃須言由道、用道以成德。故曰失道而後德。有失于道，而能由道用道，則能得德。德中之上德，卽恆能自然由道、用道，而更不待有意之爲，而德全合于道者。道無名，故上德亦如道之無名。下德，則不免于有意以求德之合于道；而有此求與爲，卽顯見其必已有失于道之處。有失有得，則得與失對，而有得之名，亦有德之名。而凡仁義禮之德之有名者，皆下德也。依吾人前論老子之文，則謂德當在仁義禮之上層，失德之德，當指下德。上德得道，下德失道，乃指失上德之得道。此與王弼之解釋不同。依王弼之解釋，則下德中分仁義禮三者。上德雖爲由道、合道而得道，然道仍尊于德。人之尊道，而求由道、合道，正以其非得道，而有失于道之故，卽以釋失道而後德之句。此則因其視道只是一虛通之境、為一心意、或物之所由，而謂之道。心意之由此虛通之境，即以此無為用。以無為用，即用無，以無一切所得者，而有一無得之得，或不德之德也。此心意之用無，即體此無而用之，亦非體此無，不能以無為用。是即「不能捨無以為體」之義。此體無，即體會此無，如易傳文言傳體仁之體，後佛學中之體達、體信之體，皆是動辭。人須先體會此無，方能用無，用無而後有德，有德而後可稱為得道。則此體無、用無，以向于得道，仍以道為所向、所尊。故在義理上，唯道為尊，而居上一層面，體無、用無，以無其下層面之一切之有，則為由下層面，以轉向上層面之道之事。然此中「一轉即向」于一虛通之境之可由者，亦即向于道。向于可由之道，而由之，即為得道。體無、用無，則為所以無其下一層面一切之有者。于此下一層面一切之有，須體無、用無、以無之、以成德，即見其初之有失于道。故道是第一序之義理，德只是第二序之義理。其言體無、用無或體用，亦皆是第二序之義理，故亦不可只以能言此體用，推尊王弼，而當以其所體所用之無，推尊之也。

據上所言，王弼之所謂德，指人之心意之所得，純屬主觀，道為此心意所由之虛通之境，而能包通虛涵客觀萬物者，如母之能存其子，本之能舉其末；則道屬主觀，而亦通于客觀；亦以其通于客觀，故得為客觀之萬物所共由之道。然謂道是一虛通之境，于客觀之物，能包通虛涵之言，仍只表示此主觀于此道所會得之意義。此道之言，亦只表此意義。道通物而不着于物，不同于物之有形有名，而為客觀之有；故雖能虛涵包通客觀之有，而非客觀之有。此道之虛涵包通之意義，只呈現于主觀之心意。人之依此意義，而更自虛自無其「一切之有之意義」，亦只對心意而呈現。故此道此境，仍當說為一主觀之心之道之境，而非客觀之諸物所合成之物境。此所謂道為主觀之心之境，亦不同于一般所謂主觀之心境，無通物之意義者。尅就其有通物之意義言，則固可說有超主觀之意義。然此超主觀之意義之本身，仍只對主觀而呈現。則此超主觀之意義，仍可說在主觀。此仍與說此境此道之屬于物，而謂有屬于物之道之思想不同。然其思想之層面，則又實有高于言實有物之道者也。

如依吾前對老子本文之解釋，則老子之言道之原始思想中，可說有屬于物之道。故其所謂道，亦可發展為韓非子、淮南子等之言道之論。王弼之言道，則超越此韓非子、淮南子等之所論，以及一更高層面之言道之論，而其論亦更無發展為韓非子、淮南子之言道之論之可能。若其向此發展，則為一思想之下墮歷程。由此下墮，而說道為物之道，更還觀老子所言之道，亦可更有見于老子之眞。然此卻又可使人忘王弼之思想，正有其向上一着之發展之處。王弼自以為其注老子之義，即老子之眞，吾人前謂其為高看老子，或偏看老子之高處，吾人亦可更高看王弼之進于老子處。然吾雖高看王弼，吾又謂其無發展為韓非淮南等之言道之論之可能，而老子之言道，則有此可能。則老子之道，雖可不及王弼之高，然由其有此多方面之發展之可能，則成其大。大者為本，則高者成末。如樹之枝葉之末固高于其本也。王弼言本為母，而末為子，故王弼仍只是老子之子。則亦不可以其陳義之有高于老子者，而謂其必勝于老子。勝與不勝，亦言非一端，各有其當也。然無論就老子或王弼之言道之義說，則凡涉勝劣之比較，皆屬下乘之思想，而皆未嘗見道者之論。則吾上文之所論，亦皆下乘之論。一切同類之論，皆無不爲下乘之論。又豈可以吾人之居後世而能論前哲之高下大小，即必更高、更大于此所論之前哲哉。若專依王弼之分名與稱謂而說，此高下、大小之言，亦皆只是表意之稱謂，而不可用之以爲名，以名王弼曰高，名老子曰大也。吾亦只自表吾意之所及，以如是稱之，如是謂之，以便人之通其旨。而此稱謂之言，不能盡意，亦如心意之由于虛通之境，或由于道時，以玄、微之言，稱之，謂之，亦不能盡意也。于此固當如王弼注易之言「語息則默」也。

第十章　郭象莊子注中之言自然獨化與玄同彼我之道

一　魏晉之時代精神

今存郭象莊子注，世說新語謂其竊之向秀，近人如陳寅恪等據列子諸書中向秀注莊子之遺文，又謂向郭注莊之義，互有出入。然其文句多同，不可爲諱。則見郭注之必有取于向秀。當時注莊子數十家，注家之左右采獲，必不可免，亦不必論其是否意在相竊也。觀今存向秀注莊義之異于郭者，蓋皆不及郭象義之新穎。故今卽以郭注爲本，以論其所發明之莊子之道。

吾昔于原命文，嘗謂郭象之言命，只視同于人當下之所遇，而無莊子言命，初有不可解于心之義。故郭象之言安命，皆具順適輕靈之旨，而缺莊子之悲感與莊嚴。吾于原性篇，又謂郭象言性，重人物之差別之性或個性、獨性，亦非莊子之所重。故其注莊子言命與性之語，亦與莊子原文，顯然不合。實則今若將郭象注莊，所言之種種玄義，與莊子原文本義，一一加以比較對勘，則不相合者，固不止此。然郭注之文，原皆是通大義，亦自抒其對莊子型之義理之會悟。昔人已謂其無異以莊子注郭象。故吾人亦無一一加以比勘之必要，後文當略及之。此中，吾人最須問者：唯是郭注所表現之義理型態，其異于莊，而不及于莊，或進于莊子者何在。據吾人今之論題而問，卽郭象之所謂道，異于莊子，而不及或進于莊子者何在？對此問題，則吾將循吾昔論郭象之言性命之義，異于莊子之處，更加以申論。

吾今所申論者，是歷秦漢至魏晉人，論人性善惡之品級與才性之異同，及人在一大政治社會中，須分別擔任不同之職務，以合成一人文之世界，與人對自然萬物之有各種類之知識；已使其時人對世間之種種「差別」、「分殊」之存在，有更眞切之感受與認識，而與莊子之時，已大不相同。漢分爲三國，亂于魏晉，而漢人據陰陽家與易學，所建立之歷史哲學，及宇宙論、天神論，同時破裂。在此一處處見有「差別」、「分殊」或「破裂」之時代，人之維持其心靈之統一與單純之哲學思想，卽必當一方爲自破裂之世界向上升起，而趨向于簡易與輕靈；一方爲順應種種之差別與分殊，而如其差別分殊，加以觀照，而各還之于其自身，使不得擾此心靈之統一與單純。此觀照，始于思想之向上升起，如盤旋于一空濶，以使此心靈在上一層面，看世界，則可直接形成一玄學。由觀照而審美、而表現心意中之美境，則成對自然美、人格美、言辭之美之欣賞與藝術文學之創作。此皆人之觀照心靈所必然應有之產物，亦魏晉文化之時代精神之所在。在此一時代精神之下，其在審美與文學藝術上之創造性的表現，旣爲人所共見；則其在哲學思想上，亦必有其創造性之表現，以同趨向于在高一層面，以觀照世間，而求減輕種種人對世間之沈重之負擔之感，以由質實而化向于輕靈。故在哲學思想方面，王弼之重忘象得意以講易，重以虛無釋老子之道，卽已代表此時代精神。吾前說郭象之言安命，有順適輕靈之旨，亦代表此一時代精神。吾今將更進而論者，則是郭象所見之「道」之全體，亦只具此一順適輕靈之旨，故與莊子言道多有關連於吾人存在的生命，如何成至人、眞人之莊嚴的工夫歷程者，大不相同。此郭象所見之道，具一順適輕靈之旨，蓋由於其忽視吾人之存在的生命，尙須次第向上拔起之縱的一面；而只重吾人之心靈之可自浮游于天上，以橫面的觀其一切所遇，更與所遇者順應，而俱適俱化與俱忘之一面。專循此一面發揮，亦卽自有其種種高妙之思想義理可說，而非莊子之本文，所嘗如此透闢地言之者。此中卽見郭注中所見之道，雖與莊子同型，然亦別有一清明純易之景象。其純易，有如今日城市中之馬路之平滑；而莊子所行之道，則有如昔日山林中之路，須歷蒼莽而次第攀登者。此自只是一大體之印象。然讀者亦可緣之而契入郭莊言義理之異同也。

二　郭象之注莊在莊學中之地位

如吾人離上文所言之大體之印象，在純義理上說郭莊之異同，則吾人只能先由郭注之如何釋莊子書之名言，與其所喜用之名言，爲一客觀之根據或欛柄，然後及于純義理之本身之異同。按在莊子原文因重不同方面與層次之工夫，故于其理想之人，有不同之名；而其言修道之工夫，亦有不同之層次。此吾人于前論莊子文已及之。如天下篇有天人、神人、至人、聖人之不同，明見高下全分之差。外物篇言「聖人之所以駭天下，神人未嘗過而問焉；賢人所以駭世，聖人未嘗過而問焉」。觀此文句，聖人既高于賢人，則神人自亦高于聖人。逍遙遊之言「至人無己，神人無功，聖人無名」，此三人雖可是一人，然要是由無名、無功、無己三面之工夫，而有此三名，乃別出神人、至人之名于一般所崇尚之聖人之外。逍遙游之言由無名，而無功、無己，以由聖人而神人、至人，亦顯有工夫次第。如吾人前論莊子時所說。其內篇之德充符篇，言孔子之未及于至人，則有至人爲高之意。大宗師言眞人，亦是別出一種人，于一般所謂聖人之外，而見其修道工夫，有非一般之聖人之所及者在。大宗師言修道工夫，謂有聖人之才者得聖人之道，亦三日而後能外天下，再七日而後能外物，再九日而後能外生，已外生，猶須經朝徹、見獨、無古今，入于不死不生，以至于攖寧。此皆重次第工夫之證。然郭象注天下篇，則只直謂天、神、至、聖，「凡此四名，一人耳」。于外物篇亦注曰：「神人卽聖人」。于逍遙游之神人，則唯說其是寄言，神人卽聖人，至人亦卽聖人，而未重其自三方面言，而別出至人、神人于聖人之外、與由聖人而至人、神人之工夫次第。其注大宗師，則于三日、七日、九日之別及外天下，根本不注；只注外物、外生。而於外生注曰：「都遺也」。而于朝徹以降，則皆以見獨之義，一滾而釋之。故以「與獨俱往也」，釋無古今，又以「物縈而獨不縈則敗矣，故縈而任之，則莫不曲成也」釋攖寧。然在莊子原文，則並未以見獨之意，貫徹到底。今以此意貫徹，故于莊子言之七重、九重者，謂只是研粗以至精，而于此中之工夫層次之義，則未有注釋。郭注之研粗至精，只有在一層次上之磨鍊之義而已。於此吾人固亦可說，縱然說多層次之工夫，亦皆只是在一層次中，由外而內，次第剝落，以由粗至精之工夫。依工夫而進之不同等級之人，實亦只是一種人。故聖人、至人、神人、眞人，亦畢竟無別。則于莊子之所加以次第分說者，郭象之統之而說，亦正得其歸止之意。然郭象說出此歸止之意之言，與莊子未如此言者，仍有言與不言之不同，則其意亦未必盡同。卽莊子之意，乃在教人歷次第工夫，而次第升進其爲人。而郭象之意，則在言此次第工夫，其義理只是一個，而工夫亦可歸一。前者之教可是漸教，而有多層面；後者之教則趨于頓，只向于最高一層面。依此最高一層面之論，言修道，則不只聖人與眞人至人神人，只是一層，聖人與一般世俗當塗之人，亦要使之化爲一層，以成一眞俗不二之圓教，否則不能化歸至一層也。此圓教之論，可謂至高而至美。然以之爲觀照之所對，作玄論，又可使此至高至美者，只存于一觀照之境界，以虛陳于作玄論之純粹思想中，以浮游于空濶；則有得，而亦有失。故後之有承于老莊之義，重修道之工夫之道教，則仍必重工夫之次第，言眞人、仙人及俗人之差別，及眞人、仙人之品級，而不能如爲玄論之郭象，趨向于通眞俗爲一圓也。

然尅就郭象之注莊之趣向在通眞俗爲一圓、或一層次之義理工夫而說，則王弼之注老，已是如此。當時之談玄者，亦皆是如此。此亦原是道家之學之發展中，應有之形態，亦人類之思想中所應有之一形態。其偏處，可以其他形態之思想，加以補足。亦正以其偏，而有其精彩。如循其精彩處而觀，則于王弼，吾人可言其有進于老，而于郭象，亦可言其有進于莊也。王弼之進于老，吾人前言在其能偏自虛通寂無之義，以言老子之道，而使道只爲物「所由」、「所經」或「所之往」，可以玄微之言稱之，無形而不可名；亦不屬于任何有形之具體存在之天地人物；並于此中見萬物之自然其所然，自由其所由，自生其所生。郭象之進于王弼者，則在沿此王弼所言之自然義，而更言莊子「上知造物無物，下知有物之自造」、「以神器獨化于玄冥之境」（莊子序）。老子言天下神器，則神器卽世界。分而言之，神猶我主觀之心，器則客觀之物器。神器之獨化于玄冥，卽使我與物冥，而玄同無二。此玄同之言，本老子。莊子胠篋有「天下之德，始玄同矣」之言。郭象之玄同物我，乃以老子同謂之玄之言，釋莊子物我爲一之旨，而兼通老莊。然其言玄與冥之義，與其所謂道之義，亦不同王弼重在以虛通寂無，爲言，而重在自道之成就此物與我之相冥言。道成就此物我之相冥，而道自身有自冥之義。則道之虛通寂無，亦自歸寂而自無，遂唯存此「物我之相冥而俱適，以自生自得，自然而獨化，卽是道之行」之義。由此而郭象之注莊，卽不特有「無有」之義，亦重「無無」之義。莊子固嘗言「汝能無有也，未能無無也」。以郭象注莊之旨，觀王弼之注老，仍是偏在無有，而未能無無。郭象則顯然有此「無無」，以言物我之自然、自生、自得而獨化之旨。此自生自得等之是有，固不同一般之有，以其是由「無有更無無」之所展示故。然此自是一有。今案張湛所傳之列子一書，雜取道家言以成書（註一）。其書天瑞一篇，又明言：有不生者能生生，不化者能化化，而常生常化者，並引漢人所傳之有形質之天地始于氣，氣始于未見氣之說。第二篇又言無動而生有，而此所謂無，只是言形形者之無形。此形形者，固自為一不生不化之形上之有，而為一切生化之所依者。則又異于郭象之只言自生自化之有，而無不生不化之無形者之說。列子書最有意趣者，乃其仲尼篇言游觀，先「取足于身」，以為游之至，更言「物物皆游，物物皆觀」。此貴游出于莊子，重觀則魏晉玄學所特尚。此「游觀」可與佛家之「止觀」相對而論。然于物物皆游者，亦能物物皆止。郭象之觀物之獨化，而游于獨，以有至足，正是此旨。故今文既論郭象，亦更不及此列子之游觀之論。大率魏晉玄學之發展，始于何晏道論之以有之為有，「待無以生」（列子天瑞篇張湛注引），亦以空無之義，注論語中之道。至王弼，而重以虛通寂無之義，注老子之道。歷向郭之注莊與列子書之出現，裴頠「崇有」與「貴無」二論，（註二）

註一：列子一書，唐柳宗元已疑其僞，近人更詳辨其晚出，此可參考張心澂僞書通考所輯考辨之文。列子仲尼篇言西方聖人，明是佛學東來之後之語。人或以楊朱篇之託于楊朱，亦如仲尼篇之託之仲尼。其楊朱篇中之縱欲思想，似向秀養生論「榮華肆志，燕婉娛心」之論。但蓋皆只姑為是說，以見超于世俗禮法之外之意耳。此書之內容，自可有所本，其中之故事與文章，多甚美。然于老、莊、王弼、郭象所說者外，亦不能更有大發明。故今不為此書作專論也。

註二：據孫盛老聃非大賢論（廣弘明集卷五）言裴頠著此二論，今唯存崇有一論，世說新語文學篇亦唯言其崇有之論。唯不知其文言貴無如何耳。

葛洪以玄道爲一無形之有之論；遂更有孫盛之論老莊非大賢，老子疑問反訊，及王坦之之廢莊之論，合以形成此玄學思想之流之一辯證的歷史發展。向秀、郭象之論，正居此歷史發展之中流。孫盛疑老，本邏輯以質問老子言之相矛盾者，王坦之廢莊之論，唯以功用爲說。此皆以落入世俗之見，而非所以談玄。葛洪、抱朴子書，乃神仙家言，亦老莊儒法之言之混合物，有規模而缺精彩。故本書皆略而不及，乃于王弼之後，唯論郭象也。

三　玄學中之自然義與郭象自然、自生、獨化義

吾人前論王弼，嘗謂「自然」爲窮極之辭，無稱之言。而王弼言道之虛通，爲吾人之心與萬物之所由，正所以使所遇之物呈現于此心之前，而見其自然其所然，乃其眞信與精純之所在。然重此自然之義，則爲魏晉思想所同趣，初與重名敎之說相對反者。此所謂自然，初非今所謂自然界之自然物之集結之和。此乃初連于人物之自順其性，以自生其所生，自由其所由，以及自得其所得，自樂其所樂之義者。老子之所謂自然，卽原有此義。故吾人前釋老子道法自然之句，謂得道者之安久于道，而恆自得其道，爲自然其所然。得道者之輔萬物之自然，而不敢爲，亦具使萬物自得，自樂其生，以自然其所然之義。此老子之自然，初亦如孟子言心之所同然之然，而兼具主觀上之「然悅」、「肯可」與

「生發」之義者。此「然」之一字，依說文謂從肉（月）在火上，而犬在其旁，卽有然悅、肯可之義；而火之炎上，卽有生發之義。故用爲「火之始然」之然。莊子齊物論言，物有所然，有所可，有所是，亦非只指一物在客觀上事實之是如此，乃同時具人物之自有其所肯可、所然悅之義。此老子莊子之言物之各自有其所是、所可、所然，或有其所自然，乃初重物之特殊性。此與墨子之重類同，以及孟子之重心之所同然，以見人皆可以爲堯舜之共同性者，乃異流之思想。此重物之類同與同然之思想，發展爲同類者恆相感相應之思想。此則或如易傳所汎言之「同聲相應，同氣相求，物各從其類」，或如呂氏春秋應同篇，言天與人之以其同處相應，或如淮南子覽冥訓言「同氣相動，持自然之應」。董仲舒春秋繁露同類相動等篇，則言物之自然其所然，實非自然，皆由同類之相動，以「使然」。凡陰陽家之言天人與萬物之相感應，亦多是依同類以相類比之思想。然凡同類者，自一方觀之，亦爲異類。人于所視爲同類者，謂其必相感，卽可形成種種之迷信誣妄之說。後漢之王充著論衡，自序其旨在疾虛妄，遂評斥天及物類與人事相感之說之虛，亦言同類者不必相感，並謂天之生人物，初非有意，其生非必然，而爲偶然，亦是自然。故論衡偶會篇言「自然之道，適偶之數；非有他氣旁物，厭勝感動，使之然也」。物勢篇言「天地合氣，人偶自生；猶夫婦合氣，子則自生」。此乃以「自然」之說，代「使然」之說，意在說天地之生人物，初皆不出于有意，卽非原于天神之命令。人物之生之動，亦非由其外之物使之生，同類者使之動。王充以天地初只是一氣，氣合爲偶然，而生人物之事，亦爲偶然，卽自然。由此而天地之氣、與所生之人物，卽皆可說屬于自然。天地之氣，古今常存，所生人物之善否，及人世之治亂，皆無必然之數。古固不必勝今，人亦不當貴古而賤今，而可自安于其所適遇之自然或偶然之命。此皆次第相承之論，具見其書者，今不及引。唯王充之所謂自然、偶然，皆只是一情態之辭，而非指客觀存在，而名之，如今所謂自然界之類。王充以後，歷漢末至魏晉，而人以「自然」與「名敎」相對反。此自然亦是指人物之「自生、自得、自由、自順其性」，而非由外物使其必如此如此然」之一情態之辭，亦不可以今所謂自然界之自然解之者也。

知此由老莊以降所說之自然之義，乃與「同然」、「使然」之義爲相對，則魏晉人之尙自然，卽尙人物之自然，亦尙人物之特殊性、個性，而不重其類性。此義吾已詳論于原性篇，讀者宜參看。由尙個性，而尙人物依自力而自生，而不尙其他外力使之生；亦尙人物之可如此然，亦可不如此然，而謂其然皆不可必，而只由于一偶然之會、以如此如此然。故人欲眞識得人物之自然，則要在忘其類性，亦忘其外有他物之力，使之不得不然，而必如此如此然者。此卽須將吾人當前所遇之個體人物之外之一切想念，加以化除，以使吾人之心靈，先成一虛通寂無之心靈，以觀萬物之在一虛通寂無之境中，自然其所然，如憑虛而在，以呈現于此心靈之前。此卽爲王弼所及之義也。

至郭象之義之進于王弼者，則可順此王弼所言之虛通寂無之境，原只爲人物之自然，呈現于吾人之心靈前之一通道，而了解之。此境、此通道，固爲人物之「自然」之呈現之條件。然亦爲人物之呈現之事所經過而超越者。人之心靈在此通道上之所會所遇者，仍只是此諸人物之自然之呈現。此人物之自然，呈現于吾人之心靈，則二者相冥爲一，而忘我與物之別，或我與彼之別，以玄同彼我、或物我之相對，以成一「通我物或彼我」之「絕對」，或獨一無二之「獨」。此「獨」之恆自化，卽不成一所執之絕對，亦非一可執之實有。此「獨」，只表一當下之遇會中物我之玄同，乃不可執爲實有；不可謂其由前一遇會爲因，或他物之力爲因而來；亦無力以出「他物」或「後一遇會」，以爲其果者。于是此一一遇會，與其所及之一一物，皆空前絕後，亦空靈自在。此則必賴人之心靈生命之運，其前後不相掛累，內外不相對待，上不依于天神或形上之實體，下不依于人物之形質，而上下皆無着處，然後能見此獨。然人能在其主觀之生命心靈之運中，不以前累後者，卽能忘內以冥外；見內外不相待，而玄同彼我者，亦卽能不執我之前以累後者。又人能上不着于天神，下不着于人物形質，以觀呈現于心靈之前者之自生獨化，亦自能不以前累後而忘內外之對待。故玄言雖可有多方，而妙義則契會于至簡。智者亦可由一念之契會，卽達于至人之用心。多方之玄言，亦唯所以助人之觀玩，以便人不期而有此一念之「偶會」與「自會」。此亦是偶然與自然。故言雖多方，亦未嘗不可少也。

四　郭象之超因果義，與無無義

此郭象之言自然自生獨化之論，非必如後之吉藏之三論玄義之意，謂此自然自生之說，即無因有果之論。此郭象之論，以今語說之，只宜說之爲一種對純現象之純觀照主義。此一純觀照，使人自所遇會而呈現于前之物之象之上下四方，皆游離脫開，而此物之象，即如憑虛而在，以成一空靈之境。此非主無因有果，而是直下對其與上下四方之其他之物與象之因果相待關係，視而不見，即忘此因果相待關係，以便使此呈現之有，得浮游于一虛無面上，而亦于其自然，更不見有使之然者。于此又不以此「虛無」，能生化此有，進而亦不見此虛無，亦不以此虛無說道；而只以「此心靈與此有之冥合爲一，以無此心靈與此有之相待」說道。此方爲郭象之旨也。

循上所論郭象之旨，故郭象言自然，即須去使然之說，亦須解消所謂總體之天地之一概念，爲分散之萬物。故屢言天地爲「萬物之總名」。進而言無先物之形上實體、或「道」、或「無」。凡此等等，皆未必爲莊子之原旨，今說之于下。

按莊子則陽篇嘗言及當時季眞之主莫爲，與接子之主或使。主莫爲，即自然之說；主或使，即使然之說也。然莊子原文，于此二者，初未嘗有所偏主。蓋以爲皆可說，亦皆可不說。至于後之漢人之言有天神元氣、與實有道能生萬物者，則皆爲主或使之說者也。然郭象于則陽篇注，則明反對接子之主或使之說，而偏尚季眞之主莫爲之說。其言曰：「季眞曰道莫爲，接子曰道或使。或使者，有使物之功也。物有自然，非爲之所能也。由斯而觀，季眞之言當也。」此即見郭象之言「自然」必去「使然」之說，此乃意在與上之漢儒之說，成對反。然固未必卽莊子之原義也。至于郭象之言先物之形上實體或道或無者，則更散見其注中。如知北遊「先天地生者物耶」注曰：

「誰得先物者乎哉？吾以陰陽爲先物，而陰陽者卽所謂物耳；誰又先陰陽者乎？吾以自然爲先之，而自然卽物之自爾耳。吾以至道爲先之，而至道者乃至無也。旣以無矣，又奚爲先？然則先物者誰乎哉？……明物之自然，非有使然也。」

又大宗師「比于列星」下文注曰：

「此言得之于道，乃所以明其自得耳。自得耳，道不能使之得也。我之未得，又不能爲得也。然則凡得之者，外不資于道，內不由于己，掘然自得而獨化也。」秋水篇知道注曰：「知道者，知其無能也，則何能生我？我自然而生耳。」再齊物論天籟注曰：

「天籟者，豈復別有一物哉？卽衆竅比竹之屬，接乎有生之類，會而共成一天耳。無旣無矣，則不能生有，有之未生，又不能爲生。然則生生者誰哉？塊然而自生耳。非我生也。我旣不能生物，物亦不能生我，則我自然矣。自己而然，則謂之天然。豈蒼蒼之謂哉？而或者謂天籟役物，使從己也。夫天且不能自有，況能有物哉？故天也者，萬物之總名也。莫適爲天，誰主役物乎？故物各自生，而無所出焉。此天道也。」又齊物論罔兩問景段下注曰：

「夫造物者有耶無耶？無也，則胡能造物哉？有也，則不足以物衆形。故明乎衆形之自物而後始可與言造物耳。是以涉有物之域，雖復罔兩，未有不獨化于玄冥者也。故造物者無主，而物各自造。物各自造，而無所待焉，此天地之正也。故彼我相因，形景俱生，雖復玄合，而非待也。明斯理也，將使萬物各反所宗于體中，而不待乎外，外無所謝，內無所矜。」

「言天機自爾，坐起無待，而獨得者，孰知其故，而責其所以哉？若責其所待，而尋其所由；則尋責無極，卒至于無待，而獨化之理明矣。」又天運篇第一節注曰：

「夫物事之近，或知其故；然尋其原，以至乎極，則無故而自爾也。自爾，則無所稍問其故也。」

凡此郭象之注文，皆非與莊子原文相應而說。讀者可自觀之。郭象此類之言，若作論辯而觀，則謂其主「無因有果」，或「物以自己爲因，而生其自果」，或謂其主「此總體之天、生物之道、自然、陰陽，或造物主，必不能立」；則說有多端，難期定論。觀郭象之意，乃只是言物之生，非其先之他物命之生、使之生，並于「道」與「自然」、「陰陽」、「造物主」等，皆不視之爲物之生之先之另一物，而謂物之生乃物自具此生之義，卽言，此生之義，亦卽在物之所以物之義之中，而非在其外，以說物之自生自然。故吾人可超出一切因果相待之觀念，以直下觀物之自生自然，則其說固可自立。在宥篇注「夫莊老之所以屢稱無者何哉？明生物者無物，而物自生；自生非爲生也，又何有爲于已生乎？」蓋卽在一般所謂有因果相待關係之事物，吾人亦可視爲不相待各自生，以相應合。上文所謂「

彼我相因，形景俱生，雖復玄合，而非待也」，卽此義也。大宗師注「手足異任，五藏殊管，未嘗相與，而百節同和，斯相與于無相與也」亦是此義。夫手足之相與，人固皆謂有因果相待關係，然于此「相與」，可不依因果之相待以觀之，卽可見其「相與」爲「無相與」也。知此物之彼我相因而相與，亦可不見有因果之相待，見無相與；則言物之自生自然，亦非言其以其自己爲因，再以其自己爲果之義。若其如是，則物當在自己爲果之前，已先有爲因之自己；則郭象當言物之未生已有物，以自爲其生，不當言「內不由于己」、「物之未生，不能爲生」也。則此所謂物之自生，非以自己爲因，而再以自己爲果之義。唯謂物之生，卽在物之自己中，或物之義中；此物之生之義，與物之爲物或爲有之義，不可相離，故其有卽其生耳。于此物之有卽觀其生，則生屬于物之自己，是爲自生。觀物之自生之旨，重在不尋責其所由之前或其他之物，卽不只往觀其所由，遂忘當前所觀之物之自生自爾。當知人之尋責其所由，而只往觀其所由，仍終須止于此所由者之自生自爾。如尋責至造物主或天之初生物，而更無由可尋責時，卽仍須視其生物爲自生自爾。是見此尋責之終點，仍是止于觀一「自生自爾」，則何不直下觀當前所遇會之物之自生自爾，而不更尋責其所由乎？能不于當前之物之自生自爾，更尋責其所由；則此當前之物，卽朗然呈現于吾人之心，亦不與心相爲對待。物我相冥，玄同爲一，而物我卽皆得見其自生與自然，以同獨化于玄冥中矣。

此郭象言當觀物之自生自然，無先物而使之生、使之然者，故亦不言至道之無，爲先物者。然無雖非物，亦可以其非物，而在物之先。王弼注老子言，凡物皆始于無，有所謂「無形無名」而「無物」之時，則無亦有先于物之有之義；而一虛通寂無之境，亦可爲一先于物，而始物之一境也。然觀郭象之注莊，則並此義之先物之無，亦非其所重，而此無亦當無。此無，可爲人所體而用之，則此無，固不可廢。如王弼之言體無而用無，以滅私而忘身，更虛通于萬物之自然，而呈現物之眞精信是也。然由此體無、用無，而成之虛通之境中，所呈現者，自亦可是有，如前文所提及。然人于此無，亦可只視之爲一有之邊際外之一境相，而此境相，亦可被視爲一心靈之對象，如常人心目中之空間。則此無大于有、外于有。人之心思往攀緣「已生之有」之外之此「無」，則亦可覺此「已生之有」之有所不足，而感其生命之有一空虛缺漏，而待塡補。則此「無」，卽可導致其心思之外慕外羨其自己生命所已有者之外，爲其自己生命所無，而爲其他之人物之生命所有者。則此爲一境相對象之「無」之觀念，卽爲禍本。人于此便須更無此爲境相對象之無，而無此無。此「無此無」之上一無，乃一去無之活動，一用。今以此活動、此用，去除掉一爲境相對象之「無」，人卽可只用此無以滅私、忘身、忘我，以成其心之虛通于萬物之自然之用。然尅就其所虛通之萬物之自然而觀，則此物之自然，自是有而非無。唯以其既由無以虛通之，而亦通于我，則其有，亦冥于我，故可不說有耳。今于此無，若純視之爲一用一活動而觀，則見其一面能成此我之忘我，而用以冥我與物之分者；一面亦爲使人不執其我之所有，而恆遊于物之有者。此遊卽眞正逍遙自得之遊。以此「逍遙之遊」，與「物我之冥」：說此虛通于萬物之自然之心境，則更具體活潑而相應；不似「無其所有」、「虛通于有、以呈現有」之言之抽象而呆滯，而或使人將此「無」視同一所對之境相或對象，而引致歧想與外慕，反與此境相離，而不相應矣。此蓋郭象不特不以至無之道在物先，亦不重以無言道，而只重以「自然」、「自生」、「自得」，「物我之玄同而冥一」、「逍遙之遊」，言得道者之心境，以絕去人之自感其有所不足之外羨外慕之情，更言「物我之必各據性分，以自冥其極，返其所宗于體內，如唯此自有其所有，方得成其爲獨化」之故也。此後一義，于下節將更論之。

五　各據性分，物冥其極義，及與化為體義

此郭象之言物我之各據性分，以自冥其極等言，若作西方思想中之個人主義個體主義解，自不相應。蓋其旨初唯在絕人之外慕外羨之情。此人之有外羨外慕之情，亦有根于人之能超越其自我，而忘其自我者。人若未嘗能忘其自我、超越其自我，亦不能外羨外慕其他人物之所有，而欲據之爲己有也。然此人之外羨外慕彼其他人物之所有，而欲據之爲己有，則爲一不可解之自相矛盾之事。蓋既非我所有，而又欲有之，卽自相矛盾也。此羨慕之事，可至于無窮，而此自相矛盾之事，亦可至于無窮。人于是可永不能自安于其生命與心靈之內。此中解除矛盾之道，則唯賴于將其他人物之所有，還

于其他人物之自身，而只于我之所有者中觀我之所有，而不求「我之所有，于我之所無，而爲其他人之所有者」之中。于我之所有中，觀我之所有，則見我之性分，其爲我所有，乃定于我。于有觀有，則不見其所無，而無不足，亦無缺憾之感。是爲返我之所宗于我，而不宗彼非我之其他人物，以成外羨外慕。我返我之所宗于我，于我之性分中，觀我之性分之如其性分之極，而自相冥合，更不見其外，卽我之自冥其極。此郭象之言極，初不同老子之言「配天古之極」，復非莊子易傳漢初儒者言六極、太極、之極，亦不同王弼之言「遠：極也；周無所不窮極」中（老子二十五章註）卽「無窮」之「無極」（老子二十八章註）之「極」。此皆自外而觀，以高大廣遠無窮無限者爲極。郭象之極，如自外而觀，則正爲一限極；然自內而觀，則同時爲極至。充自內而觀之量，更不自外比較，卽更不見其內之有所不足，則內自有極至，亦卽無所謂限極。若自外而觀，則此限極卽我之性之分限。于是當知此我之性有分限，亦如一切人物之性，各有其分限。其有分限未嘗不同，其各自有其內在之極至，亦未嘗不同。然既各有極至，各有分限以相限，吾人之待他人，亦只能任其各據其性分，以自冥其極，亦任其各得其所得、各生其所生、各美其所美、各是其所是、各然其所然；而見此「各有其所得、所生、所美、所是」卽萬物之「所同」。故德充符注「自其同者視之，萬物皆一也」之句曰：

「雖所美不同，而同有所美。各美其所美，則萬物一美也；各是其所是，則天下一是也。」齊物論滑疑之耀之句注，亦言「使羣異各安其所安」。此皆謂萬物之可一，非自其有同一之因或同一之形上本原、或共同之類性以見，而當直就其有「不相類之性分，亦各有所是、所美、所安等」以見。此各有所是、所美、所安，自是不相類，而相異，而見天下之人物，皆無不異，各爲一絕對之獨者。然其同各爲一絕對之獨，而各有其所以異之「所是、所美、所安，」卽其所同具之理或道。人亦固可知此理、循此道、而觀萬物雖至異，其無不爲獨，未嘗不同；卽順其異其獨，而遊于其獨，而不見其異矣。此卽人之得道而成聖者之所以能通萬異以爲一，以去雜以成純也。故其齊物論參萬歲而一成純下更注曰：「夫舉萬歲而參其變，衆人謂之雜矣；故役役然勞形怵心，而去彼就此。唯大聖無執，故芚然直往，而與變化爲一，一變化而常游于獨者也。故雖參糅億載，千殊萬異，道行之而成，則古今一成也；物謂之而然，則萬物一然也。無物不然，無時不成，斯可謂純也」。又大宗師藏天下于天下注曰：「無所藏而都任之，則與物無不冥，與化無不一。故無外無內，無死無生，……夫聖人游于變化之途，放於日新之流；萬物萬化，亦與之萬化；化者無極，亦與之無極；玄同萬物，而與化爲體。……」

此郭象言「與化爲體」，卽體合于千殊萬異之變化日新，便是與化物爲體；有如王弼之體無，只體合于無，便是以無爲體。王弼言體無，乃應合老子而說。而郭象言體化，則應合莊子而說。王弼體無，而更用無，以滅私忘身，更虛通于萬物之自然之有，則此「無」，具消極積極之二用，而先後不同。郭象循莊子言于千殊萬異中，恆游于當前所遇之獨，而亦與之俱化，以與化爲體，而游于化中，則一言而二義皆備，二義亦無先後。游于化者，亦不見有先後，故無古無今，無終無始，無死無生，亦無有無無。若說有此無與有，則仍有始終，亦有生死，則不能應合于莊子言無有亦無無、外生死、無終始之境也。郭象之用玄同二字，要在玄同萬物之殊異與彼我之殊異。此與王弼之以「玄」稱道之無形無名，以「同」狀萬物之始母之同出于道之玄者，亦不同其說。王弼之言玄同以說道，意在見道之在有形有名之物之上一層面。此乃原自其于道與物，乃分上下二層面，而縱觀之，以求縱通。郭象之不以無爲先物之有，在有之上一層面，則無此縱觀；而唯以「玄同」，通彼我與萬物之殊異，則爲依于一橫觀之橫通。橫通以求順彼我萬物之殊異，任其千殊萬異，而不見其雜，唯見其純；則成其順觀與順通，以應合于吾人之心靈生命之流行，而更切于吾人之生活上之事。此則由莊子之義，原更重吾人之心靈生命之流行，與人之生活上之事，而有進于老子之重在以天地萬物爲言者，亦見郭象之玄論，有進于王弼之論者也。

六　郭象言逍遙、齊物、養生等與莊子之本義

由郭象之不重縱通，而重橫通與順通，其通也，要在卽異而觀其同，亦卽雜而觀其純，更卽變而觀其常；而于一切羣異之變與雜，則平等觀之，而各據性分，以自冥其極；故于羣異之自身，亦不見其大小、遠近、高下之差。郭象卽依此以言莊子逍遙遊之義，謂莊子之旨，唯是極小大之致，以明性

分之適，而「絕羨欲」，以言無待之義。故曰：「庖人尸祝，各安其所司；鳥獸萬物，各足於所受；帝堯許由，各靜其所遇；此乃天下之至實也。……故堯許之行雖異，其于逍遙一也。聖人雖在廟堂之上，然其心無異于山林之中。」「無待之人，遺彼忘我，冥此羣異；異方同得，而我無功名。」此乃至德之人玄同彼我之逍遙也。然此無待之人，又順有待者，而使之不失所待；則無待與有待，雖不能齊，亦可「各安其性，天機自張」；是「無待猶不足以殊有待，況有待者之有巨細乎」。則無待者之逍遙，又不只視一切大小之有待者，爲平等不殊，亦視其「無待」與「有待」，爲平等不殊也。

按此郭象之釋逍遙遊，謂有待者無論大小，皆不足以相殊，卽無待者亦不能自殊于有待，其意境固至高。然無待者之不自殊于有待，乃唯是其主觀心境上言；亦正以其在此心境之不自殊，而益見其無待，而亦殊于有待者之有待。然在客觀義上，無待自高于有待。有待者之所待者不同，其所據之性分不同，則亦可自有其高下大小之殊；不能以其皆有性分，皆互爲不同，其在「有性分、有此不同」之一點上，未嘗不同；而泯其所以成此不同者之不同。則莊子本文之言大鵬小鳥、小知大知、小年大年，與知效一官，及宋榮子、列子、與聖人、神人、至人，皆可自有其高下大小之殊。其原文亦可有次第升進之義。如吾人論莊子之所及。然郭象唯自無待者之主觀心境上說，則人之應此羣異，皆可如其異而異之，而此如其異而異之之心，未嘗不一，則必歸于大小平齊。至人之無待，亦不自殊于有待，而與之平齊。此自是一極高之玄境。然卻由全去莊子原文所亦能自具之客觀義而致，亦由郭象之釋莊，偏向主觀心境之一端而致者也。

至于循郭象之旨，以言莊子之齊物論，則必以「是非雖異，而彼我均」，「若失其配匹爲宗，任動止之容之不一」；而「無心而自得」，不見其二，卽是齊物以爲一。故于人籟、地籟之「物聲既異」，而「其得齊一」，卽見天籟。外此別無在萬物上之天。郭象又必以眞宰之朕迹，終不可得，以言「物皆自然，無使物然」，「物各性然，又何物足悲」，「萬物雖異，至于生不由知，則未有不同者也，故天下莫不芒也」。郭象更必以「人自師其成心……故付之而自當」；再必以物之「各然其所然，各可其所可，則理雖萬殊，而性同得」，釋「道通爲一」；以「莫之偏任，故付之自均而止」，釋「休乎天均」；以「任天下之是非」，釋「兩行」；以「用雖萬殊，歷然自明」，釋「以明」；以「浩然都任之」，釋「天府」；以「任其自明」，釋「葆光」；以蝴蝶與莊周，「各適一時之志」釋「物化」。此皆明不合莊子之言有天籟、物有可悲、成心非足貴；以明、兩行、天府、葆光，皆自人之眞君之心、靈府之心上言；「道通爲一」「物化」，皆當連于此一心之自通于化爲說，不當只就其應物，使物自明自適志說者。然郭象之所以必如此釋齊物論者，則因其所重者，在卽羣異而一一任之，以見均同齊一之故也。

至于郭象之釋養生主，則言：「生以養存，……若乃養過其極；以養傷生，非養生之主也。」于首句「吾生也有涯」注曰：「所稟之分，各有極也」；而以「尙名好勝者，雖復絕膂，猶未足以慊其願」，爲不能「任其至分」；又以「冥極」，釋「知之無涯」之禍；再以「理當死」，釋「夫子順」；又以「養得其極」，釋「薪盡火傳，不知其盡」。此皆限在當生之養，以言養生之義。然此莊子原文之言「夫子順也」，「不知其盡也」，未必卽只爲死而不知其盡，亦可是不知其生之有盡之義。莊子文以吾生有涯者，亦可以無盡而無涯終。莊子大宗師言「入于不死不生」，亦可實有一入于不死不生之事，如仙佛之所爲。此在莊子本文至少有循此而解釋之可能，如吾人前論莊子時之所及。然在郭象，皆只斷限在當前之今生以爲說；則雖無常見，未必能免于斷見。然郭象以一主觀之觀照心，觀外物與吾人之生命，必以性分之觀念定限之，而使之成一有涯有盡；遂只在此觀照心上說其能知涯、知盡，以超于此涯此盡；而未能就此觀照心之屬于生命，由此心之初無涯、無盡，以知具此心之生命，亦可無涯無盡。故其言心，雖能通萬化，而無古今、無生死；其言生命，則如其言其他之物，而限在此當前之今生。人以觀照心自觀其生，固只見其當前之今生，呈于此觀照心之主觀之中，亦必不能觀照得此外之生。然人將此主觀之觀照心，納之于吾人之客觀存在之生命之中，則若此觀照心能無涯盡、而通萬化、無古今；具此觀照心之生命，亦當自有「無涯盡、而通萬化、無古今」之義；而可不只有一「有涯盡之性分」，亦有一「無涯盡之性全」。此則非郭象之所能及，而亦爲吾人前論莊子時之所及者也。

至于郭象之言人間世，謂其旨在言「人間之變，故世世異宜；唯無心而不自用者，爲能隨變所適，而不荷其累也。」又言人之「知之自知，不可爲知以知之；生之自生，不可爲生以生之」。蓋爲知爲生者，乃如縮回退處于此知此生之先，以更爲之；則此知此生「與物不冥」，不能合人間之變，世世之節，以隨變所適。此亦不外上文所謂生與知，皆自然自生，以與化爲體之旨。然其釋「托不得已以養中」，以中爲中庸之符，而不知此中，卽內心之稱。人之內心自有其不得已者，如莊子所謂「子之愛親命也，不可解于心；臣之事君義也，無所逃于天地之間」。莊子言此等等，乃言人當自知命、義所在，有不得已者存，以自盡其忠孝，卽所以養中。此大有一鄭重之旨，亦初與儒家義通，而非「隨變所適」之言所能盡。乃正是言人于此義命所在之不得已，而不可變處，卽當直下承擔，「何暇至于悅生而惡死」，方爲安命。郭象于此之注，皆不切原旨，而以「冥然以所遇爲命，泯然……與至當爲一」以爲釋。郭象不知此命，乃不可解于心之命，卽非遇；亦不知此「至當」，非所觀照之一「至當」，實乃出于內在之不得已。故其注文全不見莊子原文之鄭重義，與順此命義之事之艱難義，莊嚴義，只向輕靈順適邊說去。然郭象之所以至于此者，亦正以其只重「心之不自用」，以「隨變所適」而應跡之故也。

此郭象之言心之不自用，于隨變所適之事，皆以爲應跡；故謂忠孝是應跡，一切仁義禮法，堯舜之治天下之事，六經之書，無非應跡。跡皆隨所應者之異而異；然能隨異而異者，則爲其本。唯能隨異而異，乃隨異而化其異，忘其異；而異無不一，雜無不純，以至無異而異冥。故迹之本卽此冥。郭象恆以冥與跡對言。冥無名而跡有名；以跡觀冥，則冥亦有跡，而堯舜治天下之事，忠孝仁義，禮法六經，皆有名之跡也。「惑者執之，以觀聖人」，則聖人亦如可以其名跡加以規定，亦垂名跡，以爲世範。然此則不知聖之所以爲聖，乃「無跡之名也」（讓王篇注）聖有跡而本未嘗不冥。人以聖人之名觀聖人，卽以跡觀聖人，而不見其冥，遂以此名跡，規定其冥，斯爲大惑。故郭象德充符注所言，無異以影響爲形聲之桎梏，亦形聲之天刑。然若以聖人之冥，觀聖人之跡，則跡皆出于冥，跡之異者，無可名，而聖人之名跡可遺。堯舜之治天下之事、與六經、及忠孝仁義禮法之名跡，無不可遺。若更旣忘其跡，亦忘其所以跡（冥），則「內不覺其一身，外不識有天地；然後曠然與變化爲體，而無不適也」。則「冥」與「跡」之相對之跡，亦須冥。此方爲聖人之至冥。唯此聖人之應世，則不能無此跡爲其影響。其影響是其至冥之影響，亦所應之物之影響。故在宥篇注大人之敎曰：「百姓之心，形聲也；大人之敎，影響也。大人之于天下何心哉，猶影響之隨形聲耳；使物之所懷，各得自盡。」此郭象之言名跡之旨，亦甚美，然亦自是郭象意。莊子之原文乃謂「大人之敎，若形之于影，聲之于響；有問而應之，盡其所懷，爲天下配，處乎無響」。此當是謂大人之敎，自爲形聲而爲實，以自盡所懷，爲天下配，而自處乎「無響」。今郭象以百姓之心爲形聲，以大人之敎，只使物各盡其懷，而不能自盡其懷，只自爲一物盡其懷之影響；則大人之敎，純屬于虛。此大人之敎，內非其心中之冥之實，外非百姓之心之實，而只虛懸于此內外之中，以成一「影響」之世界。此影響之世界，內外皆無實，只是空靈，以爲吾人之純觀照心，所觀照之純現象。此影響之世界，自起自止，自生自化，「交一臂而失之，皆在冥中去矣」（大宗師注）。則此所觀照之世界，煞是空靈輕妙，全無質實與重濁。聖人之冥于內者，卽能全無負累，而能極游外之致。故大宗師注言：「夫理有至極，外內相冥。未有極游外之致，而不冥于內者也；未有能冥于內，而不游于外者也。故聖人常游外以弘內，無心以順有。故雖終日揮形，而神氣無變；俯仰萬機，而淡然自若。……莊子之書，故是涉俗蓋世之談矣。」然此言之理據，則在聖人之應跡，只是影響，而非形聲。影響虛而非實，無重量，亦不成人之負累；故可遊于其中，而神氣不變，淡然自足。然吾人可說，唯在一觀照心靈之中，可視萬物之形聲、與吾人之應物之行爲，皆爲「影響」。若離此心靈，則人之行爲之出于「感命義之不可解于心」者，「與憂俱生」者，以及「聖人之以百姓心爲心，而同其憂患、同其哀樂」者，皆非只爲影響，亦皆非只是空靈輕妙；乃是莊重而嚴肅，恆與人之感嘆之情相俱者。此方爲人生之眞實之所在。莊子之感嘆，亦未嘗不出于此。卽莊子之言，其嚮慕在空靈輕妙之境者，亦有此感嘆之情，與之俱往。其教人至此境，亦有面對人生之憂患哀樂，而直下承擔之次第工夫。然郭象則皆只就其所嚮慕之此境，而描繪之，只見一片空靈輕妙。則其智之所及，亦有過于莊子。莊子知北遊篇有學道者當先知「藏其狂言」之義，郭象序莊子，謂莊子「未始藏其狂言」。狂言者，高大之言也。郭象則于莊子，又更作狂言，以向于高大。由莊子之有情、有感嘆、有哀樂，則可通于儒之聖人之有憂患、與佛家之悲憫；其言工夫之莊重嚴肅義，亦可爲後之道家所採。郭象之言，則只是一哲學上之玄理，而只可通于具空靈輕妙之意境之文學與藝術者。然玄理亦自是人間之一學。空靈輕妙之文學藝術，亦魏晉以後中國文學藝術之大宗，則其智之所及者之高，亦彌可貴也。

第十一章　魏晉之玄理與文學藝術中之道

一　文學藝術之所以可能在反省的觀照，與玄理中之虛無寂寞義

魏晉之玄學興盛之期，亦中國文學藝術自成一獨立之人文領域之時，此不得謂爲偶然。蓋玄學思想，乃由對玄理之反省觀照，而形成一玄理之境界；而文學藝術之境界，亦必通過一反省觀照而形成。此二境界，皆浮于實際存在之事物之上層，而上不在天，下不在田，故亦無實際效用，或功利價值之可說。文學藝術，固可不只表現一玄理，而可表現情理，或情志，或只表現事物之形象狀貌。論文學藝術，亦初不必皆根于玄理。然論一切文學藝術之欣賞與創作，所以可能之根據，則必須根于若干之玄理。由此而玄學之道，卽與文學藝術之道，不可相離。玆次第說之于下。

所謂論文學藝術，不須皆根于玄理者，卽吾人之論文學藝術，可純自所表現之內容，或人之情志、思想內容論。如樂記之論詩樂舞，卽自其能表現愛敬仁義之情志、思想論。此人之情志、思想，有其所向之事物，而有其種類，故又可本此情志、思想與所向之事物之種類，以論文藝之類。如傳爲子夏作之詩序，考爲漢後人之作。其言詩之六義中風雅頌，卽自詩之內容之屬于美盛德之形容，以讚

美人格者，謂之頌；屬于表現時代，言王政之所由廢興者，謂之雅；屬于「上以風化下，下以風化上」，以表現社會之風尚與人情者，謂之風。凡後之論文章之體類者，亦多自其內容之種別而論。至于詩序中，所謂賦比興，則自詩之作法而分。賦重卽景物而賦，故重在客觀之描述。興則原爲情志之興起，而情志則初屬主觀。比則可以客觀事物與主觀情志相類似者相比，亦可以客觀事物與相類似之其他客觀事物相比，復可以主觀之情志與相類似其他主觀之情志相比。要之「比者附也……附理者，切類以指事，……取類不常，或喩于聲，或方于貌，或擬于心，或譬于事」（文心雕龍比興）皆必取類。此賦、比、興，乃依于詩之寫作時，其心之向在客觀事物、或向在主觀情志、與或向在觀其比類三者而分。至于此外人之論文藝，又可只論其內容之屬何體類之文、當如何寫作、如何可稱爲美善而論。如曹丕典論論文，謂「奏議宜雅，書論宜理，銘誄尙實，詩賦欲麗」，陸機文賦之言「詩緣情而綺靡，賦體物而瀏亮，碑披文以相質，誄纏綿而悽愴……」文心雕龍定勢篇言「章表奏議，則準的乎典雅；賦頌歌詩，則羽儀乎淸麗；符檄書移，則楷式于明斷；史論序注，則師範于覈要；箴銘碑誄，則體制于弘深；連誄七辭，則從事于巧豔」，皆是也。至于對文之形式，如字、句、章、篇之組織，音節韻律之構造，亦可有種種之論，以言其如何方爲美善。此亦如人之論音樂、圖畫等藝術，亦同可自其內容之屬何體類與形式，以言其如何創作方爲美善。此皆屬文學藝術之專門之論，與哲學理論初無直接之關係。然人必先設定文學藝術已存在之後，乃可更言如何求其善美之方。至于此文學藝術之事之本身，何以存在，或其存在依何而可能，則屬文學藝術之根本問題，而屬于哲學。對此一問題之解答，則人可說此文學藝術之何以存在而必求美善，原于天地萬物之原有其大美，而人效之；亦可說由人之情志思想誠于中，必求形于外，以得通于鬼神與他人之心。此則皆不顯然連魏晉之玄理以爲論者。此類之言，亦同可用以說文學藝術之存在之根據，而亦未嘗不是。然于文學藝術之存在或其如何可能之根據之核心，則皆尙未能及，而必待乎以魏晉之玄理爲說，以指出此核心之所在也。

欲言此文學藝術之所以可能之核心，當知無論文學藝術之內容爲何，爲客觀之自然景物，或主觀之情志，又無論此自然景物屬何類，主觀之情志屬何類，又其創作之目標，是在倣效自然，在對人或鬼神通情，或更加以感動，以引起人與鬼神之反應；皆必先有一對所見之自然景物，或所生之情志，有一反省觀照，而領略其意義，然後知求彼足以表現之之文字形聲等，加以表現。旣有此文字形聲之表現之後，人更對此諸表現，與所欲表現者，能否應合或配合，再加以觀照；然後能知此表現之方式之是否美善，與此所成之整個之文學藝術作品是否美善，而更欣賞其美者善者。此中前一反省觀照之事，必須賴吾人之主觀心靈，自其原所見之自然景物，與原所生起之情志，升上一層，如與之有一距離。而後一觀照，則必須賴吾人之已有文字形聲之表現之後，此心靈之再升上一層，以自位于此表現、與所表現者之中間，如與兩者，各形成一距離；然後能知其善美與否，而欣賞其美善。此中之距離之形成，必皆依于一虛無，而此虛無，卽爲文學藝術之創作與批評之所以可能之核心。此卽必當通過重此虛無之魏晉玄學之義，以論之者。而此亦正爲魏晉以後文學藝術之論中所固有者也。

劉彥和文心雕龍序志篇言「近代之論文者多矣，至于魏文述典（典論論文）、陳思序書、（曹植與人論文書）應瑒文論、陸機文賦、仲治（摯虞）流別、宏範（李充）翰林（論）」。今卽以陸機、劉彥和之論文之言爲例，以明此義。如陸機文賦之言文學之事，始于「收視反聽，課虛無以責有，叩寂寞而求音」，後劉彥和書神思篇言「陶鈞文思，貴在虛靜」，蓋其「寂然凝慮，思接千載；悄焉動容，視通萬理」。其言寂寞虛無，寂然悄焉，卽明與玄學家言虛無寂寞之旨相合。至于其是否受玄學家之影響，或在同一時代精神之下，不期而自合，固不必論者也。茲更先引此陸機文賦與文心雕龍之二節文如下，更稍繹其言之與玄理相通者如後文。文心雕龍首爲原道之篇，陸機文賦，則通篇不見道之一字。然其義固與文心雕龍相通，而爲一論爲文之道之作也。

陸機之文賦，言文學創作之始曰「其始也，皆收視反聽」，卽課虛無，叩寂寞之始。而其下文則曰：「耽思旁訊，精騖八極，心游萬仞。其致也，情曈曨而彌鮮，物昭晰而互進；傾羣言之瀝液，漱六藝之芳潤；浮天淵以安流，濯下泉而潛浸。于是沈辭怫悅，若游魚銜鉤，而出重淵之深；浮藻聯翩，若翰鳥纓繳，而墜曾雲之峻。收百世之闕文，採千載之遺韻；謝朝華于已披，啓夕秀于未振；觀古今之須臾，撫四海于一瞬。然後選義按部，考辭就班；抱景者咸叩，懷響者畢彈；或因枝以振葉，或沿波而討源；或本隱以之顯，或求易而得難；……罄澄心以凝思，眇衆慮而爲言；籠天地于形內，挫萬物于筆端。……理扶質以立幹，文垂條以結繁。信情貌之不差，故每變而在顏，思涉樂其必笑，方言哀而已嘆。課虛無以責有，叩寂寞而求音。……體有萬殊，物無一量。……辭程才以效伎，意司契而爲匠。……」

文心雕龍神思篇曰：「文之思也，其神遠矣。故寂然凝慮，思接千載；悄焉動容，視通萬里；吟詠之間，吐納珠玉之聲；眉睫之前，卷舒風雲之色。其思理之致乎？故思理爲妙，神與物遊；神居胸臆，而志氣統其關鍵；物沿耳目，而辭令管其樞機。樞機方通，則物無隱貌；關鍵將塞，則神有遯心。是以陶鈞文思，貴在虛靜；疏瀹五藏，澡雪精神。積學以儲寶，酌理以富才，研閱以窮照，馴致以繹辭。……然後使玄解之宰，尋聲律而定墨；獨照之匠，闚意象而運斤。」

「夫神思方運，萬塗競萌，規矩虛位，刻鏤無形；登山則情滿于山，觀海則意溢于海；我才之多少，將與風雲而並驅矣。」

又物色篇曰：「春秋代序，陰陽慘舒。物色之動，心亦搖焉。……是以獻歲發春，悅豫之情暢；滔滔孟夏，鬱陶之心凝；天高氣清，陰沉之志遠；霰雪無垠，矜肅之慮深。歲有其物，物有其容，情以物遷，辭以情發。……是以詩人感物，聯類不窮，流連萬象之際，沈吟視聽之區。寫氣圖貌，既隨物以宛轉；屬采附聲，亦與心而徘徊。故灼灼狀桃花之鮮，依依盡楊柳之貌。……吟咏所發，志惟深遠；體物爲妙，功在密附。」

按劉彥和總術篇，嘗謂陸氏文賦，「泛論纖悉，而實體未該」然今兼引之，要在觀其中之義，可通于魏晉之玄理者。

吾之所以引陸機劉彥和數節之文，要在其言之能明顯指出文學之寫作，乃在一獨立之世界中進行。此一世界，則呈現于人之反省的觀照。此乃昔之論文者所未能及，而表示「魏晉以後何以于文學以及藝術，能視之爲一獨立之人文領域」之時代精神者。原文學之成，固賴于文字，文字可指物計數，亦可用以交換心意，更可用以引起他人之行爲。然只以文字作此三用，不能成文學。文學乃依于人心之既有其情之所感，志之所向，更以文字表現其本思想而會得之主觀或客觀之境象意義之凝聚與融合。境象卽意想之所想，意義卽境象之「如何如何」。故此境象卽意象。然此可相凝聚融合之主客境象之意義或意象，非一時頓現，乃隨人之反省觀照之活動之進行，依類、依理、而次第呈現于此反省觀照心靈之前，而後吾人得用其所先知爲能表此諸境象或意象之文字，加以表現。某文字之宜于表某若干之境象之意義、或意象，亦卽吾人用文字之意之所「宜」，或用文字之意之「義」。故一文字之所宜表、能表之境象之意義，或意象，稱爲文字之意義。此文字之能表某境象之意義，而使文字得有意義，初乃依于一約定或習慣而形成。然既已形成，則人由一境象之意義之認知或觀照，人之意卽向于文字之運用。人于見一文字或用一文字時，其意亦向于境象之意義之認知或觀照。于是此二者之關係，卽亦爲一直接的相依而起，而若爲一事矣。

然此所謂若爲一事者，自其原而觀，亦自爲于境象之意義之認知與觀照之事上，而更繼之以文字表之之一事。人以一文字表某境象之意義時，此文字亦恆不只限于有表某境象之義，而可兼表同類之境象；又可不只表同類之境象之共同之處，亦可導引吾人心意，向于其特殊之處者。由此而一字之所能表之意義，恆大于吾人用此文字時，其初意所欲表之意義。吾人既用一文字，以表某一意義之後，此文字既生，即可導引吾人之心意，更及于其所可能表之境象之意義；而于此後一意義，亦更求有文字以表之。此即所謂情生文，文亦生情之故。凡心意之往，即情之往，于事物見得何意象，于文字得何意義，皆由于心意之往。故情生文，即文生情，亦即「心意與意象，導引出文字之運用，文字之運用，亦導引至心意與意象之生起」之謂。簡言之，亦即意生文，文生意。更簡言之，即文情相生，或文意相生也。

此文情或文意之相生，乃循一次第相連之歷程。而此一次第相連，亦可爲次第歧出分散，而更不合成一全體。故人有任其意象自由生起，不成一意境，于文字自由運用，而不成篇章，亦不成文學之情形。然由人之意象之生起、與文字之運用，同在人之反省、觀照之中；人即可使其次第相連，皆爲依類依理以相連；于其次第歧出分散之後，更自加選擇淘汰，以求其凝聚融合，而形成一全體。此時，人之意象之次第相連而起，即可漸融合爲一意境，而文字亦相結成篇章，而有文學。人于此更觀此文字之運用所結成之篇章，能否表現一全體之意境，至于盡美至善，而從事文學之批評，亦賴于反省與觀照。故文學之成一獨立人文領域之根據，其核心即在此反省觀照也。

二　陸機言文學形成之心意歷程

吾人若緣此上所說，以理解前所引陸機之文賦及劉彥和之文心雕龍之二段文之旨，即可見其正皆相應于此文學之成一獨立之人文領域之根據，在人之有此一「依類依理，而次第反省觀照種種事物之意象、與文字意義，更求加以凝聚融合」之心意歷程者。如陸機之文賦言「耽思旁訊，精騖八極，心游萬仞」，即言為文之始于人之沉耽于其所思、或心意所及之世界之中，如有所訊問。此心意之訊問之事，初無一定之方向，而可向任何方向進行，如騖于八極；又可向任何高遠之度進行，如游萬仞者。此即形容此心意之境界或世界之開闢之始。由此次第開闢，而心意之所往，或情之所往，即由曈曨而朗現；種種事物之意象，即次第昭晰，而進呈于前。人即更可選取于羣言或六藝之文之中，求其足表此諸意象者。此中，人必有對文字之淘汰，以成其選取。故羣言與六藝之文，不必盡用；唯融凝其中之若干，以為用。融凝所成，即名之為瀝液，為芳潤。此文學之事，即在此心意之如此去次第融凝文字中進行，而液流如淵，潤浸如泉者。天以狀此心意之往之高度之頂，下以狀其深度之底。此心意之次第融凝文字之事之進行，而得自在，謂之安。此心意居此融凝之事之上層，謂之浮。此心意自潵入于此融凝之事中，謂之濯。故以「浮天淵以安流，濯下泉而潛浸」之言，狀此人之運用文字，以成文學之心意狀態。由此心意狀態之如上達于天，下達于泉，以求文字而運用之，而初未呈現之文字，即隨上所述之事物之意象之次第昭晰，進呈于前，而亦一一隨此心意之求，由心意之底層翻出，或由心意之上層落下，以進呈于前。故曰「沈辭怫悅，若游魚銜鉤，而出重淵之深；浮藻聯翩，若翰鳥纓繳，而墜層雲之峻」；由此而初不呈現之闕文遺韻，得為此心意之所收採。此心意之呈現意象，與用文字表意象，初不為當前之時間空間之所限，而以此當前之心意，通及于未來過去，或今古之時間，與其外之無定限遠近之空間；故能謝彼已披之朝華，亦啓彼未振之夕秀，觀古今于須臾，撫四海于一瞬。此古今四海，即皆內在于文學之心意中之時空或世界也。

至下文之「選義按部，考辭就班」以下諸句，則要在言文學中之意象，與文字之選擇，必依類、亦依理以相從。如形與影、聲與響之以類而應，而同類者即咸叩而畢彈。又須依本末、原流、隱顯、難易之對應之理，以相從，故有「因枝以振葉，沿波而討原」……之語。此依類依理，以選取意象與文字，皆待乎此心之充量清澄，以融凝思慮所及之意象文字，方得成文。故曰「罄澄心以凝思，眇衆慮而為言」，由此而對天地萬物之意象，即有所籠限與挫擢，以形成一全體，為筆端之所及，以共在一文之篇章之內。故曰「籠天地于形內，挫萬物于筆端。」此則賴乎人之心意之依理，以主宰其意象之集結，與文字之運用。此即文之本質或內質之所在。故曰「理扶質以立幹」。依理而形成之意象之集結，與文字之運用，則又自有種種。如枝條果實之依一本而生。效曰「文垂條以結繁」。此文之繁，乃表現其本質或內質之所在，或理之所在，如外在之貌顏表現內心之情變，若笑之表樂嘆之表哀。然此整個之以文表此情或心意中之理之事，皆由人之反省觀照：種種意象，而求文字加以表現之事。此意象文字，初非皆當下之已呈現，而爲心之所已觀照者；故待人之使未呈現者呈現，于此反省觀照之前，是卽「課虛無以責有，叩寂寞而求音」之事也。然此求、此責，則出于當前之心意，以此當前之心意，使未呈現于其前者，呈現以成意象，更依理以融凝裁剪諸意象、及用以表諸意象之諸文字，同時使文字之集結，適足表諸意之集結，而交相契合；則文字適得其用，而程其才。故曰「辭程才以效伎，意司契而爲匠」也。

三　劉彥和論文學中之「神思」與「志氣」

至于劉彥和對陸機文賦，固嘗致其不滿。蓋其于陸機所言者，實有更進之處，然亦未嘗相違異。陸機言其文賦之作，乃原于其每觀才士之所作，咸有得于其用心，而劉書亦以文心爲題。陸機言文學之自成一文人領域，其根據初在人之心意之反省觀照及意象之可依理而相集結，更以文字之集結表之。此反省觀照之事，初爲「收視反聽」，「課虛無以責有，叩寂寞而求音」。劉彥和之言「陶鈞文思，貴在虛靜」，亦具此旨。陸言文學創作之始，必「耽思旁訊，精騖八極，心游萬仞」，劉言「神思方運，萬途競萌」，亦相類似。其不同，唯在陸機于爲文者之心，唯知意、情、與思理之重要；而劉則兼連此思與神爲論，亦連意志與氣而論，並于心之情意與境物俱運之關係，特能加以正視耳。

此劉彥和之言神，乃取于易傳言「神也者，妙萬物而爲言也」、及莊子、淮南子等言人之精神之「可無乎不運之義，以言人之文學中之思之能無乎不運，以及于遠。此神思之「接千載，通萬里」，而通于陸機文賦所謂「納古今于須臾、撫四海于一瞬」之義。依陸之文賦言，人之爲文，其意象之成，與文字之運用，皆爲由曈曨而昭晰，即由隱而之顯之事。然劉文之言神思之運，則直下超出時空之限制，而接千載，通萬里，使風雲之色，卷舒于眉睫之前，珠玉之聲，吐納于吟詠之間。則文學創作之始，非始于由隱以求顯，而直接始于此神思與其所運之境界之呈現。此神思，亦即隨思之理而有。隨思之理以思，固必當不見有千載萬里之隔，以任此思之妙運于不同之時空，更及于不同時空中之物，而不着于物，以遊于物之意象中也。此則較陸文更能直下指出文學之根據，在此神思，與其所運之境之呈現，而初不見此境之爲一「隱」矣。讀者可細勘之。

復次，劉書神思篇，已言志氣。其書亦更有專論文氣之篇。此氣之觀念之連于志，孟子首言之。孟子又謂氣爲體之充，即充實于身體之生命者。劉所謂志，與陸所謂意相近，乃心之所之或心之所向。心有所之之所向，而更能自運轉其所向，以不着于物，而遊于物，是爲神。故意或志固通于神。然意或志，復通于身體之生命，以與身體之耳目感官相連，而通于耳目所接之物；亦通于「人用以表此耳目所接之物、與心之意或志」之文字或辭令。人之說出寫出此文字或辭令之活動，卽人之身體之所爲，亦氣之所爲也。此中人若無此神之上通內通于志意，無此氣之下通外通于耳目所接之物，而對辭令或文字，加以運用，則文學之事不成。故神可說純爲內在于胸臆；而志之連于神與氣，以合爲志氣，則爲內之得通于外之關鍵。耳目旣接物，更有文字辭令以表之，則爲外之物得通于內之樞機。此中文字或辭令之表物，卽所以使物眞得呈現，而無隱貌者。此乃由于人之通過文字辭令以思物，乃先不見物，只見此文字辭令，更沿文字辭令之意指所及，以呈現物于此心意或心思之前。此人之先不見物，卽使物在耳目之前爲虛，必更由文字辭令之意指物，而後人之心意心思中，乃更有此物之貌或意象。則此物之貌或意象之呈現于此心意心思，卽如憑虛而在于此心思、心意；亦正以其爲憑虛而在，方更能呈現，而無隱。故人透過文字辭令後所見之物貌，實更朗澈于未透過文字辭令所見之物貌。此劉之原文所未申之義。但亦當有此義；否則其樞機通，則物無隱貌之語，不可解。今能知此義，則此文字辭令，非心意與物貌間之阻隔者，亦非此二者間，加入之第三者，而可有可無者。此文字辭令之位于物貌與心意間，同時爲一物貌得朗澈呈現于心意，而更無隱者，亦卽所以成就物貌與心意之相通者。其位于此二者間，正所攝合此二者。然人之用文字辭令，則賴乎志氣爲關鍵。若無此志氣，則人之心意或心思之神運，不能與物貌相通，而神之運，卽滯住，而將歸于隱遁。故下文言「關鍵將塞，則神有遯心」。故文字辭令，不可不有；而能用此文字辭令之志氣，亦不可不有。陸機之未及于此神與氣，亦未及于文字辭令之可使物更無隱貌，則皆不及劉彥和者也。

由此以理解劉文之「陶鈞文思，貴在虛靜」之二語，則此虛靜，當卽先使物不接于耳目之前，唯使之成爲透過文字辭令之意之所指，而呈現于此心意或心思之神運之中者。此心意心思之神運，在物之貌或物之意象中運行，而不在物之實中運行。于是此物之貌或意象，呈現于此心意心思之神運中，卽只爲一反省觀照之所對。虛靜則所以成此反省觀照，亦成此行文中之心思心意者也。欲致此虛靜，則必須對感官所接之物，無一般之由身體發出之慾望，亦無不乾不淨之念，夾雜于吾人之心思心意或精神之中。故必先疏瀹五藏、澡雪精神，更從事于積學等。其中之積學以儲寶，蓋不外由積學，以知一一文字，所可能表之心意心思或意象。酌理以富才，則爲依理而運其心意心思，以次第及于有理相連之諸意象，求以文字表之。此運其心意、心思之才力愈大，其所能呈現之有理相連之意象，愈多愈廣，而以文字表之之才力愈大。所謂研閱以窮照，則爲面對此心意心思之意象，而充極其量以呈現之。所謂馴致以繹辭，則爲順此諸意象，而求有相同之致，或相同之意義之文辭，以合表現之。既知此等，則知運用文字以表現意象，乃待于心意心思之自爲觀照，亦自作主宰，以融裁意象，依聲律而用文字。此能自爲觀照，亦自作主宰之心思心意，依于其神之運，能無所不通，則又初無定向定方，亦不定着于某物者；故爲一獨照之匠，亦爲一玄解之宰。玄解猶神解，神解卽神思也。故曰「玄解之宰，尋聲律而定墨；獨照之匠，闚意象而運斤」。至下文之更言「神思方運，萬途競萌，規矩虛位，刻鏤無形」，卽言此玄解或神解之能無所不運，無定方、定向，故其規矩皆對虛位，而規矩之，以成虛位中之規矩；其刻鏤之意象，卽無形中之意象。故觀山觀海，其情、其意、其思，皆無不充滿于其中，亦更溢乎于外，乃可與山海外之風雲幷驅。此皆所以言此神思或神解或玄解之無定方、定向，亦不定着于物者，方是人之所以能爲文之獨照爲主宰的心靈之所在者也。

四　「心生、言立、文明」之道之涵義

上所引劉彥和物色篇之一段文，則要在藉此明其文學之論中，重物色與人之情意，以類而相感應之關係。漢儒如董仲舒之言天之春夏秋冬，卽表天之喜怒哀樂之情；故與人之喜怒哀樂，能相感應。此乃以人之情，亦屬天所客觀具有之說。劉彥和之論，則只言人對天之某種意象，如天之獻歲發春等，與人之悅豫之情等之相應而起。人之情意起，而其流連萬象，沉吟視聽之時，同時自守氣圖貌，與物宛轉，使內通于外；亦同時使外物之采色音聲，與心共徘徊。故能以所念之火之灼灼，狀桃花之鮮，所念之人之依依，狀楊柳之貌；而使當前之桃花之鮮、楊柳之貌，連及于初在心之深處遠處之火之灼灼人之依依。此卽見此心之能體物，以妙運于深遠，而更密附于物，使物有其更多而更親切之意

義。由此以觀文學之事，卽一方爲由人心之感境物之意義，而以文字表其所感之事；一方亦爲攝物色于心，爲心所體，而新附以意義之事。則文學之事，非只反映境物而仿之之事，亦附與境物之意義，使其意義更充實之人文創造之事也。

循上段之意，以觀劉彥和原道篇之先言天文與地文，以「日月疊璧，以垂麗天之象；山川煥綺，以鋪理地之形」，爲天地之道；以及其言人之「仰觀吐曜，俯察含章；惟人參之，性靈所鍾，是謂三才；爲五行之秀，實天地之心」；卽見其皆非同泛說。其下文言「心生而言立，言立而文明，自然之道也」乃爲說明人依心而有言、有文，卽人文所以參天文地文之事。由「心生」至「言立」至「文明」，爲自然之道，亦卽說：人內心之所思所感之表現于言以成文，乃人自己使之如此然，亦人之自己之由內以通達于外之道路，以與人初對天地之文之仰觀俯察之事，互相對應者。仰觀俯察，爲攝外于內心之事；而人之言立而文明，則由充內而形外之事。人必先有仰觀俯察，以有所生于心者，亦卽先有爲其心之所觀照者，然後有言，有文。又必有言有文，其所觀察之物之貌之象，乃皆透過此言此文，而朗現，若憑虛而在，如上文之所及。則無人之此言此文，此天之日月不能呈其麗美，地之山川亦不能呈其煥綺。人有此言此文，而更由人心志之及于深遠，遂能以他物之象，表狀所見之天地中之物之象，如以灼灼狀桃花，以依依狀楊柳，則又增其天地之麗美與煥綺者也。此皆唯原于此人之內心，與天地之物，原有一互相應感，以成其通之道。人之至者謂之聖。而此道之在人、及人之依此道以有其文，亦卽「道沿聖以垂文，聖因文而明道」之事矣。此則歸于儒家以「人參天地」爲道之旨。然此亦不礙上所說：人由其心之能俯觀仰察，以有對天地萬物之觀照，更以言文表現其所觀照，以使之朗現，并充實其意義，所增得之美麗綺煥等，皆還必爲人所重觀照，以存于人之心也。此人之文學，所形成之世界，其始與終，皆存于人心之觀照，爲人之性靈之所鍾，而屬于此人心性靈之主體之觀照所及之世界，以成爲一獨立之人文領域。今如謂玄學之境界，卽對抽象義理之觀照之所成，則文學之境界，當說爲「對依理而凝聚或融合之諸具體之意象所合成之一意境」之觀照之所成。凡論文學，皆不能離此觀照以爲論。文學與玄學，亦有其本質之類似。故凡論文學，亦必有取于類似玄學之言，如收視反聽，貴在虛靜，神思方運，萬途競萌，規矩虛位，刻鏤無形之類。故言文學之所以成爲文學之理，亦恒是玄理之一種。然此亦同不礙劉彥和之以文學爲人文能參天文地文，乃依人之內心與天地之物，原有感通之道，方有「道沿聖以垂文，聖因文而明道」之事，而歸其道于儒家義，以說文學也。

五　言意之內外問題，及文學中之道家義與儒家義之會通

此劉彥和之言文學，言神思，上文已言其遠原于莊子之重神凝、神遇、神行，易傳之言神無方，

而妙萬物。陸機文賦言「精騖八極，心游萬仞」，雖未明言是神之運，其所指亦當是此神之運。彥和之言氣，則遠原于孟子以養氣與知言幷舉，近原于曹丕論文之言「文以氣爲主」、「氣之淸濁有體」。至其言文中之理，則陸機文賦，亦重此理；魏晉之爲玄學者，亦無不重理。至其以文爲天地之心，文以明道，則自天地萬物之表現，皆有文，而人之文，則爲人之所以通達其內外之表現說。此于天地人之有表現處，見天地之心，與王弼之自「動息地中」、「語息則默」見天地之心者，正相對反。此則由王弼乃以返于內心之虛靜爲道之要。彥和之論文，則雖以虛靜成觀照，以陶鈞文思；然必歸于「心生而言立，言立而文明」，以由內而外，爲道之要。彥和論文，乃有取于道家之言神運與虛靜之旨，而歸于儒家之明道者。昔莊子言神遇，言用志不紛以凝神，可使人心冥合于物，而使人之用物宰物之技，亦通乎道。故庖丁解牛，舟人操舟，丈人承蜩之技，莫不通乎道。然莊子未嘗言文學藝術之可自成一世界，文學藝術之爲一人文領域，乃必不可少；于此技藝之通乎道者，亦未言其必不可少。莊子于人之文字語言，更恒言其可忘，以歸于默。王弼之以語息則默，猶是此旨。魏晉玄學家之主言不盡意者，亦同契于王弼得意忘言之旨。然魏晉人在實際生活中，則早已重技藝與文章之美。曹丕典論論文，言功業不若文章之無窮，卽言文章自有一獨立而永恆之價値。然當時主言盡意之說者，則又主意之可寄于言，而重言，亦卽必重辭令文學也。陸機爲文賦，如賦物賦事，卽視文學如一獨立客觀之人文領域，而賦之。其時凡論文者，皆同有斯旨者也。然觀上述劉彥和之論文，則文所表之意，正可過于在未爲文之先其心思感物時，初所及之意。彥和于其書風骨篇，更言文之表意而成風，卽能「以意起意」。其所謂骨，乃文之體骸，文之組織結構，由有統之之內在的志與意而致者。其所謂風，則此志氣或意氣之表現于辭采。故曰「意氣駿爽，則文風淸焉」。然謂之爲風，乃謂其更有一感人之意義。故謂風爲「化感之本原」。此文之有風而能化感，卽言文表意，而同時能以意起意。此外其隱秀篇，又言文有秀有隱。隱爲「文外之重旨」「義生文外，秘響旁通，伏采潛發」。文有隱，而文有其暗示潛伏之意義。又其定勢篇，亦言文之表意，同時有其言外之意，更言文之「因情立體，卽體成勢。勢者，乘利而爲制也，如機發矢直，澗曲湍回，自然之趣也。圓者規體，其勢也自轉；方者矩形，其勢也自安。……激水不漪，槁木無陰，自然之勢也。」此物之有勢，依于其趣向。趣向乃物尙未至，而可能至者。趣向之範圍，卽一物之可能發展至、或可能影響及之範圍，而在物之當前之現實狀態之外，以爲物所具之意義者。故凡物有勢，其所涵之意義，卽超乎此物。故圓之轉勢，在圓之外，方之安勢，在方之外。凡文有隱有勢之處，皆可說言不盡意，有意在言外。然此言外之意，亦皆文之所隱括，而在文之內也，則又未嘗不在言內也。

由彥和之論文，能言文之有風爲化感之原，以意起意，又言外之意，亦可未嘗不在言內；而重意者，亦不當輕言廢文；則依人之心生，而求表現于言于文之自然之道，卽亦爲當然之道。此有諸內者，當形諸外，以成文，是人之道，亦天地之道。故天有天文，爲天之表現；地有地文，爲地之表現；人于此可見天地之心，天地之道。則人有其心之生，而表現于言立文明，亦所以見人之心，人之道也。此人之有文之道，卽人之使其內具者通達于外之道。如天之有天文、地之有地文之道，卽天地使其內具者，表現通達于外之道也。有此道，則天必有天文，地必有地文，人亦不能無文學。人無文學亦不能與天地參，無所謂人文之化成。此卽合于儒者之旨者也。

原彼爲魏晉之玄言者，如何晏、王弼、郭象，皆取于道家虛無之義，以爲玄言，而仍以孔子爲聖人，故何晏唯以孔子爲全空。世說新語文學篇載王弼答裴徽，謂「老莊未免于有」，其言「無」，乃「恆訓其所不足」。郭象序莊子，以爲尚未免于狂言。彥和之有取于道家虛無之義，以論文，而歸宗孔子，亦合當時之潮流。然彥和又不只以孔子爲聖人，且以文章原所以明人之參天地之道，以有人文之化成。何晏、王弼、郭象心目中之聖人，則要在體合虛無玄冥之道，其餘事皆應迹而非本。何晏言聖人無情，人哭亦哭，人慟亦慟，其哭慟固爲迹。王弼言聖人有情，「不能無哀樂以應物」，亦以聖人之本「在體冲和以通無」。郭象更以聖人之禮樂政事，無非迹，當由迹返本，則其至極，皆歸在忘言；則表情志之文學，亦非必當有。此卽與彥和之言文之心當有，以成人文之化成者，大不同其旨。而彥和謂文之成，賴于神氣理，亦所以明道；更論文之聲律形式，及文之種種體裁之淵原，與其用之所宜。其論文之宗旨之高、與規模之大，後世亦無以過之。唐之韓愈柳宗元之言文以明道，宋儒之言文以載道，亦劉之文以明道之旨。文所明之道，所載之道，固可有種種之不同，亦不必限于言人倫之忠孝仁義。劉所謂道，更無此局限。其言唯是謂由「心生」而「言立」、「文明」，以使人表現其內心于外，卽是自然之道。天地萬物有其文之表現，亦依于此道。此心之所生者爲何，固可依其神之運，而無一定之方向。凡日月山川，風花雪月，感于人心，而人之心意心情，有所生起，而表現之于辭令文言，固皆未嘗非道。循此以觀，則文以明道，以至文以載道之言，卽說文之所以爲文之共同的本性或本質，而永不可廢之論也。至于由此而規定文當以表何種之道爲高、爲大、爲遠，否則爲低、爲小、爲近，則依乎人所在之情境、所居之時代、與其人之性格或偏尚，自可有種種之論。各時代之論文所明之道者，其說亦可不同。後世如清代之言文學者，不喜明道、載道之言，而標尚性靈或神韻，或性情、趣味、或格律者，固多有之。然性靈、神韻、性情、趣味，固皆生于人心者也。格律則言立文明中之事也。表性靈、神韻、性情等于文學，亦同依于此「心生而言立文明，以通達內外，而化成人文」之道也。則謂文不明道，不載道，離道而有文，必須天地毀壞，日月失明，人不成人，無人文之化成，而後可也。世豈眞有離道之文哉。劉彥和論文之立本于此文以明道之義，以言文學中之神思、志氣、理等，猶可說于魏晉之玄理與其他論文之言，多有所承。然其言文之依于天地有表現爲文之道，人之心生，亦必有表現爲「言立文明」之道，則超邁魏晉玄學之流，未嘗知此文學之必不可少于天地，與道必不能相離者。是乃直上承先秦儒者言「誠于中、形于外」之樂詩等之「不可已」之旨。此亦卽中國哲學言道思想史中之大事，不可只視爲一文學之論而思之者也。

上述魏晉六朝人言文學之道，下文略及魏晉六朝人言藝術中之道者，以見其並與玄理相通。

六　嵇康論聲音之道與「宣和情志」義

此魏晉時代之藝術之論，首爲對音樂之論，次方爲對圖畫之論。中國之音樂之論，其原甚早。蓋音樂，原爲人之生命心靈活動之起伏抑揚之韻律，或喜怒哀樂之情之直接表現。儒者卽由此以見音樂之依于人之情，亦可養導人之情。故孔、孟、荀皆重樂，而有禮記中樂論等文。漢人依樂律以言天文曆法，而音樂之涵義，更爲廣遠。然亦不免將此樂律之意義，外在化于天地，而忽其與吾人之生命心靈活動之直接關係。魏晉人之論音樂，則重恢復此音樂與生命心靈之直接關係而論。然此直接關係，是否卽爲情志之喜怒哀樂之直接借音樂以表現，則爲待決之問題。因人之生命心靈之活動，不必爲一明顯之喜怒哀樂之情，而音樂中之樂律，所規定者，純爲聲音之形式關係。此形式關係之有和與不和之分，美與不美之分，初似不宜直接連于人之喜怒哀樂，亦不同于人之喜怒哀樂之對具體事物而發者。人亦唯注重此音樂中之形式關係，而知其和與不和、美與不美，方有純粹之音樂創作欣賞之事，而見音樂之爲一獨立之人文領域者。故魏晉之時代阮籍有樂論，嵇康有琴賦及聲無哀樂之論。嵇、阮之生年，皆早于上述王弼、郭象、陸機、劉彥和等，然依本書說義理之序，則只能論之于後。

玆按阮籍嘗作通易論、達莊論、通老論。達莊論、通易論、今存，通老論已佚。太平御覽卷一天部引其通老論佚文，謂：「道者法自然而爲化……易謂之太極，春秋謂之元，老子謂之道」；「聖人明于天人之理，達于自然之分，通于治化之體，審于大愼之訓；故君臣垂拱太素之樸，百姓熙怡，保性命之和。」故阮爲儒道合一論者。其樂論言聖人之作樂，爲「順天地之體，成萬物之性，乾坤易簡，故雅樂不煩」。又謂正樂在倡雅樂，「立調適之音，建和平之聲。雅樂周通，則萬物和，質靜則聽不淫；使人精神平和，衰氣不入，天地交泰，遠物來集」云云。其所言者甚廣泛，亦尙未出樂記言樂可使人「耳目聰明、血氣和平」之旨，不如嵇康論樂之有思致。嵇康善論難。友人陳榮捷先生嘗引法人戴米微考，謂「妙理」之一名，爲嵇康所首創，未知是否。然嵇文如養生論等，並有妙義。其琴賦，聲無哀樂論言「聲音之道」，卽言聲音之美，不關于其所直接引起之喜怒哀樂之情，亦不直接表現情志。此卽與昔之論樂者，重此樂與此情之因果關係之論者，大不相同，而代表一魏晉時代之新音樂理論。由此理論，以建立音樂之有純粹之形式美，亦卽所以使音樂成一獨立之人文領域之道也。

嵇康之琴賦，其文甚美，而聲無哀樂論，則主客問難，以免人「惑聲音之道」，頗多曲折。今皆不擬細析。嵇康雖言聲音之自身不直接表現喜怒哀樂之情，亦無喜怒哀樂寄寓于聲音之中，並亦不以引起此喜怒哀樂之情，爲音樂之價值之所在。然其琴賦亦先言音聲之可導養神氣，宜和情志。察其言宣和情志之旨，亦卽宣和一般人情之喜怒哀樂之偏向，以達于一超此偏向之情，一種高一層面之情志。則謂嵇康不重情志，非也。

至其聲無哀樂之論，亦初未嘗否認人聞音樂者，恒有引起哀樂之事實。然此一般之哀樂之情，則根在人之主觀，如「哀心藏于內，遇和聲而後發」，初不直接原于音聲。亦正以聲音爲和聲，故人主觀之心中，先藏或哀或樂之情者，皆可由聞音樂，而或哀或樂。故其琴賦謂「懷戚者聞之，莫不憯懍慘悽，愀愴傷心；……其康樂者聞之，則欨愉懽釋，抃舞踴溢；……」「感盪心志，而發洩幽情。」然同一之聲音，而聞者或哀或樂，則證此哀樂之情之出于各個人之主觀。此各個人之主觀之哀樂之情，因人以異而無常，即不屬于此音聲，亦不能與音聲自身之和，直接相應。能與音聲之自身之和，直接相應者，則爲一情志之宣和。音樂之和聲，有此宣和情志之用；亦唯情志之宣和者，能知音而知樂。故其琴賦言：「非夫曠遠者不能與之嬉遊，非夫淵靜者不能與之閒止，非夫放達者不能與之無吝，非夫至精者不能與之析理也。」靜、放達、至精，皆宣和情志者所至之心靈境界也。

至于克就聲無哀樂論之文而說，則其首言：「天地合德，萬物資生；寒暑代往，五行以成；故章爲五色，發爲五音；音聲之作，其猶臭味在於天地之間。其善與不善，雖遭遇濁亂，其體自若，而無變也。豈以愛憎易操，哀樂改度哉。及宮商集化，聲音克諧，此人心至願，情欲之所鍾。」此則明言音聲之在天地間，其組織成一全體，自有其善與不善之價值意義；而求聲音之成一和諧之全體或和聲，則爲人心之願欲嚮往之所在。其下文之論辯，則要在言一般人聽音樂所生哀樂之情，乃由其心先藏哀樂之故；「和聲無象，而哀心有主」。此哀樂非和聲之所固有，亦非其所必然引起者。音聲之善否，如人之賢愚，乃屬音聲或人之自身。至于人一般之哀樂愛憎，則屬于人之主觀。故曰「愛憎宜屬我，賢愚宜屬彼」；「外內殊用，彼我異名」。「聲音自當以善惡爲主，而無關于哀樂；哀樂自當以情感而後發，則無係于聲音」。聲音中無哀樂之實，亦不當與以哀樂之名，是謂「哀樂之名實俱去」。故必立此聲無哀樂之論也。

至于嵇康之下文，則設客之問難，謂聲雖無哀樂，然必可引起哀樂，如賢愚之必可引起愛憎。則「哀樂由聲，更爲有實」；雖可去其名，而不能去此聲之引起哀樂之實。故人可由聲以知其所引起之哀樂，或所表現之哀樂云云。嵇康即更進而辯愛憎生于賢愚，與哀樂之發于聲音，尚有不同。其意是人有賢愚，而愛憎隨之，可說愛憎由賢愚所致。此如五色有好醜，五聲有善惡，而人對之有愛與不愛，喜與不喜，亦可說由聲色所引起。然此「人情之變，統物之理，唯止于此；然皆無豫于內，待物而成耳」。然此愛與否，與人之哀樂之情，乃先構于心，但因和聲以自顯發者，大不相同。故不可相提並論也。

自下二段之論難，則先設客難人之情可表示于色，則哀樂亦宜形于聲音，而人由聲音亦可知哀樂。下文更辯人情之繁，非聲音所能表，而聞聲音者，亦不必能得其情；聲音之于情，不必能象其體，而傳其心。聲音如形貌，有「形同而情乖，貌殊而心均」；則心之與聲，明爲二物；人亦不能因其聲以必知其心也。

然其再下二段之論難中，則嵇康亦承認音樂之感人，不同之音樂其所引起之感不同。故謂：「聽箏笛琵琶，則形躁而志越；聞琴瑟之音，則聽靜而心閑……；齊楚之曲多重，故情一；變妙，故思專；……然皆以單複，高埤，善惡爲體，而人情以躁靜……此爲聲音之體，盡于舒疾；情之應聲，亦止于躁靜。」此躁靜，自是人之心靈生命之活動，此活動之形式，固與聲音之形式相應。然此非一般之哀樂也。故曰：「隨曲之情，盡于和域；應美之口，絕于甘境……躁靜者，聲之功也；哀樂者，情之主也。聲音雖有猛靜，猛靜各有一和；和之所感，莫不自發。」此即謂和所引致之哀樂，由人主觀自發，不發自聲音。亦正以聲音「無主于哀樂」，然後能「總發衆情」，即唯因聲音以「平和爲體」，而後「感物無常」。此即謂音樂感人，所引起之情志，或生命活動，爲高于一般之哀樂之情者。音樂所引起之情志，其本質唯在其躁靜之形式，與音聲之振動之相應。而音聲之有其和，即可連于人之主觀所藏之哀樂之不同，而爲其統；更使此所藏之不同哀樂，皆各得其表現發洩。下文再述客之自救其聲有哀樂之言，今略。而其最後一段之論難，則爲討論音樂之何以能移風易俗之問題。嵇康之答，則謂此亦正不關一般之哀樂。音樂之所以能移風易俗，正在其有和聲以養和心和氣，使心與理相順，氣與聲相應；「心感于和，風俗壹成」。此言音樂和聲所直接引起之和心和氣，正在一般之哀樂之情之上一層面，而唯與音聲中之形式之和，或音聲自身之理，相順應者。此乃由宣和情志，而有之上一層面之情志，不可與下一層次之一般之哀樂，相提並論者也。

七　宗炳之以「澄懷味像」論畫道，及其言「應會感神，神超理得義」

至于中國之畫論，則較音樂之論，尤爲晚出。莊子田子方篇之言畫者之解衣般礴，不過言其全神貫注，以爲畫。非畫論也。直至魏晉之玄學家，仍未聞有畫論。至顧愷之，乃有畫評。其言作畫貴遷想妙得之語，尤爲後世所稱。此遷想，卽人之遷移其心思或心情于境物；而妙得，卽妙得人物之形象。顧愷之之論，及于畫人物與山水。其畫雲臺山記，只及于山水之佈局，純屬畫技術。其勝流畫贊論畫人物，謂有一毫小失，則神氣與之俱變；又謂畫人當注意「凡生人無有手揖眼視，而前無所對者；以形寫神，而空其實，對全生之用乖，傳神之趨失矣。空其實對，則大失；對而不正，則小失；不可不察也。一像之明昧，不若晤對之通神也」。此亦屬畫之技術。然謂畫人物之神，當注意其所對，觀其神之有其所通之實，不可空其實。此爲旣重傳神，亦重神之通于實，以爲畫之旨。神原爲虛，虛必通向于實，亦猶王弼之言依道之無而虛通者之必通于有也。但觀顧愷之文，蓋亦未必有此意，而其文亦只爲技術之論也。

然劉宋宗炳之畫山水序則顯然有畫道之論。其言「聖人含道應物，賢者澄懷味象」，固不以繪事爲聖人之業。蓋聖人含道應物，故不可留跡，如何晏、王弼、郭象之言聖人，皆應跡而不留跡也。然賢者則必由澄懷而味像，即謂不味像，則亦不能希賢，更何能至于聖？此澄懷，即淸澄淡泊，虛靜其心，此乃陸機、劉彥和之論文，阮籍、嵇康言音樂同有之義。「味像」之像，在文學爲意象，在音樂爲音聲之大小抑揚之象，在圖畫爲物之色形之象，而其融和集結，則皆有其理或形式則一。言味其像，即要在體味其中之理與形式也。故澄懷味像，可以論畫，亦可以之論一切文學藝術者也。宗炳此言，自重在言畫。其下文言「至于山水，質有而趨靈」，則是于畫之中，特就山水以言其質有趨靈。實則一切文學藝術，皆同重虛托一意象，以遠于質實，而趨于空靈。然世間之物，固有質之重濁者，與輕靈者之分。以重濁之物之意象，入文學藝術，固亦減其質實。然人之沿此意象，以念其物，則重墜入于質實之想。唯于物之原自輕靈者，更生一意象，而表之于文學藝術之中，乃可常保其輕靈。自然界之物，爲人所日用者，恆被視爲質實者。唯山水綿延流衍，煙雲變化，不可加以把捉而用之；乃可遠觀遙視，更不見其質實。故其質雖有，而趨于輕靈，或空靈，以呈于人心。故智者樂水，仁者樂山。而宗文下亦言：「古之賢聖，必有山水之遊，以成其仁智之樂。」更言：「聖人以神法道，而賢者通；山水以形媚道，而仁者樂，不亦幾乎。」聖人以神法道者，以其心神自法道，此亦賢者之心神所欲通。山水以形媚道者，言山水之質有而趨靈，即如媚順于道之虛通，以使仁者智者見之而樂，以成其心之虛通也。下文更言：「余眷戀廬衡，不知老之將至；愧不能凝氣怡身，傷跕石門之流；于是畫象布色，構玆雲嶺。」此卽言愧不能如聖賢之合道，以有成仁智之德而自足，唯有由味山水之像以爲畫也。下文更言：「理絕于中古之上者，可意求于千載之下；旨微于言象之外者，可心取于書策之內；況乎身所盤桓，目所綢繆，以形寫形，以色貌色也。」此言人之心意，可上通千載，而由書策之文，人亦可沿之以知言象以外之微旨；卽言人自有可超越于當前之世界之心意，而由文字之符號，以知文字以外之旨義；故有文學之文，以表此旨義；則人自當更有以形表形，以色表色之畫，使人沿畫上之形色，以知畫中山川。再下文言：「且夫崑崙山之大，眸子之小，迫目以寸，則其形莫睹；迥以數里，則可圍于寸眸。誠由去之稍濶，則其見彌小。今張綃素以遠映，則崑閬之形，可圍于方寸之內。豎劃三寸，當千仞之高；橫墨數尺，體百里之迥。是以觀畫圖者，徒患類之不巧，不以制小而累其似。此自然之勢。如是則嵩華之秀，玄牝之靈，皆可得之于一圖矣。」此段文言繪山水之可能，乃依于遙觀則大皆成小，而可納之一圖。但能類似，則可不見此中之大小之差。此卽言透過畫圖以觀山川，山川卽攝在畫圖中，亦攝于觀畫者之心目中。至下文言：「夫以應目會心爲理者，類之成巧，則目亦同應，心亦俱會；應會感神，神超理得；雖復虛求幽巖，何以加焉。」則言人之誠循心目之應會之理，以觀畫中之山水之類于自然之山水，則不見其大小，而有大如小，小如大之巧。此中有自然之山水，畫中山水，自相類以成巧。人之目之應于畫中山水時，人之心亦與之相合。旣會之，而人之神思，更超越于此目所應者之外，則畫中山水，如呈于心目之前。此則唯本于「應目」、「會心」、而「神超」三者，依一理而進行，至于神超，而理極。是爲神超理得。神超卽超于此畫之自身，而呈現所畫之山水，如在心目之前。故雖另求眞實之幽巖，亦不能加于是也。

至于下文言「神本無端，棲形感類，理入影迹」，則自人之神之運不限于特定之形象，以言其無端。此乃莊子、易傳、與魏晉玄學家之言神所同具之旨。其言神之棲形感類，則言此神之寄于形，如暫棲于其內，而卽順一形之所類，以通于他形。沿類而通，卽是循理而進。此通，非通其形之實，乃通其形之影迹。形之影迹，卽吾人對形物之意象也。言形之實，則物雖同類，亦各有其形之實，居不同之處，固亦有所不能通者。然此理之所入，則不在此形之實，而在形之影迹，或意象。此固可沿理而通者也。通而寫之，則可盡此意象。故曰「誠能妙寫，亦誠盡矣」。謂之妙者，連神而言。神本無端，故其「棲形感類，理入影迹」之事不窮。隨神之無端，以次第棲神感類而寫，卽妙寫也。其下文更言：「閑居理氣，拂觴鳴琴，披圖幽對，坐究四荒；不違天勵之叢，獨應無人之野；峰岫嶢嶷，雲村森渺；聖賢暎于絕代，萬趣融其神思。余復何爲哉？暢神而已。神之所暢，孰有先焉」。此則不外言神有此妙運，則雖披圖幽對，而神運四荒，以至無人之野，以使峰岫雲林，呈現于此神思之前；以與絕代聖賢之「含道應物」之心，遙相照映；更融化此神思之前之萬趣，求加以表現，入之于畫。此入之于畫，亦不外求暢此神思而已，故外無所爲也。神得其暢，而無滯之之物，則亦不見有先于此神之暢者；而神之暢，卽爲至先，而更無先之者。如今所謂至于絕對之審美藝術境界矣。

此宗炳之論山水之畫，其所用之名辭，所論之義理，咸本于魏晉以來之玄理；其所論大體，同于陸機、劉彥和之論文，阮籍、嵇康之論樂，皆顯而易見。則其所論之畫道，與當時之音樂之道，與文學之道，及玄理之道，固皆可謂爲同一之道，分別表現于玄理及文學、音樂、圖畫之論述者也。至于過此以往，以論其他藝術如建築、園林、書法及酒、棋、茶、花，之小道，吾人皆可謂其必有其相通之義可說，然亦非吾人所必須盡述者。心知其意者，固皆可自得之也。

索引

索引說明：

一　本索引係中國哲學原論原道篇卷一及卷二合編之索引。

二　索引區分爲兩部分：㈠人名索引，㈡內容索引。

三　內容索引以名詞概念爲單位，同一名詞下無特別說明者，僅標明其頁數；有特別說明者，該名詞概念用～符號代替。

四　索引以筆劃多少爲順序。

五　索引中所標示之頁數，卽本書每頁兩旁之頁數。

六　頁數上所標示之〔壹〕、〔貳〕，乃分別表示中國哲學原論原道篇之卷一及卷二。

七　本索引編製人杜保瑞。

(一) 人名引索

三劃

四劃

七　劃

八　劃

九　劃

十　劃

十一劃

十二劃

十三劃

十四劃

十五劃

十六劃

十七劃

十八劃

十九劃

(三) 內容索引

一劃

二劃

三　劃

四劃

五　劃

六劃

七劃

八畫

九畫

十劃

十一劃

十二劃

十三劃

十四劃

十五劃

十六劃

十七劃

十八劃

十九劃

二十劃

二十一劃

二十二劃

二十三劃

二十五劃

觀：　老子之遙〜　〔壹〕二八一。
顯教：　〔貳〕二四一。
顯諸仁，藏諸用　〔貳〕一六二。

國家圖書館出版品預行編目資料

中國哲學原論・原道篇卷二：中國哲學中之『道』之建立及其發展

唐君毅著. –校訂版. – 臺北市：臺灣學生，民 75

面；公分（唐君毅全集；卷 15）含索引

ISBN 978-957-15-0493-3 (平裝)

1. 哲學 – 中國

120　　　　82000910

唐君毅全集卷十五

中國哲學原論（原道篇卷二）

著作者：唐君毅

出版者：臺灣學生書局有限公司

發行人：盧保宏

發行所：臺灣學生書局有限公司

臺北市和平東路一段一九八號

郵政劃撥戶：〇〇〇二四六六八號

電話：（〇二）二三六三四一五六

傳真：（〇二）二三六三六三三四

E-mail: student.book@msa.hinet.net

http://www.studentbooks.com.tw

本書局登記證字號：行政院新聞局局版北市業字第玖捌壹號

印刷所：長欣印刷企業社

中和市永和路三六三巷四二號

電話：二二二六八八五三

定價：平裝新臺幣四〇〇元

西元一九八六年十月全集校訂版

西元二〇〇八年九月全集校訂版第三刷

12003-2

ISBN 978-957-15-0493-3 (平裝)